通用财经系列

统计学原理
理论与方法

（第四版）

王云峰　陈卫东　编著

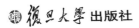

前　言

统计是认识自然和认识社会经济客观规律的重要方法。社会经济统计信息是社会经济信息的主体，是国家制订政策与规划、企业经营决策的重要依据。因此，统计工作是政府对国民经济和社会发展实施科学管理的一项基础性工作，也是与各部门、各单位的业务活动密切相关的一项重要工作。目前，统计学已成为经济管理类专业的基础课程，教育部已将统计学列为高等院校经济管理类专业的共同必修课程，这说明统计学课程在经济管理学科中具有非常重要的地位。

随着我国社会经济的发展，人们对统计工作提出了更高的要求。同时，我国统计部门的体制改革和新的方法体系的创建以及对外交流的加强，为统计学学科的发展积累了丰富的经验。本书以国家统计部门最新的国民经济核算体系、统计指标体系及最新公布的统计数据为背景资料，对统计学的基本理论和方法进行细化和深入的分析，并力求使课程内容通俗易懂，便于教学。

与其他统计学教材相比，本书有以下三个特点。

第一，从提高学生学习效果的角度出发，每个章节的课程内容力求编写得由浅入深，循序渐进。既便于学生自学，又能提高教师授课效果。本书对课程内容的重点和难点，分析透彻，条理分明，并附有丰富的举例和例题。

第二，为了便于课程内容的教学，本书每一章都附有多种形式的练习题，包括单项选择题、多项选择题、判断题、问答题和计算分析题等类型。练习题内容包含了课程的基本理论和基本方法，强调对课程重点、难点的练习与思考。通过对这些作业的练习和分析，本书可以帮助学生加深对课程内容的理解，有利于培养学生分析问题和解决问题的能力，提高学习效果。

第三，本书在对统计学基本理论和基本方法的深化分析方面尤为突出。例如，本书分析了现象总体的层次性和复杂性、相对指标的分类与判断以及计划完成程度相对数所具有的动态和静态双重特性；强调了费歇尔理想指数的计算和分析对现象总体在空间范围对比的重要性；从现象总体的层次性和复杂性探讨了指数因素分析的计算方法；剖析了序时平均数的动态和静态特性等。

统计学的学科性质是方法论科学，它主要提供调查搜集数据、整理数据和分析数据的基本理论和方法。学生学习本课程，应与数理统计相互融合、借鉴和取长补短，特别应该注重数理统计在社会经济领域中的应用，以提高对现象总体量化的科学性、准确性和可操作性。同时，学习本课程，学生必须具备经济学、管理学等相关课程的基本知识，因为统计学不是纯数学，统计指标的计算和分析只有与经济和管理方面的相关知识结合起来,才能融会贯通,学以致用。

本书在写作风格上追求通俗易懂、便于教学,但这并不意味着课程内容相对浅显。从总体上看,本书难度适中,适用于非统计专业的经济管理类专业学生学习。书中虽然也包含了很多计算公式的分析和推导,但即便自学,在理解上也并不困难。本书作者以学生容易理解和分析问题的角度来编写教材,希望读者喜欢这本书。

本书第三版由王云峰、陈卫东编著,卢景方参与了部分章节的编写和修改。本书在编写和出版过程中,得到了各位同仁的大力支持,在此一并表示感谢。

由于编者水平所限,教材中有疏漏和不当之处,殷切希望各位专家、教师和学生批评指正,以便不断地改进和完善。

编 者

2022 年 6 月

目 录

第一章 统计总论 ··· 1
   第一节 统计学的研究对象 ··· 1
   第二节 统计学的研究方法 ··· 4
   第三节 统计学的基本范畴 ··· 7
   第四节 统计法制与政府统计 ··· 14
   练习与思考 ·· 18

第二章 统计调查 ··· 21
   第一节 统计调查的意义和种类 ·· 21
   第二节 统计调查方案 ·· 22
   第三节 统计调查方法 ·· 25
   第四节 统计资料的审核 ··· 30
   练习与思考 ·· 31

第三章 统计整理 ··· 35
   第一节 统计整理的意义和方法 ·· 35
   第二节 统计分组 ·· 38
   第三节 统计分布 ·· 45
   第四节 统计表与统计图 ··· 51
   练习与思考 ·· 58

第四章 综合指标 ··· 66
   第一节 总量指标 ·· 66
   第二节 相对指标 ·· 70
   第三节 平均指标 ·· 78
   第四节 变异指标 ·· 93
   练习与思考 ·· 104

第五章 动态数列 ··· 113
   第一节 动态数列的意义和种类 ·· 113
   第二节 发展水平与发展速度 ··· 116
   第三节 序时平均数 ··· 121
   第四节 现象变动的趋势分析 ··· 131
   练习与思考 ·· 140

第六章 统计指数 ··· 148
   第一节 统计指数的意义和种类 ·· 148

  第二节 个体指数与总指数 ··· 149
  第三节 因素分析 ··· 158
  第四节 指数数列 ··· 169
  练习与思考 ··· 172

第七章 抽样估计 ··· 180
  第一节 抽样推断的一般问题 ··· 180
  第二节 抽样误差 ··· 183
  第三节 参数估计的方法 ··· 190
  第四节 抽样组织设计 ··· 199
  第五节 假设检验 ··· 210
  练习与思考 ··· 219

第八章 相关与回归分析 ··· 227
  第一节 相关与回归分析的基本概念 ··· 227
  第二节 相关分析 ··· 230
  第三节 一元线性回归分析 ··· 235
  第四节 多元线性回归分析 ··· 246
  第五节 非线性回归分析 ··· 253
  练习与思考 ··· 257

第九章 统计综合分析 ··· 264
  第一节 统计综合分析的意义 ··· 264
  第二节 统计综合分析的要求和程序 ··· 266
  第三节 统计综合分析的常用方法 ··· 268
  第四节 统计比较 ··· 272
  练习与思考 ··· 277

附录 ··· 282
  附录一 二项分布临界值表 ··· 282
  附录二 秩和检验表 ··· 283
  附录三 正态分布概率表 ··· 284
  附录四 t 分布临界值表 ·· 286
  附录五 F 分布临界值表 ··· 287
  附录六 累计法平均增长速度查对表 ··· 289
  附录七 习题答案 ··· 291

参考文献 ··· 308

第一章 统 计 总 论

学习目的与要求

本章的目的在于从总体上认识统计学。本章重点介绍统计学研究什么和怎样进行研究。具体要求：
1. 理解统计学的研究对象，即统计所要认识的现象客体及其特点；
2. 理解统计学的研究方法，从而领会统计学是一门认识方法论科学；
3. 掌握统计学的基本范畴，包括统计总体、总体单位、标志、指标、指标体系等；
4. 了解统计法制及政府统计。

第一节 统计学的研究对象

一、统计与统计学的含义

统计学是关于认识客观现象总体的数量特征和数量关系的科学。它是通过搜集、整理、分析统计资料，认识客观现象数量规律性的方法论科学。由于统计学的定量研究具有客观、准确和可检验的特点，所以，统计方法就成为实证研究的最重要的方法，广泛适用于自然、社会、经济、科学技术各个领域的分析研究。

我们平时讲的"统计"一词，除了统计学这层含义外，还包括统计活动和统计资料这两层含义。

统计活动，即统计工作或统计实践，它是对自然、社会、经济、科学技术等客观现象在数量方面进行搜集、整理和分析的活动过程。社会经济统计活动则是指搜集、整理、分析和提供关于社会、经济现象统计资料的活动过程。社会经济统计活动的过程一般分为统计设计、统计调查、统计整理、统计分析、统计资料的管理和公布等。其中，统计设计是社会经济统计活动的核心，一般由政府统计机构来完成，并通过法律的形式加以规定。

在人类历史上，自从有了国家，就有了统计活动。在古代，国家出于赋税、徭役、征兵的需要，对人口、土地、粮食等进行调查和计算。据历史记载，中国在夏禹时代就有了人口统计，而秦代户籍统计和田亩统计已达到相当高的水平。西方国家的统计活动也有悠久的历史，并在18世纪以后得到了迅速发展。随着社会经济的发展，人类社会从土地时代进入资本时代。为了适应商业竞争和资本扩张的需要，统计活动也从国家管理领域扩展到社会经济活动的各个领域。高新技术的应用和知识经济的出现，改变了社会经济结构、社会生产关系和增长方式。在现代社会中，无论国家、企业还是个人，都要准确、及时地掌握大量的信息并进行有效地决策,这就大大促进了统计工作的发展和统计自身的现代化。

统计资料是指在统计工作中取得的各种数据资料及与之相关的文字资料的总称。统计资料包括原始资料和经加工整理过的次级资料。在知识经济社会,统计资料是重要的信息资源,是国家进行宏观经济管理、企业实施经营决策的基础数据。

须指出的是,统计资料一般不是严格、精确的数据,会存在一定的误差。虽然统计数据在一定范围内的误差是不会影响使用的,人们在社会经济活动中并不需要处处追求数据的绝对精确,但控制统计数据的误差范围仍是统计学研究的重要内容。

统计学、统计活动与统计资料这三者有着密切的联系。统计活动与统计资料的关系是统计工作与统计成果的关系。社会经济管理的要求决定了统计资料的需求内容,也决定了统计工作的任务,统计工作的绩效又影响着统计资料的数量和质量。统计活动与统计学的关系是统计实践与统计理论的关系。统计理论来源于统计活动,统计活动的发展为人类积累了大量的统计资料和丰富的统计经验,促进了统计科学的发展。统计理论是统计工作经验的总结,统计工作的发展又需要统计理论的指导。因此,统计学和统计活动的研究对象是一致的。

二、统计学的研究对象

统计学的研究对象是指统计研究所要认识的客体。一般地说,统计学的研究对象是客观现象总体的数量特征和数量关系,以及通过这些数量方面反映出来的客观现象发展变化的规律性。所谓数量方面,就是客观现象的数量表现、数量关系和数量界限。

认识客观现象规律性的基本方法是量变到质变的辩证原理。事物的质变总是从量变开始的,当量变积累到一定的数量界限,就会引起事物性质的变化,因此,对客观现象数量方面的分析研究,要正确把握从量变到质变的尺度。

认识客观现象规律性的基本过程是"定性分析—定量分析—定性分析"。由于事物的质与量是对立统一的两个方面,在研究客观现象的数量时,应以定性分析为基础,提出问题或建立数学模型,通过定量分析,再回到对事物本质的分析,从而进一步认识客观现象发展变化的规律性。由此,统计数据的研究过程是从统计设计开始的,然后经过统计调查、统计整理和计算,最后进行统计分析。

三、统计学研究对象的特点

统计学研究对象的特点主要有数量性、总体性和变异性。

(一) 数量性

数量性是统计学研究对象最基本的特点。所谓"数字是统计的语言,数据是统计的原料",指的就是统计是以客观的、具体的、准确的数字来描述和认识客观现象的特征、性质和规律的,没有数量也就没有统计这种认识客观事物的工具。

统计学研究对象的数量性特点,并不是说所有的数量都可以作为统计的对象。统计不同于抽象的数学运算,统计数据总是客观事物量的反映,通过数据来测度事物的类型、量的顺序、量的大小和量的关系,认识客观规律的量的表现。统计学要运用许多数学方法,在统计学的发展过程中,无论统计指标的计算、概率论的引入,还是现代统计学理论框架的形成,数学都起着至关重要的作用。但是,不能因为统计学研究对象的数量性就认为统计学和数学有相同的研究对象。数学是用演绎的方法研究抽象的数量关系和空间形式，提炼出适合所有领域的运算规则。统计学则主要用归纳的方法研究客观现实存在的数量关系，表明客观现象数量规律的具体表现。统计数据来源于客观实际，我们要根据客观事物的内在联系去掌握统计学的基本原理和基本方法。因此，统计方法要比数学方法灵活得多。

在复杂的社会经济现象中，数量分析是人们认识客观现象的重要方法。早在17世纪，英国学者威廉·配第就在其著作《政治算术》中，首创了社会经济现象的数量分析方法。1993年，联合国等国际组织修订公布的国民账户体系（SNA）就是以一定的经济理论为指导，综合运用统计、会计和数学方法，对国民经济进行数量分析的较完善的核算体系。

（二）总体性

社会经济现象是由各种系统组成的，由系统论的整体性原则决定了统计学研究对象的总体性。也就是说，客观现象的数量特征和数量关系是针对现象总体而言的，是对现象总体中各单位普遍存在的事实进行大量观察和综合分析后得出的结果。例如，对从业人员收入状况的调查，目的不是了解每一个从业人员的收入状况，而是要反映一定范围内从业人员的平均收入水平或收入结构。客观事物的个别现象通常有其特殊性、偶然性，而总体现象则具有相对的普遍性、稳定性和规律性。

总体性是有层次的，这是由系统论的层次性原理决定的。例如，研究人口问题，若将全国人口作为一个大系统，每个地区的人口就是一个小系统，后面还能分出很多更小的系统，每一层系统都能体现出总体的数量特征。

当然，统计研究是从个别现象入手的，但对个别现象的具体事实进行观察调查只是为了达到研究现象总体特征的目的。统计研究对象的总体性不排斥对个别典型单位的深入调查，但这也是为了更有效地掌握总体现象的规律性。

（三）变异性

统计学研究的是同类现象总体的数量特征和数量关系，它的前提是总体各单位的标志值存在着差异，而且这种差异是自然存在的，不是由某种特定的原因事先给定的。例如，要研究一个企业的人力资源状况，就会涉及每一个员工的工龄长短、文化程度高低、薪酬多少等因素。由于这些因素会存在差异，需要计算分析员工的平均工龄、平均工资、文化程度的结构等指标。如果总体各单位的标志值不存在这些差异，也就不需要统计了。另外，如果总体各单位标志值之间的差异是按已知条件事先给定的，也就不需要用统计方法计算分析了。例如，一年四季的季节变化与统计无关，而一年内发生的各种交通事故是统计研究的对象。因此，统计研究的是偶然现象，不是必然现象。统计上把总体各单位由于随机因素引起的某一标志表现的差异称为变异。

四、量的测度

在统计分析中，数作为量的测度可分为定类测定、定序测定、定距测度和定比测度四个层次。

（一）定类测度

定类测度是将数字作为现象总体中不同类别事物的代码。它表示不同类别事物的品质差别，并不表示其量的顺序和大小，其主要数学特征是等于或不等于，相当于同类或不同类。例如，企业按经济成分分类：代码（1）表示大类公有经济，（11）表示公有经济的小类国有经济，

(12)表示公有经济的小类集体经济;代码(2)表示大类非公有经济,(21)表示非公有经济的小类私有经济,(22)表示非公有经济的小类港澳台经济,(23)表示非公有经济的小类外商经济。

(二) 定序测度

定序测度不但可以用数字表示量的不同类别,也可以表示量的顺序和大小,其主要数学特征是大于或小于,相当于优于、先于或劣于、次于。例如,产品按等级分成一等品、二等品、三等品,表示一等品优于二等品、二等品优于三等品等。定序测度除了用于分类外,还可以用来确定众数、中位数等指标的位置。

(三) 定距测度

定距测度不仅可以用数来表示现象类别的不同和顺序大小的差异,而且能以确切的数值反映现象之间在量方面的差距,其主要数学特征是加或减。定距测度的特点是精确性高,它还是定比测度的基础。在统计数据中,定距测度居于重要的地位,凡是反映现象总体的总量指标都要运用定距测度,如产品产量、职工人数、国内生产总值等。

(四) 定比测度

定比测度是在定距测度的基础上,确定可以作为比较的基数,将两个相关的数加以对比形成的比率。由于它是通过比较基数形成的测度,所以能够显示更加深刻的意义。定比测度的主要数学特征是乘或除。例如,全国人口数和国土面积对比计算的人口密度,可以说明人口的相对密集程度;国内生产总值和全国人口数对比计算的人均国内生产总值,可以进行国际比较。

第二节 统计学的研究方法

一、统计学的学科性质

统计学是一门认识方法论科学。统计活动的主要内容是数据的搜集、整理和分析,所以,统计学是研究如何搜集、整理和分析数据以及如何对现象总体进行抽样推断、趋势分析的认识方法论科学。

从方法论科学的角度来看,统计学主要研究客观现象总体所表现出来的统计绝对数、统计相对数和统计平均数以及它们在时间、空间变动及相互关系的计算分析方法。统计意义上的时间变动是个动态概念,空间变动是个静态概念。也就是说,统计学既要研究现象数值静态变动的计算分析方法,又要研究现象数值动态变动的计算分析方法。

客观现象总体所反映的数量特征和数量关系,与统计学的研究方法存在着相互依存和相互促进的关系。一方面,统计方法的提炼和检验来自统计实践;另一方面,只有经过漫长的历史时期,统计实践有了很大的发展,统计学才能形成和完善。

早期的统计学总是和实际问题的数量分析结合在一起进行研究,往往就事论事,因此被称为以客观现象为主体的实质性统计学。直到19世纪,比利时统计学家凯特勒将概率论引入了统计学,论证了社会经济生活中的随机现象也有一定的规律性,统计学才步入了学科自身发展的轨道。

19世纪中叶以后,随着社会经济的发展和科学技术的进步,统计学获得了迅速的发展。一方面,各行各业创立了许多有效的统计方法,如生物遗传学中的相关性分析方法和回归分析方法、农艺学中的区间设计方法、人口学中的抽样方法、教育心理学中的假设检验方法、经济学中的物价指数方法等;另一方面,概率论为统计学研究不确定的随机现象和认识统计规律性提供了理论与方法的数学框架,而计算机科学和信息处理技术的发展则为统计方法论的可操作性提供了支持。在这些因素的共同作用下,以统计方法为中心的方法论统计学才逐步形成和成熟。当然,方法论统计学并不排斥从实质性科学独立出来的各专业的应用统计学的并存,如投入产出统计学、质量控制统计学等。

二、统计学的学科分类

统计方法作为认识客观世界的工具,已渗透到自然、社会、经济等各个领域。由于研究方向不同,统计学衍生出了理论统计学和应用统计学,理论统计学按不同的研究方法又可分为描述统计学和推断统计学。本书涉及的内容主要是理论统计学。

(一) 理论统计学与应用统计学

理论统计学把研究对象一般化、抽象化,以概率论为基础,从纯理论的角度,对统计方法加以推导论证。其中心内容是统计推断问题,实质是以归纳方法研究随机变量的一般规律。理论统计学以方法为中心建立统计方法论体系,并针对各种问题阐述所能解决的方法。

应用统计学是从所研究的领域或专门问题出发,根据研究对象的性质采用适当的指标体系和统计方法,以解决所需研究的实际问题。应用统计学以实际问题为中心,建立专业的统计指标体系,其方法论的意义只具有专业的性质,不一定具有普遍意义。

社会经济统计学是以社会再生产理论为依据,研究国民经济的生产、分配、流通、使用等环节的经济运行和社会发展情况的科学。它有强有力的国家统计信息网络支持,可为国家准确、及时、全面、系统地掌握国民经济和社会发展情况,对国民经济和社会运行实施有效的管理提供咨询报务,是最重要的应用统计学。

(二) 描述统计学与推断统计学

描述统计学主要研究数据的搜集、整理和分析的方法,重点是研究客观现象总体各项指标在时间、空间变动的计算分析方法,以描述社会经济现象总体的数量特征和数量关系。描述统计学的方法是一切统计活动所运用的基本方法。但是,仅仅依靠描述的方法来达到认识总体性质的目的往往是不现实的,因为有的总体很大,难以进行全面调查,这就需要推断统计学来解决问题。

推断统计学是以概率论为基础,用随机样本的数量特征信息来推断总体的数量特征,作出具有一定可靠性保证的估计或检验。推断统计学的理论认为,虽然我们不知道总体的数量特征,但并不需要搜集总体所有单位的数据,也不需要弄清楚样本每一单位与总体之间的具体联系,只要根据样本统计量的概率分布与总体参数之间存在的客观联系,就能用实际的样本数据按一定的概率模式对总体的数量特征作出符合一定精度的估计或检验。推断统计学不能替代描述统计学,描述统计学的方法始终是最基本的统计方法,也是推断统计学的基础。

三、统计学的研究方法

在统计活动的各个阶段,可应用统计学中各种专门的研究方法,主要有大量观察法、统计分组法、综合指标法、统计模型法、归纳推断法等。这些方法也是统计学所要研究的中心课题。

(一) 大量观察法

大量观察法是指在统计研究的过程中,要从客观现象总体上加以考察,对总体的全部或足够多的单位进行调查观察和综合研究的方法。

统计研究要运用大量观察法是由研究对象的大量性和复杂性决定的。个别现象的特征和数量表现是受多种因素影响随机产生的,各个单位有很大的差别。我们必须在对研究对象作出定性分析的基础上,确定调查对象的空间范围的时间限制,观察全部或足够多的调查单位,这样才能认识客观现象的规律性。大量观察法的依据是大数定律。大数定律的逻辑意义是:由偶然因素的作用而产生的随机现象也是具有规律性的,但它不表现在个体上,而表现在总体上。例如,扔一枚硬币,扔的次数少时有可能都是出现正面,但若扔无数次,出现正面的概率一定等于0.5。统计报表、普查、抽样调查和重点调查都是大量观察法的具体运用。

(二) 统计分组法

统计分组法是指根据事物内在的性质和统计研究任务的要求,将总体各单位按某一标志区分为若干组的一种统计方法。统计分组是与社会经济现象的分类相对应的,社会经济现象的分类是实施有效管理的需要,从人类劳动分工出现时就开始了。人类社会及国民经济能有序的运转,就是因为有了这种普遍的现象分类。

从统计学研究方法的角度看,统计分组法是研究总体内部差异的重要方法。通过分组,可以研究总体中不同类型单位的状态。例如,企业按登记注册类型划分,可分为内资企业港澳台商投资企业和外商投资企业。通过这种分类,可以了解各类企业的投资规模和经营状况。通过分组还可以研究总体中各单位的构成和比例关系。例如,把国民经济划分为第一产业、第二产业和第三产业,可以分析三次产业的结构。通过分组还可以研究总体中现象之间的依存关系。例如,按企业规模把企业划分为大型企业、中型企业、小型企业和微型企业,可以研究企业各种财务指标与企业规模之间的关系。

(三) 综合指标法

综合指标法是指运用各种统计综合指标来反映社会经济现象总体的一般数量特征和数量关系的研究方法。对大量的原始资料进行整理汇总,计算各种综合指标,可以显示出现象在具体时间、地点条件下的总量规模、相对水平、平均水平和变异程度等。现象总体的综合指标概括地描述了总体各单位在数量方面的综合特征和变动趋势。综合指标还可以用来探讨总体内部的各种数量关系,有利于揭露矛盾,发现问题和寻找解决问题的方法。例如,相关性分析与回归分析、指数因素分析、发展趋势分析、统计综合分析等方法都是以综合指标为基础来研究现象之间的数量关系和变动趋势的。

综合指标和统计分组是密切联系、相互依存的。统计分组如果没有相应的统计指标来反映现象的数量表现,就不能揭示现象总体的数量特征。综合指标如果没有统计分组,就无法划分事物变化的数量界限,从而会掩盖现象的矛盾,使统计指标成为笼统的指标。因此,必须对复杂的现象总体进行科学地分组和合理地设置各项指标,综合指标法和统计分组法总是结合起来应用的。

(四) 统计模型法

统计模型法是指根据一定的经济理论和假设条件,用数学方程式去模拟社会经济现象相互关系的一种研究方法。利用这种方法可以对复杂的现象总体在空间、时间上客观存在的数量关系进行近似的描述,对社会经济现象的发展变化进行数量上的评价和预测。

统计模型包括变量、基本关系式和参数三个基本要素。将总体中一组相互联系的统计指标作为变量,以一个或多个因素指标为自变量,一个结果指标为因变量,可以拟合一个数学方程式。这种数学方程式可以是线性的,也可以是非线性的;可以是二维的,也可以是多维的。模型参数则是表明方程式中自变量对因变量影响的强度指标。这种统计模型可用来分析变量之间的相互关系,进行社会经济数据的预测。

还有一种没有参数的统计模型称为经济等式,也是表现为因素指标是结果指标的函数,这种经济等式可分为加法模型和乘法模型。加法模型如会计等式"资产＝负债＋所有者权益",可用来进行结构分析。乘法模型如"销售额＝价格×销售量",可用来进行因素分析。

统计模型法是统计学研究方法的进一步发展。它把现象总体客观存在的内部结构和各种因素的相互关系用数学方程式有机地结合起来,大大提高了统计分析的认识能力。

(五)归纳推断法

逻辑学中有两种推理方法,即归纳推理和演绎推理。所谓归纳推理,就是从个别事物推出一般性结论的推理。所谓演绎推理,就是从概括性的一般原理作出对个别事物判断的推理。统计研究过程中的归纳推断,就是通过观察部分总体单位的特征,由此得出关于总体的某种信息。这种归纳法可以使我们从具体的事实中得出一般的知识。

在统计活动中我们发现,有些现象总体范围很大,甚至是无限的;有些现象总体搜集数据的成本很高,甚至为了得到数据,必须进行破坏性试验。这就产生了根据局部的样本资料对现象总体的数量特征作出判断的归纳推断方法。一般的归纳推断,其结论不一定完全正确,但统计归纳推断的结论可以根据正态分布理论计算出可靠性程度,因此具有一定的科学性。

归纳推断法可以应用于对现象总体数量特征的估计,也可以应用于对现象总体某种假设的检验。从某种意义上说,统计活动所观察到的数据大多是样本资料,因而归纳推断法被广泛应用于统计研究的许多领域。可以说,归纳推断法是现代统计学的基本理论和方法。

第三节 统计学的基本范畴

统计学的基本范畴主要包括统计总体、总体单位、统计指标、单位标志等。简而言之,统计总体是某一客观事物的全体;总体单位是总体的各个组成部分;统计指标是描述总体数量特征的概念及数值;单位标志是描述总体单位属性或特征的名称。

一、统计总体和总体单位

统计总体就是根据一定的目的和要求所确定的客观事物的全体。构成统计总体的个别事物,称为总体单位,简称单位。

(一)统计总体的特征

统计总体除了统计学研究对象所具有的数量性、总体性和变异性等一般特点外,还有同质性和层次性两个重要特征。

1. 同质性

统计总体的同质性是指构成总体的每一个单位必须具有某种共同的性质,即总体各单位都具有某一标志相同的表现。例如,所有工业品构成的总体,其每个单位都具有工业品这个属性。

总体的同质性是相对的,具体表现在以下两个方面。第一,总体的同质性是围绕着划分总体的某一标志表现出来的,选择的标志不同,总体同质性的内涵也不同。例如,学生按班级划分总体,则同班的学生都是同质的;但若按性别划分总体,则男生和女生即使在同一班级也是不同质的。第二,划分总体的标志有的比较抽象,有的比较具体。例如,若按工业品的大类划分总体,则同一大类的工业品是同质的,不同大类的工业品是异质的;若按工业品的小类划分总体,则同一小类的工业品是同质的,而同一大类不同小类的工业品就不同质了。严格地说,世界上不存在完全同质的事物,即使同一个人,现在和过去的状况也不一定完全相同。

选择什么样的标志来划分总体,应根据统计研究的任务和要求来确定。一般来说,如果对总体的数量特征只需有概括的了解,就可以选择较抽象的分类标志;但如果对数据的准确性有较高的要求,应选择更具体的标志来划分总体。一旦选定了某一标志,就应围绕着这一标志来区分哪些单位是同质的以及哪些单位是不同质的。

总体单位的同质性与数值的相加性是联系在一起的。所谓数值的相加性,是指将一些数值相加的结果具有与某种标志内涵一致的实际意义。例如,以四足动物为标志,老虎的数量与狮子的数量是可以相加的,因为它们都是四足动物;以老虎为标志,则大老虎的数量与小老虎的数量是可以相加的,而老虎的数量与狮子的数量就不具备相加性;以大老虎为标志,则只有大老虎的数量可以相加,而大老虎与小老虎不具备相加性。

2. 层次性

统计总体的层次性是指一个总体内部可以按不同的类型分成几个部分,每一部分本身也可以看作是一个总体,而每一部分又能分出更小的部分,即分出更小的总体。例如,研究人口问题时,如果将全国人口看成是一个大总体,则一个省的人口就是一个较小的总体,一个市的人口则是一个更小的总体,如此一直分下去,可以分到每一个家庭。总体中每一层次的各个部分都具有总体的一般特征。处于中间层次的部分则具有双重性质:对于下一层次来说,它们是总体,而对于上一层次的总体来说,它们则是总体单位。

在一般情况下,较高层次的总体是由比较抽象的标志维系的,较低层次的总体是由比较具体的标志维系的。例如,以上讲到的工业品的大类是较为抽象的标志,小类则是较为具体的标志。

社会经济现象总体大多可分出若干层次,我们应依据统计研究任务的要求和分析问题的细致程度来划分总体的层次。

(二)统计总体的分类

统计总体主要有以下三种分类。

1. 按总体层次的多少,可分为单层次总体和多层次总体

单层次总体简称单层总体,是指直接由不能继续再分的基本单位构成的总体。例如,若全国人口是由每一个居民构成的,则全国人口是一个单层次总体。

多层次总体简称多层总体,是指可以按若干个标志划分为多个层次的总体。例如,全国人口按照行政区域可分成各省人口、各市人口等多个层次,而每个层次的人口都具有统计总体的一般性质。大多数社会经济现象属于多层次总体,统计分析的理论和方法主要是围绕着多层

次总体展开的。例如,计算零售商品物价指数时,必须把零售商品分成大类、中类和小类,再逐级计算相应的物价指数。又如,企业生产不同品种和规格的产品,则第一个层次是企业所有产品构成的大总体,第二个层次是每个品种的产品构成的小总体,第三个层次是每个品种中不同规格的产品构成的更小的总体。

2. 按总体同质性标志的差异,可分为简单现象总体和复杂现象总体

简单现象总体是指总体各基本单位都具有同质性的总体。它包括单层次总体和总体各部分基本单位具有同质性的多层次总体。单层次总体都是简单现象总体,其总体各单位都是同质的,总体单位数也是可以直接加总的。

简单现象总体也可以是多层次总体,只要总体各基本单位是同质的,不管将总体划分成多少层次和多少部分,这个总体还是简单现象总体。例如,有两个车间都生产甲产品,则所有甲产品构成一个大总体,两个车间生产的甲产品分别构成两个小总体,由于总体的基本单位都表现为甲产品,因此它属于简单现象总体。

复杂现象总体是指总体各部分的基本单位是不完全同质的多层次总体。由于总体的基本单位不同质,必须将总体划分为多个层次和多个类别,从而构成了一个多层次总体。复杂现象总体是以若干个从抽象到具体的标志划分不同层次的总体单位而构成的多层次总体,其中,划分大总体的是较为抽象的标志,划分各小总体的是较为具体的标志。对最低层次各部分的基本单位来说,它们对于抽象标志是同质的,而对具体标志是不同质的。例如,某企业生产甲、乙两种产品,则所有产品构成一个大总体,维系大总体的是企业产品这个抽象的标志;而甲、乙两种产品可分别构成两个小总体,划分小总体的是甲产品和乙产品这两个具体的标志;两个小总体的产品对于企业产品这个抽象标志来说是同质的,但对于甲产品、乙产品这两个具体标志来说是不同质的。因此,简单地说,复杂现象总体就是其最低层次各部分的基本单位不能直接相加的多层次总体。社会经济现象更多地表现为复杂现象总体,它是统计研究和分析的重点内容。

3. 统计总体的其他分类

按总体的规模,可以把总体分成有限总体和无限总体。有限总体就是总体单位数是可数的、有限的,如人数、产品数等,我们研究的总体主要是有限总体。无限总体则是总体单位数是不可数的、无限的,如海洋生物、天体星系等,流水线连续生产的产品可视为无限总体。

按总体所处的时空关系,可以把总体分成空间概念总体和时间概念总体。现象总体一般是空间概念总体,即总体与构成总体的各单位是同时存在的一个实体。时间概念总体就是某一空间实体在不同时间的单位所组成的总体,典型的就是流水线连续生产的产品所构成的总体。

这里要注意两点:一是时间概念总体是一维的,不能区分单层总体和多层总体;二是反映总体单位数量特征的变量本身是不能构成总体的。

(三)总体与总体单位的转化和判别

总体具有层次性。在多层次总体中,当统计研究的目的和任务发生变化时,总体与总体单位有时可以互相转化。例如,苏州大学有二十几个学院,若全校学生这个大总体是以各学院学生为单位组成,则各学院学生就是小总体。当调查全校各学院学生的学习情况时,苏州大学商学院学生只是一个总体单位;而当调查商学院学生的学习情况时,则商学院学生是一个总体,每个学生是总体单位。因此,商学院学生同时承担着总体和总体单位的双重角色,即对每个学

生来讲,它是总体;对全校学生来讲,它又是总体单位。多层次总体中处于中间层次的小总体,可以根据统计任务的变化转换总体和总体单位的角色。但是,单层次总体、多层次总体的最高层次总体和最底层次单位是不存在总体与总体单位相互转化问题的。

如何判别总体与总体单位,这是一个既简单又容易搞错的问题。首先,要弄清总体单位的性质。若总体单位是实体单位,一般以自然单位表示,总体单位数表现为离散数。例如,某地所有企业构成的总体,总体单位是每一家企业。若总体单位是非实体单位,一般以度量衡单位表示,总体单位数表现为连续数。例如,一定范围内的土地面积构成的总体,总体单位可以是每公顷土地、每亩土地等。其次,要根据调查对象来确定总体与总体单位。例如,调查某市企业的盈利情况,总体是该市的所有企业,总体单位是每一家企业;如果调查全市职工的职业病发病率情况,总体是该市企业的所有职工,总体单位是每一个职工。

二、单位标志和标志表现

(一) 单位标志

单位标志简称标志,是指总体中各单位都具有的一些属性或数量特征。也可以说,标志是用来说明总体单位属性或数量特征的名称。每个总体单位从不同的角度考察,都具有多种属性或数量特征。例如,工人作为总体单位,具有性别、工种、技术等级、文化程度等属性以及年龄、工龄、工资等数量特征。企业作为总体单位,具有经济成分、登记注册类型、企业规模等属性以及职工人数、营业收入、总资产等数量特征。

1. 按其性质可分为品质标志和数量标志

品质标志表明总体单位的属性,因此也称属性标志,如企业成分、企业规模、职工性别、教师职称等。为了便于计算分析,有些品质标志可以进行数字化处理,如技术等级、产品等级、比赛名次、年份、宾馆星级、企业信用等级、是非标志等。

数量标志表明总体单位的数量特征,如企业资产总额、销售利润率、每股收益等。总体单位的数量标志值是计算统计指标的基础数据。

2. 按其是否可变可分为不变标志和可变标志

不变标志就是同质性标志,无论是品质标志还是数量标志,都可以作为不变标志。一个总体至少要有一个不变标志,以保证总体的同质性。例如,由国有企业组成的总体,其不变的品质标志是企业经济成分;由独生子女家庭组成的总体,其不变的数量标志是家庭孩子数量。

可变标志就是在各单位之间发生变化的标志,品质标志和数量标志都可以作为可变标志。可变的数量标志是变量,统计指标是由总体各单位的变量值汇总而来的,或由总体单位数汇总得到的。

(二) 标志表现

标志表现与标志是两个相关但又不同的概念。与单位标志相对应,标志表现也分品质标志表现和数量标志表现。不管是品质标志还是数量标志,其标志名称本身都是用文字描述的。但标志表现不同,品质标志表现只能用文字来表现,数量标志表现是用数值来表示的。因此,数量标志表现又称标志值,可变的数量标志值也称变量值。例如,性别是品质标志,标志表现是男性或女性;教师职称是品质标志,标志表现是助教、讲师、副教授和教授。又如,产量是数量标志,其标志值可以是1万件、2万件、3万件等;销售利润率是数量标志,其标志值可以是

10%、20%、30%等。

数量标志值可以是绝对数、相对数和平均数。绝对数又可表现为离散型变量和连续型变量,相对数、平均数都是连续型变量。

有时,品质标志表现本身也可以作为单位标志。在多层总体中,划分某一层次总体单位的标志有若干个标志表现,这些标志表现可作为划分下一层次各部分单位的标志。例如,产品品种是标志,甲产品、乙产品是标志表现;而甲产品、乙产品也可以作为标志,其标志表现分别为甲产品、乙产品内部各种规格的产品。

三、统计指标和指标体系
(一)统计指标的含义和分类

统计指标简称指标,是反映同类社会经济现象总体某一综合数量特征的概念和数值。一个完整的统计指标应包括时间限定、空间范围、指标名称、指标数值、计量单位、计算方法等六个基本要素。例如,2020年全国粗钢产量为10.65亿吨,则2020年是时间限定,全国是空间范围,粗钢产量是指标名称,10.65是指标数值,亿吨是计量单位。

为了全面、系统地反映现象总体数量特征的面貌,统计指标值可以采用绝对数、相对数和平均数。例如,某企业2020年发放的工资总额为7 500万元,职工平均工资为12.5万元,比上年增长了10%,平均工资是同行业的108%。这样,就可以从时间、空间等不同的角度全面了解这个企业2020年的工资发放情况。

统计指标主要有以下三种分类。

1. **按所反映的数量特点不同,可分为数量指标和质量指标**

数量指标又称总量指标,是反映社会经济现象总体的总规模、总水平及总体单位总数的统计指标,用绝对数表示,如全国人口数、国内生产总值、社会零售商品总额等。数量指标的数值大小与总体所包含的范围大小有直接关系。

质量指标是反映社会经济现象总体的相对水平或平均水平的统计指标,用相对数或平均数表示,如人均国内生产总值、人口密度、计划完成程度、平均年收入等。质量指标是数量指标的派生指标,常用来反映社会经济现象的结构、比例、作用强度、发展程度及一般水平等,其数值大小与总体所包含的范围大小无直接关系。

2. **按所反映时空关系不同,可分为静态指标和动态指标**

统计研究的社会经济现象包括空间范围和时间跨度两个方面。空间范围是一个静态概念,时间跨度是一个动态概念。静态指标和动态指标的分类,就是要说明统计指标不同的时空关系。

静态指标就是在某一时期内或时点上一定空间范围内按统一口径计算出来的统计指标。例如,2020年我国国内生产总值为101.6万亿元人民币,约合14.73万亿美元,这是静态指标。

动态指标是一定空间范围内的现象总体在不同的时间表现出来的数量特征或将这些数量特征在不同的时间进行对比计算的统计指标。例如,2020年我国国内生产总值按可比价格计算的实际年增长速度为2.3%,这是动态指标。

3. **按其计算方法和作用不同,可分为总量指标、平均指标和相对指标**

将统计指标分成总量指标、相对指标和平均指标,是统计指标最重要的分类,统计学阐述的基本方法也是围绕着这三种指标的各种计算方法展开的。相关内容将在后续课程中分章详细分析。

（二）统计指标的特点

统计指标作为描述总体数量特征和数量关系的概念和数值，具有以下三个特点。

1. 统计指标具有可量性

统计指标属于社会经济范畴，但并不是所有社会经济范畴都可以作为统计指标，因为不是所有的范畴都能够用数量来表现。例如，经济成分、企业规模、职工技术素质、艺术价值等，虽然属于社会经济范畴，却因为不能直接表现为数量，就不能成为统计指标。有时候，人们将定性问题通过打分的方法转化为定量问题来分析，品质标志经数字化处理后表现出来的数量特征就可成为统计指标。

统计指标与可变的数量标志都是变量，它们之间有着密切的联系。统计指标反映总体的数量特征，而数量标志则反映总体单位的数量特征。数量标志与统计指标的联系有两个方面：一是统计指标的数值是由总体单位的数量标志值汇总而来的；二是统计指标与数量标志之间存在着互相转换关系。在多层次总体中，处于中间层次部分的数量特征具有统计指标和数量标志的双重性质。例如，2020年江苏省地区生产总值为10.27万亿元，对江苏省这个总体来说是一个统计指标，但对全国这个大总体来说，整个江苏省只是一个总体单位，其地区生产总值只是一个数量标志。

统计指标是变量，但作为政府行政手段之一的政策性指标或计划指标是一个常量。因此，政策性指标或计划指标不是统计意义上的综合指标。

2. 统计指标具有综合性

社会经济统计指标都是综合指标，都具有综合性。统计指标既是同质总体大量个别单位的总计，又是个别单位标志值差异的综合。它作为总体的数量特征综合反映各单位的一般规模和水平。统计指标的形成必须经过从个别到一般的过程，通过将个别单位的数量差异抽象化来体现总体各单位的综合数量特征。统计指标的综合性固然使我们能了解现象总体的整体性和一般面貌，但它背后存在着一个缺点，那就是掩盖了总体各单位客观存在的数量差异。

统计指标具有综合的性质，这一点与单位标志有所不同。单位标志有没有综合性，要根据具体情况分析后确定。对单层次总体来说，单位标志不具有综合的特征，如一个人的工资额多少不能作为统计指标。但对多层次总体来说，处于中间层次的各部分的数量特征就具有综合的性质，它们担负着综合指标和数量标志的双重身份，人们习惯上也把它们称为统计指标。

统计指标的综合性还表现在它侧重于针对总体各单位数量特征和数量变动的概算，而会计核算则侧重于针对具体会计事项的精算。例如，某企业生产A、B两种产品，会计上要分别精确地核算两种产品的销售价格、单位成本和盈利水平，而统计上则偏重于综合计算两种产品总的销售价格、单位成本和盈利水平，以便进行统计比较和统计分析。

3. 统计指标具有质的规定性

统计指标具有质的规定性。统计学作为一门方法论科学，其特征是从定性分析开始，经过定量分析，最后回到定性分析。统计学是为实质性科学服务的，统计指标的质的规定性来源于与社会经济相关的实质性科学，如经济学、财政学、管理学、会计学、国际贸易、市场营销等。这些实质性科学阐明了如商品需求、税收、投资、利润、进出口等经济范畴。统计指标的含义必须符合这些经济范畴的内容,否则,统计指标的数据就失去了实际意义,所以统计指标的设置总是在一定的社会经济理论指导下进行的。对同一社会经济现象,不同的理论可以设计出不同的统计指标。这一点在国际比较或地区比较时要特别加以注意。

值得指出的是,统计指标不能仅仅满足于社会经济范畴的质的规定,还要具备指标核算的可操作性。经济范畴一般是概括性的,统计指标一方面要以经济范畴为质的规定性,另一方面要有具体的核算细则。这些核算细则有的是在国家颁发的有关法律、法规、规章中体现的,有的是根据社会经济现象的性质合法、合理地加以确定的。例如,计算工人劳动生产率,应采用企业生产工人的人数;计算全员劳动生产率,应采用企业职工总人数。

(三) 统计指标体系

社会经济现象是复杂的,现象总体中存在着多个互相联系的方面,不同的现象总体之间也存在着各种各样的联系。统计指标能反映现象总体的综合数量特征,而单一指标只能反映现象总体的某个特征或说明某一方面的情况。若要全面、系统地反映客观现象的全貌和描述现象发展的全过程,只有一个指标是不够的,需要设计一套统计指标体系。

统计指标体系是由一系列相互联系、相互补充的统计指标组成的一个整体,用以说明现象总体各个方面相互依存、相互制约的关系。例如,学术界在对各国发展水平进行国际比较时采取有代表性的指标体系是经济发展水平、经济结构和社会结构、社会发展水平、生活水平及综合发展等方面。

统计指标体系的联系形式也是多种多样的:有的指标体系是从不同的方面来反映总体情况的,如企业统计指标要反映利润总额及增长率、企业发展能力、资本结构等各个方面;有的指标体系是从现象发展的各个环节连续反映现象发展的全过程,如社会再生产指标要反映生产、分配、流通、消费和使用的全过程;有的指标体系则可以反映现象原因与结果的关系,如商品销售额是商品销售量与价格的乘积。

(四) 统计指标和统计指标体系设计

统计指标和统计指标体系是人们认识客观世界的重要手段。统计指标和统计指标体系的设计,不但要符合客观现象性质的要求,而且要符合主观认识的要求。可以说,统计指标和统计指标体系是主观与客观相结合的产物。社会经济现象是错综复杂的,一个统计指标体系不可能反映事物的所有联系。因此,设计统计指标和统计指标体系要掌握事物的本质,抓住主要矛盾。一般统计指标和统计指标体系设计有如下三方面要求。

1. 掌握统计指标的相关理论和政策依据

统计指标和统计指标体系的设计要以现行的经济理论和政府的政策、法规为依据,否则,统计指标的内容就会脱离经济理论的指导,偏离政府政策的导向。经济理论和政策法规随着时间的推移会逐步完善,统计指标及指标体系也要跟着逐步完善。

2. 明确统计指标的概念和口径范围

统计指标反映一定的经济范畴,但要对与经济范畴相关的各个方面加以明确规定。例如,建立职工薪酬统计指标时,首先要对职工薪酬的范围加以明确界定,如职工福利费、各种保险费、住房公积金算不算职工薪酬等。确定统计指标口径范围,就是确定所要调查的总体范围。例如,建立经济活动人口统计指标时,要明确经济活动人口包括就业人口和失业人口,但不包括16周岁以上的在校生、家务劳动者以及其他不愿就业或上学的人员。

3. 确定合适的调查方法和计算方法

设计统计指标和统计指标体系要选择合适的调查方法，常用的调查方法有统计报表、普查、抽样调查等。统计指标的计算方法包括指标含义、计算公式、分类方法和计量方法等，由于现象总体的复杂性和联系的多样性，统计指标在计算上常常要作某些假设。这些假设会带来一些计算公式本身固有的误差，如何控制这些误差和科学地规定计算方法是统计指标设计中一个重要的问题。

在统计实践中，一些重要的社会经济统计指标及指标体系是由国家统计局和各级统计机构设计并作为统计标准公布的。统计指标体系的设计及公布对社会经济活动有引导作用，因此，指标方案在公布前要进行可行性研究，要不断完善指标体系。统计指标体系的设计是很复杂的，如考核企业的经营业绩。由于企业所属的行业、经济成分、规模以及市场环境不同，如何制订统一的业绩考核指标体系是一个需要深入探讨的重要课题。

考核企业经营业绩常用的统计指标体系对不同规模的企业也有所不同。

对于小微型企业，有反映利润总额及增长率、反映企业盈利能力、反映企业效益等三类指标：这些指标分别是利润总额和利润增长率、总资产报酬率和销售利润率以及净资产收益率和利息保障倍数等。

对于大中型企业，有反映总体经济实力、投入产出能力、营运能力、盈利能力、偿债能力、发展能力等六类指标，这些指标分别是市场占有率和利税占有率、全员劳动生产率和成本费用利润率、流动资金周转率和产品销售率、总资产报酬率和净资产收益率、资产负债率和营运资金比例以及资产保值增值率和资产增加值率等。

第四节 统计法制与政府统计

一、我国统计法制概况

1983年12月8日，第六届全国人大常委会第三次会议审议通过了《中华人民共和国统计法》（以下简称《统计法》），并于1984年1月1日起施行。《统计法》的颁布和实施，结束了我国统计工作无法可依的局面，对于保障统计资料的准确性和及时性以及有效、科学地组织统计工作发挥了重要作用。1996年5月15日，第八届全国人大常委会第十九次会议审议通过了《关于修改〈中华人民共和国统计法〉的决定》，对《统计法》进行了重大修改。随着我国改革开放的推进，为了使《统计法》更适应我国社会经济发展的需要，2009年6月27日，《统计法》再次由第十一届全国人大常委会第九次会议修订通过并于当日公布，修订后的《统计法》自2010年1月1日起施行。

为贯彻落实《统计法》所确立的各项制度，1987年1月19日国务院批准了国家统计局起草的《中华人民共和国统计法实施细则》，并于2000年、2006年和2017年进行了三次修订，在2017年修订时更名为《中华人民共和国统计法实施条例》（以下简称《条例》）。《条例》主要规定了以下内容：一是从源头上规范统计调查活动；二是加强统计调查的组织实施；三是明确统计资料公布的主体、权限和要求；四是强化对统计违法行为的责任追究。

2010年1月1日起施行的《统计法》具有以下三个特点。

第一，统计人员必须具备统计专业技术职务资格。国家实行统计专业技术职务资格考试和评聘制度,提高统计人员的专业素质,保障统计队伍的稳定性。统计人员应当具备与其从事的统计工作相适应的专业知识和业务能力。县级以上人民政府统计机构和有关部门应当加强对统计人员的专业培训和职业道德教育。

第二,强调统计机构和统计人员工作的独立性。统计机构和统计人员工作的独立性是保证统计资料真实性和准确性的基本要求。法律规定,任何行政机构和行政人员不得干预统计机构和统计人员独立行使统计调查、统计报告、统计监督的职权。法律还对统计人员作出保护性规定,不得对依法履行职责或者拒绝、抵制统计违法行为的统计人员进行打击报复。

第三,加重了对虚报、瞒报、篡改统计资料等行为的处罚力度。这部法律从防止行政干预、强化统计责任、加大处罚力度等方面,作出了一系列有针对性的规定,大大提高了统计违法行为的违法成本,以严防政府工作人员进行统计"造假",维护统计数据的真实性和准确性。

二、统计法的基本原则

统计法是指调整国家统计机关行使统计职能而产生的统计关系的法律规范的总称。统计关系是指国家机关、社会团体和公民在有关搜集、整理、分析、提供、公布和管理统计资料的统计活动中所产生的社会经济关系。

关于统计法的概念,有两点应予以明确。首先,统计法有广义和狭义之分:狭义的统计法仅指《中华人民共和国统计法》;广义的统计法则包含了所有规范统计活动的统计法律、法规、规章及规范性文件。其次,统计法不是统计法律、行政法规、地方性法规、规章等的简单罗列,而是一个有机的体系。根据法律规范的效力不同,我国现行统计法律规范的表现形式主要包括统计法律、统计行政法规、地方性统计法规、统计行政规章等。根据2010年《统计法》,我国统计法具有五项基本原则。

(一)保障统计工作统一性原则

保障统计工作统一性原则包括以下内容:在统计体制方面,国家应建立集中统一的统计管理体制;在统计制度和统计标准方面,国家及各级统计机构应制订统一的统计制度和统计标准,统计资料应当依法统一管理和公布。

(二)统计机构和统计人员独立行使职权原则

《统计法》第六条规定,统计机构和统计人员依照本法规定独立行使统计调查、统计报告、统计监督的职权,不受侵犯。地方各级人民政府、政府统计机构和有关部门以及各单位的负责人,不得自行修改统计机构和统计人员依法搜集、整理的统计资料。

(三)统计调查对象应依法履行义务原则

《统计法》第七条规定,国家机关、企业事业单位和其他组织以及个体工商户和个人等统计调查对象,必须依照本法和国家有关规定,真实、准确、完整、及时地提供统计调查所需的资料,不得提供不真实或者不完整的统计资料,不得迟报、拒报统计资料。

(四)尊重个人隐私和保密原则

统计调查中获得的能够识别或者推断单个统计调查对象身份的资料,任何单位和个人不得对外提供、泄露,不得用于统计以外的目的。统计机构和统计人员对在统计工作中知悉的国家秘密、商业秘密和个人信息,应当予以保密。

(五)统计信息社会共享原则

县级以上人民政府统计机构和有关部门以及乡、镇人民政府,应当按照国家有关规定建立统计资料的保存、管理制度,建立健全统计信息共享机制。按照国家有关规定,定期公布统计资料。统计调查取得的统计资料,除依法应当保密的外,应当及时公开,供社会公众查询。

三、政府统计的任务和作用

统计具有综合度量和比较的功能。通过对统计结果的综合度量和比较,对社会现象和经济现象作出评价,能够揭示社会现象和经济现象在发展中的相同点和相异点,说明社会现象和经济现象各标志之间的相互关系,进而达到认识社会经济现象的目的。正是基于统计的这个特点,在大多数国家,都由国家设立特定的机构专门负责社会和经济的统计工作,为人们提供关于一个国家的现状和发展前景的重要数量化信息,这就是所谓的政府统计。

我国政府统计的基本任务是:对国民经济和社会发展情况进行统计调查、统计分析,提供统计资料,实行统计监督。统计部门根据一整套科学的统计指标体系,按照科学的统计方法,对社会经济现象进行系统、全面调查,从而得到准确反映社会经济现象的规模、水平、结构和发展速度的大量统计信息。在此基础上进行深入分析和科学预测,进而科学认识社会经济现象发展变化的过程、现状、规律和趋势,为决策系统提供统计信息和决策咨询;对社会经济活动实行定量检查、监测和预警,检查决策执行过程中出现的偏差及决策的正确与否,促使领导机关采取措施,加以调控和矫正。

我国政府统计的作用是:有效地、科学地组织统计工作,保障统计资料的准确性和及时性,发挥统计在了解国情国力、指导国民经济和社会发展中的重要作用,促进社会主义现代化建设事业的顺利发展。

四、统计管理体制

统计管理体制是指国家组织管理全国政府统计工作的体制和制度。它是国家统计组织的一项带有根本意义的基础性制度,关系到一个国家统计资源的投入方式和统计活动的产出效果。

我国统计管理体制是由国家建立集中统一的统计系统并实行统一领导、分级负责的办法。国家统计工作实行统一领导是以统计本身的科学性、统一性为基础的,只有采用集中统一的管理体制,才能建立起统一的统计调查制度和统一的统计报表制度,以充分发挥统计的信息、咨询和监督作用。在统一领导的原则下,实行分级负责,这是与现行的"分级管理,多层决策"政府管理体制相适应的。

根据统一领导、分级负责的统计管理体制,我国统计机构的设置是以各级政府统计机构和各级政府有关部门的统计机构为主的。国务院设立国家统计局,依法组织领导和协调全国的统计工作。国家统计局根据工作需要设立的派出调查机构承担国家统计局布置的统计调查等任务。

县级以上地方人民政府设立独立的统计机构,乡、镇人民政府设置统计工作岗位,配备专职或者兼职统计人员,依法管理和开展统计工作,实施统计调查。县级以上人民政府有关部门根据统计任务的需要设立统计机构,或者在有关机构中设置统计人员,并指定统计负责人,依法组织和管理本部门职责范围内的统计工作,实施统计调查,在统计业务上受本级人民政府统计机构的指导。

五、统计机构、统计人员的权利和义务

《统计法》对统计机构、统计人员的权利和义务也作了明确规定：统计机构和统计人员应当依法履行职责，如实搜集、报送统计资料，不得伪造、篡改统计资料，不得以任何方式要求任何单位和个人提供不真实的统计资料，不得有其他违反本法规定的行为。

统计人员应当实事求是，恪守职业道德，对其负责搜集、审核、录入的统计资料与统计调查对象报送的统计资料的一致性负责。统计人员进行统计调查时，有权就与统计有关的问题询问有关人员，要求其如实提供有关情况、资料并改正不真实、不准确的资料。

国家实行统计专业技术职务资格考试和评聘制度，提高统计人员的专业素质，保障统计队伍的稳定性。统计人员应当具备与其从事的统计工作相适应的专业知识和业务能力。县级以上人民政府统计机构和有关部门应当加强对统计人员的专业培训和职业道德教育。

六、统计机构和统计人员应承担的法律责任

根据2010年1月1日施行的《统计法》，统计机构和统计人员应承担的法律责任主要包括以下六个方面。

第一，各级地方人民政府、政府统计机构或者有关部门、单位的负责人，如果有自行修改统计资料、编造虚假统计数据等违法行为，由任免机关或者监察机关依法给予处分，并由县级以上人民政府统计机构予以通报。

第二，县级以上人民政府统计机构或者有关部门在组织实施统计调查活动中，如果有未经批准擅自组织实施统计调查、变更统计调查制度内容以及伪造、篡改统计资料等违法行为，由本级人民政府、上级人民政府统计机构或者本级人民政府统计机构责令改正，予以通报；对直接负责的主管人员和其他直接责任人员，由任免机关或者监察机关依法给予处分。

第三，县级以上人民政府统计机构或者有关部门，如果有违法公布统计资料、泄露统计资料秘密等违法行为，对直接负责的主管人员和其他直接责任人员由任免机关或者监察机关依法给予处分。统计机构、统计人员泄露国家秘密的，依法追究法律责任。

第四，作为统计调查对象的国家机关、企业事业单位或者其他组织，如果有拒绝提供或提供不真实的统计资料等违法行为，由县级以上人民政府统计机构责令改正，给予警告，予以通报；其直接负责的主管人员和其他直接责任人员属于国家工作人员的，由任免机关或者监察机关依法给予处分。企业事业单位或者其他组织，可以并处5万元以下的罚款；情节严重的，并处5万元以上20万元以下的罚款。个体工商户由县级以上人民政府统计机构责令改正，给予警告，可以并处1万元以下的罚款。

第五，作为统计调查对象的国家机关、企业事业单位或者其他组织，如果迟报统计资料或者未按照国家有关规定设置原始记录、统计台账的，由县级以上人民政府统计机构责令改正，给予警告。企业事业单位或者其他组织有前款所列行为之一的，可以并处1万元以下的罚款。个体工商户迟报统计资料的，由县级以上人民政府统计机构责令改正，给予警告，可以并处1 000元以下的罚款。

第六，作为统计调查对象的个人，在重大国情国力普查活动中拒绝、阻碍统计调查，或者提供不真实或者不完整的普查资料的，由县级以上人民政府统计机构责令改正，予以批评教育。

练 习 与 思 考

一、单项选择题

1. 下列选项属于数量指标的是(　　)。
   A. 平均工资　　　　　　　　　　B. 单位成本
   C. 招工人数　　　　　　　　　　D. 销售利润率
2. 在某地农户组成的总体中,各农户的年人均纯收入是一个(　　)。
   A. 数量标志　　　　　　　　　　B. 品质标志
   C. 质量指标　　　　　　　　　　D. 数量指标
3. 下列选项属于质量指标的是(　　)。
   A. 产品产量　　　　　　　　　　B. 人均产值
   C. 生产成本　　　　　　　　　　D. 应纳所得税
4. 要调查某县所有小学校学生的营养状况,则总体单位是(　　)。
   A. 每一所小学校
   B. 所有小学校
   C. 某一所小学校的每一名学生
   D. 所有小学校的每一名学生
5. 统计总体的同质性是指总体各单位具有(　　)。
   A. 某一共同的标志　　　　　　　B. 某一标志的相同表现
   C. 某些共同的标志　　　　　　　D. 某些标志的相同表现
6. 反映和研究社会经济现象总体一般数量特征和数量关系的方法是(　　)。
   A. 统计分组法　　　　　　　　　B. 归纳推断法
   C. 综合指标法　　　　　　　　　D. 统计模型法
7. 要了解某市出租车公司的经营情况,则统计总体是(　　)。
   A. 该市全部出租车　　　　　　　B. 每一辆出租车
   C. 该市全部出租车公司　　　　　D. 每一家出租车公司
8. 一个统计总体(　　)。
   A. 只能有一个数量标志　　　　　B. 可以有多个数量标志
   C. 只能有一个综合指标　　　　　D. 可以有多个综合指标
9. 在由全体员工组成的总体中,某人月工资为7 000元,这个数字是(　　)。
   A. 数量标志　　　　　　　　　　B. 数量指标
   C. 变量　　　　　　　　　　　　D. 变量值
10. 若对某班级的新生进行调查,下列选项中属于不变标志的是(　　)。
    A. 新生所学专业　　　　　　　　B. 新生的入学成绩
    C. 新生的年龄　　　　　　　　　D. 新生的性别
11. 下列选项中,对哪项进行汇总可以形成统计指标?(　　)。
    A. 品质标志表现　　　　　　　　B. 品质标志

  C. 品质标志对应的单位数   D. 数量标志
12. 某公司调查职工健康情况,则总体单位是( )。
  A. 全体职工   B. 每一个职工的健康档案
  C. 每一个职工   D. 每一个职工的医药费
13. 下列选项中,属于动态指标的是( )。
  A. 国内生产总值   B. 国内生产总值增长速度
  C. 全国总人口   D. 职工平均工资
14. 把学生的考试成绩分成优秀、良好、中等、合格、不合格五个等级,这五个等级属于( )。
  A. 统计指标   B. 数量标志
  C. 品质标志   D. 品质标志表现
15. 下列选项中,能成为统计指标的是( )。
  A. 企业数量   B. 企业规模
  C. 艺术价值   D. 企业经济成分

二、多项选择题

1. 在人口普查中( )。
  A. 全国人口数是统计总体   B. 总体单位是每一个居民
  C. 全部男性人口数是统计指标   D. 居民的年龄是变量
  E. 人口的性别比是标志值
2. 连续型变量包括( )。
  A. 工资总额   B. 职工人数
  C. 销售利润率   D. 企业经济成分
  E. 企业规模
3. 下列选项中,属于数量指标的有( )。
  A. 国民生产总值   B. 人口密度
  C. 全国总人口数   D. 工程成本降低额
  E. 劳动生产率
4. 下列选项中,属于品质标志的有( )。
  A. 年份   B. 产品等级
  C. 企业规模   D. 总资产
  E. 市场份额
5. 由一部分甲产品和一部分乙产品组成的总体是( )。
  A. 单层总体   B. 多层总体
  C. 简单现象总体   D. 复杂现象总体
  E. 空间概念总体
6. 统计指标和统计指标体系的设计有如下要求:( )。
  A. 要有统计指标的政策依据
  B. 要掌握统计指标的相关理论
  C. 要明确统计指标的概念和口径范围

D. 要确定合适的调查方法
E. 要选择合理的计算方法

三、判断题

1. 有些品质标志经数字化处理后可计算统计指标。（   ）
2. 可变的数量标志是变量值。（   ）
3. 品质标志也可分为不变标志和可变标志。（   ）
4. 统计学与统计工作的研究对象是一致的。（   ）
5. 多层总体都属于复杂现象总体。（   ）
6. 统计所研究的对象必须是可度量的现象。（   ）
7. 统计指标及其数值本身也可以当做总体。（   ）
8. 复杂现象总体是统计分析的重点。（   ）
9. 年份、产品质量、信用等级、宾馆星级等属于品质标志。（   ）
10. 统计指标仅由总体各单位的数量标志值汇总而成的。（   ）

四、问答题

1. 统计学的研究对象是什么？它有哪些特点？
2. 什么是数量指标和质量指标？举例说明。
3. 统计学的学科性质及特点是什么？统计学的研究方法有哪些？
4. 统计指标的概念和构成要素是什么？举例说明。
5. 什么是简单现象总体？什么是复杂现象总体？
6. 统计指标与单位标志有什么联系和区别？
7. 品质标志和数量标志有什么区别？
8. 怎样理解描述统计学和推断统计学之间的联系和区别？
9. 统计指标和统计指标体系设计有什么要求？
10. 2010年1月1日起施行的《统计法》具有哪些特点？

第二章 统计调查

学习目的与要求

本章主要阐述统计调查的意义、种类、统计调查方案、统计调查的各种方法、调查误差的产生与防止等问题。具体要求：
1. 认识统计调查的任务，明确统计调查的基本要求；
2. 掌握统计调查方案的制订，明确调查对象、调查单位、调查时间、调查时限等概念；
3. 掌握各种调查方法的概念和特点以及各种调查方法的适用范围和正确运用。

第一节 统计调查的意义和种类

一、统计调查的意义和要求

统计调查是根据统计任务的要求，运用科学的调查方法，有计划、有组织地向社会搜集统计资料的过程。统计调查搜集来的资料有两种：一种是未经任何加工整理、缺乏系统化的原始资料；另一种是已经过初步加工整理并需要进一步系统化的次级资料。原始资料一般表现为绝对数，且为正数；次级资料可以表现为绝对数、相对数或平均数，可以是正数、负数或零。

统计调查在统计工作的整个过程中处于十分重要的地位，它担负着提供基础资料的任务。所有的统计计算和统计分析都是在原始资料搜集的基础上建立起来的，因此，统计调查是统计工作的基础环节，是统计分析的前提。只有搞好统计调查，才能保证统计工作达到对客观事物规律性的认识。统计调查获得的原始资料是国家制订政策、实施宏观调控的基础数据。向社会发布的统计数据，能引导企业和个人的经济行为。

统计调查必须达到准确性和及时性两个基本要求。

(1) 统计调查的准确性是指提供的统计资料必须符合客观实际情况，保证各项统计资料真实可靠。统计资料的失真会导致统计分析的错误结论，影响社会和经济管理的效果，甚至造成严重的后果。统计调查资料的准确性不仅仅是一个技术问题，还涉及是否遵守统计法制和坚持实事求是的原则问题。我国2010年1月1日施行的《统计法》对虚报、瞒报、篡改统计资料等违法现象加重了处罚力度，作出了一系列有针对性的规定，以维护统计数据的准确性。

(2) 统计调查的及时性是指按统计调查方案中规定的时间，及时完成各项调查任务，使统计资料使用者及时得到信息。及时性要求是对统计资料的时间性限制。显然，统计资料的重要性不但体现在内容上，还体现在时效上，过时的资料将失去原有的作用，甚至变成无用的资料。统计调查资料的及时性也是一个全局性的问题。一项统计调查任务的完成，是许多单位共同努力的结果。任何一个单位拖延时间,都会影响全局。因此,调查机构、调查人员和被调查机构及人员必须共同增强全局观念,遵守统计工作的相关法律、规章和制度,才能保证统计调查资料的及时性。

二、统计调查的种类

为了准确、及时地搜集统计资料,根据调查任务的不同要求和调查制度的规定,必须选择合适的调查方法。统计调查有以下三种分类方法。

(一) 按调查对象包含的范围,可分为全面调查和非全面调查

全面调查是对构成总体的所有单位进行的调查,其主要目的是取得社会经济现象总体全面、系统、完整的总量资料。全面调查要耗费大量的人力、物力、财力和时间,但它是搜集、整理统计资料的基础。全面调查主要有普查和全面统计报表。

非全面调查是对构成总体的一部分单位进行的调查,如抽样调查、典型调查、重点调查等。在国外,非全面调查单指抽样调查,通常所说的抽样调查是指随机抽样调查,而非随机抽样调查相当于我国的典型调查和重点调查。

将统计调查分为全面调查和非全面调查是最基本的分类方法。

(二) 按调查登记的时间是否连续,可分为连续调查和不连续调查

连续调查与不连续调查是一个时间上的相对概念。

连续调查是指在一年内的经常性调查,如国家机关、企业事业单位按照国家有关规定设置的原始记录、统计台账、统计报表、经常性抽样调查等。

不连续调查是指一年以上的周期性调查或一次性调查,如国家组织的周期性普查、一次性的抽样调查、重点调查和典型调查等。

(三) 按搜集资料的具体方法,可分为直接调查法、报告法和采访法

直接调查法就是由调查者亲自到现场对被调查单位进行观察和计量的方法。例如,调查农产品产量时,调查人员亲自到田间地头参加实际测量;调查商业部门商品库存和工业企业期末在制品数量时,调查人员到现场盘点记数等。直接调查取得的资料真实可靠,但需要花费大量的人力、物力。一般适用于抽样调查。

报告法又称凭证法,它是行政机关、企业事业单位设置以原始记录、核算凭证为基础的统计台账,按统计报表制度的相关规定,自下而上逐级提供统计资料的调查方法。我国取得的基本统计资料,大多数采用这种方法。

采访法就是根据被调查者的口头或书面答复来搜集统计资料的方法。采访法的关键是设计好调查问卷,问卷中的问题可采用开放式、封闭式或混合式,以适应不同的调查内容和调查对象。开放式问题可以自由回答,封闭式问题是在几个给定的答案中选择被问者自己认为正确的答案,混合式是前两者的结合方式。

第二节 统计调查方案

统计调查是一项系统工程,必须有计划、有组织地进行。组织统计调查之前,首先应设计统计调查方案。《统计法》规定,统计调查制度应当对调查目的、调查内容、调查方法、调查对象、调查组织方式、调查表式、统计资料的报送和公布等作出规定。统计调查方案是在统计调查制度的框架内制订的,其主要内容有以下五个方面。

一、确定调查目的

统计调查方案首先要确定调查目的。统计调查是为一定的统计研究目的服务的,不同的研究目的决定着不同的调查内容和范围。目的明确才能有的放矢,才能确定向谁调查、调查什么、怎样调查及调查时间等一些问题,才能搜集到与之有关的资料,舍弃与之无关的资料。例如,2020年11月1日零时启动的第七次全国人口普查,主要目的是查清10年来我国人口在数量、结构、分布和居住环境等方面的变化情况,为制订社会和经济政策、实施可持续发展战略以及构建和谐社会提供科学准确的统计信息支持。

二、确定调查对象和调查单位

调查对象就是所要进行调查的总体。例如,人口普查的调查对象是在我国境内长期居住的、具有中国国籍的人口。在第六次全国人口普查中,港澳台居民和外籍人员首次被纳入人口普查对象。调查单位是指所要调查的具体单位,即总体单位。它是调查项目和标志的承担者和载体,是搜集数据和分析数据的基本单位。调查对象和调查单位是根据调查目的确定的,目的越明确、越具体,调查对象和调查单位的确定也就越容易。

在确定调查单位时,还要确定报告单位,报告单位也叫填报单位,它是提交调查资料的单位。如果调查单位是个人或机构,那么调查单位也是报告单位;如果调查单位是实物,则报告单位是拥有实物的个人或机构。

三、调查项目和调查表

调查项目是调查的具体内容,它可以是调查单位的数量特征,如职工的年龄、收入和企业的产量、产值等;也可以是调查单位的某种属性或品质特性,如职工的性别、技术职称,企业的经济成分、登记注册类型等。

政府统计调查项目包括国家统计调查项目、部门统计调查项目和地方统计调查项目。国家统计调查项目是指全国性基本情况的统计调查项目。部门统计调查项目是指国务院有关部门的专业性统计调查项目。地方统计调查项目是指县级以上地方人民政府的地方性统计调查项目。

统计调查项目的确定是一项非常慎重的工作。《统计法》规定,统计调查项目的审批机关应当对调查项目的必要性、可行性和科学性进行审查,对符合法定条件的作出予以批准的书面决定,并予以公布。在拟订调查项目时,要注意以下三个问题:一是调查项目必须能够取得确切的统计资料;二是每一个项目应有确切的含义和统一的解释;三是各个项目之间要相互联系、相互补充,形成一个有机的统计调查项目体系。

调查表是以问卷的形式系统地记载调查内容的一种表格,其中表格式问卷是一种典型的调查表,问卷设计是询问调查的关键。比较完美的问卷必须具备两个功能,即能将问题传达给被问者和使被问者乐于回答。要完成这两个功能,问卷设计时应当遵循一定的原则和程序,要运用一定的技巧。首先,项目要少而精,项目的措辞不能含糊,形式上要让被调查者易填、易答。其次,调查表必须附有相应的填表说明和项目解释,政府统计的调查表应当标明表号、制订机关、批准或备案文号、有效期限等标志。对未标明所规定的标志或者超过有效期限的统计调查表,统计调查对象有权拒绝填报。

调查表的格式一般有单一表和一览表两种。单一表是每个调查单位填写一份,可以容纳较多的项目。例如,经济普查设置法人单位调查表、产业活动单位调查表、个体经营户调查表等。一览表是把许多调查单位填列在一张表上,在调查项目不多时使用较为简便,且便于汇总和核对差错。比较常用的调查表是单一表。

四、确定调查时间和调查期限

统计调查的时间规定包括两种含义,即调查时间和调查期限。

调查时间是指调查资料所属的时间,包括调查时期和调查时点两个概念。在统计调查中,如果所调查的是时期现象,调查时间就是资料所反映的起始和截止时间。如果所调查的是时点现象,调查时间就是统一规定的标准时点。例如,第四次全国经济普查的标准时点是2018年12月31日,标准时期为2018年1月1日—2018年12月31日。

调查期限是指进行调查工作的时限,包括搜集资料和报送资料工作所需的时间。统计调查的及时性要求就是针对调查期限讲的。假定规定某企业2020年度投资情况报告的呈报时间为2021年1月末,则调查时期为2020年度,调查期限为1个月。又如,2015年全国1‰人口抽样调查的启动时点为11月1日零时,11月10日结束,则调查时点为11月1日零时,调查期限为10天。任何统计调查都应尽可能缩短调查期限。

五、制订统计调查方案

制订统计调查方案,就是要确定统计调查的组织机构、调查方法以及供统计调查对象填报用的统计调查表和说明书、供整理上报用的统计综合表和说明书、统计调查需要的统计人员和经费及其来源等。这里主要讨论调查机构的设置、统计人员的选聘和培训、调查方法的选择等问题。

我国政府统计调查的组织机构是由政府统计机构担任的。其中,国家统计机构进行全国性基本情况的统计调查,部门统计机构进行各部门的专业性统计调查,地方政府统计机构开展地方性的统计调查。此外,还有民间统计机构以自己的名义或者接受委托进行的统计调查。民间统计调查具有自愿性和营利性的特征,而政府统计具有强制性和公益性的特征。目前,我国民间统计调查主要业务是涉外统计调查。

统计人员的选聘和培训是决定统计调查工作质量的重要因素。现行《统计法》强调统计人员工作的独立性,这就要求统计人员具有较高的道德品质和业务素质。《统计法》规定,国家实行统计专业技术职务资格考试,采用评聘制度。这对提高统计人员的专业素质和保障统计队伍的稳定性提供了法律保障。因此,加强对统计人员的专业培训和职业道德教育就显得至关重要。

选择调查方法主要应考虑统计调查成果与调查费用投入两个方面。《统计法实施细则》规定,抽样调查、重点调查或者行政记录可以满足需要的,不得制发全面统计调查表;一次性统计调查可以满足需要的,不得进行经常性统计调查;按年统计调查可以满足需要的,不得按季统计调查;按季统计调查可以满足需要的,不得按月统计调查;月以下的进度统计调查必须从严控制。这些规定的目的就是为了避免重复调查和不必要的调查,这样既能节省费用,又能提高统计资料的调查效果。

第三节 统计调查方法

统计调查方法就是统计机构和统计人员搜集统计资料的方法。统计调查方法主要有普查、抽样调查、统计报表制度、重点调查和典型调查等。它们在统计调查中的地位各有其特点。我国现行调查方法的选择原则:以周期性普查为基础,以经常性抽样调查为主体,综合运用全面调查、重点调查等方法,并充分利用行政记录等资料。

一、普查

普查是指一个国家或一个地区为详细地了解国情国力而专门组织的、对社会经济现象的数量方面所进行的周期性全面调查。它主要是调查在一定时点上或一定时期内的社会经济现象的数量特征和数量关系。

新中国成立以来,我国社会经济领域已开展了七次人口普查、三次农业普查、三次工业普查、一次第三产业普查、两次基本单位普查和四次经济普查。2003年8月,为适应我国经济体制改革需要,并与国家编制五年规划相衔接,促进国民经济核算和统计调查体系的完善,经国务院批准,国家统计局、国家发展和改革委员会和财政部联合印发了《关于调整国家普查项目和周期性安排的通知》,确立了人口普查、农业普查和经济普查三项国家周期性普查制度。人口普查、农业普查每10年进行一次,分别在尾数逢0和6的年份实施。经济普查每5年进行一次,在尾数逢3和8的年份实施。上述三项普查是国家搜集重大国情国力信息的基本方式,是最基本、最重要的统计调查。普查活动涉及国民经济和社会发展的各个方面,在我国的政治、经济、社会生活中具有十分重要的地位和作用。

人口普查是在国家统一规定的时间内,按照统一的方法、统一的项目、统一的调查表和统一的标准时点,对全国人口普遍地、逐户逐人地进行的一次性调查登记。人口普查工作包括对人口普查资料的搜集、数据汇总、资料评价、分析研究、编辑出版等全部过程,它是当今世界各国广泛采用的搜集人口资料的一种最基本的科学方法,是提供全国基本人口数据的主要来源。人口普查主要调查人口和住户的基本情况,内容包括姓名、性别、年龄、民族、受教育程度、行业、职业、迁移流动、社会保障、婚姻生育、死亡、住房情况等。第六次、第七次全国人口普查还将我国境内的境外人员作为普查对象。将居住在本国的境外人员纳入人口普查,这是各国人口普查的通常做法,也是联合国的建议。增加境外人员为普查对象,也是为了更加合理地安排有境外人员居住地区的教育、住房、医疗以及公共设施的建设。

经济普查是国家为掌握国民经济第二产业、第三产业的发展规模、结构、效益等信息,按照统一方法、统一标准、统一时间、统一组织对工业、建筑业、第三产业的所有单位和个体经营户进行的一次性全面调查。经济普查内容包括单位基本属性、财务状况、生产经营情况、生产能力、原材料和能源消耗、科技活动、从业人员等方面。

农业普查是按照国家规定的统一方法、统一时间、统一表式和统一内容,主要采取普查人员直接到户、到单位访问登记的办法,全面收集农村、农业和农民有关情况,为研究制订农村经济社会发展规划和新农村建设政策提供依据,为农业生产经营者和社会公众提供统计信息服务。农业普查主要包括六个方面内容:一是从事第一产业活动单位和农户的生产经营情况;二是乡(镇)、村委会及社区环境情况;三是农业土地利用情况;四是农业和农村固定资产投资情况;五是农村劳动力就业及流动情况;六是农民生活质量情况。

普查是一种周期性的全面调查。因为普查所调查的对象主要是时点现象,时点数在一定的时期内往往变动不大,所以,不须作连续登记,只要间隔一段较长的时期进行周期性调查即可。例如,我国人口普查每10年进行一次,基本能满足对人口统计资料的需求。

根据普查的特点,普查工作必须十分重视普查项目、调查时间和调查方法的统一。首先,应统一规定调查资料所属的标准时间。规定标准时间就是规定某个时点或时期作为登记普查对象有关资料的统一时间,这有助于避免搜集资料时由于自然变动或机械变动而产生的重复和遗漏现象。例如,我国第三次农业普查规定,调查时点资料的标准时点为2016年12月31日,调查时期资料的标准时期为2016年度。我国第七次人口普查规定的标准时点为2020年11月1日零时。以人口普查来说,任何家庭在标准时点之前有人亡故或在标准时点之后有婴儿出生均不应加以登记。其次,在普查范围内各调查单位应尽可能同时进行调查,并尽可能在较短期限内完成,以便在方法和步调上取得一致,保证调查资料的真实性,做到在规定的调查期限内完成任务。例如,第七次全国人口普查登记工作期限为2020年10月11日至12月10日,调查期限为61天。最后,调查项目一经统一规定,不得任意改变或增减,以免影响统计资料的汇总和降低资料的质量。同一种普查各次的调查项目也应力求一致。

二、抽样调查

抽样调查是一种以正态分布概率理论为基础,按随机原则从调查对象中抽选一部分单位作为样本进行调查,并用样本统计量对调查对象总体的数量特征作出推断的一种调查方法。

抽样调查是一种非全面调查,但对样本进行的是小范围的全面调查。抽样调查具有经济性好、实效性强、适应面广、准确性高等优点,被公认为非全面调查方法中用来推算和代表总体的最完善、最有科学根据的一种调查方法。因此,它是我国搜集国民经济统计资料的主要方法。与抽样调查相关的理论和方法将在第七章中详细分析,这里仅介绍样本和抽样框的相关知识。

(一)样本

我们通常将由所要研究的事物全体构成的总体称为全及总体,简称总体。从总体中抽取出来作为代表这一总体的部分单位组成的集合体称为样本总体,简称样本。由于样本总体是总体中随机抽选出来的一部分,所以全及总体也可称为母体,而样本总体则可称为子样。样本具有以下四个显著的特点。

第一,样本的单位必须取自总体内部,不能有总体外部的单位参加。这是因为,抽样的目的是要推断总体。统计推断是利用样本作为总体的代表,因此,样本必须是总体的一部分。在抽样之前要根据总体的有关资料编制抽样框,以便从中抽取样本单位。

第二,从一个总体中可以抽取许多个样本。也就是说,总体是确定的,总体各单位的性质和范围都是不变的。但样本不是这样,样本各单位的抽取是可变的,在总体中采用不同的抽样方法就会构成不同的样本,从一个总体中可以抽取许多个不同的样本。每个样本的统计量称为样本点,样本点是个随机变量,所有样本点的集合构成样本空间。

第三,样本的代表性。抽取样本不是目的而是手段,即用样本来推断母体。因此,这就会存在样本的代表性问题。从直观的角度看,通过样本计算的抽样指标与相应的总体参数的误差越小,则样本的代表性程度越高。由于样本点是随机变量,抽样误差也是随机变量,所以,抽样误差总是就平均意义而言的。样本的代表性与样本的单位数、抽样方法以及抽样组织方式有关,减少抽样误差和提高样本的代表性是统计学需要研究的重要课题。

第四,样本的客观性。从总体中抽取样本,必须排除主观因素的影响。抽取样本不管采取哪种方法都应保持取样的客观性,保证样本单位中选与不中选既不受调查者个人爱好的影响,也不受被调查者合作态度的影响。这种主观因素往往是造成非抽样误差的根源,在很大程度上影响着样本的代表性。抽取样本会涉及相关人员,要完全排除主观因素的影响是不容易的,所以,在抽样前应该制订取样的客观原则,改进抽样方法和抽样组织方式,尽量避免主观随意性,以提高抽样效果。

(二) 抽样框

抽样框是指对可以选择作为样本的总体单位列出的名册或排序编号,以确定总体的抽样范围和结构。设计好抽样框后,便可采用抽签的方式或按随机数表来抽选必要的单位数。例如,要从 10 000 名职工中抽出 200 名职工组成一个样本,则 10 000 名职工的名册就是抽样框。一个好的抽样框应做到完整而不重复。

如果抽样框不准确或不完整,就会产生抽样框误差。例如,以电话号码簿作为抽样框在对某地区所有住户进行的某种意向调查时,由于电话号码与住户并不总是一一对应的,目标总体与抽样总体就会不一致,易产生抽样框误差。抽样框误差是一种非抽样误差。

产生抽样框误差的原因有很多,主要有抽样框老化、目标总体单位丢失、非目标单位和抽样框单位与目标总体单位不完全一一对应以及存在一对多、多对一或多对多模式的现象等。例如,某银行想了解其客户的情况,进行一次抽样调查,则该行所有客户构成了目标总体。若选择的抽样框是客户的银行来往账目,这就构成了多对一模式。也就是说,若在这个框中进行抽样,来往账目多的客户被抽中的可能性则较大,这就产生了抽样框误差。

因此,为了减少抽样框误差,在抽选样本之前要对抽样框加以检查,发现可能存在的问题,并采取一定措施加以补救。如果发现被遗漏的单位,可把抽样样本遗漏的个体和抽样样本中某个值相连接。当抽样框不能涵盖抽样总体时,可以采用辅助抽样框,以避免产生抽样框误差。

须指出的是,抽样单位不仅是指构成抽样框的目录项,同时还表示该目录项所对应的总体特定的一个或一些单位。有时抽样单位不一定是组成总体的最小单位。在简单随机抽样中,抽样单位即为基本单位。在整群抽样中,群即为抽样单位,而群可能包含相当多的基本单位。例如,在某项整群抽样中抽中一栋居民楼,则整栋居民楼是抽样单位,楼中的每户居民则是基本单位。

三、统计报表

统计报表是按照统计机构规定的统一表式、统一指标内容、统一报送程序和报送时间,由填报单位自下而上地逐级提供统计资料的一种统计调查方法。

统计报表的资料来源主要是基层单位的原始记录、统计台账及内部报表。国家利用统计报表可以定期取得国民经济与社会发展情况的基本统计资料,这是国家搜集统计调查资料的主要方法之一,已形成了一种具有法律性质的统计报表制度。全国统一的基本统计报表要求所有的调查单位填报,属于全面调查范畴,所以又称全面统计报表。

我国现行的统计报表由国家统计报表、部门统计报表和地方统计报表组成。国家统计报表就是全国统一的基本统计报表,其调查项目反映全国性的基本情况。部门统计报表是国务院有关部门的专业性统计报表,用于搜集有关部门的专业性统计资料,作为基本统计报表的补充。地方统计报表是县级以上地方人民政府及其部门的地方性统计报表,是为各地方的社会经济服务的。

统计报表制度的内容主要包括确定指标体系、设计报表表式、规定报表的实施范围、报送程序和报送时间以及制订报表管理办法等。为了保证统计报表制度的贯彻执行,还要具备各项分类目录、计算方法和必要的编制说明。

统计报表各项指标的确定要体现科学性和整体性。国家统计报表的指标和部门统计报表的指标和地方统计报表的指标应当明确分工、互相衔接、不能重复,三者构成一个完整的统计报表指标体系。国家统计报表的指标由国家统计局制订,部门统计报表的指标由国务院有关部门制订,地方统计报表的指标由县级以上地方人民政府统计机构和有关部门分别制订或者共同制订。

统计报表的表式是由统计机构根据统计研究的任务与目的而专门设计制订的统计报表表格形式,便于搜集和登记统计资料。每一张表格应当标明表号、制订机关、批准或备案文号、有效期限等标志,还要明确规定报送单位、报送日期、填报单位负责人及填表人签署等。

统计报表制度是以各项原始记录为基础的。原始记录是基层单位对行政、社会、经济活动记录的第一手资料,它是统计资料的源泉。原始资料的准确性和及时性决定了所有统计资料的准确性和及时性,因此,对原始资料的管理就显得非常重要。一方面,国家通过制订法律来加以制约,例如,对企业事业单位未按有关规定设置原始记录、统计台账的,由政府统计机构责令改正,给予警告,并处相应的罚款;另一方面,应加强对统计人员的业务培训和职业道德教育,提高统计人员的综合素质。

目前,我国在信息化硬件设施、数据采集处理软件系统和原始数据库建设的基础上,已经基本实现调查对象和调查人员通过互联网直接向全国数据中心报送原始数据、各级统计机构在线同步共享的工作模式。在价格调查、农产品调查、住户调查、劳动力调查、人口普查等需要调查员直接采集数据的工作中,调查员可应用手持电子终端设备采集原始数据,并通过网络向全国数据中心实时报送原始数据。

我国政府统计的信息化建设,转变了基层统计队伍的工作重点,从过去繁重的数据收集汇总、报表填报转向对原始数据的核查和企业基础统计工作的督导,有效地消除了可能存在的中间环节对统计数据的干扰,提高了数据汇总效率和生产过程的透明度与可控性。

四、重点调查和典型调查

重点调查和典型调查都属于非全面调查。非全面调查的目的是用其调查结果去了解调查对象的数量特征,但重点调查和典型调查这两种方法的调查结果带有一定的主观因素,不像抽样调查那样,能用一整套科学的方法排除主观因素的干扰,对调查对象作出较为准确的估计。因而,这两种方法一般用来了解调查对象的基本情况。

(一)重点调查

重点调查是在调查对象的全部单位中选择一部分重点单位进行调查。所谓重点单位,是指这些单位的某一主要标志值占整个调查对象标志总量的较大比重。重点调查的内容不仅是重点单位的某一主要标志,更要着眼于与这一主要标志相关的其他标志。例如,采用粗钢产量比重选择的重点单位某大型钢铁公司,对该公司的总体经济实力、投入产出能力、营运能力、盈利能力、偿债能力、发展能力等方面进行调查,这就属于重点调查。

通过重点调查能了解调查对象的主要面貌和基本发展趋势。例如,某省有关部门在对全省亏损企业进行的专项调查基础上,选择其中 10 户由亏转盈的企业进行重点调查,目的是了解全省亏损企业的基本情况。

在选取重点单位时,一方面要着眼于其某一主要标志值的比重,另一方面要注意选取那些管理比较健全、业务力量较强、统计工作基础较好的单位作为重点单位。社会经济现象普遍存在着二八定律,即在 20% 的调查单位中,某主要标志总量却占了 80%;而在 80% 的调查单位中,这一标志总量只占 20%。基于这一点,重点调查更有其现实意义。重点单位是在调查对象中具有举足轻重的、能够代表总体的基本情况、基本特征和主要发展变化趋势的那些单位。这些单位可能数目不多,但具有代表性,能够反映调查对象的基本情况。

重点调查的主要特点是投入少、调查速度快、所反映的主要情况或基本趋势比较准确,因此重点调查也是我国《统计法》中规定的重要统计调查方法之一。重点调查通常用于不定期的一次性调查,但有时也可以用于经常性的连续调查。

(二)典型调查

典型调查是从调查对象中有意识地选择若干具有代表性的单位进行调查的一种统计调查方法。典型调查的认识方法与其他非全面调查方法一样,也是由点到面、由个别到一般的归纳推理,但典型调查的特点是典型单位的确定以调查人员的主观判断与决策为主。

前文曾提到,重点单位的确定有一个标志值的比重问题,具有一定的科学性,而典型调查全凭主观判断,缺乏科学性。但典型调查有它自己的优势,就是可以对典型单位进行具体、细致的调查研究,详细观察事物的发展过程,具体了解现象发生的原因以及与各个方面的联系。在掌握了这些生动的细节之后,可以在定量分析的基础上,作出更多定性分析的结论。因此,人们还是比较乐意使用这种调查方法,特别是有些行政机构,常用这种方法来对典型单位"解剖麻雀"。典型调查适用于对一般社会经济现象的调查。

在实际操作中,选择真正有代表性的典型单位比较困难,而且还容易受人为因素的干扰,从而可能会导致调查的结论有一定的倾向性。为减少这种影响,可采用管理学中的德尔菲法,对一些重要的议题进行背对背的讨论,以确定典型单位。

典型调查的类型大体有两种:一种是"解剖麻雀"式典型调查,即对个别典型单位进行详细的调查研究;另一种是"划类选点"式典型调查,即将调查对象划分为若干个类型,再从每一类型中选择若干个典型单位进行调查。当调查对象各单位差别不大时,可以选择"解剖麻雀"式典型调查;当调查对象各单位的差别较大时,则应选择"划类选点"式典型调查。由于后者更具有统计特征,因而能大大提高典型单位的代表性。

我国编制的工业品出厂价格指数(PPI,英文原意为生产者价格指数)在选择调查企业时,就是采取重点调查和典型调查相结合的办法。也就是说,对国有控股企业和年销售收入500万元以上的非国有企业,采取重点调查。按销售额从大到小进行排队,累计计算出销售额的前90%,接着在这个范围内采取典型调查方法。尽量选择生产稳定和比较规范的大型企业,每种代表规格品尽量选择两家以上企业。对年销售收入500万元以下的非国有企业,则采取随机抽样的方法。在选择代表产品方面,也是采取重点调查和典型调查两种办法。尽量选择对国计民生影响较大以及生产量或销售量较大的产品,选择有发展前途的产品,选择生产较为稳定的产品,兼顾有地方特色的产品。在全部工业中所占比重大的行业,其代表产品则多选一些。

第四节　统计资料的审核

我国《统计法》规定,国家机关、企业事业单位和其他组织等统计调查对象应当按照国家有关规定设置原始记录、统计台账,建立健全统计资料的审核、签署、交接、归档等管理制度。签署人员应当对其审核、签署的统计资料的真实性、准确性和完整性负责。统计资料的准确性和完整性既受统计人员的工作态度和业务水平的影响,又受如技术问题等客观因素的影响。

一、统计误差的种类及产生的原因

统计误差是调查结果与调查对象的真实数据之间的离差。统计误差可分为登记性误差和代表性误差两种。

登记性误差是由于人员疏忽而错误判断事实或错误登记事实产生的误差。不管是全面调查还是非全面调查,都会有登记性误差产生。

代表性误差是非全面调查所固有的。非全面调查只对调查对象中的一部分单位进行调查,由于这部分单位不可能完全反映调查对象的性质,所以必然会产生误差。抽样调查的代表性误差是可以计算的,但重点调查和典型调查的代表性误差是不能计算的。因此,从定量角度分析,统计资料的准确性审核主要是对登记性误差的审核,即审核发生在调查登记过程中的误差。

登记性误差又可分为偶然性误差和系统性误差。

(1) 偶然性误差是正常发生的误差,造成偶然性误差的原因主要是人们的无意行为。由于人类的理性是有限的,人们在登记资料的过程中可能会产生一些遗忘、笔误、答非所问等现象,这是很正常的事。但是,这种偶然性误差是随机产生的,不会具有某种倾向性,即在数量上不会一直偏向于某一方。在对大量资料进行整理时,这种数据忽大忽小的偶然性误差往往会互相抵消。

(2) 系统性误差是具有明显倾向性的误差,在数量上可能一直偏向于大的一方、也可能一直偏向于小的一方,所以系统性误差又称系统偏差。产生系统性误差的原因有主观因素和客观因素两个方面:主观因素就是人们出自某种目的故意夸大或缩小统计数据;客观因素主要是调查环境、调查条件决定的,如测量工具不准确、对指标概念的理解不清、调查范围模糊等。系统性误差对统计结果的影响较大,应尽量将它消除,以保证统计资料的准确性。

二、统计资料审核的方法

对统计资料的真实性、准确性、完整性审核,首先要审核有没有偶然性误差和系统偏差。审核偶然性误差的方法有逻辑检查和计算检查两种。

逻辑检查就是检查统计资料的内容是否合理,项目之间有无互相矛盾的地方,以及数据之间有没有破坏平衡关系等。例如,人口普查时发现某人登记的信息为 15 岁且已婚,肯定不符合逻辑。又如,企业某年度资产负债表的未分配利润项目不等于同期利润分配表中的未分配利润项目,说明数据有问题。这些都属于逻辑检查。

计算检查主要是检查调查表或统计报表中各项数据在计算口径、计算方法和计算结果上有无差错,计量单位是否相符等。

对于由主观因素引起的系统偏差,要及时发现、及时上报,由有关部门依法处理。对于由客观因素引起的系统偏差,审核方法主要是检查统计调查在实际操作过程中有没有违背相关规定和有没有严格遵守各级统计机构颁布的统计标准。统计标准的内容包括指标含义、计算方法、分类目录、调查表式和统计编码等。其中,分类目录中最重要的是国民经济基本分类,包括经济成分分类、三次产业分类、行业分类、机构部门分类、企业规模分类、企业注册类型分类等。在统计调查过程中,如果偏离了统计标准,就会产生统计误差,而这种误差很可能就是系统偏差。

对统计资料的真实性、准确性、完整性审核,还要检查被调查的基层单位是否按规定设置原始记录和统计台账,所有单位上报的资料是否齐全,是否按规定的调查项目填列以及是否按规定的日期上报。因为只要发生一个填报单位不报、缺报或漏报,就会影响整个资料汇总工作的顺利进行。如果发现有问题,可分别按不同情况处理:第一,对于可以确认的一般错误,可代为改正,并与资料所属单位核对;第二,对于不能代为改正的错误,应立即通知原单位复查更正;第三,如果某类错误普遍存在,则应通报所有单位,避免类似问题发生;第四,对于严重的错误,应发还原单位重新填报,并通报有关部门严肃查处。

值得指出的是,要特别重视对次级资料的审核。因为有些次级资料的时差比较大,其历史背景、指标含义、计算方法与现在的情况相差较大,应作调整后才能使用。若某些次级资料本身存在错误,应纠正错误后才能使用。

练 习 与 思 考

一、单项选择题

1. 调查某市的失业率,则调查对象是全市的(　　)。
   A. 经济活动人口　　　　　　　　　　B. 从业人员
   C. 失业人员　　　　　　　　　　　　D. 总人口
   提示:经济活动人口包括从业人员和失业人员。
2. 调查机械行业的设备,则报告单位是(　　)。
   A. 机械行业的每一台设备　　　　　　B. 机械行业的所有设备
   C. 机械行业的每一家企业　　　　　　D. 机械行业的所有企业

3. 对调查对象各单位差异较大的一般社会经济现象,可选用的调查方法是(　　)。
   A. 连续调查　　　　　　　　　　　　B. 不连续调查
   C. "划类选点"式典型调查　　　　　　D. "解剖麻雀"式典型调查
4. 某学校调查各个班级学生的学习成绩,调查单位是(　　)。
   A. 全校所有的学生　　　　　　　　　B. 全校所有的班级
   C. 全校每一个学生　　　　　　　　　D. 全校每一个班级
5. 对一批产品进行质量检验,最适宜的方法是(　　)。
   A. 普查　　　　　　　　　　　　　　B. 抽样调查
   C. 典型调查　　　　　　　　　　　　D. 重点调查
6. 由于人员疏忽而错误判断事实或错误记录事实产生的误差是(　　)。
   A. 代表性误差　　　　　　　　　　　B. 登记性误差
   C. 抽样框误差　　　　　　　　　　　D. 系统性误差
7. 我国政府统计现行的主体调查方法是(　　)。
   A. 一次性普查　　　　　　　　　　　B. 周期性普查
   C. 一次性抽样调查　　　　　　　　　D. 经常性抽样调查
8. 统计报表的资料来源主要是(　　)。
   A. 普查资料　　　　　　　　　　　　B. 重点调查资料
   C. 基层单位的统计台账　　　　　　　D. 抽样调查资料
9. 统计调查最基本的分类是(　　)。
   A. 按调查时间是否连续分类　　　　　B. 按调查对象的范围分类
   C. 按搜集资料的方法分类　　　　　　D. 按调查主体分类
10. 为了提高样本的代表性,抽样调查宜采用(　　)。
    A. 采访法　　　　　　　　　　　　　B. 报告法
    C. 直接调查法　　　　　　　　　　　D. 网络调查法
11. 按照搜集资料的具体方法,统计调查可分是(　　)。
    A. 全面调查和非全面调查　　　　　　B. 连续调查和不连续调查
    C. 直接调查法、报告法和采访法　　　D. 重点调查和典型调查
12. 既要规定标准时点,又要规定标准时期的普查有(　　)。
    A. 经济普查　　　　　　　　　　　　B. 经济普查和农业普查
    C. 农业普查　　　　　　　　　　　　D. 人口普查和经济普查
13. 对无限总体进行统计分析时,最适宜的方法是(　　)。
    A. 全面调查　　　　　　　　　　　　B. 重点调查
    C. 典型调查　　　　　　　　　　　　D. 抽样调查
14. 在整理统计调查资料时,发现数据偏向于大的一方,这种统计误差属于(　　)。
    A. 系统性误差　　　　　　　　　　　B. 偶然性误差
    C. 登记性误差　　　　　　　　　　　D. 代表性误差
15. 从一个总体中可以抽取多个不同的样本,每个样本的统计量是(　　)。
    A. 品质标志　　　　　　　　　　　　B. 数量标志

C. 常量 D. 随机变量

二、多项选择题

1. 经济普查规定的时间包括（   ）。
   A. 调查时点 B. 标准时点
   C. 调查时期 D. 标准时期
   E. 调查期限

2. 我国第六次人口普查登记的居民包括（   ）。
   A. 具有中国国籍的居民
   B. 在我国关境内居住的外籍人员
   C. 标准时点以前出生的居民
   D. 在我国关境内居住的港澳台人员
   E. 标准时点以前死亡的居民

3. 统计报表制度的内容主要包括（   ）。
   A. 确定指标体系 B. 设计报表表式
   C. 规定报表实施范围 D. 规定报送程序和时间
   E. 制订报表管理办法

4. 我国目前法定的周期性普查包括（   ）。
   A. 工业普查 B. 经济普查
   C. 人口普查 D. 农业普查
   E. 第三产业普查

5. 下列选项中，属于非全面调查的有（   ）。
   A. 重点调查 B. 抽样调查
   C. 典型调查 D. 统计报表
   E. 普查

6. 我国现行的统计报表包括（   ）。
   A. 国家统计报表 B. 部门统计报表
   C. 地方统计报表 D. 企业统计报表
   E. 海关统计报表

三、判断题

1. 通过重点调查能对调查对象的某些参数进行估计。   （   ）
2. 统计误差可分为登记性误差和代表性误差两种。   （   ）
3. "划类选点"式典型调查就是对某个典型单位进行详细的调查研究。   （   ）
4. 普查是一种周期性的全面调查，这是它的主要特点。   （   ）
5. 调查期限是指调查资料所属的时间。   （   ）
6. 统计调查比较常用的调查表是一览表。   （   ）
7. 审核统计资料的登记性误差，有逻辑检查和计算检查两种方法。   （   ）
8. 对于上报的统计资料，如发现有严重错误，应代为改正。   （   ）
9. 从一个全及总体中可以抽取许多个样本。   （   ）

10. 我国政府统计调查是以周期性普查为基础的。( )

四、简答题

1. 简述周期性普查的概念和特点。
2. 什么是调查时间和调查时限？举例说明。
3. 如何区分调查对象和调查单位？举例说明。
4. 我国政府统计现行调查方法的选择原则是什么？
5. 什么是抽样调查？什么是抽样框？
6. 重点调查和典型调查有什么区别？
7. 统计调查有哪几种分类？哪一种分类是最基本的？
8. 统计调查方案主要包括哪些内容？
9. 统计资料的审核主要采取哪些方法？
10. 统计报表的指标体系是如何设计的？

第三章 统计整理

学习目的与要求

本章主要阐述统计整理的理论和方法,包括分组、汇总和统计表的设计。具体要求:
1. 明确统计整理在统计研究中承前启后的地位;
2. 掌握统计分组的方法和汇总的技术;
3. 认识统计分布是统计整理的重要表现形式;
4. 学会统计表的编制并能熟练运用。

第一节 统计整理的意义和方法

一、统计整理的意义

统计整理又称数据整理,就是根据统计研究任务的要求,对调查搜集到的原始资料进行科学地加工整理并使之条理化、系统化的过程。对已经整理过的次级资料进行再整理,也属于统计整理。

通过统计调查所取得的总体各单位的资料是零星的、分散的,还只是各单位标志的标志表现,只能说明总体单位本身的情况,而不能反映总体的数量特征。统计整理的意义就在于将分散的原始资料加工整理成能描述总体数量特征的指标值。通过统计整理,人们可以对社会经济现象从感性认识上升到理性认识,即借助于一系列的统计指标,可对总体的内部结构和相互联系作出概括的说明。因此,统计整理是统计分析的必要前提,它在统计研究中起到了承上启下的作用。

对次级资料进行再整理也是统计整理的一项重要任务。相同的资料,如果采用不同的方法进行整理,可以通过计算不同的统计指标来满足不同的要求,甚至对同一组资料也可以进行多次整理。从这一点看,统计整理是一项精细的工作,来不得半点马虎;同时,统计整理又是一项艺术性很强的工作,需要较高的专业技能才能做好这项工作。

统计整理在整个统计研究中占有重要的地位。资料整理得是否正确,直接影响整个统计研究任务能否顺利完成。不恰当的加工整理和不完善的整理方法往往使真实、准确、完整的统计资料失去原有的价值,甚至会蒙蔽现象的真相,得出不正确的结论。因此,必须重视统计整理工作。

二、统计整理的方法

统计整理的方法有分组、汇总和编表。这里仅从统计整理过程的角度进行分析,分组和编表方法将在本章后续内容中详细分析。

(一) 分组

科学的分组是做好资料整理工作的前提条件。统计整理的第一步就是根据统计研究任务的要求,将所研究的现象总体进行分组或分类。

同一总体可以按多个不同的标志分别分组,而每一种分组又可以汇总出多个互相联系的指标。统计调查搜集的原始资料一般是绝对数资料,因此,分组后用原始资料直接汇总的指标也是绝对数,经统计分析和计算后则会产生相对数和平均数等派生指标。例如,对某地区所有工业企业的原始资料进行整理,可以将各企业组成的总体按经济成分、行业、企业规模、利润总额、劳动生产率等标志形成若干个分组;而每一种分组都可以统计企业数、职工人数、增加值、营业收入、资本金等指标。这些指标一般表现为统计绝对数,构成一个指标体系。这一指标体系应与调查项目一致,不能有增减,否则会使原始资料得不到充分利用,也不符合统计研究的要求。

(二) 汇总

在分组的基础上,对总体各单位的标志值进行汇总和必要的计算,就能得出反映总体数量特征的各种总量指标。汇总时,要计算各组单位数和总体单位总量,如企业数。更多的是计算各组和总体的标志总量,如职工人数、营业收入等。

汇总现由计算机完成,国家已建成能对统计调查制度进行统一电子化设计,具备数据统一管理、录入、审核、编辑、汇总等功能的数据采集处理软件系统。实现了统计信息搜集、处理、传输、共享、存储技术和统计数据库体系的现代化。

(三) 编表

通过分组汇总得出表明社会经济现象总体以及各个组的单位数和一系列标志总量的资料,把这些资料按一定的规则在表格上表现出来的过程即为编表,这种表格叫统计表。统计表是统计资料整理的结果,也是表达统计资料的重要形式之一。在统计整理阶段,一张质量高的统计表,体现在能否抓住最基本的、最能说明问题本质特征的分组标志和指标体系,对统计资料进行加工整理,这是统计整理工作必须遵循的原则。

例 3−1 某地对 18 家小型企业进行调查,各企业的职工人数和年营业收入资料如表 3−1 所示。现通过此例来说明统计整理过程的一般模式。

表 3−1 某地 18 家小型企业的职工人数和营业收入资料

序号	职工人数(人)	营业收入(万元)	序号	职工人数(人)	营业收入(万元)
1	120	870	10	84	432
2	70	352	11	201	1 120
3	160	820	12	253	1 650
4	21	155	13	62	387
5	108	610	14	155	780
6	95	521	15	220	1 047
7	278	1 556	16	47	270
8	189	983	17	102	917
9	133	532	18	297	1 876

为了研究企业职工人数与营业收入的依存关系,现按职工人数进行等距分组。

组距和组数的确定,首先要计算极差,即变量的最大值与最小值之差,本例极差为 276

(297－21＝276),若考虑分三组,则组距为 92(276/3＝92)。但在实际操作中,可作适当调整,对于范围较大的社会经济现象,人们常用 5 或 10 的倍数作为组限,这样显得比较直观。本例组距可调整为 100,即分为 100 人以下、100～200 人、200～300 人三组。但要注意对诸如产品抽样检验等要求精确计算的现象,组限不宜作太大的调整,以免产生不必要的误差,统计整理要体现科学性和技术性。

根据统计整理的程序,使用汇总过渡表进行汇总,如表 3－2 所示。

表 3－2 汇总过渡表

按职工人数分组(人)	企业数(家)		职工人数(人)		营业收入(万元)	
	划记	计数	过录	计数	过录	计数
100 以下	正一	6	70 95 62	21 84 47	379	352 521 387	155 432 270	2 117
100～200	正丁	7	120 108 133	160 189 155 102	967	870 610 532	820 983 780 917	5 512
200～300	正	5	278 253	201 220 297	1 249	1 556 1 650	1 120 1 047 1 876	7 249
合 计	—	18	—		2 595	—		14 878

然后,根据表 3－2 的资料,编制职工人数与劳动生产率依存关系分析表,如表 3－3 所示。

表 3－3 职工人数与劳动生产率依存关系分析表

按职工人数分组(人)	企业数(家)	职工人数(人)	营业收入(万元)	平均营业收入(万元/家)	全员劳动生产率(万元/人)
(甲)	(1)	(2)	(3)	(4)＝(3)÷(1)	(5)＝(3)÷(2)
100 以下	6	379	2 117	352.83	5.59
100～200	7	967	5 512	787.43	5.70
200～300	5	1 249	7 249	1 449.80	5.80
合 计	18	2 595	14 878	826.56	5.73

在表 3－3 中,列(1)、列(2)和列(3)数据是汇总过渡表中的小计与合计数,它们都是绝对数,是反映各组和总体特征的总量指标;列(4)、列(5)数据则是分析企业数和营业收入、职工人数和营业收入依存关系而计算出来的派生指标,其中列(4)是平均数,列(5)是强度相对数。这样,由绝对数、平均数和相对数构成了一个指标体系,共同说明现象总体的数量特征。

第二节 统计分组

一、统计分组的意义

根据统计研究任务的要求和研究现象总体的内在特点,把现象总体按某一标志划分为若干性质不同但又有联系的几个部分称统计分组。

社会经济现象的变异性是统计分组的客观依据。统计分组是在总体内部进行定性分类,它把总体划分为一个个性质不同而范围更小的部分,而每一个较小的部分同样具有总体的数量特征。

对于社会经济现象的统计研究时,不但要注意现象的一般性,更要注意现象的特殊性,关注客观事物的差异和特点是我们认识的基础。统计分组是达到这种认识的手段。社会经济现象的分类是普遍存在的,它是与人类社会的劳动分工相联系的,将总体划分不同的类别带来的直接好处就是简化管理和提高效率。因此,统计分组是一切统计研究和统计分析的基础。

二、统计分组的种类

按分组的任务和作用、分组标志的多少、分组标志的性质等,可对统计分组进行如下分类。

(一)类型分组、结构分组和分析分组

按任务和作用的不同,统计分组可分为类型分组、结构分组和分析分组。进行这种分组的目的是划分总体的不同类型,研究总体内部的结构以及分析所研究的现象总体内部各种标志之间的依存关系。

类型分组与结构分组都要回答两个问题:一是总体可分为几种类型;二是各种类型单位数的比重为多少或各种类型某一指标值的比重为多少。因此,这两种分组的概念是相似的。类型分组可以进行结构分析,结构分组也可区分不同的类型。通常认为,如果总体按品质标志分组,则属于类型分组;若按数量标志分组,则属于结构分组。进行结构分组的总体相对来说同质性较强。

分析分组则不同,它要回答的问题是:总体中各种类型与某个指标值的大小有没有依存关系,有无规律可循。如大企业的销售利润率一般较高,小企业的销售利润率一般较低;总体中各种类型所表现的两个指标值之间有没有关系,如不同规模企业同类产品的产量与单位成本之间就有密切的关系存在。

表3-4显示的是我国某市2019年和2020年地区生产总值按三次产业分组的情况。这是类型分组,反映三次产业的结构及其变化。

表3-4 某市2019年和2020年地区生产总值按三次产业分组资料

产业分组	2019年		2020年	
	增加值(亿元)	比重(%)	增加值(亿元)	比重(%)
第一产业	799	8.83	867	8.56
第二产业	3 705	40.93	4 032	39.81
第三产业	4 548	50.24	5 229	51.63
合 计	9 052	100.0	10 128	100.0

表3-5显示的是2019年和2020年某市居民人均可支配收入的分组资料,属于结构分组。从分组资料可看出,2020年与2019年相比,收入较高的各组,所占的比重有较大的提高,说明该市居民生活水平有较大的提高。

表3-5 2019年和2020年某市城镇居民人均可支配收入分组资料

城镇居民人均可支配收入（元）	2019年各组人数比重（%）	2020年各组人数比重（%）
30 000以下	7	3
30 000～40 000	11	6
40 000～50 000	27	12
50 000～60 000	25	27
60 000～70 000	16	21
70 000～80 000	9	19
80 000以上	5	12
合计	100	100

与类型分组与结构分组相比,分析分组有明显的特征。分析分组的分组标志称为原因标志,与原因标志对应的标志称为结果标志,结果标志常表现为相对数或平均数。原因标志不同,结果标志也不同;同一原因标志,可以同时对应多个结果标志;同一原因标志所分的组数不同,其结果标志值也不同。例如,投资规模与回报率之间、产量与单位成本之间以及营业收入与流通费率和市场占有率之间都可以通过分析分组来反映它们之间依存关系的性质,并可以进一步从数量上描述依存关系的密切程度。

表3-6显示的是某地区零售企业按营业收入分组的资料,属于分析分组。它反映了该地区零售企业的商品流通费率和市场占有率与营业收入之间的相互关系。

表3-6 某地区零售业企业商品流通费率和市场占有率

按营业收入分组（万元）	企业数（家）	商品流通费率（%）	市场占有率（%）
100以下	112	16.2	7.8
100～500	75	10.0	9.2
500～20 000	29	8.9	16.1
20 000以上	7	7.3	32.3

表3-6中资料表明:企业营业收入越大,商品流通费率就越低,市场占有率就越大。同时,从资料中还能看出,营业收入2亿元以上的大型企业,企业数最少,而营业收入100万元以下的微型企业,企业数最多。

统计分组具有以下三个方面的作用:(1)可以区分社会经济现象总体的类型;(2)可以研究现象总体内部的结构;(3)可以揭示和分析现象之间的依存关系。

(二)简单分组和复合分组

按分组标志的多少,统计分组可分为简单分组和复合分组。简单分组是将总体按一个标志进行分组。复合分组是将总体按两个或两个以上的标志层叠起来进行分组。

例如,企业分别按经济成分、企业规模、登记注册类型分组,都属于简单分组。表 3-7 是这三种简单分组的平行排列。

表 3-7　企业的三种简单分组

按登记注册类型分组	按经济成分分组	按企业规模分组
内资企业	国有经济	大型企业
	集体经济	中型企业
港澳台商投资企业	私有经济	小型企业
	港澳台商经济	微型企业
外商投资企业	外商经济	

这种平行排列的简单分组也称平行分组,但它不属于复合分组。

复合分组是组中分组。即先按第一个标志分组,在此基础上各组再按第二个标志分组,以此类推。例如,将某地区的人口先按性别分组,再按年龄分组,就形成如下复合分组(见图 3-1)。

某地人口 { 男性 { 16 岁以下 / 16 岁及 16 岁以上 }　女性 { 16 岁以下 / 16 岁及 16 岁以上 }

图 3-1　人口按性别与年龄复合分组

复合分组的好处是能够了解现象总体的详细情况,提供更多细节方面的指标。如上例中,我国 16 岁及 16 岁以上的人口为劳动力资源,按性别和年龄复合分组,能提供该地区男性劳动力资源和女性劳动力资源两个指标。但是,复合分组只适用于调查单位足够多的情况,这是因为把分组标志层叠在一起使组数增加了,如果调查单位较少会使各组单位数变少而影响统计分析的效果。

(三) 品质分组和变量分组

按分组标志的性质,统计分组可分为品质分组和变量分组。品质分组也称属性分组,是将总体按品质标志进行分组,如企业按经济成分、企业规模分组以及职工按性别、文化程度分组等;变量分组则是将总体按数量标志进行分组,如企业按职工人数、劳动生产率分组以及职工按工龄、工资分组等。

三、分组体系与分组标志的选择

分组体系就是分组后所形成的一系列互相联系、互相补充的统计分组。分组体系有平行分组体系和复合分组体系两种。平行分组体系就是多个简单分组平行排列所形成的体系;复合分组体系就是复合分组本身构成的分组体系,或由若干个简单分组和复合分组混合形成的分组体系。

分组标志的选择是统计分组的关键。首先,为了综合认识现象总体各个方面的数量特征,必须根据各级统计机构制订的统计制度和统计标准,选择多个互相联系和补充的分组标志。其次,分组标志的选择要与所设计的统计指标体系相对应,以满足统计资料使用的需要。最后,选择分组标志要考虑量变到质变的辩证原理,变量分组后,一般会掩盖组内差异而凸显组间差异,若分组标志选择不当,不但无法显示现象的根本特征,甚至会混淆事物的性质,歪曲现象的真实情况。

因此,我们必须根据统计研究的目的,在对现象进行分析的基础上,抓住具有本质性的区别及反映现象内在联系的标志来作为分组标志。例如,当研究目的是从收入与支出的角度对整个国民经济各交易主体进行分析并据此编制资金流量表、资产负债表和经济循环账户时,应采用机构部门分类。按机构部门划分的交易主体主要有四大类:非金融企业部门、金融机构部门、政府部门和住户部门。

四、统计分组的方法

分组标志确定后,接下来就是要解决分组方法问题。在分组种类的分析中,我们说过,按分组标志的性质,统计分组可分为品质分组和变量分组。分组方法论就是阐述这两种分组的具体方法。

(一) 品质分组的方法

在社会经济现象较为简单的情况下,按品质标志分组一般比较容易,分组标志一经确定,组数、各组的名称就明确了,不存在组与组之间界限划分的问题,如人口按性别分为男女两组以及企业按经济成分划分为公有经济和非公有经济等。在复杂的情况下,各组的界限不易划分,在这一组到另一组之间存在着各种过渡状态,如城乡之间、不同企业规模之间,其边界的确定需要建立统计标准。例如,我国统计标准规定,以实际建设为划分城镇和乡村依据,实际建设是指已建成或在建的公共设施、居住设施和其他设施。又如,企业规模是在从业人数、营业收入和资产总额三个标准中按不同行业选择1~2个标准分别确定的。

在实际工作中,对于这些比较复杂的分组,国家通过制订统计标准来统一规定,以保证统计指标含义、计算方法、分类目录、统计表式和统计编码等的标准化。其中,重要的分类目录如国民经济基本分类包括国民经济行业分类、机构部门分类、三次产业分类、企业经济成分分类、企业登记注册类型分类等。

有些品质标志分组可以进行数字化处理。例如,年份用 $1,2,\cdots,n$ 表示;产品等级用 $1,2,3$ 表示;是非标志用 $0,1$ 表示等。品质标志经数字化处理后,也可计算统计指标。

(二) 变量分组的方法

这是按数量标志分组的方法。按数量标志分组的目的并不是单纯确定各组在数量上的差别,而是要通过数量上的变化来区分各组的不同类型和性质。因此,以什么数量标志来分组,要依据所研究的任务和现象的性质来确定。在实际工作中,变量分组常常用来分析某种指标的变动及其在各组的分配情况,这时,各组的标志也可称指标。例如,企业按销售利润率分组、生产工人按劳动生产率分组等。

1. 变量分组中常用的几个概念

在分析变量分组的具体方法之前,先介绍变量分组的几个概念,包括全距、组距、组限、闭口组和开口组。

全距也称极差,是变量数列中变量值变动的最大范围。它在数值上等于最大的变量值与最小的变量值之差。

组距是分组后各组变量值变动的最大范围,各组最大的变量值称上限、最小的变量值称下限,上限和下限统称组限。

组限,其排列有层叠排列和衔接排列两种。组限层叠排列是在相邻两组中,安排前一组的上限与后一组的下限相等,这样排列能保证不会漏掉包含在各组中的单位数。组限衔接排列是将相邻两组中前一组的上限与后一组的下限依次衔接排列。连续型变量应采用组限层叠排列方式;离散型变量一般采用组限衔接排列方式,也可采用组限层叠排列方式。

闭口组是上限和下限都具备的组。

开口组是只有上限或只有下限的组,下限开口组表现为某一数值以下,上限开口组表现为某一数值以上。设置开口组是分组技术上的需要,因为大多数变量近似于正态分布,正态分布的特征是中间大,两头小,即变量值大的一端和变量值小的一端变量的个数会越来越少。设置开口组可以把两端分散的数据都包含在其中,并能保持用较为简单的等距分组来整理资料。

变量分组由于存在组距与组数的问题,比较复杂。

2. 单项式分组和组距式分组

单项式分组只适合于对少数离散型变量的分组。如果离散变量值的变动幅度较小,就可以依次将每一个变量值对应一组,这种分组称为单项式分组。单项式分组的组数与离散变量的个数相同,而各组的名称也就是各组的变量数值配上计量单位。例如,在人口调研时,家庭按儿童数或人口数分组,则可采用单项式分组。单项式分组不存在开口组和闭口组的问题。

但是,如果离散型变量的变量值变动幅度很大,变量的个数又很多,采用单项式分组势必使分组数太多,各组样本数过少,从而失去分组的意义。例如,将全国所有城市按人口数进行分组,由于各城市人口差别很大,相同人口数的城市几乎是不存在的,因此就不宜进行单项式分组。大多数离散型变量和所有连续型变量都应采用组距式分组。

组距式分组就是把整个变量值依次划分为几个区间,各个变量值则按其大小确定所归并的区间,各区间的间距称为组距,这样的分组称为组距式分组。离散型变量采用组距式分组时,理论上其组限应采用上下限衔接排列,但当组限数值较大或组距较大时,常与连续型变量一样,采用上下限层叠排列。

例如,企业按从业人数进行组距式分组,采用上下限衔接排列:

      20 人以下
      20～299 人
      300～999 人
      1 000 人以上

也可采用上下限层叠排列:

      20 人以下
      20～300 人
      300～1 000 人
      1 000 人以上

连续型变量由于不能一一列举其变量值,所以只能采用组距式分组方式。比如以总产值、商品销售额、劳动生产率、工资等为标志进行分组。

采用组距式分组,我们假设变量值在各组内是均匀分布的。但实际情况并不一定满足这个假设。例如,工人按工资水平可作如下组距式分组:

8 000 元以下
8 000～10 000 元
10 000～12 000 元
12 000～14 000 元
14 000 元以上

假定上例中工资水平在 8 000～10 000 元的工人数为 100 人,显然这 100 人的工资额有可能在 8 000～10 000 元之间是均匀分布的,但也有可能会偏向 8 000 元或偏向 10 000 元。在统计研究中,我们只能假定工资在各组内是呈算术级数均匀分布的。在大多数情况下,由此产生的统计误差是可以被接受的。

在相邻组上下限层叠排列的组距式分组中,若某变量值正好等于相邻两组上下限的数值时,这个变量应归并到哪一组呢? 当变量是越大越好的现象,落在相邻组限上的变量应归入下限一组;当变量是越小越好的现象,则该落在相邻组限上的变量应归入上限一组。例如,考试成绩分组中有 60～70 分和 70～80 分两组,某学生成绩正好为 70 分,则应将其归入后一组,以获得更高的等级。其实前一组上限在理论上应为 69.99 分,后一组的下限才是真正的 70 分。又如,产品单位成本分组中有 40～50 元和 50～60 元两组,某班组正好将单位成本控制在 50 元,则应将其归入前一组,以获得更多的奖励。这时,理论上前一组上限是 50 元,后一组的下限则是 50.01 元。

在实际操作中,更多的现象是越大越好的情况,因此,当某变量值正好等于相邻两组上下限的数值时,一般将这个变量归入下限一组。

对于一定数目的变量,应该划分多少组才比较恰当呢? 经过组距式分组以后,各组内部各单位的差异被抽象掉了,而把各组之间的差异凸显了出来。这样,变量在各组分配的规律性可以更容易地显示出来。根据这个道理,如果组距太小,组数过多,容易将属于同类的单位划分到不同的组,因而显示不出现象类型的特点;但如果组距太大,组数太少,会把不同性质的单位归并到同一组中,失去区分事物的界限,达不到正确反映客观事实的目的。而且,在不同历史时期,人们对从量变到质变的类型区分也是不同的。例如,我国贫困线标准是年人均纯收入 1978 年为 125 元,2009 年为 1 196 元,2020 年为 4 000 元。因此,组距的大小和组数的多少应根据研究对象的经济内容和标志值的分散程度等因素来确定,不可强求一致。

3. 等距分组和不等距分组

等距分组是各组保持相等的组距,即各组标志值的变动都限于相同的范围。在标志值变动比较均匀的情况下,可以采用等距分组,如工资、零件尺寸、单位成本等。等距分组有很多好处,它便于对各组单位和标志值的直接比较,也便于计算各种综合指标。因此,在统计分组时应尽量采用等距分组。

等距分组可以含有开口组,只须判断其闭口组是否等距就行了。如果把等距分组中的开口组改成闭口组,原先的等距分组可能会变成不等距分组,反而使问题复杂化了。

不等距分组又称异距分组。当标志值变动很不均匀且变动幅度很大时,就应采用不等距分组。采用不等距分组有两个原因:一是客观现象本身变量分布不均匀,二是经济管理方面的需要。例如,个人所得税税率表中应纳税所得额按不等距分组,对收入更具有调节作用。有时候,采用不等距分组更符合实际情况,更能说明现象的本质特征。

在各组不相等的组距中,如果标志值是按一定比例变动的,则可按等比的组距间隔来分组。以下是高炉按有效容积、组距间隔公比为2的不等距分组:

200～400 立方米
400～800 立方米
800～1 600 立方米
1 600 立方米以上。

在更多的情况下,可根据事物变化的数量界限来确定组距。例如,人的年龄根据上学情况可作如下不等距分组:1～6岁、7～15岁、16～18岁、19～23岁。人的年龄理论上是连续型变量,但习惯上常作离散型变量处理。

表3-8是我国2019年1月1日起实行的超额累进个人所得税税率表,它是按应纳税所得额所作的不等距分组。

表3-8 个人所得税税率表(综合所得适用)

级 数	全年应纳税所得额(元)	税率(%)	速算扣除数(元)
1	36 000 以下	3	0
2	36 000～144 000	10	2 520
3	144 000～300 000	20	16 920
4	300 000～420 000	25	31 920
5	420 000～660 000	30	52 920
6	660 000～960 000	35	85 920
7	960 000 以上	45	181 920

注:落在相邻组限上的全年应纳税所得额应归入上限一组。

4. 组中值的确定

统计分组一般要将变量按从小到大顺序排列。当然,也可从大到小递减排列。当我们将变量分组完成后,这种排序就自然包含在其中了。组中值是各组变量值排序后近似于中间位置的数值。单项式分组不需要计算组中值,每个变量本身就是组中值。但组距分组不一样,分配到某一组的单位标志值不见了,必须有一个数值来代表它们的一般水平,这个数值就是组中值。

在组距分组中,通常假定各组组距内的标志值呈现算术级数形式的均匀分布。这样,组中值就是上限和下限的算术平均数,其计算公式如下:

$$组中值 = \frac{上限 + 下限}{2}$$

上式适用于等距分组和不等距分组闭口组组中值的确定。

由于各组变量的分布较为复杂,因此,组中值只是代表各组一般水平的近似值,它并不是各组标志值的算术平均数。虽然如此,组中值常被用来计算分组资料的相关指标。

采用上述公式确定各组组中值的原则是:对于连续型变量,应按组限层叠排列的分组来计算组中值;而对于离散型变量,应按组限衔接排列的分组来计算组中值。

在实际操作中,为方便起见,连续型变量可以按组限层叠排列来分组,离散型变量可以按组限衔接排列来分组。在这种情况下,如果各组的组限值较小,则应根据确定组中值的原则,调整各组组限后再计算组中值。

例如,职工人数分组采用组限层叠排列:10~20人、20~30人、30人以上。由于职工人数是离散数,本例变量值又较小,则应按组限衔接排列的分组来计算组中值:10~19人、20~29人、30人以上,其组中值分别为14.5、24.5和34.5。

又如,学生按年龄分组,按习惯采用组限衔接排列分组:7~15岁、16~18岁、19~23岁。由于年龄理论上是连续数,且变量值较小,则应将其转换成按层叠排列分组后再计算组中值,其组中值分别为11.5、17.5、21。

在实际操作中,当组限值较大时,则不管采用组限衔接排列还是组限层叠排列,一般都可以直接采用上限加下限再除以2来计算各组的组中值。等距分组时,各组的组中值应形成一个等差数列,可根据这一特点来判断组中值有没有计算错误。

等距分组开口组组中值的确定,可参照邻近组确定,其计算公式如下:

$$下限开口组的组中值=下限开口组的上限-邻组组距\times 0.5$$
$$上限开口组的组中值=上限开口组的下限+邻组组距\times 0.5$$

例如,邻组为60~80,则60以下可视为40~60,组中值为50,80以上可视为80~100,组中值90。又如,邻组为60~70,则60以下可视为50~60,组中值55,70以上可视为70~80,组中值为75。

对于异距分组开口组组中值的确定,一般采用与等距分组相同的方法,也可视实际情况调整确定。例如,表3—8中关于个人所得税的异距分组,36 000元以下这一组为下限开口组,其下限可视作0,这样计算的组中值应为18 000元。如果参照邻组组距来确定组中值,显然是不可行的。

第三节　统　计　分　布

一、统计分布的意义

在统计分组的基础上,把总体的所有单位数按组归并排列,形成各组单位数在总体中的分布,称统计分布。统计分布的实质是,把总体的全部单位按某标志所分的组进行分配所形成的数列,所以又可称为分配数列或分布数列。在每次把某个单位分配到某一组时,人们常常说分配了一次,所以分配数列又叫次数分布。分配数列有两个构成要素:一是总体按某标志所分的组;二是各组对应的单位数——次数。

统计分布形式十分简单,但在统计研究中却有着重要的意义。统计分布是统计分析结果的一种重要表现形式,也是统计分析的一种重要方法。它可以表明总体各单位的分布特征和结构状况,并有助于我们进一步研究标志的构成、平均水平及其变动规律。从文字含义看,统计分布理论性强一些,分配数列更通俗一点。以下我们交叉使用这两个名词。

二、统计分布的种类和特征

(一) 分配数列的种类

分配数列有两个构成要素,即总体按某标志所分的组和各组对应的次数或频率。

分配数列的第一个构成要素就是总体按某标志所分的组。根据分组标志的不同,分配数列可分为品质分配数列和变量分配数列。按品质标志分组形成的分配数列叫品质分配数列,简称品质数列;按数量标志分组形成的分配数列叫变量分配数列,简称变量数列。

变量数列又可分为单项式数列和组距式数列,组距式数列又可分为等距数列和不等距数列。它们都是由相应的统计分组形成的。

对品质数列来说,由于用品质标志来区分事物的各种类型表现得比较明确,因此,品质数列一般比较稳定,能较好地反映总体各单位的分布特征。对变量数列来说,因为事物性质的差异是用数量界限来表现的,而数量界限往往会受人们主观认识的影响,同一数量标志分组可能会出现多种分布状态。这就涉及各组频数和频率的问题。

(二)频数和频率

分配数列的第二个构成要素就是各组对应的单位数——次数,次数也叫频数,常用 f 表示。各组单位数占总体单位总数的比重称频率,常用 $f/\sum f$ 表示。各组的频率要大于 0 且小于 1,即 $0 < f/\sum f < 1$,所有组的频率总和一定等于 1,即 $\sum (f/\sum f) = 1$。总体按某标志所分的组(或以各组的组中值来代表)与各组对应的频率所形成的频率分布也是统计分布,与次数分布的作用是相同的。次数分布和频率分布都是分配数列。

在变量分配数列中,频数或频率表明对应组标志值的作用程度。频数或频率数值越大,表明该组标志值对总体水平所起的作用也越大;反之,频数或频率数值越小,表明该组标志值对总体水平所起的作用越小。

分配数列中各组的频数或频率不能为 0 或 1,如果某一组的频数或频率为 0,应删除或合并这一组。如果某一组频率为 1,该组就成为分配数列中唯一的组。也就失去了分组的意义。

有时候,为了更简便地概括总体各单位的分布特征,还需要编制累计频数数列和累计频率数列。累计方法有向上累计和向下累计两种。

向上累计就是向变量的上限方向累计,是指将各组频数或频率由变量值较低的组向变量值较高的组累计,各累计数的意义是各组上限以下的累计频数或频率。当我们关注标志值较小的各组分布情况时,可采用向上累计方法。

向下累计就是向变量的下限方向累计,是指将各组频数或频率由变量值较高的组向变量值较低的组累计,各累计数的意义是各组下限以上的累计频数或频率。当我们关注标志值较大的各组分布情况时,可采用向下累计方法。

分析变量的分布状况,一般应采用等距数列。此时,各组的频数或频率就能很好地反映变量的分布状况。如果是不等距数列,则应采用各组的次数密度或频率密度才能正确反映变量的分布状况。次数密度和频率密度的计算公式如下:

$$次数密度 = \frac{某组次数}{该组组距}, \quad 频率密度 = \frac{某组频率}{该组组距}$$

(三)次数分布的特征

社会经济现象总体的性质不同,其次数分布的特征也不同。各种社会经济现象总体的次数分布,归纳起来主要有钟型分布、U 型分布、J 型分布和洛伦兹分布四种类型。

1. 钟型分布

钟型分布是正态分布的俗称,其特征是"中间高,两头低",即靠近中间的变量值分布的次数多,靠近两边的变量值分布的次数少,形如古钟(见图 3-2)。

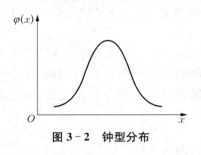

图 3-2 钟型分布

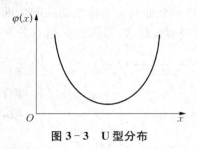

图 3-3 U 型分布

在社会经济现象中,钟型分布多表现为对称分布。对称分布的特征是中间的变量值分布的次数最多,以标志变量中心为对称轴,两侧变量值分布的次数随着与中心变量值距离的增大而渐次减少,并且围绕中心变量值两侧呈现对称分布。这种分布在统计学中称为正态分布。在社会经济现象中,许多变量的分布近似于正态分布类型。如从业人员的年收入、农作物单产、零件尺寸、学生考试成绩、社会财富分布等。正态分布在社会经济统计学中具有重要意义。这是因为,一方面社会经济现象中大部分分布呈现近似正态分布,另一方面正态分布理论是抽样推断的基础。

2. U 型分布

U 型分布的特征与钟型分布正好相反,靠近中间的变量值分布的次数少,靠近两端的变量值分布次数多,形成"两头高,中间低"的 U 字型分布。例如,人口死亡现象按年龄分布便是如此。由于人口总体中幼儿和老年人死亡人数较多,而中年人死亡人数较少,因而死亡人数按年龄分组便近似地表现为 U 型分布,如图 3-3 所示。

3. J 型分布

在社会经济现象中,一些统计总体分布曲线呈 J 型,即次数随着变量值的增加而增加,如农作物产量按土地面积分布、人口数按零售商品销售额分布、工人数按总产值分布、库存量按库存费用分布等,如图 3-4 所示。也有次数随着变量值的增加而减少的倒 J 型分布,如企业数按投资额分布、人口数按年龄大小分布等,如图 3-5 所示。

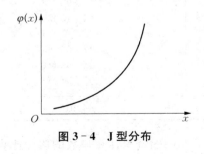

图 3-4 J 型分布

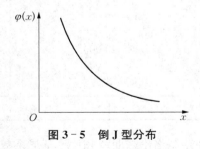

图 3-5 倒 J 型分布

4. 洛伦兹分布

洛伦兹分布曲线是美国统计学家洛伦兹提出来的,专门用以研究社会收入分配的平等问题。

在图 3-6 中,横轴 OH 表示人口的累计百分比,纵轴 OM 表示收入的累计百分比,弧线 OL 为洛伦兹曲线。洛伦兹曲线的弯曲程度有着重要的意义,它反映了收入分配的不平等程度。弯曲程度越大,收入分配越不平等;反之亦然。

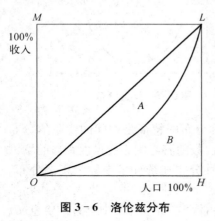

图 3-6 洛伦兹分布

洛伦兹曲线与对角线之间的部分 A 叫做"不平等面积",直角三角形 OHL 的面积($A+B$) 叫做"完全不平等面积"。不平等面积与完全不平等面积之比,就是基尼系数,也称集中系数。

$$基尼系数 = \frac{A}{A+B}$$

基尼系数等于 1,表示收入分配绝对不平等;基尼系数等于 0,表示收入分配绝对平等。基尼系数是衡量一个国家或地区贫富差距的标准之一。按照联合国有关组织规定:基尼系数若低于 0.2 表示收入平均;0.2~0.3 表示比较平均;0.3~0.4 表示相对合理;0.4~0.5 表示收入差距较大;0.5 以上表示收入差距悬殊。通常把 0.4 作为收入分配差距的"警戒线"。

洛伦兹曲线的拓展可运用于其他社会经济现象,研究总体各单位标志变异状况——变量分布的均匀性或分布的集中程度,因此洛伦兹曲线又称集中曲线,如研究产品市场份额在各企业的集中度以及分析固定资产投资额在各地区的集中度等。下面举例说明洛伦兹曲线的绘制原理。

例 3-2 为了调查某城镇居民的收入状况,现抽取 64 户居民作为样本,经统计整理得到以下资料,如表 3-9 所示。

表 3-9 某城镇居民人均可支配收入分组资料

按人均收入分组(元)	户数(户)	各组总收入(元)
10 000 以下	5	598 400
10 000~20 000	10	1 740 800
20 000~30 000	17	7 017 600
30 000~40 000	14	17 136 000
40 000~50 000	12	18 169 600
50 000 以上	6	9 737 600
合 计	64	54 400 000

为绘制洛伦兹曲线和计算基尼系数,必须根据表 3-9 中的资料计算户数的累计比重和人均收入的累计比重,如表 3-10 所示。

表 3-10　某城镇居民户数比重和人均收入比重计算表

按人均收入分组(元)	户数		人均收入	
	比重(%)	累计比重(%)	比重(%)	累计比重(%)
(甲)	(1)	(2)	(3)	(4)
10 000 以下	7.8	7.8	1.1	1.1
10 000～20 000	15.6	23.4	3.2	4.3
20 000～30 000	26.6	50.0	12.9	17.2
30 000～40 000	21.9	71.9	31.5	48.7
40 000～50 000	18.7	90.6	33.4	82.1
50 000 以上	9.4	100.0	17.9	100.0
合　计	100.0	—	100.0	—

根据表 3-10 第 2 栏和第 4 栏的资料,就可以绘制洛伦兹曲线了,如图 3-7 所示。绘制洛伦兹曲线的图示域要求为正方形。本例横轴表示户数的累计比重,纵轴表示人均可支配收入的累计比重。

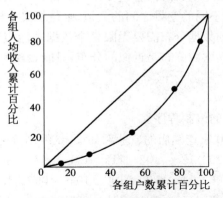

图 3-7　某城镇居民人均可支配收入洛伦兹曲线

绘制完洛伦兹曲线后,可以计算基尼系数。基尼系数常用以下公式计算:

$$G = \sum_{i=1}^{n} P_i I_i + 2\sum_{i=1}^{n-1} [P_i(1-S_i)] - 1$$

其中,G 表示基尼系数;P 为各组户数比重;I 为各组人均收入比重;S 为各组人均收入的累计比重;n 为组数。

表 3-11 为基尼系数计算表。计算时,为了减少小数点后面的位数,表中数据以百分数为单位计算。

表 3-11 基尼系数计算表

组次 (甲)	P_i (1)	I_i (2)	S_i (3)	$P_i I_i$ (4)=(1)×(2)	$100-S_i$ (5)=100-(3)	$P_i(100-S_i)$ (6)=(1)×(5)
1	7.8	1.1	1.1	8.58	98.9	771.42
2	15.6	3.2	4.3	49.92	95.7	1 492.92
3	26.6	12.9	17.2	343.14	82.8	2 202.48
4	21.9	31.5	48.7	689.85	51.3	1 123.47
5	18.7	33.4	82.1	624.58	17.9	334.73
6	9.4	17.9	100.0	168.26	0	0
合 计	100.0	100.0	—	1 884.33	—	5 925.02

根据表 3-11 的计算结果,基尼系数可计算如下:

$$G = 1\,884.33 \times (\%)^2 + 2 \times 5\,925.02 \times (\%)^2 - 1 = 0.37$$

绘制洛伦兹曲线,必须正确分辨给定的数据中哪些项是总体单位,哪些项是单位标志,前者应放在横轴上,后者应放在纵轴上。

必须指出的是,次数分布是现象总体各组变量与其对应的次数或频率所形成的分布。如果研究分析两个或两个以上不同的变量之间的关系,则是相关分析和回归分析中讨论的问题。还应指出的是,数学意义上的数据分布需要无限多个数据才能表现为一条曲线。统计学中所分析处理的数据是有限的,其次数分布是近似的分布,只能表现为一条折线。

三、分配数列的编制

现在举例说明分配数列的编制程序。

例 3-3 某公司下属 30 家连锁店的营业额如下,试编制分配数列(单位:万元)。

```
89   129  125  107  112  121  97   36   100  108
114  106  117  90   108  104  109  112  93   113
105  107  115  121  119  96   123  99   82   125
```

(一)将原始资料按其数值大小重新排列

只有把得到的原始资料按其数值大小重新排列顺序,才能看出变量分布的集中趋势和特点,为确定全距、组距和组数作准备。按数值从小到大重新排列的顺序如下:

```
36   82   89   90   93   96   97   99   100  104
105  106  107  107  108  108  109  112  112  113
114  115  117  119  121  121  123  125  125  129
```

(二)确定全距

确定全距前,要检查数据组两端有没有极端值。如果有极端值且个数较少,应考虑将极端值归入开口组,计算全距前,可去掉极端值。本例有极端值 36,去掉后的最大值为 129,最小值为 82,修正后的全距为 47(129−82=47)。

(三)确定组距和组数

组距=全距/组数。当全距一定时,组距越大,组数就越少;组距越小,组数就越多。在实际应用中,组距一般应采用整数,最好是 5 或 10 的整倍数。本例中,变量值变动比较均匀,可采用等距分组,可分 5 组。组距=47/5=9.4,可调整为 10。

(四) 确定组限

组限要根据变量的性质来确定。如果变量值相对集中,无特大或特小的极端值时,则采用闭口式;反之,如果有特大或特小的极端值时,则采用开口式,将极端值归入开口组中。本例可设置下限开口组,最大组的上限可取整数 130,比最大的变量值 129 略大一些,这样可以避免或减少正好落在各组组限上的变量个数。

(五) 编制变量数列

经过上述四个步骤以后,就可以把总体各单位按变量值的大小分配到各组,计算各组的次数和频率(见表 3-12)。

表 3-12 某公司 30 家连锁店按营业额分组分析表

按营业额分组(万元)	连锁店数(家)	比重(%)	累计频数		累计频率	
			向上累计	向下累计	向上累计	向下累计
90 以下	3	10.0	3	30	10.0	100.0
90～100	5	16.7	8	27	26.7	90.0
100～110	9	30.0	17	22	56.7	73.3
110～120	7	23.3	24	13	80.0	43.3
120～130	6	20.0	30	6	100.0	20.0
合　　计	30	100.0	—	—	—	—

第四节　统计表与统计图

一、统计表

(一) 统计表的结构

统计表就是用纵横交叉的线条所绘制的用于表现统计资料的一种表格形式。也可以说,在统计工作各阶段所使用的各种调查表、汇总表和分析表都是统计表,只是繁简、格式不同。我们现在讲的是一般意义的统计表,它是表现统计资料的一种最主要的形式。

从形式上看,统计表是由总标题、横行标题、纵栏标题和指标值四部分组成。总标题是表的名称,放在表的上端;横行标题放在表的第一栏;纵栏标题放在表的第一行;统计表内的指标值由横行标题和纵栏标题共同来说明。

从内容上看,统计表是由主词和宾词两部分构成。主词是统计表所要说明的总体、总体的各个组或各个单位的名称。宾词是说明主词的统计指标,包括指标名称和指标值。主词一般放在第一栏;宾词的指标名称一般放在第一行。但是,这样排列有时会使统计表变得过于狭长或过于宽短,在实际工作中也可以将主词和宾词合并排列或变换排列。

表 3-13 是一个一般统计表表式的例子,主词栏和宾词栏已在表旁加以注明。

表 3-13 2020 年我国固定资产投资情况

按产业和地区分组	固定资产投资(亿元)	比上年增长(%)
固定资产投资总额	518 907	2.9
按产业分		
第一产业	13 302	19.5
第二产业	149 154	0.1
第三产业	356 451	3.6
按地区分		
东部地区	219 653	3.8
中部地区	136 503	0.7
西部地区	135 715	4.4
东北地区	27 036	4.3

（左：主词栏；右：宾词栏）

（二）统计表的种类

统计表按主词是否分组及分组的复杂程度分为一览表、简单分组表、平行分组表和复合分组表。

1. 一览表

一览表也称简单表，是主词未经任何分组的统计表。一览表的主词可以是总体各单位的名称、时间序列和编码等。表 3-14 是一览表的一个例子，企业编号是主词。

表 3-14 2020 年某地 8 家大型工业企业部分财务指标

企业编号	经济成分	职工人数（人）	流动资金（万元）	营业收入（万元）	资金周转率（次）
（甲）	（乙）	（1）	（2）	（3）	（4）=（3）÷（2）
1	国　有	5 600	10 250	112 080	10.93
2	私　有	1 250	3 070	20 650	6.73
3	港澳台	2 000	3 200	48 754	15.24
4	外　商	3 500	9 620	105 125	10.93
5	私　有	1 050	1 770	12 621	7.13
6	外　商	2 630	7 140	100 745	14.11
7	国　有	7 860	20 040	204 386	10.20
8	国　有	2 500	6 000	81 021	13.50
合　计	—	26 390	61 090	685 382	11.22

2. 简单分组表

简单分组表是主词按某一标志进行分组的统计表。简单分组表可用来揭示现象不同类型的特征、研究总体内部的构成和分析现象之间的依存关系。表 3-15 是简单分组表的一个例子。

表 3-15 2020 年全国居民人均可支配收入

按全国居民五等分收入分组	全国居民人均可支配收入（元）
低收入	7 869
中等偏下收入	16 443
中等收入	26 249
中等偏上收入	41 172
高收入	80 294

3. 平行分组表

平行分组表是主词按若干个标志进行平行分组的统计表。平行分组表是把若干个简单分组平行排列在一张统计表中，可以从多个角度反映总体的数量特征，揭示总体的全貌。表 3-16 是平行分组表的一个例子。

表 3-16 2020 年全国社会消费品零售额分组表

按城乡和消费类型分组	2020 年社会消费品零售额（亿元）	比上年增长（%）
总额	391 981	3.9
按城乡分		
城镇	339 119	4.0
农村	52 862	3.2
按消费类型分		
餐饮收入	39 527	16.6
商品零售	352 454	2.3

4. 复合分组表

复合分组表是主词按两个或两个以上标志进行复合分组的统计表。在一定的统计分析任务的要求下，复合分组表能把更多的指标结合起来，更直观、更深入地分析社会经济现象的特征和规律性。表 3-17 是复合分组表的一个例子。

表 3-17 2020 年某地工业企业按经济成分和从业人员分组表

按经济成分和从业人员分组	企业数（家）	职工人数（人）	总资产报酬率（%）	劳动生产率（万元/人）
公有经济	23	26 707	14.22	21.38
20 人以下	2	37	7.36	9.27
20~300 人	4	1 100	10.23	11.32
300~1 000 人	10	8 700	12.98	16.60
1 000 人以上	7	16 870	17.31	25.01

续表

按经济成分和从业人员分组	企业数（家）	职工人数（人）	总资产报酬率（％）	劳动生产率（万元/人）
非公有经济	29	10 062	12.97	20.10
20 人以下	10	182	6.97	7.55
20～300 人	12	2 650	9.54	12.23
300～1 000 人	5	3 130	14.19	20.16
1 000 人以上	2	4 100	15.02	22.39
合　　计	52	36 769	—	—

（三）宾词指标的配置

宾词指标的配置有平行配置和层叠配置两种。平行配置就是宾词各指标彼此分开，作平行排列。层叠配置则是将构成宾词的各指标进行细分并层叠排列起来，使原来一个指标变成几个指标。在平行配置的情况下，有几个宾词指标，就有几个栏目。在层叠配置的情况下，宾词指标占有的栏目等于各宾词指标和细分项数的乘积。平行配置可见表 3-17 所示，层叠配置可见表 3-18 所示。

表 3-18 层叠配置样表

企业名称	技术人员总数			技术职称								
				高级职称			中级职称			初级职称		
	男	女	计	男	女	计	男	女	计	男	女	计
（甲）	(1)	(2)	(3)	(4)	(5)	(6)	(7)	(8)	(9)	(10)	(11)	(12)

从表 3-18 可以看出，性别有两个标志表现，职称有三个标志表现，层叠配置的栏目是 6 栏（2×3＝6）。表 3-18 如果改成平行配置，栏目只要 5 栏（2+3＝5）。层叠配置虽然能详细说明研究现象的特征，但如果所用的指标太多，反而会影响统计表表现的明确性。

（四）统计表的编制规则

统计表的编制，无论是主词的内容或宾词指标的配置都要目的明确、内容鲜明，以使读者容易看懂。因此，在编表时，首先要强调目的要求，把统计表编制得简明、紧凑、突出重点，避免使问题的实质被一些细枝末节所掩盖。统计表的编制规则主要有以下六项。

第一，统计表的各种标题特别是总标题的表达应简明扼要，能概括地反映统计表的基本内容。总标题应包含时间限定、空间范围和内容三个要素。

第二，统计表中的主词各行一般应按先局部后整体的规则排列，即先列各个项目，后列总计。当没有必要列出所有项目或缺失一些项目时，可先列总计，而后列出其中一部分重要的项目。宾词各栏需要合计时，一般也按先局部后整体的规则排列，如表 3-17 所示。

第三，如果统计表的栏目较多，通常可在表中的第二行进行编号。在主词和计量单位等栏目，用甲、乙等文字加括号标明；宾词指标各栏目，则用1、2、3等数字加括号编号。

第四，表中数字应填写整齐、对准位数。当数字为0或数字太小可忽略不计时，要写上0；当缺乏某项资料时，用符号"…"表示；逻辑上不应有数字或文字的空格用符号"—"表示。总之，一张完整的统计表一般不应留有空格。

第五，统计表中必须注明数字资料的计量单位。当全表只有一种计量单位时，可把它写在表头的右上方。当表中需要分别注明不同的计量单位时，横行的计量单位可以专设一栏；纵栏指标的计量单位，应与纵栏指标名称写在一起，用小字加括号标写。

第六，统计表的形状一般为左右两边开口，上下两条边线加粗，以长方形为佳。横行标题之间通常不必用横线隔开，但纵栏标题之间一定要用竖线分开。少画一些线条是为了让统计表显得简洁明了。必要时，统计表应加注说明或注解，如某些指标的计算口径、估算的数字、缺失的数字以及统计资料的来源等。说明或注解一般写在统计表的下端。

二、统计图

统计图是用点、线、面积等几何图形来显示统计数据的形式。统计图可以用来描述总体的静态分布状况，反映现象的动态变化趋势，以及表现变量间的相互关系。它具有形象具体、简明易懂的特点，在显示统计数据方面具有一定优势。统计图的形式多样，这里主要介绍几种常见的统计图。

(一) 直方图

直方图是用直方形的宽度和高度来表示次数分布的图形。社会经济现象的数量特征大多数呈现正态分布，直方图是用有限个数据来反映数据正态分布大致形状的直观图。绘制直方图时，要对总体进行结构分组，用横轴表示各组组限，纵轴表示次数或频率，即各组的组距用各个直方形的宽度来表示，各组的次数或频率用各个直方形的高度来表示。

现根据某班学生某课程的考试成绩资料(见表3-19)来绘制直方图。

表3-19 某班学生某课程考试成绩次数分布表

按考试分数分组	学生人数(人)	频率(%)
60以下	4	8
60～70	10	20
70～80	16	32
80～90	14	28
90～100	6	12
合　计	50	100

根据表3-19的资料，可将下限开口组60以下视同闭口组50～60，横坐标表示各组的组限，纵坐标表示学生人数(次数)，频率则标在纵轴的右方，如图3-8所示。

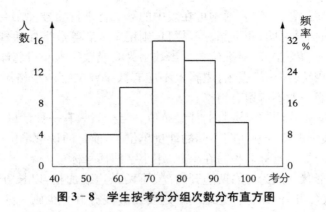

图 3-8　学生按考分分组次数分布直方图

直方图还可以反映总体按品质标志分组的次数分布。如果将表 3-19 中学生的考试成绩按等级分组，横坐标表示优秀、良好、中等、合格和不合格五个等级，则可画出学生按考试等级分组的次数分布直方图，读者可自行绘制。

（二）条形图

条形图是用宽度相同的条形的高度或长短来表示数据变动的图形，它是一种更简单、应用更广泛的图形。条形图只用条形的高度来反映数据的变动，而条形的宽度大小只是确定条形的形状，并不表示数据的变动。

条形图可以用分组资料来绘制，也可以用未分组资料来绘制。当按分组资料绘制条形图时，横坐标表示各组的组中值或各类型的名称，纵坐标表示次数或频率；当按未分组资料绘制条形图时，横坐标表示序号、时间序列、单位名称等，纵坐标表示某项指标。

此外，条形图还有单式和复式之分，单式条形图由一组数据绘制而成，复式条形图由两组数据复合绘制而成。根据表 3-19 中某班学生某课程的考试成绩资料，横坐标采用各组组中值表示，可绘制单式条形图，如图 3-9 所示。

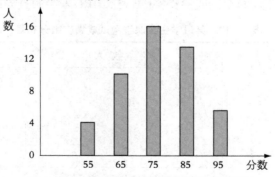

图 3-9　学生按考分分组次数分布条形图

根据表 3-20 历年全国城镇居民和农村居民人均可支配收入资料，可绘制复式条形图，如图 3-10 所示。

表 3-20　历年全国居民人均可支配收入　　　　　　　　　　单位：万元

年份	城镇居民人均可支配收入	农村居民人均可支配收入
2016	2.46	0.79
2017	2.70	0.89
2018	2.88	1.05
2019	3.12	1.14
2020	3.36	1.24

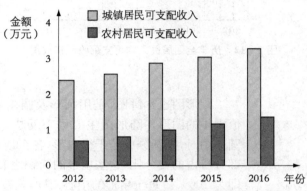

图 3-10　历年全国居民人均可支配收入条形图

由图 3-10 可以看出，全国城镇居民与农村居民的人均可支配收入都是逐年提高的，但城镇居民与农村居民的人均可支配收入还存在着较大的差距。

（三）折线图

折线图是在直方图或条形图的基础上，用折线将各直方形或条形高度的坐标连接起来绘制而成的。当对总体进行结构分组时，折线图也可以用各组组中值与各组次数确定的坐标点连接而成。图 3-11 是根据表 3-19 的资料绘制的次数分布折线图，图 3-12 是根据表 3-20 的资料绘制的折线图。

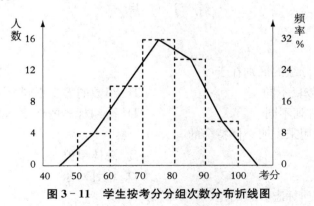

图 3-11　学生按考分分组次数分布折线图

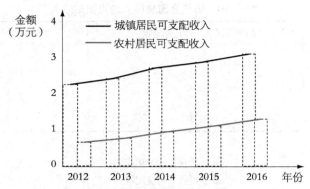

图 3-12　历年全国居民人均可支配收入折线图

（四）圆形图

图 3-13　2020 年国内生产总值产业结构圆形图

圆形图也称饼图，是用圆形及圆内扇形的面积来表示数值大小的图形。圆形图主要用来反映总体内部结构，在绘制圆形图时，把圆分成若干个扇形，各个扇形的面积表示总体各部分所占的百分比，这些扇形的面积之和等于整个圆的面积，即为 100%。每个扇形的中心角度，是按该部分的百分比乘以 360°确定的。如果某一部分所占总体的比重为 25%，那么其扇形的中心角度为 360°×25%＝90°。

例如，已知 2020 年我国国内生产总值为 1 015 986 亿元。其中，第一产业为 77 754 亿元，占 7.65%；第二产业为 384 255 亿元，占 37.82%；第三产业为 555 977 亿元，占 54.53%。据此绘制的圆形图，如图 3-13 所示。

练 习 与 思 考

一、单项选择题

1. 平行分组与复合分组的区别在于（　　）。
   A. 分组标志的数目不同　　　　B. 组数的多少不同
   C. 分组标志的排列不同　　　　D. 分组标志的性质不同
2. 统计表的宾词是用来说明总体特征的（　　）。
   A. 单位标志　　　　　　　　　B. 总体单位
   C. 统计指标　　　　　　　　　D. 统计对象
3. 下列分组中按品质标志分组的是（　　）。
   A. 企业按总资产分组　　　　　B. 产品按质量优劣分组
   C. 人口按年龄分组　　　　　　D. 乡镇按增加值分组
4. 在全国人口普查中（　　）。

A. 劳动力资源是标志值　　　　　　B. 性别比是数量标志
C. 年龄是统计指标　　　　　　　　D. 总人口数是统计指标

5. 用组中值代表各组标志值的一般水平所作的假设是（　　）。
   A. 各组次数在组内呈算术级数形式的均匀分布
   B. 各组变量在组内呈算术级数形式的均匀分布
   C. 各组标志在组内呈算术级数形式的均匀分布
   D. 各组变量值在组内呈算术级数形式的均匀分布

6. 对企业先按经济成分分组，再按企业规模分组，这样的分组属于（　　）。
   A. 简单分组　　　　　　　　　　B. 平行分组
   C. 复合分组　　　　　　　　　　D. 两个简单分组

7. 不等距数列中某一组的（　　）越大，说明该组标志值对总体平均水平所起的作用就越大。
   A. 频数　　　　　　　　　　　　B. 频率
   C. 次数密度　　　　　　　　　　D. 组距

8. 分配数列的构成要素包括总体所分的组以及各组的（　　）。
   A. 次数分布　　　　　　　　　　B. 组数
   C. 组中值　　　　　　　　　　　D. 频数或频率

9. 统计资料大多数呈（　　）。
   A. 钟型分布　　　　　　　　　　B. J 型分布
   C. U 型分布　　　　　　　　　　D. 均匀分布

10. 当统计表全表只有一种计量单位时，可把它写在（　　）。
    A. 表头的右上方　　　　　　　　B. 表头的左上方
    C. 统计指标旁　　　　　　　　　D. 专设栏目中

11. 某连续变量数列，其末组为开口组，下限为 200，又知其邻组的组中值为 170，则末组组中值为（　　）。
    A. 260　　　　　　　　　　　　 B. 230
    C. 215　　　　　　　　　　　　 D. 185

12. 对工人按产量组距分组时，如果某工人的产量数正好等于相邻两组上下限数值，应将该工人归入（　　）。
    A. 上限所在组　　　　　　　　　B. 下限所在组
    C. 开口组　　　　　　　　　　　D. 闭口组

13. 某企业对各生产班组产品产量计划完成程度进行统计分组，已知最小值为 90%，极差为 40%，则最佳分组方法为（　　）。
    A. 90%～99%、100%～109%、110%～119%、120%以上
    B. 90%、100%、110%、120%、130%
    C. 90%～100%、100%～120%、120%～130%
    D. 90%～100%、100%～110%、110%～120%、120%～130%

14. 关于组中值，下列说法不正确的是（　　）。
    A. 它是各组的代表值

B. 它是各组平均值的精确值
C. 它是各组平均值的近似值
D. 组中值＝下限＋组距/2

15. 合理的统计分组,应表现为(　　)。
    A. 组内同质性和组间差异性
    B. 组内差异性和组间差异性
    C. 组内同质性和组间同质性
    D. 组内差异性和组间同质性

二、多项选择题

1. 一览表的主词可以是(　　)。
   A. 总体各单位的名称　　　　B. 时间序列
   C. 各组的名称　　　　　　　D. 总体分类
   E. 编码

2. 职工按工资额分组(单位:元)为 4 000 以下、4 000～6 000、6 000～8 000、8 000 以上四个组。这一分组(　　)。
   A. 属于等距分组
   B. 末组组中值为 9 000 元
   C. 相邻组上下限衔接排列
   D. 相邻组上下限层叠排列
   E. 工资额 6 000 元的职工应归入第三组

3. 下列选项中,宜采用等距数列形式的有(　　)。
   A. 企业按从业人员数分组
   B. 高炉按容积分组
   C. 职工按工资额分组
   D. 纳税人按应纳税所得额分组
   E. 居民按可支配收入水平分组

4. 统计分组的作用有(　　)。
   A. 估计总体的参数
   B. 探讨现象之间的依存关系
   C. 汇总总体单位数
   D. 划分总体内部的不同结构
   E. 分析总体内部的结构状况

5. 指出下列分组哪些是属性分组(　　)。
   A. 人口按性别分组
   B. 企业按增加值多少分组
   C. 宾馆按星级分组
   D. 从业人员按文化程度分组
   E. 家庭按收入水平分组

6. 从形式上看,统计表的组成部分包括（　　）。
   A. 总标题
   B. 指标值
   C. 纵栏标题
   D. 横行标题
   E. 计量单位

三、判断题

1. 统计整理的方法包括分组、汇总和编表。（　）
2. 分配数列中各组频率的数值范围为[0,1]。（　）
3. 观察不等距数列各组的次数就能看出数列的分布状况。（　）
4. 复合分组是将总体按两个或两个以上的标志分组。（　）
5. 统计表也称次数分布表。（　）
6. 统计分组的关键是正确选择分组标志和划分各组的界限。（　）
7. 单项式频数分布的组数等于变量个数。（　）
8. 品质分布数列是单项式数列。（　）
9. 对次级资料进行再整理可以得出新的结论。（　）
10. 统计表中当某格缺失资料时就用空格表示。（　）

四、问答题

1. 统计分组的概念和作用是什么？
2. 什么是分配数列？分配数列的构成要素有哪些？
3. 分配数列的种类有哪些？
4. 从内容上看,统计表包括哪些部分？
5. 类型分组、结构分组和分析分组各有什么特点？
6. 单项式分组和组距式分组分别在什么条件下运用？
7. 次数分布有哪几种？各有什么特点？
8. 统计表的宾词指标如何配置？
9. 如何运用等距分组和不等距分组？
10. 编制统计表要遵循哪些规则？

五、计算分析题

1. 某村庄 50 户人家的家庭人口数如下：
   3 2 1 4 2 3 3 3 2 1 4 5 4 3 4 5 2 6 3 4 5 3 3 4 3
   2 3 3 2 4 3 4 4 3 3 4 2 6 3 2 4 3 3 2 1 5 4 4 2
   试编制单项式分配数列。

2. 某班 57 名学生某课程的考试分数如下：
   81 56 92 74 75 82 77 78 34 67 91 95 85 87 64 79 80 89 86
   79 75 72 69 67 86 84 79 65 97 67 72 56 84 88 90 77 71 62
   70 76 83 76 79 82 90 54 78 86 84 79 81 78 74 83 79 76 85
   试编制等距分配数列。

3. 某地 18 家企业生产同类产品,各企业的年产量、生产工人数和年增加值资料如下：

序号	年产量（万吨）	工人数（百人）	增加值（万元）	序号	年产量（万吨）	工人数（百人）	增加值（万元）
1	720	16	8 000	10	570	14	6 200
2	235	6	2 320	11	870	20	9 100
3	200	5	2 000	12	180	5	1 700
4	309	8	2 950	13	610	12	6 500
5	812	20	9 200	14	440	13	5 000
6	160	5	1 800	15	525	14	5 800
7	920	17	9 950	16	1 050	21	12 700
8	660	12	7 000	17	907	20	10 000
9	280	8	3 000	18	780	17	8 700

要求：根据上表资料按年产量（100万～500万吨，500万～900万吨，900万吨以上）分组，编制统计表，并分析企业生产规模与工人劳动生产率之间的关系。

4. 某企业2021年1月份职工工资分布如下：

按工资分组（元）	职工人数（人）	频率（%）	向上累计		向下累计	
			频数	频率	频数	频率
8 000以下	16					
8 000～12 000	35					
12 000～16 000	75					
16 000～20 000	99					
20 000～24 000	87					
24 000以上	63					
合计	375					

要求：试在上表空格内填上相应的数字或符号，并指出数列类型。

5. 请指出下列各统计表的主词与宾词，横行标题与纵栏标题，指出统计表的类型，并绘制统计图。

表一

年份	国内生产总值（万亿元）	人均国内生产总值（万元）	社会消费品零售总额（万亿元）	城乡居民储蓄余额（万亿元）
2016	51.93	4.00	20.72	41.02
2017	56.88	4.38	23.44	46.54
2018	63.59	4.72	26.24	50.69
2019	67.67	4.99	30.09	55.10
2020	74.41	5.39	33.23	58.00

表二

人口按性别和城乡分组	2020年中国大陆人口（万人）	比2010年增加（万人）
中国大陆总人口	141 178	7 206
按性别分		
男性人口	72 334	3 649
女性人口	68 844	3 557
按城乡分		
城镇常住人口	90 199	23 642
乡村常住人口	50 979	－16 436

6. 某公司下属30家连锁店的营业额（单位：万元）如下所示。

　　97　105　121　119　92　112　97　29　125　113
　　103　48　106　107　123　128　109　110　94　101
　　117　115　114　89　121　80　108　99　125　108

要求：编制等距数列，并计算频数、频率、累计频数、累计频率，编制统计表。

7. 某地2021年投资项目一览表如下：

序号	企业登记注册类型	投资金额（亿元）	序号	企业登记注册类型	投资金额（亿元）
1	内　资	5.2	12	外　商	6.2
2	外　商	3.8	13	港澳台	2.9
3	港澳台	3.6	14	内　资	9.4
4	内　资	12.5	15	内　资	17.8
5	内　资	6.0	16	内　资	8.7
6	外　商	14.6	17	外　商	18.5
7	外　商	7.7	18	港澳台	5.0
8	港澳台	9.3	19	内　资	0.8
9	内　资	3.6	20	港澳台	6.5
10	港澳台	15.4	21	内　资	7.2
11	内　资	1.7	22	外　商	8.0

要求：将投资项目按企业登记注册类型和投资金额两个标志进行复合分组，用统计表反映投资项目分布和投资结构状况。

8. 试为下列题目设计样表：(1)"十三五"时期(2016—2020年)我国主要工业品产量（如粗钢、原煤、石油、电力等）；(2)2020年我国国内生产总值和人均国内生产总值与其他主要国家对比。

9. 假定已知某车间职工的人数、工种、性别、年龄、工资收入等方面的资料,试设计下列统计表样表:(1)按一个数量标志分组,宾词平行配置;(2)按一个数量标志分组,宾词层叠配置;(3)按一个品质标志和一个数量标志进行简单分组,主词平行排列;(4)按一个品质标志和一个数量标志进行复合分组,主词层叠排列。

10. 经抽样调查,得某市居民家庭储蓄存款的样本资料如下:

户编号	储蓄存款(万元)	户编号	储蓄存款(万元)	户编号	储蓄存款(万元)	户编号	储蓄存款(万元)
1	5.6	16	302.6	31	5.5	46	21.0
2	6.4	17	32.1	32	63.1	47	1.4
3	12.0	18	6.5	33	220.7	48	23.1
4	30.2	19	12.0	34	21.0	49	14.6
5	70.1	20	27.1	35	3.6	50	7.8
6	60.3	21	166.0	36	5.9	51	36.9
7	105.2	22	20.4	37	8.7	52	16.7
8	3.0	23	62.3	38	13.6	53	23.0
9	40.9	24	24.0	39	15.8	54	58.9
10	1.6	25	12.5	40	21.7	55	4.7
11	72.5	26	9.1	41	6.4	56	62.2
12	13.3	27	2.9	42	41.8	57	135.6
13	18.6	28	33.7	43	10.2	58	10.5
14	26.4	29	49.6	44	9.4	59	84.9
15	77.8	30	51.2	45	11.6	60	43.5

要求:(1)按储蓄存款标志分组:先通过汇总,把数据填入表一第1栏和第2栏,并计算第3栏。(2)根据表一中的资料计算表二各栏数据,并计算该市居民储蓄存款分布的基尼系数。

表一

按储蓄存款分组(万元)	户数(户)	各组储蓄存款总额(万元)	户均储蓄存款(万元)
(甲)	(1)	(2)	(3)
5 以下			
5~10			
10~20			
20~50			
50~100			
100~200			
200 以上			
合 计			

表二

按储蓄存款分组（万元）	户　数		储蓄存款	
	比重(%)	累计比重(%)	比重(%)	累计比重(%)
（甲）	(1)	(2)	(3)	(4)
5 以下				
5～10				
10～20				
20～50				
50～100				
100～200				
200 以上				
合　计				

第四章 综合指标

学习目的与要求

统计指标一般都可称为综合指标。本章主要阐述基本的综合指标,包括总量指标、相对指标和平均指标,分析这三种综合指标的意义、种类及其计算和运用。具体要求:

1. 明确总量指标的概念、作用和分类;
2. 明确相对指标的概念、作用和表现形式,了解常见的相对指标,并掌握它们的性质、特点及计算方法;
3. 明确平均指标的概念、作用,理解算术平均数、众数、中位数的特点和它们之间的关系,掌握各种平均指标的计算及分析;
4. 理解变异指标中全距、平均差、标准差的概念,理解并掌握各种变异指标的计算方法、变异系数及分组条件下方差的运用。

第一节 总量指标

一、总量指标的意义

总量指标又称统计绝对数,它是反映社会经济现象发展的总规模、总水平和工作总量的综合指标。总量指标是统计整理阶段的直接成果,为统计研究进入统计分析阶段提供了可靠的基础。总量指标与数量指标是同义的,其数值大小与统计范围的大小成正比。它是最基本的统计指标。

在社会经济统计中,总量指标具有十分重要的作用。

第一,总量指标是对社会经济现象总体认识的起点。因为社会经济现象的基本情况往往首先表现为总量。例如,反映一个国家的国情国力和了解一个企业的生产经营情况,其最基本的数据就是总量指标。例如,2020年我国国内生产总值为人民币101.6万亿元,约合14.73万亿美元,经济总量仅次于美国,居世界第二位。又如,2020年我国社会消费品零售总额达人民币39.2万亿元,其中网上零售额达人民币11.76万亿元,表明了我国居民巨大的消费能力。

第二,总量指标是国家编制发展规划和实施宏观经济调控以及企业进行经营决策的主要依据。国民经济五年规划中有些重要指标是以总量指标的形式规定的。例如,我国第十三个五年规划(2016—2020年)中,要求到2020年国内生产总值达到或超过92.7万亿元人民币,城镇新增就业人数要超过5 000万人,提出要使现行标准下的5 575万农村贫困人口实现脱贫,耕地保有量保持在18.65亿亩等,这些都是重要的总量指标。现"十三五"规划已完美收官。

第三,总量指标是用来计算相对指标和平均指标的基础。相对指标和平均指标是总量指标的派生指标。总量指标是否科学和正确将直接影响到相对指标和平均指标的准确性。

二、总量指标的种类

总量指标有以下三种分类。

(一) 总体单位总量和总体标志总量

总量指标按其所反映的总体内容不同,可分为总体单位总量和总体标志总量,简称单位总量和标志总量。单位总量是指总体内所有单位的数量,如全国人口总数、企业设备台数等。标志总量是指总体中各单位某标志值的总和,如全国规模以上工业企业增加值、企业职工薪酬总额等。总体单位是标志的直接承担者,标志总量不会独立于单位总量而存在。在一个特定的总体内,只能存在一个单位总量,但可以同时并存多个标志总量,构成一个总量指标体系。例如,某地区各类工业企业的几项经济指标如表4-1所示。

表4-1 2020年某地区各类工业企业的几项经济指标

按经济成分分类	企业数(家)	职工人数(人)	增加值(亿元)	利税总额(亿元)	年末固定资产总值(亿元)
国有经济	204	572 000	743.6	594.4	123.8
集体经济	31	18 620	22.3	13.4	11.2
私有经济	110	57 000	102.5	72.6	20.4
港澳台经济	56	67 050	167.9	150.3	28.3
外商经济	77	62 300	152.4	160.1	21.7
合　计	478	776 970	1 188.7	990.8	205.4

企业数列为单位总量;职工人数、增加值、利税总额、年末固定资产总值为标志总量。

在表4-1中,总体是某地区各类工业企业,因此,企业数是单位总量,职工人数、增加值、利税总额、年末固定资产总值是标志总量。职工人数不是单位总量,因为总体单位是企业,而不是职工。利用表4-1中的资料,可以计算各种经济成分企业的平均利税额、劳动生产率和百元固定资产增加值等派生指标。

总体单位总量和总体标志总量并不是固定不变的,它们随研究目的的不同而变化。假如,本例将该地区所有企业的职工作为总体,然后将职工按所属企业的类别进行分组,单位总量就是职工总数,而由此围绕职工的一系列标志总量指标有工资总额、个人所得税纳税总额、储蓄总额等。利用这些总量指标,继而可以计算各类企业的平均工资、人均交纳个人所得税额、人均储蓄额等派生指标。因此,只有正确地确定什么是总体单位,才能正确分辨单位总量指标和标志总量指标。

(二) 时期指标和时点指标

统计研究的现象包括空间范围和时间跨度两个方面。把总量指标分成时期指标和时点指标是针对时间跨度来讲的,是一个动态概念。空间范围的总量指标是不能分成时期指标和时点指标的。

时期指标是指反映某种社会经济现象在一段时间内连续变动结果的总量指标,时期指标也称流量指标。社会经济活动的最小时间单位是"天",以"天"为最小时间单位,意味着一天内的数据变动不必记录,只要记录这天结束时的数据。流量可看作是每天记录的量。例如,某人第1天赚了500元,第2天又赚了500元,显然该人两天一共赚了1 000元。每天产生的流量具有相加性,如收入、费用、利润等。因此,时期指标表现为某一段时间内每天记录的数据累加起来的绝对数。

时点指标是指反映社会经济现象在某一时点上的总量指标,时点指标也称存量指标。社会经济现象的时点单位是"天",确切地讲,是把一天的时间浓缩到24时这一点上,而该时点以前所有的数量变动都将被集中反映到该时点上。例如,第七次全国人口普查的启动时点是2020年11月1日零时,即2020年11月1日以前全国人口的变动都归集到了这一时点上。时点指标在时间上不具备相加性,例如,某人第1天存入银行500元钱,到了第2天还是原来的500元存款,如果把这两天的存款余额相加,就重复计算了,因此,每天的存量是不能相加的。常见的时点指标有资产、负债、所有者权益、人数等。

应该指出的是,只有某一天的存量可以表现为时点指标,超过一天的时段,其数值只能表现为时点指标的序时平均数,例如,年平均存货=(年初存货+年末存货)/2。可以说12月31日的资产负债表,而不能说12月份的资产负债表。又如,可以说12月末的人数,而不能说12月份的人数,但可以说12月份的月平均人数。

如何判断时期指标和时点指标,要注意以下四点:一是每天的绝对数相加若具有实际意义则为时期指标,若无实际意义则为时点指标;二是时点指标的增量是时期指标,如招工人数、固定资产投资额等;三是平均指标和相对指标既不是时期指标也不是时点指标,如平均工资、人均国内生产总值等;四是空间范围内的绝对数不分时期指标和时点指标,其数值都具有相加性,如甲仓库的存货可以与乙仓库的存货相加。

(三) 实物指标、价值指标和劳动量指标

总量指标按其所采用的计量单位不同,可分为实物指标、价值指标和劳动量指标。

1. 实物指标

实物指标是以实物单位计量的统计指标。实物单位有自然单位、度量衡单位、双重单位和复合单位等。自然单位如1台冰箱、5辆轿车等。度量衡单位如100吨钢铁、1 000克大米等,我国从1991年起统一使用以国际单位制为基础的法定计量单位(见表4-2)。双重单位是用两个计量单位来描述实物,如水力发电机5台/70万千瓦,表示具有多少千瓦的多少台发电机。复合单位是用来说明两个具有不同计量单位的数据乘积的,如载重量10吨的卡车运输距离为20千米,可用复合单位表示为200吨千米;1千瓦的电灯开了10小时,其用电量为10千瓦小时。

表4-2 我国法定计量单位(部分)

国际单位制七个基本单位			非国际单位制法定计量单位		
量的名称	单位名称	单位符号	量的名称	单位名称	单位符号
长度	米	m	时间	分	min
质量	千克(公斤)	kg		小时或时	h
时间	秒	s		天或日	d
电流	安培	A	长度	海里	n mile
热力学温度	开尔文	K	速度	节	kn
物质的量	摩尔	mol	质量	吨	t
发光强度	坎德拉(烛光)	cd	体积	升	L

利用实物单位计算产品产量时,由于同类产品有不同的质量,因此,还可采用一种标准实物单位。比较典型的就是标准煤,我国把每千克含热量为7 000大卡的煤炭定为标准煤。另外,我国还经常将各种能源折合成标准煤的吨数来表示。例如,1吨秸秆的能量相当于0.5吨标准煤,1立方米沼气的能量相当于0.7千克标准煤。

实物指标的特点是能直接反映产品的使用价值或现象的具体内容,因而能够具体地表明事物的规模和水平。在国家掌握国民经济基本情况、企业制订生产经营计划等方面,实物指标都有广泛的应用。实物指标还是计算价值指标的基础,在实际工作中占有重要的地位。但是,实物指标也有局限性,它缺乏对不同类型的产品或商品的综合能力比较,也就是缺乏相加性,因此不能完全反映现象的总规模、总水平。例如,企业生产不同产品的总成果以及不同商品的销售总量都不能用实物指标来综合反映。

2. 价值指标

价值指标是以货币单位计量的统计指标。它是反映经济活动总成果和分析各种现象之间比例关系的重要指标,是社会经济统计学进行统计研究的主要指标。货币单位体现现象和过程的社会属性,如国内生产总值、固定资产投资额、商品销售额、财政收入、工资总额等。价值指标的最大特点在于它的综合性。商品的价值代表了一般的社会必要劳动量,它具有广泛的概括能力,我们正是通过价值指标的相加性这个特点来分析商品的价格变动和销售量变动的。

但是,价值指标也有一定的局限性,它脱离了物质内容而具有抽象性。因此,在实际工作中,价值指标和实物指标常常结合使用,以有助于我们认识事物的全貌。

3. 劳动量指标

劳动量指标是以劳动时间单位计量的统计指标。劳动时间单位是人力资源管理中的一项重要内容。劳动时间单位有工时、工日等。我们可以借用劳动时间单位来计算劳动总消耗并据此确定劳动力资源的需要量。通过对劳动量指标的统计分析,可以评价劳动力资源的利用程度,如计算用生产总量和劳动时间总量对比的劳动生产率。劳动量指标同时也是制订工时定额和控制生产成本的重要指标。

三、计算和应用总量指标应注意的问题

计算和应用总量指标,应注意以下两个问题。

(一) 要明确指标含义,界定统计范围

统计指标的含义是由各级统计机构颁发的统计标准来规定的。总量指标是所有统计指标的基础,因此明确统计指标含义的关键是要理解总量指标的含义。例如,核算国内生产总值总量指标,首先要弄清什么叫国内生产总值、核算哪些单位、核算哪些内容、按什么价格计算等问题,才能有效地开展统计工作,保证数据的真实、准确和完整。

总量指标的计算并非单纯是一个数据汇总的技术问题。有一些指标的统计从表面上看是比较简单的,但实际上统计范围的边界是不能随意确定的,必须按照国家制定的统计标准来统计,如城镇和乡村的区分和企业规模的划分等。

(二) 要注意现象的同质性,正确使用计量单位

在计算实物指标时,要注意现象的同质性。同质产品能直接相加,而不同质的产品则不能简单相加。但是,事物的同质性也具有一定的相对性,并不能一概而论。例如,两种不同的产品,在计算产品产量时它们是不同质的,因此不能简单相加。但是,在运输时它们都是货物,则是同质的。严格地说,世界上完全同质的事物是不存在的。因此,我们在区别同类与非同类的时候,要特别注意量变到质变的界限。

计量单位的选择要注意以下两点:一是要注意只有同质的现象才能使用相同的计量单位;二是要选择国家统一规定的法定计量单位。这样,才能保证统计资料的准确性。

第二节 相 对 指 标

一、相对指标的意义

相对指标又称统计相对数,它是两个有联系的现象变量的比率,用以反映现象的发展程度、结构、强度、普遍程度或比例关系等。相对指标可以用两个绝对数对比计算,也可以用两个相对数或两个平均数对比计算。

运用相对指标的基本要求是:对比的两个指标要有可比性。指标的可比性就是两个对比的指标具有相同的类型或有着密切的经济联系,对比的结果要满足统计分析的要求。相对指标是一个抽象化的指标,它可以使我们加深认识现象之间的固有联系。借助于相对指标对现象进行对比分析,是统计分析的基本方法之一。

相对指标的作用主要表现在以下三个方面。

第一,相对指标为人们深入认识事物发展的质量与状况提供了客观依据。社会经济现象总是相互联系、相互制约的。我们要分析一种社会经济现象,仅仅利用某一项指标是不够的,必须运用包含相对指标在内的指标体系来认识现象的本质特征。例如,2020 年国有控股投资 51.89 万亿元,年增长 2.9%;民间投资 28.93 万亿元,年增长 1.0%,占全部投资的比重为 55.75%。这一系列的指标可以使我们从纵向和横向两个方面了解 2020 年我国固定资产投资情况。

第二,相对指标是国家编制发展规划和企业编制经营计划重要的指标形式。相对指标与总量指标结合使用,可以从横向对比和纵向对比两个方面全面反映社会经济现象的变动以及人们的目标要求。我国第十四个五年规划的主要指标,采用相对指标形式的有:到 2025 年,数字经济核心产业增加值占 GDP 比重要达到 10%,基本养老保险参保率要达到 95%,城镇调查失业率要小于5.5%，常住人口城镇化率要达到65%等。

第三，运用相对指标可以使不能直接对比的现象找到对比的基础。在社会经济的很多现象中，我们常常要进行不同国家和地区、不同企业单位之间的横向对比，而用相对指标对比，能使我们更清楚地认识现象之间的关系。例如，两个地区用地区生产总值来比较，只能反映这两个地区的经济总量，若要了解这两个地区居民的生活水平，则要采用人均国内生产总值这个强度相对指标来比较。又如，两个企业不但要用利润总额来对比，还要用各自的销售利润率来对比，才能更好地了解两个企业的盈利水平。

二、相对指标的表现形式

相对指标的表现形式主要包括无名数和有名数。无名数是抽象化的计量名称，有名数一般由两个计量单位组成，我们不妨将无名数和有名数统称为计量名称。

相对指标一般表现为无名数，多以倍数、成数、百分数、千分数、百万分数等表示。无名数的选择应考虑计量名称的直观性。例如，相对指标大于1，可选择倍数；相对指标小于1，可选择百分数、千分数等。成数是将对比的基数定为10计算出来的相对数。例如，粮食产量增长1/10，称粮食产量增产一成则更简单通俗。百分数是将对比的基数定为100计算出来的相对数，这是最常用的表现形式。我们还常用变动多少个百分点来表示两个相对数之间的差异。

相对数一般是由两个总量指标对比形成的，如果这两个指标的计量单位相同，则相除后可约去，这样形成的相对数就是一个无名数；但当两个指标的计量单位不相同时，则相除后分子和分母的计量单位都会保留下来，从而形成一个有名数。事实上，无名数中也隐含着一个有名数，两个指标的计量单位虽然相同，如果相除后分子和分母的计量单位也保留下来，则也可形成一个有名数，但这不符合人们的使用习惯。

绝对数的计量单位和相对数的计量名称要与指标名称配合使用。有时候，为了使统计指标的含义更简洁，也可在相对指标的名称中保留一个计量单位，如百万吨煤炭死亡人数、百元固定资产利税额、人均国内生产总值等。这些相对数由于在其名称中已表明了一个计量单位，在指标数值的后面只需用另一个计量单位表示，不必用有名数或无名数表示了。例如，某地2020年人均地区生产总值为95 000元。

在相对指标中，只有少部分强度相对指标需要使用有名数，因为强度相对指标是两个不同类的指标对比计算的。但是，并不是所有的强度相对指标需要使用有名数，大多数强度相对指标还是使用无名数，如销售利润率、人口出生率等。

有时候，为了使指标更通俗易懂，也可将有些强度相对指标的无名数转化成有名数。如商品周转率本来是无名数，但人们常用"次"作为计量名称。这种由无名数转化来的有名数常常是单名数，而由计算形成的有名数通常是复名数。因此有名数又包括单名数和复名数两种。

三、相对指标的种类及计算方法

相对指标按所反映的时空关系不同可分为三类，即静态相对指标、动态相对指标，以及具有动态相对指标和静态相对指标双重性质的计划完成程度相对指标。

（一）静态相对指标

静态相对指标是在同一时间内现象数量对比计算的相对数，包括结构相对指标、比例相对指标、比较相对指标和强度相对指标。

1. 结构相对指标

结构相对指标就是在资料分组的基础上，以总体总量作为比较标准，求出各组总量占总体总量的比重，来反映总体内部的结构。结构相对指标俗称比重，一般用总量指标来计算。比重的计算结果一般用百分数表示，各组比重之和等于1。其计算公式如下：

$$结构相对指标=\frac{总体中某一部分的总量}{总体全部总量}$$

结构相对指标可以分析两个方面的结构：一是总体的类型结构，即用某一组的单位数与总体单位数对比计算出的比重，以反映总体单位数在各组的分布状况；二是变量结构，即用某一组的标志总量与总体总量对比计算的比重，以反映总体某一标志值的分布结构。

例如，2020年我国60周岁以上的老年人口已达2.64亿人，占总人口的18.7%。这是类型结构，表明老年人口比重较高，应引起社会关注。又如，2020年我国粮食总产量达到6.69亿吨，其中玉米占38.94%，稻谷占31.64%，小麦占20.05%，其他占9.37%。这是变量结构，表明我国三大主粮的产量比重。

2. 比例相对指标

比例相对指标是总体中不同部分数量对比计算的相对数，用以分析总体内各个组成部分之间的比例关系和协调平衡状况。比例相对指标简称比例，其计算公式如下：

$$比例相对指标=\frac{总体某一部分数值}{总体另一部分数值}$$

计算比例相对指标时总体各部分不能分得太多，一般将总体分成两部分或三部分，太多了会使问题复杂化。如果总体分组较多，应改用结构相对指标来分析。

比例相对指标常用百分比来表示；也可以用 $a:b$ 或 $a:b:c$ 的形式来表示，通常将其中一部分作为基数1、10或100等来计算其他部分的数值。例如，某学院2020年招收男生2 200人，女生2 000人，则男生数对女生数的比例为110%，也可以写成男生数与女生数之比为110∶100。又如，2020年我国总人口性别比例为105.07∶100，出生人口性别比例为111.3∶100。

比例相对指标可以用绝对数对比计算，也可以用相对数、平均数对比计算。例如，2020年我国城镇居民人均可支配收入为43 834元，农村居民人均可支配收入为17 131元，城乡居民人均收入之比为2.56∶1。

结构相对指标与比例相对指标可以互相转换。设总体分成甲、乙两部分，a 表示甲的单位数，b 表示乙的单位数，v 表示甲与乙的单位数之比，x 表示甲单位数比重，y 表示乙单位数比重。

已知比例相对指标求结构相对指标的转换公式如下：

$$y=\frac{b}{a+b}=\frac{1}{1+v}$$

$$x=\frac{a}{a+b}=\frac{v}{1+v}=1-\frac{1}{1+v}=1-y$$

已知结构相对指标求比例相对指标的转换公式如下：

$$v=\frac{a}{b}=\frac{(a+b)x}{(a+b)y}=\frac{x}{y}, \quad \text{或}\ a:b=x:y$$

如果将总体分成三部分或三部分以上,其结构相对指标与比例相对指标互相转换的方法可参照上述公式进行。

例 4-1 甲、乙两个班组生产某产品,1月份甲班完工的产品产量比乙班多50%,求甲、乙两个班组产量的比重。

甲班产量比乙班多50%,意味着甲班对乙班的比例相对指标:$1+50\%=150\%$。设 x、y 分别表示甲、乙两个班组产量的比重,则有

$$y=\frac{1}{1+1.5}=0.4, \quad x=1-0.4=0.6$$

也就是说,甲班组和乙班组的产量比重分别为60%和40%。

3. 比较相对指标

比较相对指标是两个同类总体的同类指标对比计算的相对数,用以说明某一同类同期现象在两个同类总体之间发展的不平衡程度,以表明同类事物在不同条件下的数量对比关系。

其计算公式如下:

$$\text{比较相对指标}=\frac{\text{某总体的某一指标}}{\text{另一同类总体的同类指标}}$$

其中,两个同类总体可以是两个国家、两个地区、两个部门、两个企业等。两个同类指标的指标含义、口径范围、计量单位应一致,否则就会失去对比性。

比较相对指标可以用百分比来表示,也可以用倍数来表示。计算比较相对指标,可以用绝对数对比,也可以用相对数、平均数对比。例如,2020年上海市城镇居民人均可支配收入为7.6万元,陕西省为3.8万元,则上海市城镇居民人均可支配收入是陕西省的2倍。

比较相对指标进行对比的两个指标,分子是主体指标,分母是客体指标。当指标的主体和客体不明显时,一般应将较大的数值与较小的数值进行对比,以使计算结果更为直观。例如,2020年江苏省实现地区生产总值为人民币10.27万亿元,而浙江省为6.46万亿元,则江苏省与浙江省对比的比较相对指标为158.98%。

4. 强度相对指标

强度相对指标是不同总体中两个性质不同但有一定联系的指标对比计算的相对数,用来表明现象发展的强度、密度和普遍程度。其计算公式如下:

$$\text{强度相对指标}=\frac{\text{某一总量指标}}{\text{另一不同类的但有联系的总量指标}}$$

这里要注意两点:一是两个对比的指标一般是总量指标;二是这两个不同类的指标要有一定社会经济联系。

强度相对指标可用无名数和有名数表示。例如,2020年我国人口出生率和自然增长率分别为8.52‰和1.45‰,这是无名数;2020年我国人口密度为148人/平方千米,上海为3 810人/平方千米,这是有名数。

由于该相对指标强调的是分子指标对分母指标影响和作用程度的强弱,所以称为强度相对指标。强度相对指标能反映某些社会经济现象的作用、强度、密度和普遍程度,因此在社会

经济统计中具有特殊的作用。例如,用人均钢产量、人均粮食产量来反映一个国家的生产水平;用资金周转率、销售利润率来反映一个企业的经济效益;用人均绿化面积、人均拥有的医院床位数来反映一个国家和地区的公益事业的发展水平等。

有些强度相对指标有正指标和逆指标之分。一般来说,正指标越大越好,逆指标越小越好。例如,某市每百名户籍老人拥有 20 张养老床位为正指标;每张养老床位服务的户籍老人为 5 人是逆指标。但是,不宜把所有强度相对指标分成正指标和逆指标。

5. 静态相对指标的判断

静态相对指标之间的关系以及相对指标与平均指标之间的关系有时需要加以分辨,下面分别加以说明。

实际应用强度相对指标时,应注意与平均指标的区别。例如,某三口之家中父母有稳定的收入,孩子还没有工作。父母的平均年收入显然是个平均数,但如果要计算这一家三口的人均年收入时,就需要考虑同质性问题。从收入这个角度来看,父母是同质的,但再加上孩子就不同质了。因此,一家三口的人均年收入只是一个广义的平均数,它属于强度相对指标。类似的现象,如以全国总人口计算的人均国内生产总值和人均粮食产量、以企业职工总数计算的全员劳动生产率等都属于强度相对指标。

有些相对指标则较为复杂,如企业的资产负债率是负债对比资产计算出来的强度相对指标,但它对于"资产=负债+所有者权益"这个会计等式来说,则是一个结构相对指标。事实上,很多相对指标具有这种双重性质,这是因为人们考察现象的角度不同,结构相对指标侧重于考察总体的构成;强度相对指标侧重于考察总体中某个举足轻重的指标对另一个指标的作用。

对于比例相对指标和比较相对指标来说,计算时其分子与分母可以对换,即改变对比顺序是不会影响所研究问题的性质的。强度相对指标有正指标和逆指标的区分,实际上也是改变对比顺序的问题。

(二) 动态相对指标

动态相对指标包括发展速度和增长速度,它是报告期的发展水平或增长水平与基期的发展水平对比计算的动态相对指标。动态相对指标将在动态数列一章中详细介绍,这里仅列出发展速度的计算公式:

$$发展速度 = \frac{报告期发展水平(a_1)}{基期水平(a_0)}$$

式中,字母下标 1 表示报告期;下标 0 表示基期。其中,报告期可以是当年,也可以是当季、当月甚至当天;基期可以是前期,也可以是报告期以前任何一期。

(三) 计划完成程度相对指标

计划完成程度相对指标是现象在一定时期内或时点上实际完成数与计划数对比计算的相对数,用来检查和监督计划的执行情况。其计算公式如下:

$$计划完成程度相对指标 = \frac{实际完成数(a_1)}{计划数(a_n)}$$

式中,字母下标 1 表示报告期;下标 n 表示计划期。其中,实际完成数和计划数可以采用绝对数,也可以采用相对数和平均数。该公式的分子与分母不能对换,因为人们总是站在现在跟过去比较,不会回到过去跟现在比较。

计划完成程度相对指标具有动态相对指标和静态相对指标的双重性质。一方面,计划数是事先制订的,是一个基数。实际完成数与一个基数对比,也包含了一种时间意义的对比。人们不仅要计算计划完成百分比,还习惯于计算超额完成百分比。因此,计划完成程度相对指标具有动态相对指标的一些特性。另一方面,计划数是一个人为确定的标准,是一个常数。实际完成数与一个常数对比,这就使计划完成程度相对指标又具有静态相对指标的特性。

关于计划完成程度相对指标的动态特性,可通过分析计划任务完成百分比与计划任务超额完成百分比之间的关系来加以说明。超额完成百分比的计算公式如下:

$$超额完成百分比 = \frac{实际完成数(a_1) - 计划数(a_n)}{计划数(a_n)}$$
$$= \frac{实际完成数(a_1)}{计划数(a_n)} - 1$$
$$= 计划完成百分比 - 1$$

下面举例说明。设实际完成数 $a_1 = 120$,计划数 $a_n = 100$,则有

$$计划完成百分比 = \frac{a_1}{a_n} = \frac{120}{100} = 120\%$$

$$超额完成百分比 = \frac{a_1 - a_n}{a_n} = \frac{a_1}{a_n} - 1 = 120\% - 1 = 20\%$$

显然,计划完成百分比可表述为:a_1 是 a_n 的 120%,超额完成百分比可表述为:a_1 比 a_n 多 20%。

计划完成百分比与超额完成百分比之间的关系,可描述为以下四点。

第一,两者互相转换的方法只要加 1 或减 1,即计划完成百分比减 1 等于超额完成百分比;超额完成百分比加 1 等于计划完成百分比。

第二,计划完成百分比一般表现为正数;超额完成百分比可能是正数,也可能是零或负数。如果上例中将实际完成数 120 换成 80,计划数不变,那么超额完成百分比就变成了 a_1 比 a_n 多 -20%,即 a_1 比 a_n 少 20%。

第三,在实际工作中,人们常常用超额完成百分比的概念来制订计划,如计划粗钢产量增加 20%、计划产品单位成本降低 10% 等。在这种情况下,我们考核计划完成程度时,先要将超额完成百分比的概念通过加 1 转换成计划完成百分比的概念,然后才能进行相应的计算,再将计算结果通过减 1 还原为超额完成百分比的概念来回答问题。

第四,是否超额完成计划任务,要根据现象的性质来判断:对于越大越好的现象,如收入、产量等,则计划完成百分比大于 100% 的部分为超额完成百分比,小于 100% 的部分为未完成百分比;对于越小越好的现象,如单位成本、流通费用等,则计划完成百分比小于 100% 的部分为超额完成百分比,大于 100% 的部分为未完成百分比。

计划完成程度相对指标可用来监督和检查国民经济规划的执行情况,分析企业生产经营计划的完成程度,有助于我们分析现象发生的原因和提出解决问题的方案。根据计划任务的不同形式,计划完成程度相对指标的具体计算方法有以下两种。

1. 计划任务采用绝对数形式表现

(1) 短期计划执行情况的考核方法。短期计划执行情况的考核方法有两种:第一种情况

是计划任务已经完成,则直接采用以上所列的基本公式计算;第二种情况是计划任务还未完成,这时计划完成程度相对指标也叫计划完成进度,可采用以下公式计算:

$$计划完成进度 = \frac{报告期累计完成数}{全期计划数}$$

例 4-2 某企业计划 2021 年实现产值 1 000 万元,2021 年一季度末,已完成产值 300 万元,问计划完成进度为多少?

$$计划完成进度 = \frac{300}{1\ 000} \times 100\% = 30\%$$

(2)长期规划执行情况的检查方法。长期规划执行情况的检查方法也有两种:第一种情况是计划任务采用累计法制订,即计划任务只规定一个各年的总和;第二种情况是计划任务采用水平法制订,即计划任务只规定计划期末年度达到的水平。下面举例说明这两种方法。

例 4-3 某市"十三五"规划用累计法规定:2016—2020 年城镇固定资产投资总额为 2 000 亿元,实际 5 年共完成投资总额为 2 150 亿元,求计划完成百分比。

$$计划完成百分比 = \frac{2\ 150}{2\ 000} \times 100\% = 107.5\%$$

累计法计划任务执行进度的检查方法是:将计划全部时间减去自计划执行之日起至累计实际数量已达到计划任务的时间,即为提前完成计划的时间。如果本例该市到 2019 年 12 月末已完成投资额 2 000 亿元,则该市提前 1 年完成固定资产投资计划。

例 4-4 某地区"十三五"规划用水平法规定:到 2020 年煤炭年产量达到 5 000 万吨,实际完成情况为:2018 年煤炭年产量为 4 600 万吨,2019 年各季的产量分别为 1 000、1 100、1 200、1 300 万吨,2020 年各季的产量分别为 1 400、1 420、1 470、1 500 万吨。计算计划完成百分比和提前完成计划的时间。

$$计划完成百分比 = \frac{1\ 400 + 1\ 420 + 1\ 470 + 1\ 500}{5\ 000} \times 100\% = 115.8\%$$

采用水平法制订长期规划,假设实际完成数是逐期递增的,本例没有列出 2016 年和 2017 年的煤炭产量,是默认这两年的产量低于 2018 年的产量。计划任务执行进度的检查方法是:只要某年度实际完成数达到计划规定的水平,即为提前完成计划的时间。本例已知计划期后两年各季度的实际产量,只要连续 4 个季度的产量之和达到 5 000 万吨,就完成了计划任务,而不一定要求为日历年度计算的产量。从上述资料容易推算,2019 年后 3 个季度的产量加上 2020 年第 1 季度的产量为 5 000 万吨,则提前完成计划的时间为 3 个季度。

用水平法制订长期规划,也适合于相对数和平均数。

2. 计划任务采用相对数形式表现

计划任务采用相对数形式,就是采用计划任务比前期实际数增加百分之多少来表示。这时候,要将相对数形式的计划任务转换为绝对数形式的计划任务,计算公式如下:

$$\text{绝对数形式的计划任务}(a_n) = \text{前期实际数}(a_0)$$
$$\times (1 + \text{相对数形式的计划任务})$$

下面通过举例来说明计算方法。

例 4-5 某企业采用相对数形式制订计划任务,给生产车间下达的计划任务是:某产品产量比去年增加 22%,单位成本比去年降低 5%;给营销部门下达的计划任务是:商品流通费率控制在 12%。实际完成情况为:产量比上一年增加了 27%,单位成本比上一年降低了 6%,商品流通费率为 12.6%。问各部门计划完成情况如何?

增产任务完成情况:先把"计划比上一年增加 22%"通过加 1 转换成"计划是去年的 122%",同理,把"实际比上一年增加 27%"通过加 1 转换成"实际是上一年的 127%",再将 122%、127% 分别乘以上一年实际数 a_0 得到当年的实际产量和计划产量,然后对比计算:

$$\text{计划完成百分比} = \frac{a_0(1+27\%)}{a_0(1+22\%)} = \frac{1+27\%}{1+22\%} \approx 104.10\%$$

计算结果表明,增产任务超额完成了 4.10%。

单位成本降低任务完成情况:首先将"计划比上一年降低 5%"转换成"计划比上一年增加 -5%",再加 1 转换成"计划是去年的 95%",将"实际比上一年降低 6%"转换成"实际比上一年增加 -6%",再加 1 转换成"实际是上一年的 94%",可计算如下:

$$\text{计划完成百分比} = \frac{a_0(1-6\%)}{a_0(1-5\%)} = \frac{1-6\%}{1-5\%} \approx 98.95\%$$

计算结果表明,单位成本降低任务超额完成了 1.05%。

商品流通费率控制情况:商品流通费率的计划数和实际数都没有与上一年对比,因此可直接对比计算如下:

$$\text{计划完成百分比} = \frac{12.6\%}{12\%} = 105\%$$

计算结果表明,商品流通费率控制任务未完成 5%。

接下来通过举例来分析一下计划完成程度相对数与发展速度结合运用的情况。

例 4-6 某企业 2020 年利润目标实现了 110%,2020 年的利润目标比 2019 年增长 8%,那么该企业 2020 年实现的利润比 2019 年增长了百分之多少?

我们知道,发展速度是 a_1 与 a_0 之比,计划完成程度相对数是 a_1 与 a_n 之比,而计划任务是 a_n 与 a_0 之比。在本例中,计划完成程度相对数是 110%,计划任务就是 2020 年利润目标比 2019 年增长 8%,即 2020 年利润目标是 2019 年的 108%,现在需要计算的就是发展速度:

$$\text{发展速度} = \frac{a_1}{a_0} = \frac{a_1}{a_n} \cdot \frac{a_n}{a_0} = 110\% \times 108\% = 118.8\%$$

计算结果表明,2020 年实现的利润比 2019 年增长了 18.8%。从以上计算可以看出,计划完成程度相对数、发展速度和计划任务这三个相对数,只要已知其中两个,就能计算出第三个相对数。

3. 计划任务采用平均数形式表现

当计划任务采用平均数时,应先计算出实际达到的平均水平,再与计划规定的平均水平对

比,其计算公式如下:

$$\text{计划完成程度相对指标} = \frac{\text{实际达到的平均水平}}{\text{计划规定的平均水平}}$$

由于静态平均数在各个时期没有相加性,采用平均数制订计划任务时,直接对比就行了。如果用平均数制订长期规划,则应采用水平法制订。计划完成程度相对指标就是最末期达到的平均水平与计划规定的平均水平之比。

第三节 平均指标

一、平均指标的意义

平均指标又称统计平均数,主要用以反映社会经济现象总体各单位某一数量标志在一定时间、地点条件所达到的一般水平。平均指标的特点在于把总体各单位标志值的差异抽象化了,它可能与各单位所有标志值都不相同,但又作为代表值来反映这些单位标志值的一般水平。在社会经济统计中,平均指标是最常见的一种综合指标。

运用平均指标的基本要求是要注意社会经济现象的同质性。我们知道,具有同质性的事物具有相加性,而平均数正是通过这种相加性计算出来的。要保持现象总体的同质性,必须选择好划分总体的标志,不同的标志会表现出不同的数量差异。例如,以优秀学生为标志表现的总体一定比全体学生的成绩差异小。

现象总体在某一标志的规定下,总体各单位其他标志的数量差异就会凸显出来,用平均数来代表这些单位标志值,对每一个总体单位来说显然会有误差。但是,平均指标能综合反映总体单位数量标志的一般水平,因此得到了广泛的应用。

在社会经济统计中,平均指标具有以下三个方面的作用。

第一,反映总体各单位变量分布的集中趋势。统计平均数的数学依据是正态分布理论。在社会经济现象中,许多总体各单位某一标志值的变化呈现近似正态分布,即标志值很大或很小的单位都比较少,而越靠近平均数的单位数就逐渐增加,标志值围绕在平均数周围的单位数占最大的比重。平均数反映总体各单位变量分布的集中趋势,正是这一点使平均指标能反映总体某一数量特征的一般水平。例如,我们用平均成绩来评价学生的学习情况、用平均工资来反映工人的收入水平。

第二,比较同类现象在不同总体的发展水平。例如,要比较两个城市居民住房条件的差别,就不能用这两个城市的住宅总面积来进行比较,只有用人均居住面积这个平均指标,才能进行有针对性的比较。例如,2020 年北京人均住房面积为 21 平方米,而同期中国香港人均住房面积为 15.8 平方米,这说明香港居民的居住条件比北京差些。利用平均指标还可以研究总体某一标志值的一般水平在时间上的变动,从而说明现象发展的规律性。例如,1979 年我国人均住房面积为 3.6 平方米,2019 年城镇居民人均住房建筑面积为 39.8 平方米,农村居民人均住房建筑面积为 48.9 平方米,说明我国人均住房建筑面积有了很大的改善,已居于世界较高水平。

第三,分析现象之间的依存关系。分析现象之间的依存关系,必须借助于平均指标与统计分组的结合运用。这是因为总体在分组后,由于各组规模不一致,不能用总量来进行比较,只能用平均数这个代表值来进行比较。例如,将耕地按地形和施肥量标志分组,再将各组农作物的平均收获量进行对比,就可以反映出不同地形、不同施肥量与平均收获量的关系,以帮助农民改进耕作技术。

此外,平均指标经常被用来制订评价事物的标准和作为管理决策的参考。例如,在企业生产管理中,劳动量、原材料消费等各种定额往往是以实际的平均水平为基础并结合其他条件来制订的。又如,对工人劳动效率的评定,通常是以人均产量的一般水平作为依据的。

平均指标包括算术平均数、调和平均数、几何平均数、众数和中位数。其中,算术平均数、调和平均数和几何平均数称作数值平均数;众数和中位数称作位置平均数或位置代表值。以下将分别讨论。

二、算术平均数

(一) 算术平均数的一般计算方法

算术平均数的一般计算方法是围绕着计算绝对数的算术平均数展开的。数学上的算术平均数是 n 个数相加以后再除以 n 计算出来的结果。从静态看,算术平均数是用各单位标志值之和除以标志值的个数计算的;从动态看,算术平均数是用各时期的指标值之和除以时期数计算的。

算术平均数是计算社会经济现象平均指标最常用的方法和最基本的形式,这是因为,许多社会经济现象和过程的平均水平都是通过总体各单位标志值的总和来加以平均的。我们可以举很多例子:

$$工人劳动生产率 = \frac{产品产量或产值或增加值}{平均工人数}$$

$$商品价格 = \frac{销售额}{销售量}$$

$$产品单位成本 = \frac{产品总成本}{产品产量}$$

$$平均工资 = \frac{工资总额}{职工人数}$$

$$人均住房面积 = \frac{常住人口住房总面积}{常住人口}$$

算术平均数的计算特点是它符合大量客观现象这种简单的数量对比关系。

须说明的是,算术平均指标与强度相对指标有相似之处,但它们实质上是不同的。平均指标反映的是总体标志总量和单位总量的对比关系,而强度相对指标则是两个标志总量对比的关系。例如,人均住房建筑面积是常住人口住房建筑总面积除以常住人口计算的平均指标,如果将住房建筑总面积除以常住人口与流动人口之和,其计算结果就变成强度相对指标了。

1. 简单算术平均数

简单算术平均数适用于未分组资料,其计算公式如下:

$$\bar{x} = \frac{\sum x}{n}$$

其中,$\bar{x}$ 表示算术平均数,$\sum$ 是对变量 x 的求和符号,n 代表变量的个数。

例 4-7 某班组生产某产品有 40 名工人，今年 1 月份各工人的产量资料如下：

394 430 430 430 460 460 460 460 460 460
460 460 460 500 500 500 500 500 500 500
500 500 500 500 500 500 500 520 520 520
520 520 520 520 540 540 540 540 548 548

试计算人均月产量。

经加总，40 名工人的总产量为 19 720 件，则有

$$\bar{x} = \frac{\sum x}{n} = \frac{19\ 720}{40} = 493(件)$$

2. 加权算术平均数

加权算术平均数适合于分组资料。如果某些标志值出现若干次，就可以将资料分组，形成分配数列，再用加权算术平均数计算平均指标。其计算公式如下：

$$\bar{x} = \frac{\sum xf}{\sum f}, \quad \bar{x} = \sum x \cdot \frac{f}{\sum f}$$

其中，$\sum$ 是对 xf 的求和符号，f 为标志值出现的次数；$f/\sum f$ 为标志值出现的频率。

次数和频率在加权算术平均数中都称作权数。由于各组变量值出现次数的多少或比重的大小对平均数的形成起着权衡轻重的作用，因此把它们称作权数。权数越大，该权数所对应的标志值对平均数的影响也越大；权数越小，该权数所对应的标志值对平均数的影响也越小。显然，若权数为常数，加权算术平均数就变成了简单算术平均数：

$$\bar{x} = \frac{\sum xf}{\sum f} = \frac{f \sum x}{f \sum 1} = \frac{\sum x}{n}$$

加权算术平均数的大小受两个因素的影响：一是各组标志值的大小；二是各组权数的大小。容易看出，简单算术平均数大小的影响因素是各组标志值的大小和标志值的个数。

$f/\sum f$ 这个因子在不同场合的名称是不同的：在统计分组时叫频率；在相对指标的计算和因素分析中叫结构、构成或比重；在平均指标的计算中称权数；在抽样推断中又叫随机变量的概率。

现将例 4-7 中的未分组资料编成单项式分组资料，再计算人均月产量。当分组后数项较多时，应采用表格计算和公式计算相结合的办法。本例的表格计算见表 4-3 所示，用权数 f 和 $f/\sum f$ 的公式计算和表达分别为：

$$\bar{x} = \frac{\sum xf}{\sum f} = \frac{19\ 720}{40} = 493(件)$$

$$\bar{x} = \sum x \cdot \frac{f}{\sum f} = 493(件)$$

可见，用未分组资料计算的人均月产量与用单项式分组资料计算的人均月产量都是 493 件，是完全相同的。

表4-3　某班组生产的产品产量资料单项式分组表

月产量 x（件）	工人数 f（人）	xf	$\dfrac{f}{\sum f}$	$x \cdot \dfrac{f}{\sum f}$
394	1	394	2.5	9.85
430	3	1 290	7.5	32.25
460	9	4 140	22.5	103.50
500	14	7 000	35.0	175.00
520	7	3 640	17.5	91.00
540	4	2 160	10.0	54.00
548	2	1 096	5.0	27.40
合　计	40	19 720	100.0	493.00

现将例4-7中的未分组资料编成组距式分组资料,再计算人均月产量,表格计算如表4-4所示,用权数 f 和 $f/\sum f$ 的公式计算和表达分别为:

$$\bar{x} = \frac{\sum xf}{\sum f} = \frac{19\ 560}{40} = 489(件)$$

$$\bar{x} = \sum x \cdot \frac{f}{\sum f} = 489(件)$$

表4-4　某班组生产的产品产量资料组距式分组表

月产量（件）	组中值 x（件）	工人数 f（人）	xf	$\dfrac{f}{\sum f}$	$x \cdot \dfrac{f}{\sum f}$
390～430	410	1	410	2.5	10.25
430～470	450	12	5 400	30.0	135.00
470～510	490	14	6 860	35.0	171.50
510～550	530	13	6 890	32.5	172.25
合　计	—	40	19 560	100.0	489.00

由计算结果可知,采用组距式分组资料计算的人均月产量为489件,而采用未分组资料和单项式分组资料计算的人均月产量为493件。

由此可以得出结论:采用组距式分组资料计算的平均指标是有一定误差的,由于组中值是组平均数的近似值,导致各组的加权算术平均数也是一个近似值;而采用未分组资料和单项式分组资料计算的算术平均数则是精确值。

(二) 相对数或平均数的算术平均数

以上分析的算术平均数计算方法是以求绝对数的平均指标为基础的。绝对数具有相加性,即不同的变量相加后具有实际意义。这种相加性体现了总体单位的同质性,同质性体现得越具体,变量的相加性就越好。

运用算术平均数的前提是变量具有相加性。但是,相对数或平均数在空间范围内不具备相加性,如何计算它们的算术平均数呢?方法就是把原来的相对数和平均数先分解出分子和

分母的绝对数,然后再通过分子和分母绝对数的相加性来计算它们的算术平均数。计算步骤如下:

第一步,写出原相对数或平均数具有经济含义的文字公式,并配上字母。例如:

$$商品价格(x) = \frac{销售额(m)}{销售量(f)}, \quad 平均工资(x) = \frac{工资总额(m)}{职工人数(f)}$$

从上式中容易看出,$m = x \cdot f$ 是一个经济方程式,x 和 f 必须具有相容性,即 x 与 f 相乘的结果应具有实际意义。

第二步,分离出原相对数或平均数分子和分母的绝对数,并根据已知条件,确定计算公式。

若已知 x, f,则采用加权算术平均法计算;若已知 m, f,则采用简式平均法计算;若已知 x, m,则采用加权调和平均法计算。其中,加权调和平均法将在稍后的节次中再作分析,简式平均法的计算公式如下:

$$\bar{x} = \frac{\sum m}{\sum f}$$

上式称作平均指标的简式计算公式。其中,缺失的变量 x 实际上已包含在 m 之中($m = xf$)。以下举例说明。

例 4-8 某控股公司有 4 个子公司,2021 年 1 月份各子公司各商品的销售量、销售额和销售利润率资料如表 4-5 所示。

表 4-5 某控股公司 4 个子公司的商品销售资料

子公司名称	销售商品的计量单位	销售利润率 x（%）	销售额 f（万元）	利润额 m（万元）
宏达	吨	11.5	320	36.8
长发	件	12.0	750	90.0
远大	箱	15.0	146	21.9
华硕	袋	21.5	360	77.4
合 计	—	—	1 576	226.1

试计算四个子公司的平均销售利润率。

若已知 x, f,则用加权算术平均法计算,即

$$\bar{x} = \frac{\sum xf}{\sum f}$$
$$= \frac{11.5\% \times 320 + 12\% \times 750 + 15\% \times 146 + 21.5\% \times 360}{320 + 750 + 146 + 360}$$
$$= \frac{226.1}{1\ 576} \approx 14.35\%$$

若已知 m, f,则用简式平均法计算,即

$$\bar{x} = \frac{\sum m}{\sum f} = \frac{36.8 + 90 + 21.9 + 77.4}{320 + 750 + 146 + 360} = \frac{226.1}{1\ 576} \approx 14.35\%$$

若已知 x、m，则应采用以下将要分析的调和平均法计算，读者可先作思考。

三、调和平均数

调和平均数是标志值倒数的算术平均数的倒数，又称倒数平均数，它仅适合于计算相对数、平均数的平均数。调和平均数本质上还是算术平均数，它常被作为算术平均数的变形来使用。调和平均数也有简单调和平均数和加权调和平均数两种形式。

根据经济方程式 $m = x \cdot f$，可导出加权调和平均数的计算公式：

$$\bar{x} = \frac{\sum xf}{\sum f} = \frac{\sum m}{\sum \frac{m}{x}} = \frac{1}{\sum \frac{1}{x} \cdot \frac{m}{\sum m}}$$

其中，f 是加权算术平均数的权数；m 是加权调和平均数的权数。m 越大，说明该组标志值总量越大，对平均数的影响也越大。显然，当 m 为常数时，加权调和平均数就变成了简单调和平均数：

$$\bar{x} = \frac{\sum m}{\sum \frac{m}{x}} = \frac{m \sum 1}{m \sum \frac{1}{x}} = \frac{n}{\sum \frac{1}{x}}$$

将调和平均数称作倒数平均数，可从以下公式变换中形象地看出来：

$$\bar{x} = \frac{\sum m}{\sum \frac{m}{x}} = \frac{1}{\dfrac{\sum \frac{1}{x} m}{\sum m}}$$

以下举例说明调和平均数的计算方法。

现继续分析例 4-8 中留给读者思考的问题：若已知 x、m，如何计算四个子公司的平均销售利润率？可计算如下：

$$\bar{x} = \frac{\sum m}{\sum \frac{m}{x}} = \frac{36.8 + 90 + 21.9 + 77.4}{\dfrac{36.8}{11.5\%} + \dfrac{90}{12\%} + \dfrac{21.9}{15\%} + \dfrac{77.4}{21.5\%}}$$

$$= \frac{226.1}{1\,576} \doteq 14.35\%$$

例 4-9 某企业甲、乙两个车间生产某产品，今年上半年甲车间超额完成计划任务 20%，乙车间超额完成计划任务 25%，甲车间的实际产量占总产量的 60%。试计算甲、乙两个车间平均计划完成程度和甲、乙两个车间的计划产量之比。

先要搞清相关数据的含义：实际产量(m) = 计划完成百分比(x) × 计划产量(f)。现已知实际产量(m)和计划完成百分比(x)，应采用加权调和平均数计算。

甲车间实际产量的比重为 60%，则乙车间实际产量的比重为 40%(1−60% = 40%)。甲车间计划完成百分比为 120%(1+20% = 120%)，乙车间的计划完成百分比为 125%(1+25% = 125%)，则甲、乙两个车间的平均计划完成程度为：

$$\bar{x} = \frac{1}{\sum \frac{1}{x} \cdot \frac{m}{\sum m}} = \frac{1}{\frac{0.6}{1.2} + \frac{0.4}{1.25}} \doteq 121.95\%$$

为了计算甲、乙两个车间的计划产量之比,先介绍一个权数的转换公式。

由于 $m = x \cdot f$,$\bar{x} = \sum m / \sum f$,则有

$$\frac{f}{\sum f} = \frac{m}{x} \div \frac{\sum m}{\bar{x}} = \frac{\bar{x}}{x} \cdot \frac{m}{\sum m}$$

注意该权数转换公式仅适合于计算相对数或平均数的平均指标。

现甲、乙两个车间计划产量的比重可分别计算如下:

$$\left[\frac{f}{\sum f}\right]_\text{甲} = \frac{\bar{x}}{x} \cdot \frac{m}{\sum m} = \frac{121.95\%}{120\%} \times 0.6 = 60.975\%$$

$$\left[\frac{f}{\sum f}\right]_\text{乙} = 1 - 60.975\% = 39.025\%$$

甲、乙两个车间的计划产量之比 $= \frac{60.975\%}{39.025\%} \doteq 156.25\%$

也就是说,甲车间的计划产量比乙车间多 56.25%。

当总体仅分成两部分时,也可利用乘法的传递性计算如下:

$$\frac{\text{甲}_\text{计}}{\text{乙}_\text{计}} = \frac{\text{甲}_\text{实}}{\text{乙}_\text{实}} \times \frac{\text{乙}_\text{实}}{\text{乙}_\text{计}} \div \frac{\text{甲}_\text{实}}{\text{甲}_\text{计}}$$

$$= \frac{60\%}{40\%} \times 125\% \div 120\% = 156.25\%$$

其中,甲$_\text{计}$、乙$_\text{计}$ 分别表示甲、乙车间的计划产量;甲$_\text{实}$、乙$_\text{实}$ 分别表示甲、乙车间的实际产量。

例 4-10 某企业 570 名职工的月工资分组资料如表 4-6 所示,试计算人均月工资。

表 4-6 某企业职工工资分组资料

按月工资分组(元)	组中值 x(元)	各组工资总额 m(元)	$f = m/x$
8 000 以下	6 000	402 000	67
8 000~12 000	10 000	1 260 000	126
12 000~16 000	14 000	2 534 000	181
16 000~20 000	18 000	1 836 000	102
20 000 以上	22 000	2 068 000	94
合 计	—	8 100 000	570

此题用组中值代表各组的人均工资,现已知各组的人均工资(x)和工资总额(m),人均月工资可计算如下:

$$\bar{x} = \frac{\sum m}{\sum \frac{m}{x}} = \frac{8\,100\,000}{570} \doteq 14\,210.53(元)$$

例 4-11 某营销中心在三个地区销售同一种商品。2021年全年该商品在三个地区的销售价格分别为每台 2 180 元、2 580 元和 2 680 元。销售情况是：上半年 3 个地区的商品销售额大致相同；下半年 3 个地区的商品销售量大致相同。试分别计算 2021 年上半年和下半年三个地区的商品平均销售价格。

上半年三个地区的商品销售额大致相同，即商品销售额（m）近似为常数，可用简单调和平均数公式，现计算如下：

$$\bar{x} = \frac{n}{\sum \frac{1}{x}} = \frac{3}{\frac{1}{2\,180} + \frac{1}{2\,580} + \frac{1}{2\,680}} \doteq 2\,460(元)$$

下半年三个地区的商品销售量大致相同，即商品销售量（f）近似为常数，可用简单算术平均数公式，具体计算如下：

$$\bar{x} = \frac{\sum x}{n} = \frac{2\,180 + 2\,580 + 2\,680}{3} = 2\,480(元)$$

计算结果表明，该营销中心 2021 年下半年的商品销售情况比上半年好。

四、几何平均数

几何平均数是反映按一定比率变动的社会经济现象标志值的一般水平，它主要适用于计算结构相对数的平均指标、动态相对数的动态平均指标，也可用于计算指数的平均指标。几何平均数也有简单和加权两种形式，其计算公式如下：

$$\bar{x}_G = \sqrt[n]{x_1 \cdot x_2 \cdots x_n} = \sqrt[n]{\prod x}$$

$$\bar{x}_G = \sqrt[f_1+f_2+\cdots+f_n]{x_1^{f_1} \cdot x_2^{f_2} \cdots x_n^{f_n}} = \sqrt[\sum f]{\prod x^f}$$

其中，$\bar{x}_G$ 表示几何平均数，$\prod$ 是对变量的连乘符号，f 表示权数。

几何平均数的数学基础是各标志值的相容性。所谓相容性是指将不同的标志值相乘后应具有实际意义。若弄清楚了这一点，也就理解了几何平均数的本质特征。

下面举例说明。

例 4-12 某产品的生产过程包括三道连续工序，三道工序的产品合格率分别为 80%、90%、95%，问完工产品合格率为多少？三道工序的平均合格率为多少？

我们知道，产品合格率是一个结构相对指标，即合格品占全部产品的比重。

设 d_0 表示第一道工序投入的产品总数，d_1、d_2、d_3 分别表示三道工序生产的合格品数量。则有：

$$\frac{d_1}{d_0} \times \frac{d_2}{d_1} \times \frac{d_3}{d_2} = 80\% \times 90\% \times 95\% = 68.4\%$$

即三道连续工序的产品合格率具有相容性，它们的连乘积 68.4% 就是完工产品的合格率。而三道工序的平均合格率为：

$$\bar{x}_G = \sqrt[3]{80\% \times 90\% \times 95\%} = \sqrt[3]{68.4\%} \approx 88.11\%$$

例 4-13 某企业获得一笔银行贷款，复利计算，第 1 年贷款年利率为 5%，第 2 年为 6%，问两年总的本利率为多少？两年的平均年利率为多少？

设 d_0 表示该企业第 1 年年初的贷款金额，d_1、d_2 分别表示第 1 年年末和第 2 年年末应付的本金与利息之和，则两年总的本利率为：

$$\frac{d_1}{d_0} \times \frac{d_2}{d_1} = 105\% \times 106\% = 111.30\%$$

平均年利率为：

$$\bar{x}_G = \sqrt{105\% \times 106\%} - 1 = \sqrt{111.30\%} - 1 \approx 5.4988\%$$

复利计算的银行利率实际上是增长速度。有关发展速度与增长速度的内容，将在动态数列一章中详细介绍。

五、众数和中位数

众数和中位数是两个位置平均数。位置平均数也称位置代表值，是根据处于特殊位置的一部分标志值来计算或确定的。它适用于总体各单位的数量特征有极大值或极小值存在的情况，或有个别数值不确切、不清楚以及用等级表示的数据等情况。

（一）众数

众数是现象总体中出现次数最多或频率最高的标志值。例如，一种商品的售价可能经常在变化，但它在市场上成交量最多的那个价位就是该商品价格的众数。用众数来表现给定总体数量特征的一般水平和反映分配数列的集中趋势，显然具有十分直观的意义。

根据大量观察法原理，计算和确定众数的前提是要有足够多的总体单位数。从这一点看，确定众数必须编制相应的分配数列。分配数列有单项式数列和组距式数列两种，以下分别加以讨论。

例 4-14 某村庄居民家庭按人口数分组资料如表 4-7。

表 4-7 某村庄居民家庭按人口数单项式分组表

家庭人口数(人)	户数(户)	频率(%)	累计频率(%)
1	10	5.9	5.9
2	38	22.4	28.3
3	76	44.7	73.0
4	32	18.8	91.8
5	14	8.2	100.0
合 计	170	100.0	—

对于单项式数列众数的确定，可根据次数来判断，也可根据频率来判断。本例各组中最大的次数为 76，对应的众数为 3 人；最大的频率为 44.71%，对应的众数也是 3 人。用两种方法判断的结果是相同的。

例 4-15 某企业职工按人均工资分组资料如表 4-8。

表 4-8 某企业职工按人均工资分组表

按人均工资分组(元)	职工人数(人)	频率(%)	累计频率(%)
8 000 以下	160	8.0	8.0
8 000~10 000	240	12.0	20.0
10 000~12 000	380	19.0	39.0
12 000~14 000	800	40.0	79.0
14 000~16 000	250	12.5	91.5
16 000~18 000	120	6.0	97.5
18 000 以上	50	2.5	100.0
合 计	2 000	100.0	—

对于组距式数列众数的确定,首先要确定众数组。次数或频率最高的组就是众数组。容易看出,本例众数组为 12 000~14 000 元。众数组内的某个众数值可按下列公式确定:

$$众数(m_0) = 下限 + \frac{本组次数 - 上组次数}{(本组次数 - 上组次数) + (本组次数 - 下组次数)} \times (上限 - 下限)$$

或

$$众数(m_0) = 上限 - \frac{本组次数 - 下组次数}{(本组次数 - 上组次数) + (本组次数 - 下组次数)} \times (上限 - 下限)$$

采用上式计算的众数值是个近似值,这是因为在确定众数在众数组内的位置时,仅考虑了众数组及其相邻上下两组的次数之间的比例关系。

本例众数可计算如下:

$$m_0 = 12\ 000 + \frac{800 - 380}{(800 - 380) + (800 - 250)} \times (14\ 000 - 12\ 000)$$
$$\doteq 12\ 866(元)$$

众数的计算要具备一定的条件,如果各组的次数是相同的或相差无几,则不存在众数。在总体单位数小于 30 或在一个无明显集中趋势的资料中,众数的测定是没有意义的。

众数主要适用于变量数列,但有时也可以分析品质数列某一出现次数最多的"重要类型"或"普遍现象",如服装商店销售量最多的时装等。

(二) 中位数

中位数是将总体各单位标志值按大小顺序排列后,处于中间位置的那个数值。中位数的概念表明,数列中有一半单位的标志值小于中位数,另一半单位的标志值大于中位数。在许多场合,我们用中位数来表示现象的一般水平。例如,在研究居民收入水平时,居民收入的中位数有时比算术平均数更能代表居民的收入水平,这是因为中位数排除了某些极端数值的影响。我国居民收入差距大,且低收入者人数众多,收入分布一般呈正偏分布,中位数一般小于算术平均数。例如,2020 年全国居民人均可支配收入为 32 189 元,中位数为 27 540 元。

中位数还有一个性质,就是各标志值与中位数离差的绝对值之和小于各标志值与任意数离差的绝对值之和。这个性质具有一定的实际意义。例如,在一条街上设一服务机构,如果该机构设在各户居民与街头第一户居民的距离构成的数列的中位数位置上,则服务机构到各户的距离总和为最短。

中位数可以根据未分组资料和分组资料来确定。

1. 未分组资料中位数的确定

对于未分组资料,确定中位数的方法是:先将各单位按标志值大小顺序排列,如果总体单位数(n)是奇数,则处于$(n+1)/2$位置的标志值是中位数;如果总体单位数(n)是偶数,则中位数是位次为$n/2$和$(n/2)+1$对应的两个标志值的算术平均数。

例4-16 某篮球队有12名队员,现按身高排序,排在第6位的队员身高为2.02米、第7位为2.03米,问篮球队队员身高的中位数为多少?若该篮球队增加了一名替补队员,身高为2.01米,该篮球队队员身高的中位数又为多少?

第一种情况,人数为偶数,$n=12$,$12/2=6$,$(12/2)+1=7$,中位数就是第6位和第7位队员身高的平均数,即中位数$=(2.02+2.03)/2=2.025$米。

第二种情况,人数为奇数,$n=13$,$(13+1)/2=7$,由于增加的一名替补队员按身高应排在原第6位队员的前面,这样原第6位队员就变成了第7位了,因此中位数为2.02米。

2. 单项式分组资料中位数的确定

单项式分组资料中位数的确定,也是按上面的方法来做。

例如,在表4-7的资料中,某村庄居民家庭按人口数进行单项式分组,因家庭总户数170为偶数,中位数的位置可计算如下:

$$\frac{\sum f}{2} = \frac{170}{2} = 85, \quad \frac{\sum f}{2}+1 = \frac{170}{2}+1 = 86$$

也就是说,中位数的位置在第85个到第86个家庭之间。由于分组资料本身已作了排序,可先向上累计到中位数的位置。本例第二组的累计次数为48,第三组的累计次数为124,已经超过了86。这说明第85个、第86个家庭都包含在第3组了,即中位数为3人。

通过计算累计频率也可以确定单项式分组资料的中位数,累计频率50%所对应的组即为中位数组。本例第二组的累计频率为28.3%,未达到50%,第三组的累计频率为73.0%,超过了50%,这说明累计频率50%包含在第三组中,即中位数为3人。

3. 组距式分组资料中位数的确定

对于组距式分组资料,确定中位数的方法如下。

第一步,确定中位数的所在组。由于连续型变量无奇偶数之分,中位数的位次只需用总次数除以2求得。在计算出各组向上限方向的累计次数或频率后,从第一组开始依次观察各组的累计次数或频率,当某一组的累计次数或频率第一次达到或超过中位数的位次,该组就是中位数所在组。

第二步,计算中位数的近似值。假设变量的次数在各组是均匀分布的,则可以用插值法计算中位数的近似值:

对于中位数所在组,存在如下变量的对应关系:

下限	上组向上累计次数
中位数	中位数的位次
上限	中位数组向上累计次数

根据以上变量的对应关系,用插值法可写出:

$$\frac{\text{中位数} - \text{下限}}{\text{上限} - \text{下限}} = \frac{\text{中位数的位次} - \text{上组向上累计次数}}{\text{中位数组向上累计次数} - \text{上组向上累计次数}}$$

即   中位数$(m_e) = \text{下限} + \dfrac{\text{中位数的位次} - \text{上组向上累计次数}}{\text{中位数组的次数}} \times (\text{上限} - \text{下限})$

或   中位数$(m_e) = \text{下限} + \dfrac{50\% - \text{上组向上累计频率}}{\text{中位数组的频率}} \times (\text{上限} - \text{下限})$

也可采用向下累计次数或频率资料来计算中位数的近似值:

中位数$(m_e) = \text{上限} - \dfrac{\text{中位数的位次} - \text{下组向下累计次数}}{\text{中位数组的次数}} \times (\text{上限} - \text{下限})$

或   中位数$(m_e) = \text{上限} - \dfrac{50\% - \text{下组向下累计频率}}{\text{中位数组的频率}} \times (\text{上限} - \text{下限})$

例 4-17 试计算表 4-8 组距式分配数列的中位数。

第一步,确定中位数的所在组。

中位数的位次 $= 2\,000/2 = 1\,000$。第三组向上累计次数 $= 160 + 240 + 380 = 780$,小于 $1\,000$;第四组向上累计次数 $= 780 + 800 = 1\,580$,大于 $1\,000$。可见,中位数的所在组是第四组 $12\,000 \sim 14\,000$ 元。

也可采用累计频率确定中位数的所在组,累计频率 50% 所对应的组即为中位数所在组。本例第三组的累计频率为 39.0%,未达到 50%,第四组的累计频率为 79.0%,超过了 50%,这说明累计频率 50% 包含在第四组中,即中位数的所在组是第四组 $12\,000 \sim 14\,000$ 元。

第二步,计算中位数的近似值。即

$$m_e = 12\,000 + \frac{1\,000 - 780}{800} \times (14\,000 - 12\,000) = 12\,550(\text{元})$$

或

$$m_e = 12\,000 + \frac{50\% - 39\%}{40\%} \times (14\,000 - 12\,000) = 12\,550(\text{元})$$

在实际工作中,运用众数和中位数要进行一定的定性分析,当现象总体包含一部分极大值或极小值时,或者有个别数值资料不齐全以及对技术等级、产品等级等由品质标志数量化处理而来的标志值等,使用众数和中位数来代表现象的一般水平更有实际意义。众数和中位数只能作为算术平均数的辅助指标,不能强求使用。例如,当一组数据只有少数几个极端值时,也可以去掉这几个极端值后再计算算术平均数,以避免极端值对平均数的影响。

(三)众数、中位数与算术平均数的关系

算术平均数与众数、中位数三者在数量上的关系取决于分配数列的分布状况。

在近似正态分布的情况下,标志值的分布以算术平均数为中心,两边对称分布,离中心越远的标志值次数越少,越靠近中心的标志值次数越多,形成钟形分布,这时中位数、众数和算术平均数相等或者相差很小。

在偏态分布的情况下,由于总体中出现极端值而使标志值的分布状态不再对称。我们知道,众数和中位数不受极端值的影响,而算术平均数则受极端值的影响。因此,如果次数分布的高峰向左偏移,长尾向右侧延伸称为右偏分布;同样,如果次数分布的高峰向右偏移,长尾向左延伸则称为左偏分布。

右偏分布因其分布的长尾向右侧延伸,表明有若干极大值存在,因此,也称正偏分布,如图 4-1 所示。此时,大于平均数的变量的累计频率小于 0.5,且

$$m_0 < m_e < \bar{x}$$

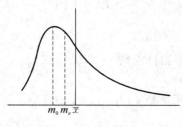

图 4-1 右偏分布

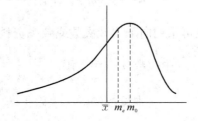

图 4-2 左偏分布

左偏分布因其分布的长尾向左侧延伸,表明有若干极小值存在,因此,也称负偏分布,如图 4-2 所示。此时,小于平均数的变量的累计频率小于 0.5,且

$$m_0 > m_e > \bar{x}$$

不论何种偏斜,中位数一般处于众数和算术平均数之间。经验表明,在适度偏态分布的情况下,众数与中位数的距离大约是中位数与算术平均数距离的 2 倍。即

$$2(\bar{x} - m_e) = m_e - m_0$$

或

$$\bar{x} = \frac{1}{2}(3m_e - m_0)$$

例 4-18 某车间生产某产品,工人按日产量分组的资料如表 4-9 所列,试计算日产量的平均数、众数和中位数,说明变量分布状态;并计算日产量低于平均数的工人数所占的比重。

表 4-9 某车间产品日产量分组资料

工人按日产量分组 (件)	组中值 x (件)	工人数 f (人)	向上累计次数	xf
100 以下	90	20	20	1 800
100~120	110	50	70	5 500
120~140	130	74	144	9 620
140 以上	150	36	180	5 400
合 计	—	180	—	22 320

从表 4-9 中可看出,众数所在组为人均日产量 120~140 件这一组。中位数的位次为 90(180÷2=90),中位数所在组也是 120~140 这一组。现平均数、中位数和众数分别计算如下:

$$\bar{x} = \frac{\sum xf}{\sum f} = \frac{22\,320}{180} = 124(件)$$

$$m_e = 120 + \frac{90 - 70}{74}(140 - 120) \doteq 125.41(件)$$

$$m_0 = 120 + \frac{74 - 50}{(74 - 50) + (74 - 36)}(140 - 120) \doteq 127.74(件)$$

由于 $\bar{x} < m_e < m_0$,分配数列为左偏分布。设日产量低于平均数的工人数比重为 k,则有

$$k = \frac{20 + 50 + 74 \times \frac{124 - 120}{140 - 120}}{180} \doteq 47.11\%$$

计算结果表明,在左偏分布情况下,小于平均数的变量累计频率为 47.11%,小于 50%。这说明在平均数左边的变量个数少,平均数右边的变量个数多。这也说明平均数左边的变量离平均数较远,表现为一条长尾向左延伸。

同时,可根据经验公式来验证其偏态分布是否适度。在适度偏态分布条件下的平均数可计算如下:

$$\bar{x} = \frac{1}{2}(3m_e - m_0) = \frac{1}{2}(3 \times 125.41 - 127.74) = 124.25(件)$$

计算结果表明,验证数据与实际数据相差不大,其偏态分布是适度的。

六、算术平均数的数学性质

掌握算术平均数的几个重要的数学性质,有助于我们进一步学习涉及算术平均数的相关知识。

(一) 各变量值与其平均数的离差之和等于 0

$$\sum(x - \bar{x}) = 0,\ \sum(x - \bar{x})f = 0$$

对于简单平均数: $\because n\bar{x} = \sum x$

$$\therefore \sum(x - \bar{x}) = \sum x - n\bar{x} = 0$$

对于加权平均数: $\because \bar{x}\sum f = \sum xf$

$$\therefore \sum(x - \bar{x})f = \sum xf - \bar{x}\sum f = 0$$

(二) 变量与任意常数代数和的平均数等于变量的平均数与常数的代数和

$$\overline{x \pm a} = \bar{x} \pm a$$

对于简单平均数: $\dfrac{\sum(x \pm a)}{n} = \dfrac{\sum x}{n} \pm \dfrac{na}{n} = \bar{x} \pm a$

对于加权平均数: $\dfrac{\sum(x \pm a)f}{\sum f} = \dfrac{\sum xf}{\sum f} \pm \dfrac{a\sum f}{\sum f} = \bar{x} \pm a$

(三) 变量与任意常数乘积的平均数等于变量的平均数与常数的乘积

$$\overline{ax} = a \cdot \overline{x}$$

对于简单平均数： $\dfrac{\sum ax}{n} = a \dfrac{\sum x}{n} = a\overline{x}$

对于加权平均数： $\dfrac{\sum axf}{\sum f} = a \dfrac{\sum xf}{\sum f} = a\overline{x}$

显然，如果一个变量除以一个不为零的常数 a，则其平均数也应除以 a。

(四) 各变量值与其平均数的离差平方之和为最小值

$$\sum (x - \overline{x})^2 \text{ 为最小值}$$

设 x_0 为任意值，$x_0 \neq \overline{x}$ 时，则有

$$\begin{aligned}
\sum (x - x_0)^2 &= \sum [(x - \overline{x}) + (\overline{x} - x_0)]^2 \\
&= \sum [(x - \overline{x})^2 + 2(x - \overline{x})(\overline{x} - x_0) + (\overline{x} - x_0)^2] \\
&= \sum (x - \overline{x})^2 + n(\overline{x} - x_0)^2
\end{aligned}$$

其中， $\sum 2(x - \overline{x})(\overline{x} - x_0) = 2(\overline{x} - x_0) \sum (x - \overline{x}) = 0$

$\because n(\overline{x} - x_0)^2 > 0$

$\therefore \sum (x - \overline{x})^2 < \sum (x - x_0)^2$

$\therefore \sum (x - \overline{x})^2$ 为最小值

(五) 两个独立变量代数和的平均数等于各个变量平均数的代数和

$$\overline{x \pm y} = \overline{x} \pm \overline{y}$$

设独立变量 x、y 分别有 n、m 个，则有

$$\begin{aligned}
\overline{x \pm y} &= \frac{1}{n \cdot m} \sum_{i=1}^{n} \sum_{j=1}^{m} (x_i \pm y_j) = \frac{1}{n \cdot m} \sum_{i=1}^{n} \sum_{j=1}^{m} x_i \pm \frac{1}{n \cdot m} \sum_{i=1}^{n} \sum_{j=1}^{m} y_j \\
&= \frac{1}{m} \sum_{j=1}^{m} \overline{x} \pm \frac{1}{n} \sum_{i=1}^{n} \overline{y} = \overline{x} \pm \overline{y}
\end{aligned}$$

这一性质还可以推广到任意多个独立变量的情形。

七、各种平均指标的判断

(一) 静态平均数与动态平均数

静态平均数是反映现象在同一时间、不同空间范围的某一标志值一般水平的平均数，包括算术平均数、调和平均数、几何平均数、众数和中位数。动态平均数是反映同一现象总体在不同时期内或不同时点上某一标志值一般水平的平均数，只有几何平均法和算术平均法可用于计算动态平均数。调和平均法、众数和中位数一般不适用于计算动态平均数。

（二）数值平均数与位置平均数

数值平均数是根据总体所有标志值计算的平均数，其数值大小会受到标志值中极端值的影响，它包括算术平均数、调和平均数和几何平均数。位置平均数是根据某些标志值所处的位置确定的平均数，其数值大小不会受到变量中极端值的影响，它包括众数和中位数。

（三）算术平均数与几何平均数

算术平均数的数学基础是各标志值的相加性，即变量综合的方法是求和，它主要用于计算静态平均数，也可以计算动态平均数。几何平均数的数学基础是各标志值的相容性，即变量综合的方法是求乘积，它主要用于计算动态平均数，也可以用于计算结构相对数的静态平均数，还可以用于计算静态或动态指数的平均数。

为了进一步理解两者的区别，我们可以作这样的描述：如果将 n 个不同的数相加转换成 n 个相同的数相加，那么这个相同的数就是算术平均数。同理，如果将 n 个不同的数相乘转换成 n 个相同的数相乘，那么这个相同的数就是几何平均数。

（四）算术平均数与调和平均数

算术平均数是最常用的平均数，其计算公式主要用来计算绝对数的平均数，也能计算相对数、平均数的平均数。调和平均数的计算公式是算术平均数计算公式的变形，它本质上属于算术平均数。调和平均法只能用来计算相对数或平均数的平均数。调和平均数由于其权数包含了变量本身，因而不具备算术平均数的数学性质。

另外，统计平均数是针对统计资料而言的，统计资料包括历史资料和现有资料。如果是预测资料或随机变量，对其计算的平均数则称为期望值。

平均指标的表现形式与被平均的对象相关。若计算对象是绝对数，它通常表现为有名数。有名数包含分子计量单位和分母计量单位，人们习惯上在指标名称中表明或隐含一个分母计量单位，这样，平均指标的表现形式就是分子计量单位。例如，职工工资 10 000 元/人可写成人均工资 10 000 元或平均工资 10 000 元。若计算对象是相对数或平均数，则平均指标的计量名称一般与原相对数或平均数的计量名称相同。

第四节 变异指标

一、变异指标的意义

变异指标又称标志变动度，是用来说明总体各单位标志值差异程度的综合指标。

变异指标与平均指标是一对相互对应的指标，它们从两个不同的侧面反映总体的分布特征。平均指标是反映各变量的集中趋势，而变异指标反映的是各变量的离中趋势。

变异指标在统计分析中的作用主要有以下三个方面。

第一，变异指标能反映总体各单位标志值的离中趋势。总量指标和平均指标是认识现象总体的规模和一般水平的重要指标，但它们掩盖了总体各单位标志值的差异，而变异指标正是揭示这种差异的尺度。总体各单位的标志值总是围绕着它自身的平均值这一中心变动的，变异指标就是说明这种离中趋势的。变异指标值越大，说明标志值的分布越分散，总体的同质性也相对较差。

第二，变异指标可以说明平均指标的代表性程度。平均指标作为总体各单位标志值一一般水平的代表,其代表性的强弱随着标志值差异程度的不同而有很大区别。一般来说,变异指标值越大,说明平均数的代表性越差;而变异指标值越小,说明平均数的代表性越好。把平均指标和变异指标结合起来运用,才能使统计分析更完整,从而能更深刻地反映研究对象的本质。

第三,变异指标可以测定现象变动的均衡性或稳定性。变异指标值越大,说明变量值的稳定性越差;而变异指标值越小,说明变量值的稳定性越好。通常可以用变异指标来测定生产过程的均衡程度、产品质量的稳定性、投资活动的风险性以及评价工作质量等。例如,生产车间在各个时期的产量波动比较大,说明生产均衡性差,需要采取措施加以改进。又如,对农作物新品种做试验,要研究农作物单产的稳定程度。变异指标值较小,单产则较稳定,说明该新品种值得推广种植。在股票投资中,人们常用变异指标来判断某种股票的风险程度。

常用的变异指标有全距、平均差、标准差、变异系数等,其中标准差的应用最为广泛。下面分别介绍变异指标的计算方法。

二、变异指标的计算方法

(一) 全距

全距又叫极差,是测定标志变异程度的最简单的指标,它是标志的最大值和最小值之差,反映总体标志值的变动范围,以 R 表示。

$$R = x_{max} - x_{min}$$

根据表 4-10 所列的资料,某班组工人日产零件数最大值为 30 件,最小值为 15 件。变异全距 R 为:

$$R = 30 - 15 = 15(件)$$

从计算结果可知,全距仅取决于两个极端数值,不能全面反映总体各单位标志值变异的程度,也不能用来评价平均指标的代表性。

但是,全距作为变异指标有其独特的优点,即可以用于产品质量的检查和控制。在正常情况下,产品质量性能指标(如长度、浓度、强度、硬度等)差异总是在一定的范围内波动,产品在生产过程中,有的规定了公差范围,如果差异超过了公差范围就说明生产出现了问题,必须采取措施纠正。因此,掌握公差范围的两个极端值,对产品质量的控制十分重要。

(二) 平均差

平均差是各单位标志值对其算术平均数的离差绝对值的算术平均数,反映的是各标志值对其平均数的平均差异程度,用 AD 表示。其计算公式有简单和加权两种形式:

$$AD = \frac{\sum |x - \bar{x}|}{n}, \quad AD = \frac{\sum |x - \bar{x}| f}{\sum f}$$

例 4-19 某机械加工车间生产某产品,某班组 10 个工人日产量资料及相关计算结果如表 4-10 所示。

表 4-10 某班组工人日产量资料及变异指标计算表

工人编号	日产量 x（件）	$x-\bar{x}$	$\|x-\bar{x}\|$	$(x-\bar{x})^2$
1	15	−7	7	49
2	17	−5	5	25
3	19	−3	3	9
4	20	−2	2	4
5	22	0	0	0
6	22	0	0	0
7	23	1	1	1
8	25	3	3	9
9	27	5	5	25
10	30	8	8	64
合 计	220	0	34	186

如果变异指标的计算比较复杂，一般可利用表格计算的数据，再进行公式计算。

根据表 4-10 的资料及计算结果，可计算出单项式分组资料的平均差如下：

$$\bar{x} = \frac{\sum x}{n} = \frac{220}{10} = 22(件)$$

$$AD = \frac{\sum |x-\bar{x}|}{n} = \frac{34}{10} = 3.4(件)$$

计算结果表明，每个工人的日产量与平均日产量平均相差 3.4 件。一般来说，平均差越大，说明标志值变动程度越大；平均差越小，说明标志值变动程度越小。

平均差之所以需要运用变量对平均离差的绝对值来计算，是因为算术平均数具有以下数学性质：$\sum(x-\bar{x}) = 0$。计算平均差时绝对值的数学处理比较困难，因此人们对平均差作了改良，由此产生了标准差。

（三）标准差

1. 标准差的概念和计算方法

标准差是测定标志变动度最主要的变异指标。它是总体各单位标志值与其平均数离差平方的算术平均数的正平方根，用 σ 表示。其计算公式有简单和加权两种形式。

$$\sigma = \sqrt{\frac{\sum(x-\bar{x})^2}{n}} \quad \text{或} \quad \sigma = \sqrt{\frac{\sum(x-\bar{x})^2 f}{\sum f}} = \sqrt{\sum(x-\bar{x})^2 \frac{f}{\sum f}}$$

标准差的平方称方差。由于方差在数学处理中具有较好的性质，因此人们常从方差的角度出发来称呼标准差为均方差。方差的计算公式也有简单和加权两种形式。

$$\sigma^2 = \frac{\sum(x-\bar{x})^2}{n} \quad \text{或} \quad \sigma^2 = \frac{\sum(x-\bar{x})^2 f}{\sum f} = \sum(x-\bar{x})^2 \frac{f}{\sum f}$$

标准差的计量单位或计量名称是与标志值的计量单位或计量名称完全相同的。而方差经常出现在数学处理或计算过程中,是不需要计量单位或计量名称的。

下面根据表4-10单项式分组资料及相应的计算结果,计算工人日产量的标准差:

$$\sigma = \sqrt{\frac{\sum(x-\bar{x})^2}{n}} = \sqrt{\frac{186}{10}} \doteq 4.31(件)$$

计算结果表明,每个工人的日产量与平均日产量平均相差4.31件。

标准差与平均差一样,其数值越大,标志值变动程度越大;其数值越小,标志值变动程度越小。

例4-20 某机械加工车间生产某产品,工人按日产零件数的分组资料及变异指标的计算过程如表4-11所示。

表4-11 某车间工人按日产零件数分组及变异指标计算表

日产量 (件)	组中值 x (件)	工人数 f (人)	xf	$\lvert x-\bar{x} \rvert f$	$(x-\bar{x})^2 f$
20~30	25	10	250	170	2 890
30~40	35	70	2 450	490	3 430
40~50	45	90	4 050	270	810
50~60	55	30	1 650	390	5 070
合 计	—	200	8 400	1 320	12 200

根据表4-11组距式分组资料及相应的计算结果,可计算工人日产量的标准差如下:

$$\bar{x} = \frac{\sum xf}{\sum f} = \frac{8\ 400}{200} = 42(件)$$

$$\sigma = \sqrt{\frac{\sum(x-\bar{x})^2 f}{\sum f}} = \sqrt{\frac{12\ 200}{200}} \doteq 7.81(件)$$

计算结果表明,每个工人的日产量与其平均数平均相差7.81件。

为了比较平均差与标准差计算结果的大小,可根据表4-11组距式分组资料计算平均差如下:

$$AD = \frac{\sum \lvert x-\bar{x} \rvert f}{\sum f} = \frac{1\ 320}{200} = 6.6(件)$$

从以上计算结果可以看出,同一变量数列计算出来的标准差数值略大于平均差数值,但这并不妨碍我们对事物的判断。值得指出的是:标准差与平均差的区别只是数学处理的方法不同,其基本含义是相同的,它们都是反映各标志值与其算术平均数的平均差异程度。由于标准差具有更好的数学处理性质,在实际应用中人们常用它来代替平均差,分析总体各单位标志值的离散程度。

在计算标准差的过程中,其方差可按以下简捷方法计算,它等于变量平方的平均数减去变量平均数的平方。

$$\sigma^2 = \overline{x^2} - (\overline{x})^2$$

现推导如下：$\sigma^2 = \dfrac{1}{n}\sum(x-\overline{x})^2 = \dfrac{1}{n}\sum[x^2 - 2x\overline{x} + (\overline{x})^2]$

$$= \dfrac{1}{n}\Big[\sum x^2 - 2\overline{x}\sum x + \sum(\overline{x})^2\Big]$$

$$= \dfrac{\sum x^2}{n} - 2\overline{x}\dfrac{\sum x}{n} + \dfrac{n(\overline{x})^2}{n}$$

$$= \overline{x^2} - (\overline{x})^2$$

对于未分组资料：$\sigma^2 = \overline{x^2} - (\overline{x})^2 = \dfrac{\sum x^2}{n} - \left(\dfrac{\sum x}{n}\right)^2$

对于分组资料：$\sigma^2 = \overline{x^2} - (\overline{x})^2 = \dfrac{\sum x^2 f}{\sum f} - \left(\dfrac{\sum xf}{\sum f}\right)^2$

2. 方差和标准差的数学性质

方差和标准差具有以下五个数学性质。

(1) 变量与任意常数代数和的方差等于变量的方差。

这是方差和标准差具有"平移不变性"。若 a 为任意常数，则变量 $y = x \pm a$ 的方差和标准差与原变量 x 的方差和标准差相同，即

$$\sigma^2_{x\pm a} = \sigma^2_x, \quad \sigma_{x\pm a} = \sigma_x$$

(2) 变量与任意常数乘积的方差等于变量的方差与常数平方的乘积。

将原变量 x 乘以一个任意常数 b，则新变量 $y = bx$ 的方差和标准差为原来的 b^2 倍和 $|b|$ 倍，即

$$\sigma^2_{bx} = b^2 \sigma^2_x, \quad \sigma_{bx} = |b|\sigma_x$$

以上方差和标准差的数学性质比较容易理解，读者可自行推导。

(3) 两个独立变量代数和的方差等于两个变量的方差之和。

如果两个变量相互独立，它们代数和的方差就等于原来两个变量的方差之和；它们代数和的标准差则等于两个变量方差之和的正平方根，即

$$\sigma^2_{x\pm y} = \sigma^2_x + \sigma^2_y, \quad \sigma_{x\pm y} = \sqrt{\sigma^2_x + \sigma^2_y}$$

现推导如下：设独立变量 x、y 分别有 n、m 个，则有

$$\sigma^2(x\pm y) = \dfrac{1}{n\cdot m}\sum_{i=1}^{n}\sum_{j=1}^{m}[(x_i \pm y_j) - \overline{x\pm y}]^2$$

$$= \dfrac{1}{n\cdot m}\sum_{i=1}^{n}\sum_{j=1}^{m}[(x_i - \overline{x}) \pm (y_j - \overline{y})]^2$$

$$= \dfrac{1}{n\cdot m}\Big[\sum_{i=1}^{n}\sum_{j=1}^{m}(x_i - \overline{x})^2 + \sum_{i=1}^{n}\sum_{j=1}^{m}(y_j - \overline{y})^2$$

$$\pm 2\sum_{i=1}^{n}\sum_{j=1}^{m}(x_i - \overline{x})(y_j - \overline{y})\Big]$$

$$= \frac{1}{m}\sum_{j=1}^{m}\sigma^2(x) + \frac{1}{n}\sum_{i=1}^{n}\sigma^2(y) \pm 0$$
$$= \sigma^2(x) + \sigma^2(y)$$

其中,
$$\sum_{i=1}^{n}\sum_{j=1}^{m}(x_i - \overline{x})(y_j - \overline{y}) = \sum_{i=1}^{n}(x_i - \overline{x})\sum_{j=1}^{m}(y_j - \overline{y}) = 0$$

这一性质还可推广到任意多个独立变量的情形。

(4) 总方差等于各组方差的平均数与各组平均数的方差之和

在总体分组的条件下,变量的总方差(σ^2)可以分解为各组方差的平均数($\overline{s^2}$)与各组平均数的方差(δ^2)两部分,即所谓方差加法定理。其中,s^2 为各组方差,δ^2 称组间方差。其计算公式为:

$$\sigma^2 = \overline{s^2} + \delta^2$$

设总体变量为 $X_1, X_2, \cdots, X_N$,现将总体分成若干组,若每个组的变量个数相同,为 $x_1, x_2, \cdots, x_n$,则可推导如下:

$$\overline{s^2}(x) = E[s^2(x)] = E\Big[\frac{1}{n}\sum_{i=1}^{n}(x_i - \overline{x})^2\Big]$$
$$= E\Big\{\frac{1}{n}\sum_{i=1}^{n}[(x_i - \overline{X}) - (\overline{x} - \overline{X})]^2\Big\}$$
$$= E\Big\{\frac{1}{n}\sum_{i=1}^{n}[(x_i - \overline{X})^2 + (\overline{x} - \overline{X})^2 - 2(x_i - \overline{X})(\overline{x} - \overline{X})]\Big\}$$
$$= E\Big\{\frac{1}{n}\Big[\sum_{i=1}^{n}(x_i - \overline{X})^2 - n(\overline{x} - \overline{X})^2\Big]\Big\}$$
$$= \frac{1}{n}\Big[\sum_{i=1}^{n}E(x_i - \overline{X})^2 - nE(\overline{x} - \overline{X})^2\Big]$$
$$= \frac{1}{n}\Big[\sum_{i=1}^{n}\sigma^2(X) - n\delta^2(\overline{x})\Big] = \sigma^2(X) - \delta^2(\overline{x})$$

其中,
$$\sum_{i=1}^{n}(x_i - \overline{X})(\overline{x} - \overline{X}) = \sum_{i=1}^{n}(x_i\overline{x} - x_i\overline{X} - \overline{X}\overline{x} + \overline{X}^2)$$
$$= \overline{x}\sum_{i=1}^{n}x_i - \overline{X}\sum_{i=1}^{n}x_i - n\overline{X}\overline{x} + n\overline{X}^2$$
$$= n\overline{x}^2 - n\overline{X}\overline{x} - n\overline{X}\overline{x} + n\overline{X}^2 = n(\overline{x} - \overline{X})^2$$

由于各组内变量 $x_1, x_2, \cdots, x_n$ 的取值范围都为 $X_1, X_2, \cdots, X_N$,所以有

$$E(x_i - \overline{X})^2 = \frac{1}{N}\sum_{j=1}^{N}(x_{ij} - \overline{X})^2 = \sigma^2(X)$$

因此,得方差加法定理如下:

$$\sigma^2 = \overline{s^2} + \delta^2$$

其中，

$$\overline{s^2} = \frac{\sum s^2}{r},\ \overline{X} = \overline{\overline{x}} = \frac{\sum \overline{x}}{r},\ \delta^2 = \frac{\sum (\overline{x} - \overline{X})^2}{r}$$

式中 r 表示总体所分的组数，其中各组平均数的平均数等于总体平均数这一性质可参考抽样估计相关章节中的公式推导。

当各组的变量个数不同时，同样可以运用方差加法定理。这时，只要以各组的变量个数（f）为权数，则可计算各组方差的平均数和组间方差。即

$$\overline{s^2} = \frac{\sum s^2 f}{\sum f},\ \overline{X} = \overline{\overline{x}} = \frac{\sum \overline{x} f}{\sum f},\ \delta^2 = \frac{\sum (\overline{x} - \overline{X})^2 f}{\sum f}$$

(5) 对于同一变量分布，标准差总是大于等于平均差。

这是幂平均数性质的一个推论：令变量 y 为变量 x 与其平均数离差的绝对值，则变量 x 的平均差就是变量 y 的算术平均数，而变量 x 的标准差则是变量 y 的平方平均数，同一变量的平方平均数永远不会小于其算术平均数。因此，

$$AD \leqslant \sigma$$

通常称变量分布的平均差与标准差之比值为"基利比"。特别地，当总体服从正态分布时，则有：

$$AD = \sqrt{\frac{2}{\pi}}\sigma \doteq 0.798\sigma$$

因此，我们可以用"基利比"与 0.798 之差的绝对值来衡量变量偏态分布的程度。例如，用表 4-12 资料计算的"基利比"为 0.845(6.6/7.81)，与 0.798 之差的绝对值为 0.047，变量属于微偏分布。

下面举例说明方差加法定理的应用。

例 4-21 现有 20 家同类工业企业按营业收入分组的资料，如表 4-12 所示。试分析企业规模与营业收入之间的关系。

表 4-12　企业按营业收入分组资料

企业规模	企业数 f（家）	平均营业收入 $\overline{x}$（亿元）	标准差 s（亿元）	$(\overline{x} - \overline{X})^2 f$
小型企业	12	0.16	0.08	24.745 2
中型企业	6	2.57	1.32	5.692 1
大型企业	2	7.29	2.76	64.843 3
合　计	20	—	—	95.280 6

各组方差的平均数为：

$$\overline{s^2} = \frac{\sum s^2 f}{\sum f} = \frac{0.08^2 \times 12 + 1.32^2 \times 6 + 2.76^2 \times 2}{20} = 1.288\ 3$$

组间方差可计算如下：

$$\bar{X} = \bar{\bar{x}} = \frac{\sum \bar{x} f}{\sum f} = \frac{0.16 \times 12 + 2.57 \times 6 + 7.29 \times 2}{20} = 1.5960$$

$$\delta^2 = \frac{\sum (\bar{x} - \bar{X})^2 f}{\sum f} = \frac{95.2806}{20} = 4.7640$$

总方差为：

$$\sigma^2 = \overline{s^2} + \delta^2 = 1.2883 + 4.7640 = 6.0523$$

容易看出，在营业收入的差异中，可以由企业规模大小来解析的部分是组间方差占总方差的比重。即

$$\theta^2 = \frac{\delta^2}{\sigma^2} = \frac{4.7640}{6.0523} \doteq 78.71\%,$$

而可以由各类企业内部营业收入差异来解析的部分为：$1 - 78.71\% = 21.29\%$。

通常把 θ^2 称作判定系数。判定系数越大，说明组间方差对总方差的影响越大。本例计算结果说明，20家企业营业收入的差异主要来自企业不同规模之间的差异。

（四）变异系数

变异指标都有一定的量纲，即有一定的计量单位或计量名称。带有量纲的变异指标常常会给不同总体之间的对比分析带来很大的不便。

变异指标数值的大小还要受到总体单位标志值一般水平高低的影响。要比较分析不同平均水平的变量数列之间标志值的变动，必须消除了平均水平高低的影响才能进行比较，才能真正反映出不同水平变量数列的离散程度。运用变异系数进行对比分析，就能解决这些问题。

变异系数是以相对数形式表示的变异指标。它是通过平均差或标准差与变量的算术平均数对比得到的。相应的有平均差系数（v_{AD}）和标准差系数（v_σ），其计算公式如下：

$$v_{AD} = \frac{AD}{\bar{x}}, \quad v_\sigma = \frac{\sigma}{\bar{x}}$$

最常用的是标准差系数，现举例说明如下。

例4-22 甲、乙两个农场水稻平均亩产分别为750千克和980千克，标准差分别为10.5千克和10.8千克，试比较哪个农场的水稻平均亩产代表性好，产量比较稳定。

由于两个农场水稻平均亩产不相同，本例应采用标准差系数进行比较，可计算如下：

$$v_{\sigma甲} = \frac{10.5}{750} \times 100\% = 1.4\%$$

$$v_{\sigma乙} = \frac{10.8}{980} \times 100\% \doteq 1.1\%$$

显然，乙农场水稻亩产的标准差系数比甲农场的小，说明乙农场的水稻平均亩产更具有代表性，其水稻产量更稳定些。

在统计实践中，经常需要比较不同标志的变异，而变异系数提供了广泛比较的可能性。它

既可以比较不同现象总体同一标志的变异,也可用于比较同一总体不同标志的变异。以下举例说明。

例 4-23 某车间甲、乙两个班组分别生产 A、B 两种产品,各个批次产品的一等品率和产量资料如表 4-13 所示。

表 4-13 甲、乙两个班组各个批次产品的一等品率和产量资料

	甲班组生产的 A 产品			乙班组生产的 B 产品	
批次	一等品率(%)	产量(千件)	批次	一等品率(%)	一等品数(万个)
1	83	7	1	68	2
2	87	19	2	82	10
3	96	35	3	86	25
4	92	23	4	76	36
5	89	10	5	97	14
合 计	—	94	合 计	—	87

试计算产品一等品率的平均指标和标准差系数,评价甲、乙两个班组产品质量的稳定性。具体计算过程见表 4-14。

表 4-14 甲、乙两个班组产品一等品率均方差计算表(简捷法)

	甲班组生产的 A 产品			乙班组生产的 B 产品			
x	f	xf	x^2f	x	m	$f=m/x$	$x^2f=xm$
0.83	7	5.81	4.822	0.68	2	2.94	1.36
0.87	19	16.53	14.381	0.82	10	12.20	8.20
0.96	35	33.60	32.256	0.86	25	29.07	21.50
0.92	23	21.16	19.467	0.76	36	47.37	27.36
0.89	10	8.90	7.921	0.97	14	14.43	13.58
合 计	94	86.00	78.847	合 计	87	106.01	72.00

将表 4-14 中的数据代入相关公式,可计算如下:

$$\bar{x}_{甲} = \frac{\sum xf}{\sum f} = \frac{86}{94} \doteq 91.49\%$$

$$\sigma_{甲} = \sqrt{\frac{\sum x^2 f}{\sum f} - \left(\frac{\sum xf}{\sum f}\right)^2} = \sqrt{\frac{78.847}{94} - \left(\frac{86}{94}\right)^2} \doteq 4.20\%$$

$$\nu_{甲} = \frac{\sigma_{甲}}{\bar{x}_{甲}} = \frac{4.20\%}{91.49\%} \doteq 4.59\%$$

$$\bar{x}_{乙} = \frac{\sum xf}{\sum f} = \frac{\sum m}{\sum f} = \frac{87}{106.01} \doteq 82.07\%$$

$$\sigma_{乙} = \sqrt{\frac{\sum x^2 f}{\sum f} - \left(\frac{\sum xf}{\sum f}\right)^2} = \sqrt{\frac{72}{106.01} - \left(\frac{87}{106.01}\right)^2} \doteq 7.53\%$$

$$\nu_Z = \frac{\sigma_Z}{\bar{x}_Z} = \frac{7.53\%}{82.07\%} \doteq 9.18\%$$

计算结果表明:甲班组产品的平均一等品率比乙班组高,说明甲班组生产的产品质量比乙班组好;甲班组产品一等品率的标准差系数比乙班组小,说明甲班组生产的产品质量比乙班组稳定。因此,乙班组应采取措施控制产品质量。

三、成数的平均数与标准差

(一) 是非标志的概念及数量化处理

是非标志是一个品质标志,它是把现象总体的单位分成"是"与"非"两部分:"是"表示具有某种属性的总体单位;"非"表示不具有某种属性的总体单位。例如,把一批产品分成合格品和不合格品两部分:当我们考察产品合格品率时,合格产品就具有"是"的属性,不合格产品则具有"非"的属性;而当我们考察产品不合格品率时,则不合格产品具有"是"的属性,而合格产品则具有"非"的属性。在社会经济现象中,与此类似的情况有很多。因此,现象总体是非标志的计算分析与应用较为广泛。

在统计分析中,常用"1"来代表具有某种属性的单位标志值,用"0"来代表不具有某种属性的单位标志值。这样,就可以把是非标志值的平均数看成是变量(0,1)分布的平均数,并可以求出相应的标准差和方差。

设样本总体的单位数为 n,具有标志值 1 的单位数为 n_1,具有标志值 0 的单位数为 n_0,则有 $n = n_1 + n_0$。显然,

$$1 = \frac{n_1}{n} + \frac{n_0}{n} = p + q$$

其中,p 称属性为"是"的单位的成数,表示标志值为 1 的单位数占总体单位数的比重;q 称属性为"非"的单位的成数,表示标志值为 0 的单位数占总体单位数的比重。

(二) 成数的平均数与标准差

根据以上分析,可列出是非标志的标志值和单位数,见表 4-15。

表 4-15 是非标志的标志值和单位数

是非标志	标志值 x	单位数 f	xf
是	1	n_1	n_1
非	0	n_0	0
合 计	—	n	n_1

是非标志的标志值(0,1)的加权算术平均数,俗称成数的平均数,可计算如下:

$$\bar{x} = \frac{\sum xf}{\sum f} = \frac{1 \times n_1 + 0 \times n_0}{n} = \frac{n_1}{n} = p$$

从计算结果可以看出,成数的平均数就是成数 p 本身。

成数的方差与标准差可计算如下:

$$\sigma_p^2 = \frac{\sum (x-\bar{x})^2 f}{\sum f} = \frac{(1-p)^2 n_1 + (0-p)^2 n_0}{n}$$
$$= q^2 p + p^2 q = pq(q+p) = pq = p(1-p)$$
$$\sigma_p = \sqrt{pq} = \sqrt{p(1-p)}$$

成数方差是成数 p 和成数 q 乘积;成数的标准差是成数方差的正平方根。

(三) 成数代表性大小的判断

标准差或方差可用来判断总体各单位标志值的离中程度以及判断其平均数的代表性大小。但是,对于是非标志的标志值来说,其平均数 p 的代表性大小,采用标准差或方差来判断有其特殊性。

当成数的平均数 $p = q = 0.5$ 时,其方差 $p(1-p) = 0.5 \times (1-0.5) = 0.25$ 为最大,即当具有标志值为1的单位数和具有标志值为0的单位数各占一半时,其方差最大。这时,标志值的离散程度最大,即 p 和 q 的代表性都最差。由于 $p + q = 1$,$\sigma^2 = pq$,所以,只有当 $p \geqslant 0.5$ 时,才能用方差来判断成数 p 的代表性大小。而当 $p < 0.5$ 时,方差就不能判断 p 的代表性大小了,但它可以判断 q 的代表性大小,因为这时 $q \geqslant 0.5$。

下面再来分析一下成数的方差系数:

$$\frac{\sigma_p^2}{\bar{x}} = \frac{pq}{p} = q$$

显然,成数的方差系数为 q。即 q 越大,p 的代表性越小;q 越小,p 的代表性越大。而我们从 $p + q = 1$ 的关系式中,也能得出相同的结论。因此,判断成数 p 的代表性大小,只要判断成数 p 本身的大小就可以了。p 越大,p 的代表性就越好;p 越小,p 的代表性就越差。

四、分布偏态与峰度的测定

(一) 偏态测定

偏态测定是对正态分布的偏斜方向与偏斜程度的测定。在第三节中已讲到,利用众数、中位数与算术平均数的相互关系可以判断分布的偏斜方向,但测度分布的偏斜程度就要计算偏态系数。偏态系数的计算方法有很多,这里仅介绍常用的一种,其计算公式如下:

$$\lambda = \frac{\sum (x-\bar{x})^3 f}{\sigma^3 \sum f}$$

其中,λ 表示偏态系数;σ^3 是标准差的 3 次方。

当分布完全对称时,式中离差 3 次方后可正负抵消,分子为零,这时 $\lambda = 0$。当分布不对称时,正负离差不能相互抵消,当正离差值较大时,λ 为正值,表示右偏分布;当负离差值较大时,λ 为负值,表示左偏分布。式中将离差 3 次方的平均数除以 σ^3 可将偏态系数转化为相对数,λ 的绝对值越大,表示分布的偏斜程度就越大。

(二) 峰度测定

峰度是集中趋势高峰的形状。它通常是与正态分布的形状相比较而言的,在归化到同一方差时,若分布的形状比正态分布更高、更瘦,则称为尖峰分布;若比正态分布更矮、更胖,则称为

平峰分布。峰度一般用峰度系数进行测定,其计算公式如下:

$$\eta = \frac{\sum(x-\bar{x})^4 f}{\sigma^4 \sum f}$$

其中,η 表示峰度系数;σ^4 是标准差的 4 次方。

当分布对称时,式中将离差 4 次方的平均数除以 σ^4 可将峰度系数转化为相对数。由于标准正态分布的峰度系数为 3,当 $\eta > 3$ 时为尖峰分布,说明高于标准正态分布的峰度;当 $\eta < 3$ 时为平峰分布,说明低于标准正态分布的峰度。

例 4-24 试根据表 4-11 中的资料计算分配数列的偏态系数和峰度系数,计算过程见表 4-16。

表 4-16 某车间产品日产量分配数列的偏态系数和峰度系数计算表

日产量（件）	组中值 x（件）	工人数 f（人）	$(x-\bar{x})^3 f$	$(x-\bar{x})^4 f$
20～30	25	10	−49 130	835 210
30～40	35	70	−24 010	168 070
40～50	45	90	2 430	7 920
50～60	55	30	65 910	856 830
合　计	—	200	−4 800	1 868 030

已知 $\bar{x} = 42$(件),$\sigma = 7.81$(件),偏态系数可计算如下:

$$\lambda = \frac{\sum(x-\bar{x})^3 f}{\sigma^3 \sum f} = \frac{-4\ 800}{(7.81)^3 \times 200} \doteq -0.05$$

从计算结果可以看出,偏态系数为负值,说明日产量的分配数列为左偏分布,即日产量较多的工人占多数;偏态系数数值较小,说明偏斜程度较小。

峰度系数可计算如下:

$$\eta = \frac{\sum(x-\bar{x})^4 f}{\sigma^4 \sum f} = \frac{1\ 868\ 030}{(7.81)^4 \times 200} \doteq 2.51$$

由于 $\eta = 2.51 < 3$,说明日产量的分配数列为平峰分布,即工人的日产量较均匀。

练 习 与 思 考

一、单项选择题

1. 下列选项属于时点指标的是( )。
   A. 营业收入　　　　　　　　B. 营业成本
   C. 净利润　　　　　　　　　D. 未分配利润
2. 下列选项属于时期指标的是( )。
   A. 资产负债率　　　　　　　B. 毕业学生人数

C. 在校学生人数 D. 存款余额

3. 可表现为正指标和逆指标两种形式的相对指标是（ ）。
   A. 比例相对指标 B. 强度相对指标
   C. 比较相对指标 D. 动态相对指标

4. 某产品产量今年计划比去年提高60%，实际提高了100%，则计划完成程度为（ ）。
   A. 60% B. 125%
   C. 100% D. 160%

5. 下列选项中，最常用的变异指标是（ ）。
   A. 极差 B. 平均差
   C. 标准差 D. 平均差系数

6. 下列选项属于结构相对指标的是（ ）。
   A. 利润增长率 B. 工人劳动生产率
   C. 产品合格率 D. 人口密度

7. 某企业今年计划成本降低5%，结果超额5%完成了计划任务，则今年比去年成本降低了（ ）。
   A. 9.75% B. 99.75%
   C. 10.25% D. 110.25%

8. 几何平均法适合于计算（ ）。
   A. 时点数的平均数 B. 时期数的平均数
   C. 相对数的平均数 D. 平均数的平均数

9. 计算绝对数的算术平均数，其计算公式的分母是（ ）。
   A. 标志总量 B. 单位总量
   C. 数量指标 D. 质量指标

10. 加权调和平均法适合于计算（ ）。
    A. 绝对数的平均数 B. 平均数的平均数
    C. 相对数的平均数 D. 平均数或相对数的平均数

11. 已知各车间的产品合格率和合格品数量求平均合格率，应采用的计算公式是（ ）。
    A. $\bar{x} = \dfrac{n}{\sum \dfrac{1}{x}}$ B. $\bar{x} = \dfrac{\sum m}{\sum f}$
    C. $\bar{x} = \dfrac{\sum xf}{\sum f}$ D. $\bar{x} = \dfrac{\sum m}{\sum \dfrac{m}{x}}$

12. 某班有60名学生，其中男生24人、女生36人，则男生的成数为（ ）。
    A. 40% B. 60% C. 66.7% D. 150%

13. 平均差与标准差的主要区别在于（ ）。
    A. 指标意义不同 B. 计算条件不同
    C. 计算结果不同 D. 数学处理方法不同

14. 平均指标反映了（　　）。
    A. 总体各指标分布的集中趋势
    B. 总体各指标分布的离中趋势
    C. 总体各单位变量分布的集中趋势
    D. 总体各单位变量分布的离中趋势
15. 已知 5 个水果店苹果的单价和销售量，则计算苹果平均单价应采用（　　）。
    A. 简单算术平均法　　　　　　　　B. 加权调和平均法
    C. 加权算术平均法　　　　　　　　D. 几何平均法
16. 某企业计划在第 3 年年末将产品单位成本控制为每件 100 元，实际每年的控制结果分别为 120 元、100 元和 80 元，则计划任务超额完成百分比和提前完成时间分别为（　　）。
    A. 20%、1 年　　　　　　　　　　B. 80%、1 年
    C. −20%、0 年　　　　　　　　　D. −80%、0 年
17. 下列选项中，属于位置平均数的是（　　）。
    A. 算术平均数　　　　　　　　　　B. 调和平均数
    C. 众数和中位数　　　　　　　　　D. 几何平均数
18. 若分配数列各组标志值不变，各组单位数扩大 2 倍，则其算术平均数（　　）。
    A. 保持不变　　　　　　　　　　　B. 扩大 2 倍
    C. 扩大 1/2 倍　　　　　　　　　　D. 缩小 2 倍
19. 人均粮食产量的计量形式表现为（　　）。
    A. 计量单位　　　　　　　　　　　B. 无名数
    C. 单名数　　　　　　　　　　　　D. 复名数
20. 加权调和平均数计算公式中的权数是（　　）。
    A. 次数　　　　　　　　　　　　　B. 单位总量指标
    C. 频率　　　　　　　　　　　　　D. 标志总量指标

二、多项选择题

1. 比较不同现象总体平均指标的代表性大小，可采用的变异指标有（　　）。
    A. 全距　　　　　　　　　　　　　B. 平均差
    C. 平均差系数　　　　　　　　　　D. 标准差
    E. 标准差系数
2. 某公司 2017 年商品流通费率为 20%，这个指标是（　　）。
    A. 两个时期指标之比　　　　　　　B. 动态相对指标
    C. 两个时点指标之比　　　　　　　D. 强度相对指标
    E. 有名数
3. 平均指标的作用主要有（　　）。
    A. 反映总体各单位变量分布的集中趋势
    B. 计算其他统计指标的基础
    C. 比较同类现象在不同总体的发展水平
    D. 反映总体各单位变量的离散程度

E. 分析现象之间的依存关系
4. 众数和中位数是(　　)。
   A. 数值平均数
   B. 位置平均数
   C. 受极端值的影响
   D. 不受极端值的影响
   E. 辅助指标
5. 相对指标的计算公式中分子和分母可以互换的有(　　)。
   A. 动态相对指标
   B. 比较相对指标
   C. 比例相对指标
   D. 强度相对指标
   E. 结构相对指标
6. 如果次数分布为右偏分布,则判断的方法有(　　)。
   A. $\lambda > 0$
   B. $\lambda < 0$
   C. $m_0 < m_e < \bar{x}$
   D. $m_0 > m_e > \bar{x}$
   E. $AD \approx 0.798\sigma$
7. 某煤矿2021年第一季度开采原煤5 000万吨,这个指标是(　　)。
   A. 采用我国法定计量单位
   B. 时期指标
   C. 采用标准实物单位
   D. 时点指标
   E. 有名数
8. 加权算术平均数计算公式中的权数可以是(　　)。
   A. 频数
   B. 频率
   C. 总量指标
   D. 平均指标
   E. 结构相对指标
9. 下列选项中,采用复合单位计量的总量指标有(　　)。
   A. 客流量1亿人次
   B. 参观者100人/次
   C. 运输量5万吨公里
   D. 发电量847亿千瓦小时
   E. 发电机26台/70万千瓦
10. 下列选项中,总厂的平均指标应采用加权调和平均法计算的是(　　)。
    A. 已知每分厂的平均工资和工资总额
    B. 已知每分厂的计划完成程度和计划产量
    C. 已知每分厂的销售利润率和利润总额
    D. 已知每分厂的劳动生产率和平均人数
    E. 已知每分厂的存货周转率和销售成本

三、判断题

1. 偏态系数等于零,说明分布完全对称。(　　)
2. 人均国内生产总值属于平均指标。(　　)
3. 加权调和平均法只能计算相对数或平均数的平均数。(　　)
4. 成数属于结构相对指标。(　　)
5. 工人劳动生产率和全员劳动生产率都是强度相对指标。(　　)
6. 峰度系数大于3,说明分配数列为平峰分布。(　　)

7. 用水平法制订长期规划,只需规定期末达到的水平。　　　　　　　　(　　)
8. 总体各标志值与其平均数的离差之和等于零。　　　　　　　　　　　(　　)
9. 在近似正态分布的时,总体标志值的算术平均数、中位数和众数接近相等。(　　)
10. 当 $p \geqslant 0.5$ 时,才能用方差来判断成数 q 的代表性大小。　　　　(　　)

四、问答题

1. 什么是总量指标? 它在社会经济统计中有何作用?
2. 分别简述相对指标与平均指标的概念和作用。
3. 数值平均数和位置平均数各有什么特点?
4. 如何计算相对指标或平均指标的平均数?
5. 如何应用标准差和标准差系数?
6. 简述算术平均数和众数、中位数的关系。
7. 计划完成程度相对指标有何特点? 如何运用?
8. 算术平均数有什么数学性质?
9. 什么是成数? 成数的方差有什么特点?
10. 什么是方差的加法定理? 如何运用?

五、计算分析题

1. 某车间甲、乙两个班组生产某产品,去年甲班组的计划任务比乙班组多30%,结果甲班组计划任务超额完成了10%,乙班组超额完成了20%。试计算该车间的平均计划完成程度,并计算确定甲班组实际完成的生产任务比乙班组多多少。

2. 某企业工业增加值计划完成了106%,比上期增加了10%,试问工业增加值的计划任务比上期增加多少? 若该企业产品单位成本计划在上期820元的水平上降低20元,而本期实际单位成本为792元,试确定降低单位成本的计划完成程度。

3. 某企业2021年产品销售量计划为上年的112%,实际销售量比上年增加了20%,问2021年该企业产品销售量的计划完成程度如何? 又该企业劳动生产率与上年相比增长了15%,超额完成计划任务7%,问该企业劳动生产率的计划任务如何?

4. 某市场某种蔬菜早市、午市、晚市每公斤价格分别为7元、6元和5元,试在下列情况下求平均单价:(1)早市、午市、晚市的销售量基本相同;(2)早市、午市、晚市的销售额基本相同。

5. 某企业皮鞋产量资料如下表所示:

单位:万双

皮鞋产量	2019年	2020年		重点品种产量
		计划	实际	
男式	52	68	77	34
女式	76	82	93	56
合计	128	150	170	90

要求:计算所有可能计算的相对指标,并指出它们属于哪一种相对指标。

6. 某市制订规划准备五年累计建设经济适用房85万平方米,用来解决部分城镇住房困难的家庭,实际完成情况如下表所示:

单位:万平方米

年份	2017	2018	2019	2020	2021各季度			
					一	二	三	四
建设面积	18	19	20	22	6	8	6	6

要求:根据资料计算该市经济适用房建设的计划完成程度和提前完成计划的时间。

7. 某总公司有三个分公司,相关资料如下表所示:

分公司	销售利润率(%)	占利润总额比重(%)
一	21	30
二	44	50
三	35	20
合计	—	100

要求:试计算总公司的平均销售利润率和各分公司的销售额比重。

8. 某企业有三个车间生产某产品,今年一季度相关生产数据如下表所示:

车间	实际产量(万件)	计划超额完成程度(%)	优质品率(%)
甲	160	20	77
乙	200	10	90
丙	120	−10	82
合计	480		

要求:(1)计算平均计划完成百分比;(2)计算平均优质品率。

9. 2021年3月份甲、乙两农贸市场部分蔬菜价格和成交量、成交额资料如下表所示:

品种	每千克价格(元)	甲市场成交额(元)	乙市场成交量(千克)
土豆	7	12 500	5 000
黄瓜	12	28 400	12 000
西红柿	10	15 600	8 000
合计	—	56 500	25 000

要求:计算两个农贸市场蔬菜的平均价格,分析两个市场蔬菜平均价格不同的原因。

10. 某企业今年第一季度的产品产量和成本资料如下表所示:

月份	1月	2月	3月	合计
单位成本(元)	320	290	275	—
产量比重(%)	34	29	37	100

要求:若已知1月份的总成本为200万元,试计算第一季度的平均单位成本、第一季度的总产量和各月份的产量。

11. 某企业有甲、乙、丙三个生产车间,相关生产数据如下表所示:

生产车间	上月 单位成本		计划超额完成程度(%)	本月计划完成程度(%)	计划完成程度月增长量(%)
	计划降低(%)	实际降低(%)			
甲	7	9	( )	90	( )
乙	5	( )	—2.00	100	( )
丙	( )	10	6.25	( )	—1

要求:根据相关数据进行推算并完成填空。

12. 某车间有50名工人,各技术级别工人的工资和工人数资料如下表所示:

技术级别	月工资(元)	工人数(人)
1	15 000	7
2	12 000	12
3	10 000	18
4	8 000	10
5	6 000	3
合 计	—	50

要求:计算工人的平均月工资,并指出技术等级和月工资的众数、中位数。

13. 某地为了调查去年城镇居民家庭可支配收入情况,随机抽取了一个样本,相关资料如下表所示:

家庭可支配收入(元)	户数(户)
10 000 以下	75
10 000~20 000	86
20 000~30 000	97
30 000~40 000	73
40 000~50 000	65
50 000 以上	34
合 计	430

要求:根据上述资料计算家庭可支配收入的平均数、众数和中位数,并说明样本数据的分布状态,计算家庭可支配收入低于样本总体平均水平的户数比重。

14. 某公司三个分公司去年相关财务资料如下表所示:

分公司	营业收入(亿元)	销售净利率(%)	总资产周转率(次)
甲	17	22	24
乙	34	19	18
丙	9	40	30
合 计	60	—	—

要求:(1)计算平均销售净利率;(2)计算平均总资产周转率。(提示:总资产周转率=营业收入÷总资产)

15. 某企业甲、乙、丙三个车间生产某产品,相关的产量资料见下表所示:

车 间	超额完成计划程度(%)	计划产量比重(%)
甲	20	32
乙	100	51
丙	−5	17
合 计	—	100

要求:(1)计算三个车间的平均计划完成程度;(2)分别计算三个车间的实际产量比重。

16. 某公司有甲、乙、丙三个分公司,相关营业数据如下表所示:

分公司名称	2020年		超额完成计划(%)	2021年销售额计划完成程度(%)	计划完成程度年增长量(%)
	计划增长%	实际增长%			
甲	10	20	( )	112	2.91
乙	15	( )	−5	105	( )
丙	( )	30	10	( )	−2

要求:根据相关数据进行推算并完成填空。

17. 某种粮大户对甲、乙两个品种的高产水稻在3个田块上进行试验,甲品种的试验结果为:平均亩产802千克,标准差为50.56千克;乙品种的试验资料如下表所示:

田块序号	田块面积(亩)	总产量(千克)
1	1.0	918
2	1.2	1 002
3	0.8	768
合 计	3.0	2 688

要求:计算乙品种的平均亩产、标准差和标准差系数,并说明哪一种水稻品种产量比较稳定,值得推广?

18. 某企业有甲、乙两个车间生产某产品,甲车间的生产资料如下所示:

日产量(件)	工人人数(人)
95～105	60
105～115	110
115～125	140
125 以上	90
合　计	400

要求：(1)计算甲车间工人日产量的平均数、标准差和标准差系数；(2)计算甲车间日产量分布的偏态系数和峰度系数，并作简要说明；(3)已知乙车间的人均日产量为138件，标准差为10.02件，问哪个车间人均日产量的代表性更好些？

第五章 动态数列

学习目的与要求

本章主要阐述动态数列的编制以及动态指标的分析、计算和运用。具体要求：
1. 了解从数量方面研究社会经济现象发展变化过程和发展趋势的重要性；
2. 明确动态数列的意义和种类，理解动态数列编制的基本要求；
3. 理解并掌握发展水平和发展速度两个方面动态分析指标的基本概念和计算方法；
4. 理解并掌握测定影响动态数列动向的因素，掌握现象变动趋势分析的原理和方法。

第一节 动态数列的意义和种类

一、动态数列的意义

在统计分析中，我们常常会对历史资料在时间上发展变化的过程进行分析，认识它们的发展规律并预测它们的发展趋势，这就是统计动态分析。

要进行动态分析，首先要编制动态数列。动态数列也称时间数列，就是把社会经济现象在不同时间的一系列指标值按时间先后顺序加以排列后形成的数列。动态数列由两个要素组成：一是现象所属的时间序列；二是反映现象数量特征的指标值序列。

对动态数列进行分析，可以帮助我们了解社会经济现象发展变化的方向和速度，掌握不同时间现象的结构及变化规律，预测现象的发展趋势，为经济管理和经营决策提供依据。因此，它是社会经济统计的重要分析方法，如表 5-1 所示。

表 5-1 2011—2020 年我国部分重要经济指标

年份	国内生产总值（万亿元）	人均国内生产总值（万元）	社会消费品零售总额（万亿元）	城乡居民储蓄余额（万亿元）
2011	47.31	3.52	18.12	35.19
2012	51.93	4.00	20.72	41.02
2013	56.88	4.38	23.44	46.54
2014	63.59	4.72	26.24	50.69
2015	67.67	4.99	30.09	55.10
2016	74.41	5.39	33.23	60.65
2017	82.71	5.97	36.63	65.20
2018	91.93	6.60	38.10	72.44
2019	98.65	7.08	41.16	82.14
2020	101.60	7.24	39.20	93.44

二、动态数列的种类

动态数列按指标的表现形式不同可分为绝对数动态数列、相对数动态数列和平均数动态数列。其中,绝对数动态数列是最基本的动态数列,相对数动态数列和平均数动态数列是由绝对数动态数列派生出来的。

(一) 绝对数动态数列

绝对数动态数列又称总量指标动态数列。它是把一系列总量指标按时间先后顺序排列形成的动态数列。绝对数动态数列能反映社会经济现象在不同时期的总量水平。例如,在表 5-1 的资料中,国内生产总值、社会消费品零售总额、城乡居民储蓄余额都是绝对数动态数列。

绝对数动态数列按反映社会经济现象时间状态的不同,又可分为时期指标动态数列和时点指标动态数列,简称时期数列和时点数列。

1. 时期数列

在绝对数动态数列中,如果每一指标都是反映某现象在一段时期内发展过程的总量,则这种数列称为时期数列。时期数列中每一个总量指标可简称为时期数。如表 5-1 资料中的国内生产总值和社会消费品零售总额就是时期数列。

时期数列具有如下特点:

(1) 连续统计。由于时期指标反映的是现象在一段时期内发展过程的总量,因此我们必须将这段时期内每天发生的数量逐一登记后进行累计。

(2) 各个时期的指标值可以相加。时期指标是一个流量,现象每天产生的数据不会影响到以后所产生的数据,因此把现象每天产生的数据相加,就是这一段时期内的总量,而不会出现重复登记的情况。因此,时期数列具有相加性特点。

(3) 各指标值的大小与计算时期长短有关。一般来说,时间越长,时期数列中各指标值就越大;反之,则越小。这里讲的时期可以是 1 天、1 个月份、1 个季度、1 个年度,甚至更长。应该指出的是,统计调查获得的原始资料一般为正数,但次级资料和综合指标可以表现为正数、负数或零。本章讨论的时期数列,假设其指标值都为正数。

2. 时点数列

在绝对数动态数列中,若每一个指标值所反映的是现象在某一时刻上的总量,则这种动态数列称为时点数列。时点数列中每一个总量指标可简称为时点数。如表 5-1 资料中的城乡居民储蓄余额就是时点数列。

时点数列具有如下三个特点。

(1) 不具有连续统计的特点。时点指标是反映现象在某一时刻的总量,我们只需在某一时点上进行统计,取得该时点资料,不必连续进行登记。

时点数列有连续时点数列和间断时点数列之分。前者是指已知现象每天的数据;后者是指已知现象的期初、期末数据。

(2) 各个时期的指标值不具有相加性。时点指标是存量,它不是现象在某一天发生的数量,而是以前发生后留存到某一天的数量,因此用不着每天去登记数据并将其相加起来。如果把现象每天的数据相加起来,就会出现数据重复相加的情况。

时点数的增量是一个流量,是可以相加的,如招工人数、材料入库数或领用数、固定资产投资额等。

(3) 各指标值的大小与其时间间隔长短无关。时点数列中的每一个指标值只表明现象在某一瞬间的存量,因此时间间隔长短对指标值的大小没有直接关系,比如年末职工人数、年末商品库存量不一定比月末职工人数、月末商品库存量大。

(二) 相对数动态数列

将一系列的相对数按时间先后顺序排列而形成的时间数列叫做相对数动态数列,可反映社会经济现象之间相互联系的发展变化过程。表 5-1 资料中的人均国内生产总值就是相对数动态数列。

相对数动态数列中的相对数有时会与平均数发生混淆。例如,人均国内生产总值通俗的说是一个广义的平均数,但理论上将它归属于强度相对数。又如,全员劳动生产率是一个强度相对数,而工人劳动生产率是一个平均数。

(三) 平均数动态数列

将一系列平均数按时间先后顺序排列而形成的时间数列叫作平均数动态数列,可反映社会经济现象总体各单位某一标志值一般水平的发展变动趋势,如某企业历年职工平均工资构成的数列就是平均数动态数列。

相对数和平均数的动态数列具有某些共同的性质:一是它们不存在时期数列和时点数列之分;二是它们都可以通过两个时期数对比、两个时点数对比或一个时期数和一个时点数对比进行计算。

在统计分析中,我们往往把绝对数、相对数和平均数构成的三种动态数列结合起来运用,以便于对社会经济现象发展过程进行全面分析。

三、编制动态数列的原则

编制动态数列的基本条件是:动态数列的每个指标必须具有可比性。只有保证了指标之间的可比性,才能准确地反映现象总体的发展状态和变化规律。为此,编制动态数列必须遵循以下四项原则。

(1) 时间长短一致。时期数列的指标值具有可加性,其指标值的大小与时期长短有关,所以时期数列各指标所属时期的长短应该相等,否则就很难直接作出判断和比较。但这也不能绝对化,有时候研究对象的时期跨度较大,为了特殊的研究目的,也可将时期不等的指标编制成动态数列。

对于时点数列,同样要求时点数列各指标值之间的时间间隔保持一致,这样才便于分析对比,准确反映现象的发展趋势和发展规律。

(2) 总体范围一致。在动态数列中,各个指标所属的总体范围前后应该一致。例如,我们要研究一个地区的工农业生产情况,如果那个地区的行政区域划分有了变动,则前后指标值就不能直接对比,必须将资料进行调整,当总体范围前后一致时再作动态分析。

(3) 指标含义统一。一般来说,只有同质的现象才能进行动态对比,才能表明现象发展变化的过程及趋势。因此,保证各期指标含义的统一性就十分必要。统计指标一般是由统计机构通过颁布统计标准来规定的,但随着社会经济的发展,统计指标也在不断改进和完善,在编制动态数列时,必须对指标含义进行分析调整,以保证指标在各个时间的可比性。

(4) 计算方法统一。在动态数列中,各个时期指标的计算方法应统一。例如,要研究企业劳动生产率的变化,产量是采用实物量还是采用价值量,职工人数是采用全部职工人数还是采用生产工人人数。再如,对于增加值的比较,横向比较用现行价格较为合理,但不同时间的纵向比较则应采用可比价格计算对比的指标。同时,还要求同类指标的计量单位要保持一致,以便于不同时间同类指标的比较计算。

第二节 发展水平与发展速度

在编制动态数列的基础上,我们可以对动态数列作进一步的动态分析。动态分析包括现象发展的水平分析和现象发展的速度分析。

一、发展水平和增长水平

(一) 发展水平

发展水平就是动态数列中每一个具体的指标数值,又称发展量。它反映社会经济现象在各个时期所达到的规模和发展的程度。

发展水平是时间意义上的统计指标值。一般表现为绝对数、相对数和平均数。

根据各发展水平在动态数列中所处的时间不同,发展水平有最初水平、最末水平以及报告期水平、基期水平等。各期的发展水平可用符号 $a_0, a_1, \cdots, a_n$ 表示。

表 5-2 2016—2020 年全国粮食总产量 单位:万吨

年份	2016	2017	2018	2019	2020
符号	(a_0)	(a_1)	(a_2)	(a_3)	(a_4)
全国粮食总产量	61 624	61 791	65 789	66 384	66 949

表 5-2 所列的是 2016—2020 年我国粮食总产量所达到的发展水平。最初水平 a_0 为 61 624 万吨,最末水平 a_4 为 66 949 万吨。如果报告期为 2020 年,基期为 2019 年,则报告期水平 a_1 为 66 949 万吨,基期水平为 a_0 为 66 384 万吨。

各期的发展水平随着动态分析目的和任务的改变会随时变动自己的位置。今年是报告期水平,将来可能是基期水平;现在是最末水平,过了若干年又变成了最初水平。

人们习惯用"增加到""降低为""增加了""降低了"等来表示发展水平和增长水平。例如,2016 年我国粮食总产量为 61 624 万吨,2020 年增加到 66 949 万吨,增加了 5 325 万吨。

(二) 增长水平与平均增长水平

1. 增长水平

增长水平是动态数列中每一个时期的发展水平与基期水平之差,又称增长量。它反映社会经济现象在各个时期与基期相比所增加的规模和增加的程度。增长水平也是时间意义上的统计指标值,有绝对数、相对数和平均数。增长水平有逐期增长水平和累计增长水平两种。

逐期增长水平是相邻两期的发展水平之差,即

$$逐期增长水平 = a_i - a_{i-1} \quad (i = 1, 2, \cdots, n)$$

累计增长水平是报告期发展水平与某一基期的发展水平之差,表明现象经过一段时间发展后的增长总水平,即

$$累计增长水平 = a_i - a_0 \quad (i = 1, 2, \cdots, n)$$

逐期增长水平和累计增长水平之间存在如下换算关系。

(1) 逐期增长水平之和等于最末期的累计增长水平,即

$$(a_1 - a_0) + (a_2 - a_1) + \cdots + (a_n - a_{n-1}) = a_n - a_0$$

(2) 相邻两期的累计增长水平之差等于后一期的逐期增长水平,即

$$(a_i - a_0) - (a_{i-1} - a_0) = a_i - a_{i-1}$$

例 5-1 根据表 5-2 的资料,计算我国粮食总产量在 2016—2020 年逐期增长水平和累计增长水平(见表 5-3)。

表 5-3　2016—2020 年我国粮食总产量和增长水平　　　　　　　　　　　单位:万吨

年份	2016 年	2017 年	2018 年	2019 年	2020 年
全国粮食总产量	61 624	61 791	65 789	66 384	66 949
逐期增长水平	—	167	3 998	595	565
累计增长水平	—	167	4 165	4 760	5 325

从表 5-3 的计算结果可以看出,2020 年我国粮食总产量比 2019 年增加了 565 万吨,比 2016 年增加了 5 325 万吨。也可以说,2016—2020 年我国粮食总产量增长总水平为 5 325 万吨。

下面讨论相对数和平均数的增长水平。

计算相对数或平均数的增长水平,同样采用以上介绍的逐期增长水平和累计增长水平的计算公式。

例如,国家统计局公布的规模以上工业增加值的增长率情况是:2018 年为 6.2%、2019 年为 5.7%、2020 年为 2.8%,则 2020 年的逐期增长水平和累计增长水平可计算如下:

$$逐期增长水平 = 2.8\% - 5.7\% = -2.9\%$$
$$累计增长水平 = 2.8\% - 6.2\% = -3.4\%$$

计算结果表明,2020 年全国规模以上工业增加值的增速比 2019 年回落了 2.9 个百分点,比 2018 年回落了 3.4 个百分点。

又如,全国居民人均可支配收入 2018 年为 28 228 元、2019 年为 30 733 元、2020 年为 32 189 元,则 2020 年的逐期增长水平和累计增长水平可计算如下:

$$逐期增长水平 = 32\,189 - 30\,733 = 1\,456(元)$$
$$累计增长水平 = 32\,189 - 28\,228 = 3\,961(元)$$

计算结果表明,2020年全国居民人均可支配收入比2019年增加了1 456元,比2018年增加了3 961元。

2. 平均增长水平

平均增长水平也称平均增长量,用以表明社会经济现象在一定时期内平均每期的增长水平。其计算方法比较简单,只需计算各期增长水平的算术平均数,即逐期增长量之和除以期数。其计算公式如下:

$$平均增长量 = \frac{\sum_{i=1}^{n}(a_i - a_{i-1})}{n}$$

也可以用最末期的累计增长量除以期数求得:

$$平均增长量 = \frac{a_n - a_0}{n}$$

其中,n为期数。发展水平一般表现为期末数,可将表示最初水平的字母下标规定为0,即用a_0来表示第1期的期初数,那么a_1则表示第1期的期末数,a_n表示第n期的期末数,这样n正好表示期数。如果表示最初水平的字母下标规定为其他数,期数则可按下式确定:

$$期数 = 最末水平字母下标的数值 - 最初水平字母下标的数值$$

根据表5-3中给出的资料,2016—2020年我国粮食总产量的平均增长量可用上述两个公式分别计算如下:

$$平均增长量 = \frac{167 + 3\,998 + 595 + 565}{4} = 1\,331.25(万吨)$$

或

$$平均增长量 = \frac{5\,325}{4} = 1\,331.25(万吨)$$

二、发展速度与增长速度

(一)发展速度

发展速度是现象在两个不同时期的发展水平对比计算的动态相对数,用以表明现象发展变化的相对程度。它的计算公式是:

$$发展速度 = \frac{报告期水平(a_1)}{基期水平(a_0)}$$

发展速度有定基发展速度和环比发展速度两种。

定基发展速度是报告期水平与某一基期水平之比,用以反映现象在较长一段时间内的发展程度,因此又称发展总速度。环比发展速度是报告期水平与前期水平之比,用以反映现象逐期发展的相对程度。定基发展速度和环比发展速度之间存在如下换算关系。

(1) 环比发展速度的连乘积等于发展总速度,即最末期的定基发展速度,即

$$\frac{a_1}{a_0} \cdot \frac{a_2}{a_1} \cdot \ldots \cdot \frac{a_n}{a_{n-1}} = \frac{a_n}{a_0}$$

(2) 相邻两期的定基发展速度之比等于后一期的环比发展速度,即

$$\frac{a_i}{a_0} : \frac{a_{i-1}}{a_0} = \frac{a_i}{a_{i-1}}$$

(二) 增长速度

增长速度是现象在某个时期的增长水平与基期水平对比计算的动态相对数,用以表明现象发展变化的增长程度。它的计算公式是:

$$\text{增长速度} = \frac{\text{增长水平}(a_i - a_0)}{\text{基期水平}(a_0)}$$

$$= \frac{\text{报告期水平}(a_i)}{\text{基期水平}(a_0)} - 1$$

$$= \text{发展速度} - 1 \quad (i = 1, 2, \cdots, n)$$

增长速度有定基增长速度和环比增长速度两种。定基增长速度是报告期累计增长水平与某一基期水平的比值,用以反映现象在较长一段时间内的增长程度,又称增长总速度。环比增长速度是报告期的逐期增长水平与前期水平的比值,用以反映现象的逐期增长程度。

(三) 发展速度与增长速度的关系

发展速度与增长速度的关系为:

$$\text{增长速度} = \text{发展速度} - 1$$

下面分析发展速度与增长速度的相互转换问题。

设报告期水平为180,基期水平为100,则有:

$$\text{发展速度} = \frac{a_1}{a_0} = \frac{180}{100} = 180\%$$

$$\text{增长速度} = \frac{a_1 - a_0}{a_0} = \frac{a_1}{a_0} - 1 = 180\% - 1 = 80\%$$

从上式中可以看出,发展速度可表述为:a_1 是 a_0 的 180%;增长速度则可表述为:a_1 比 a_0 增加 80%。

增长速度比较直观和简明,更符合人们的表述习惯,国家制订五年规划、发布统计数据,企业制订和考核生产计划,很多指标都采用增长速度这一表述方法。从这两者的计算公式可知,发展速度可将报告期水平和基期水平直接对比计算;而增长速度的计算实际上有两步,即先计算发展速度,再减1计算出结果。因此,发展速度的数学性质更好。在相关的计算公式中,一般要将增长速度转换成发展速度后才能将数据代入公式进行计算。

应该指出的是,进行速度指标分析要注意各期的发展水平不能为负数或零。

发展速度一般以百分数表示,它可以大于100%、等于100% 或小于100%,但绝不能表现为负数;而增长速度可以表现为正增长、零增长或负增长。如果将以上报告期水平180改为80,

那么增长速度就等于-20%,表现为负增长。另外,人们习惯将1%表述为一个百分点,如增长速度为-20%可表述为报告期水平比基期水平降低了20个百分点。

例5-2 已知某企业2016—2020年实现的利润总额,计算各年利润总额的定基和环比发展速度、定基和环比增长速度。计算结果见表5-4所示。

表5-4 某企业2016—2020年利润总额的发展速度和增长速度计算表　　　　单位:万吨

年份	2016	2017	2018	2019	2020
利润总额(万元)	1 000	1 200	1 200	900	1 800
定基发展速度(%)	—	120	120	90	180
环比发展速度(%)	—	120	100	75	200
定基增长速度(%)	—	20	20	-10	80
环比增长速度(%)	—	20	0	-25	100

在速度指标中,环比增长速度使用最为广泛。根据表5-4的计算结果,可对环比增长速度进行简要的分析:2017年该企业利润总额的年增长速度为20%;2018年为零增长,增速大幅度回落了20个百分点;2019年为负增长;但到了2020年,增速达到了100%,大幅度回升了125个百分点。

下面讨论同比速度指标。

同比速度指标又称年距速度指标,一般是指报告期年度某月或某季发展水平与去年同月或同季发展水平对比计算的速度指标。年距速度指标可以消除季节因素的影响,从而表明现象在各年度同期增长变化的程度。相关计算公式如下:

$$同比增长量 = 报告期年度某月(季)发展水平 - 去年同期发展水平$$

$$同比发展速度 = \frac{报告期年度某月(季)发展水平}{去年同期发展水平}$$

$$同比增长速度 = \frac{同比增长量}{去年同期发展水平} = 同比发展速度 - 1$$

例如,某汽车制造厂2020年1月份生产卡车16万辆,2021年1月份生产卡车20万辆,则同比增长量为4万辆,同比发展速度为125%(20/16),同比增长速度为25%。

国家统计局每月公布的居民消费价格指数(CPI)就是同比增长速度指标。

(四) 增长1%的绝对量

增长1%的绝对量主要是针对发展水平表现为绝对数或平均数的情况下计算的。

一般情况下,人们在作现象的动态分析时,更多的是用报告期水平与前期水平作比较。因此,逐期增长水平比累计增长水平运用得更为广泛。为了更深入地与前期水平进行对比或者预测后一期的发展水平,还可计算增长1%的绝对量,其计算公式如下:

$$增长1\%的绝对量 = \frac{逐期增长量}{环比增长速度} \times 1\%$$
$$= 前期水平 \times 1\%$$

例如,2020年我国城镇居民人均可支配收入为43 834元,那么,2021年城镇居民人均可支配收入增长1%的金额为:43 834×1%=438.34元。

第三节 序时平均数

一、序时平均数的概念

序时平均数是将现象总体在不同时间的发展水平或发展速度加以平均而得到的动态平均数,用以反映现象在不同时间发展变化所达到的一般水平。序时平均数和动态平均数是同义的,只是序时平均数这个名称显得更通俗一些。

动态平均数和静态平均数具有共同之处,即都是将各个变量值的差异抽象化。但是,它们彼此又有区别:动态平均数所平均的是现象总体在不同时间的数量表现,从动态上说明现象总体在某一段时间内发展的一般水平;而静态平均数是将总体各单位在同一时间内变量值的差异抽象化,用以反映总体在一定空间范围内的一般水平,并不体现时间上的变动。

简而言之,动态平均数和静态平均数的不同之处有两点:一是动态平均数是时间意义上的平均数,静态平均数是空间范围内的平均数;二是动态平均数一般根据动态数列计算,静态平均数一般根据分组资料及变量数列计算。

序时平均数有平均发展水平、平均增长水平、平均发展速度、平均增长速度等,可用算术平均法、几何平均法或方程式法进行计算。平均增长水平在上一节已作分析,其他序时平均数的计算程序和方法可参见表5-5。

表5-5 序时平均数的计算程序和方法

先计算	后计算	
	序时平均数(动态平均数)	计算方法
绝对数	平均发展水平	算术平均法
静态相对数 静态平均数	平均发展水平	分子的动态平均数除以分母的动态平均数
动态相对数	平均发展速度	几何平均法或方程式法

二、平均发展水平

发展水平有绝对数、相对数和平均数,其中,绝对数又有时期数和时点数。与之相应,平均发展水平也有时期数列的序时平均数、时点数列的序时平均数、相对数或平均数的序时平均数。以下分别加以介绍。

(一) 时期数列的序时平均数

时期数列一般是时间间隔相等的动态数列,因此只需采用简单算术平均法来计算时期数列的序时平均数。其计算公式为:

$$\bar{a} = \frac{a_1 + a_2 + \cdots + a_n}{n} = \frac{\sum a}{n}$$

其中,$\bar{a}$代表序时平均数;a代表各期的发展水平;n代表时期项数。

例如,根据表5-2中的资料,我国2016—2020年的年平均粮食总产量可计算如下:

$$\bar{a} = \frac{61\ 624 + 61\ 791 + 65\ 789 + 66\ 384 + 66\ 949}{5}$$

$$= 64\ 507.4(万吨)$$

(二)时点数列的序时平均数

时点数列有连续时点数列和间断时点数列两种。

1. 连续时点数列(已知每天数据)

统计学中的时点单位是"天",如果已知每天的数据,则构成了连续时点数列,可直接采用算术平均法计算。其计算公式有简单和加权两种形式:

$$\bar{a} = \frac{\sum a}{n}, \quad \bar{a} = \frac{\sum af}{\sum f}$$

其中,$\bar{a}$代表序时平均数;a代表各期的发展水平;n代表天数;f表示变量每天连续不变时的权数。下面举例说明。

例 5-3 已知某商场一周的彩电库存资料如表 5-6 所列,试计算这一周彩电的平均库存量。

表 5-6 某商场一周的彩电库存资料

星期	日	一	二	三	四	五	六
库存量(台)	2 600	2 190	1 910	1 570	1 180	850	396

则彩电的平均库存量可计算如下:

$$\bar{a} = \frac{\sum a}{n} = \frac{2\ 600 + 2\ 190 + 1\ 910 + 1\ 570 + 1\ 180 + 850 + 396}{7}$$

$$= 1\ 528(台)$$

例 5-4 某企业 2021 年年初有职工 3 680 人,7 月初招工 320 人,到了 11 月初解聘了 100 人,问 2021 年的年平均职工人数为多少?

2021 年上半年每天人数都是 3 680 人,7 月初增加了 320 人,则 7 月初到 10 月末每天人数为:3 680 + 320 = 4 000 人,而 11 月初减少了 100 人,则 11 月初到年末每天人数为:4 000 - 100 = 3 900 人。2021 年全年的平均人数可计算如下:

$$\bar{a} = \frac{\sum af}{\sum f} = \frac{3\ 680 \times 6 + 4\ 000 \times 4 + 3\ 900 \times 2}{12} = 3\ 823(人)$$

2. 间断时点数列(已知期初和期末数据)

如果在所研究现象的大时间阶段中包含若干个间隔期,已知各间隔期的期初和期末数据,则构成了间断时点数列。在实际工作中,人们常常在期初和期末调查登记数据。因此,这种现象是比较普遍的。

首先,提出两个假设:一是假设相邻两期前期的期末数等于后期的期初数;二是在期初和期末的间隔时间内,变量值是呈算术级数均匀变化的。

于是,计算间断时点数列的序时平均数一般可分两步进行:先用期初数加期末数除以 2 计算各间隔期的序时平均数；再用算术平均法计算各间隔期平均数的平均数，即动态数列的序时平均数。计算公式如下：

第一步， $$\bar{a}_i = \frac{期初数+期末数}{2}$$

第二步， $$\bar{a} = \frac{\sum \bar{a}_i}{n} \text{ 或 } \bar{a} = \frac{\sum \bar{a}_i f}{\sum f}$$

其中，$\bar{a}_i$ 代表各间隔期的序时平均数；$\bar{a}$ 代表动态数列的序时平均数；n 代表间隔期项数；f 表示各间隔期不相等时的权数。上述两步并作一步的计算公式为：

$$\bar{a} = \frac{\frac{a_0+a_1}{2} \cdot f_1 + \frac{a_1+a_2}{2} \cdot f_2 + \cdots + \frac{a_{n-1}+a_n}{2} \cdot f_n}{\sum f}$$

特别地，当各间隔期相等时，即权数 f 为常数时，可用"首末折半法"计算。其计算公式如下：

$$\bar{a} = \frac{\frac{a_0}{2} + a_1 + a_2 + \cdots + a_{n-1} + \frac{a_n}{2}}{n}$$

用"首末折半法"计算序时平均数时，n 个时间间隔需要 $n+1$ 个数据，因此计算公式的分子有 $n+1$ 个数据。

例 5-5 某公司 2019 年 12 月末流动资金余额为 1 200 万元，2020 年流动资金余额如表 5-7 所列，试计算 2020 年年平均流动资金占用额。

表 5-7 某公司 2020 年流动资金余额情况

月末	3 月	6 月	9 月	12 月
流动资金余额（万元）	1 550	1 080	1 740	1 400

由于时间间隔相同，可直接用"首末折半法"计算：

$$\bar{a} = \frac{\frac{1\,200}{2} + 1\,550 + 1\,080 + 1\,740 + \frac{1\,400}{2}}{4} = 1\,417.5(万元)$$

该公司 2020 年年平均流动资金占用额为 1 417.5 万元。

例 5-6 某企业由于商品销售的季节性变化，库存商品采用不定期盘点，2021 年的盘点资料如表 5-8 所列，已知 2020 年年末商品库存量为 600 件，试计算 2021 年平均商品库存量。

表 5-8 某企业库存商品盘点资料

盘点时间	3 月 1 日	7 月 1 日	12 月 31 日
商品库存量（件）	528	615	551

这是时间间隔不相等的情况，用月份作为权数，可计算如下：

$$\bar{a} = \frac{\frac{600+528}{2} \times 2 + \frac{528+615}{2} \times 4 + \frac{615+551}{2} \times 6}{12}$$
$$= 576(件)$$

有时候,不一定要用两步来计算间断时点数列的序时平均数,可根据已知条件灵活处理。例如,在表5-7的资料中,若仅已知2019年12月末流动资金余额为1 200万元和2020年12月末为1 400万元,那么计算2020年的年平均流动资金占用额,只需一步计算就够了,具体计算如下:

$$\bar{a} = \frac{期初数 + 期末数}{2} = \frac{1\,200 + 1\,400}{2} = 1\,300(万元)$$

又如,若已知某企业2021年上半年平均人数为1 000人,第三季度和第四季度的平均人数分别为800人和1 500人。本例各间隔期的序时平均数已知,则2021年的年平均人数可直接计算如下:

$$\bar{a} = \frac{\sum \bar{a}_i f}{\sum f} = \frac{1\,000 \times 2 + 800 \times 1 + 1\,500 \times 1}{4} = 1\,075(人)$$

须注意的是,间断时点数列的序时平均数是一个近似值,间断时间越长,其误差也越大。例如,以上按期初数加期末数再除以2计算的年平均流动资金占用额就存在一定的误差,因为实际情况与假设条件不一定完全相同。

(三)相对数或平均数的序时平均数

根据静态相对数或静态平均数的数学性质,不同时间的相对数或平均数是不能直接相加并计算其序时平均数的。因此,它们的序时平均数不能直接用算术平均法来计算,必须先分离出原相对数或平均数分子和分母的绝对数,然后计算其分子和分母数值的序时平均数,再将它们加以对比,计算出动态数列的序时平均数。具体计算步骤如下:

第一步,先写出原相对数或平均数具有经济含义的公式,并配上字母。例如,

$$劳动生产率(c) = \frac{产值(a)}{平均人数(b)}$$

第二步,分离出原相对数或平均数分子和分母的数值,用算术平均法分别计算分子a和分母b的序时平均数$\bar{a}$和$\bar{b}$,再将$\bar{a}$与$\bar{b}$进行对比,计算动态数列的序时平均数。计算公式为:

$$\bar{c} = \frac{\bar{a}}{\bar{b}}$$

特别地,当分母b为常数时,可按下式计算:

$$\bar{c} = \frac{\sum c}{n}$$

现证明如下:

设b_0为常数,则有

$$\bar{c} = \frac{\bar{a}}{b_0} = \frac{\frac{1}{n}\sum a}{b_0} = \frac{\frac{1}{b_0}\sum a}{n} = \frac{\sum \frac{a}{b_0}}{n} = \frac{\sum c}{n}$$

容易证明,当 a 为常数时,有:

$$\overline{c} = \frac{n}{\sum \dfrac{1}{c}}$$

例 5-7 某企业 2020 年年初职工人数为 40 人,各季度产值及人数资料如表 5-9 所示,试分别计算 2020 年全年季平均劳动生产率和全年月平均劳动生产率。

表 5-9 某企业 2020 年各季度产值及职工人数资料

季度	1	2	3	4
产值(万元)	500	715	828	640
季末职工人数(人)	60	70	68	60
劳动生产率(万元/人)	10	11	12	10

本例不能直接用各季度的劳动生产率来计算序时平均数,应先计算产值的序时平均数和人数的序时平均数,再对比计算出劳动生产率的序时平均数。

产值是时期数,可计算如下:

$$\overline{a}_{季} = \frac{500 + 715 + 828 + 640}{4} = 670.75(万元)$$

$$\overline{a}_{月} = \frac{500 + 715 + 828 + 640}{12} = \frac{670.75}{3} \doteq 223.58(万元)$$

职工人数是时点数,全年季平均人数和月平均人数是相等的。可计算如下:

$$\overline{b}_{季} = \frac{\dfrac{40}{2} + 60 + 70 + 68 + \dfrac{60}{2}}{4} = 62(人)$$

$$\overline{b}_{月} = \overline{b}_{季} = 62(人)$$

则全年季平均、月平均劳动生产率分别为:

$$\overline{c}_{季} = \frac{\overline{a}_{季}}{\overline{b}_{季}} = \frac{670.75}{62} \doteq 10.82(万元/人)$$

$$\overline{c}_{月} = \frac{\overline{a}_{月}}{\overline{b}_{月}} = \frac{223.58}{62} \doteq 3.61(万元/人)$$

月平均劳动生产率也可采用以下公式计算:

$$\overline{c}_{月} = \frac{\overline{c}_{季}}{3} = \frac{10.82}{3} \doteq 3.61(万元/人)$$

例 5-8 假设储户甲在 2 年内每年的存款本金为 10 万元,储户乙第 1 年存款本金为 10 万元、第 2 年存款本金为 30 万元。这两年银行一年期存款利率(单利率)分别为 3% 和 5%。试分别计算甲、乙两个储户这两年的年平均存款利率。

单利率的计算公式为:

$$利率(c) = \frac{利息(a)}{本金(b)}$$

储户甲各年存款本金 b 相同,可直接计算各年存款利率的算术平均数:

$$\overline{c}_\text{甲} = \frac{\sum c}{n} = \frac{3\% + 5\%}{2} = 4.0\%$$

储户乙各年存款本金不同,应分别计算两年的年平均利息和年平均存款本金,然后再对比计算年平均利率,计算如下:

$$\overline{a}_\text{乙} = \frac{10 \times 3\% + 30 \times 5\%}{2} = 0.9（万元）$$

$$\overline{b}_\text{乙} = \frac{10 + 30}{2} = 20（万元）$$

$$\overline{c}_\text{乙} = \frac{\overline{a}_\text{乙}}{\overline{b}_\text{乙}} = \frac{0.9}{20} = 4.5\%$$

(四) 总量指标序时平均数的特征

1. **总量指标序时平均数的动态特征**

总量指标的序时平均数具有以下重要的动态特征。

(1) 对于时期数,由于其数值大小与时期长短有关,其序时平均数的大小也与时期间隔长短有关,在各期的发展水平为正数的前提下,有

$$\text{年平均发展水平}(\overline{a}_\text{年}) = \text{季平均发展水平}(\overline{a}_\text{季}) \times 4$$
$$= \text{月平均发展水平}(\overline{a}_\text{月}) \times 12$$

(2) 对于时点数,只有某一天的数值可以表现为绝对数,多于一天的时期,其数值只能表现为序时平均数。不管间隔期有多长,时点数的序时平均数总是平均到每一天这个时点单位,因此,有:

$$\text{年平均发展水平}(\overline{b}_\text{年}) = \text{季平均发展水平}(\overline{b}_\text{季})$$
$$= \text{月平均发展水平}(\overline{b}_\text{月})$$
$$= \text{日平均发展水平}(\overline{b}_\text{日})$$

同时,可以作出如下推论。

(1) 由两个时期数或两个时点数对比的相对数构成的动态数列,有:

$$\text{年平均发展水平}(\overline{c}_\text{年}) = \text{季平均发展水平}(\overline{c}_\text{季})$$
$$= \text{月平均发展水平}(\overline{c}_\text{月})$$

(2) 由分子为时期数、分母为时点数对比的相对数构成的动态数列,有:

$$\text{年平均发展水平}(\overline{c}_\text{年}) = \text{季平均发展水平}(\overline{c}_\text{季}) \times 4$$
$$= \text{月平均发展水平}(\overline{c}_\text{月}) \times 12$$

2. **总量指标序时平均数的静态特征**

总量指标的序时平均数在静态意义上有一个重要的特征,就是它在同类现象的空间范围内具有相加性。一般的平均数是没有相加性的,只有绝对数有相加性。但是,总量指标的序时平均数背后隐藏着一个绝对数,因为它只是将不同时间的绝对数加以平均,对于空间范围来说,

它还属于一个绝对数,因此,在不同的部门具有相加性。

现证明如下:

设有 i 个时间单位 ($i = 1, 2, \cdots, n$),j 个部门 ($j = 1, 2, \cdots, m$),则有:

$$\bar{a} = \frac{\sum_{j=1}^{m} \sum_{i=1}^{n} a_{ij}}{n} = \sum_{j=1}^{m} \frac{\sum_{i=1}^{n} a_{ij}}{n} = \sum_{j=1}^{m} \bar{a}_j$$

其中,$\bar{a}$ 表示所有部门的平均发展水平;$\bar{a}_j$ 表示 j 个部门的平均发展水平;a_{ij} 表示第 i 个时间单位、第 j 个部门以绝对数表现的发展水平。

例 5-9 某企业 2021 年职工工资和职工人数的部分资料如表 5-10 所示,试计算该企业 2021 年第四季度的月平均人均工资。

表 5-10 某企业 2021 年职工工资和职工人数部分资料

职工类别	月平均人均工资（元）	月末职工人数（人）		
		9月	10月	12月
普通职工	10 000	1 246	…	1 524
管理人员	15 000	66	62	60

普通职工和管理人员第四季度月平均人数分别为:

$$\bar{b}_{普通} = \frac{1\,246 + 1\,524}{2} = 1\,385（人）$$

$$\bar{b}_{管理} = \frac{\frac{66+62}{2} \times 1 + \frac{62+60}{2} \times 2}{3} = 62（人）$$

普通职工和管理人员第四季度月平均工资总额分别为:

$$\bar{a}_{普通} = \bar{c}_{普通} \times \bar{b}_{普通} = 10\,000 \times 1\,385 = 13\,850\,000（元）$$

$$\bar{a}_{管理} = \bar{c}_{管理} \times \bar{b}_{管理} = 15\,000 \times 62 = 930\,000（元）$$

企业两类职工 2021 年第四季度月平均人均工资为:

$$\bar{c}_{企业} = \frac{\bar{a}_{普通} + \bar{a}_{管理}}{\bar{b}_{普通} + \bar{b}_{管理}} = \frac{13\,850\,000 + 930\,000}{1\,385 + 62} \doteq 10\,214.24（元）$$

该企业 2021 年第四季度的月平均人均工资为 10 214.24 元。

三、平均增长速度与平均发展速度

平均发展速度与平均增长速度统称为平均速度。平均发展速度是各个时期环比发展速度的序时平均数,用以反映现象在较长一段时间内各时期平均发展变化的程度。平均增长速度用来反映现象在较长一段时间内各时期逐期递增的程度。

(一)平均增长速度的计算方法

平均增长速度使用最为广泛,它是国家发布经济数据的重要形式。例如,"十三五"规划中规定国内生产总值年平均增长速度为 6.5%。又如,1978 年全国粗钢产量为 0.32 亿吨,到 2020

年达到了 10.65 亿吨,平均每年增长 8.70%;1978 年全国粮食总产量为 3.05 亿吨,2020 年为 6.69 亿吨,平均每年增长 1.89%。

平均增长速度的计算方法是:通过将各期的增长速度加 1 转化为发展速度,然后计算出平均发展速度再减 1,从而得到平均增长速度的计算结果。具体计算公式如下:

$$\text{平均增长速度} = \text{平均发展速度} - 1$$

其中,平均发展速度总是正值,当它大于 1 时,平均增长速度为正值;当它等于 1 时,平均增长速度为 0;而当它大于 0 且小于 1 时,平均增长速度则为负值。

(二) 平均发展速度的计算方法

平均发展速度的计算方法有几何平均法和方程式法两种,常用的是几何平均法。

1. 几何平均法

几何平均法又称水平法,是计算发展速度序时平均数的主要方法。它的计算依据是变量的相容性,即若干个变量相乘后应具有一定的经济含义。其计算公式也有简单和加权两种形式,它们分别为:

$$\bar{x} = \sqrt[n]{x_1 \cdot x_2 \cdots x_n} = \sqrt[n]{\prod x}$$

$$\bar{x} = {}^{f_1+f_2+\cdots+f_n}\!\!\sqrt{x_1^{f_1} \cdot x_2^{f_2} \cdots x_n^{f_n}} = \sqrt[\Sigma f]{\prod x^f}$$

其中,$\bar{x}$ 表示平均发展速度;x 表示各期的环比发展速度;n 表示环比发展速度的项数;$\prod$ 为连乘符号;f 表示权数。

由于在动态数列中,环比发展速度的连乘积等于定基发展速度,即发展总速度。所以,平均发展速度的计算公式还可表示为:

$$\bar{x} = \sqrt[n]{\frac{a_1}{a_0} \times \frac{a_2}{a_1} \times \cdots \times \frac{a_n}{a_{n-1}}} = \sqrt[n]{\frac{a_n}{a_0}}$$

例 5-10 2016—2020 年某钢铁公司的粗钢产量及相关数据如表 5-11 所示,试计算该公司粗钢产量的年平均发展速度和年平均增长速度。

表 5-11 2016—2020 年某钢铁公司的粗钢产量及相关数据

年份	2016	2017	2018	2019	2020
粗钢产量(万吨)	400	800	1 000	900	1 170
环比增长速度(%)	—	100	25	−10	30

根据最末水平和最初水平,以及历年的环比增长速度资料可分别计算如下:

$$\text{年平均发展速度} = \sqrt[4]{(1+100\%) \times (1+25\%) \times (1-10\%) \times (1+30\%)}$$
$$= 130.78\%$$

或

$$\text{年平均发展速度} = \sqrt[4]{\frac{1\,170}{400}} \doteq 130.78\%$$

$$\text{年平均增长速度} = 130.78\% - 1 = 30.78\%$$

例 5-11 某地区在 2010—2020 年的 10 年中,前 7 年国内生产总值每年递增 9.7%,后 3 年平均增长速度为 8.6%,问该地区 10 年的年平均增长速度为多少?若 2020 年该地区实现国内生产总值为 5 600 亿元,那么,按平均增长速度到 2022 年该地区国内生产总值能达到多少?

计算如下:

$$年平均增长速度 = \sqrt[10]{(1+9.7\%)^7 \times (1+8.6\%)^3} - 1 \doteq 9.37\%$$

由公式 $\bar{x} = \sqrt[n]{a_n/a_0}$ 可知,$a_n = a_0 \cdot (\bar{x})^n$,则 2022 年的国内生产总值为:

$$a_{2022} = a_{2020} \cdot (\bar{x})^2 = 5\,600 \times (1+9.37\%)^2 = 6\,698.61(亿元)$$

其中,时期项数 $n = 2022 - 2020 = 2$。采用最末期字母下标值减去最初期字母下标值来确定计算期项数时,要注意字母下标的正确使用。

例如,已知 1 月份的收入为 100 万元、12 月份为 200 万元,若 a_0 表示 1 月份的收入,a_{11} 表示 12 月份收入,计算期则为 11 期;若 a_1 表示 1 月份收入,a_{12} 表示 12 月份收入,计算期还是 11 期。其月平均增长速度和季平均增长速度可分别计算如下:

$$月平均增长速度 = \sqrt[11]{\frac{200}{100}} - 1 \doteq 6.5\%$$

$$季平均增长速度 = (1+6.5\%)^3 - 1 \doteq 20.79\%$$

下面延续例 5-8 的问题,分析一下银行利率的性质。单利计算的银行存款年利率是静态相对数,平均年利率属于平均发展水平;复利计算的银行贷款年利率是环比增长速度,年本利率是环比发展速度,平均年利率属于平均增长速度。

例如,已知银行贷款年利率(复利)第 1 年为 6%,第 2 年为 8%,问两年的平均年利率为多少?可计算如下:

$$年平均利率 = \sqrt{(1+6\%) \times (1+8\%)} - 1 \doteq 6.995\%$$

2. 方程式法

方程式法又称代数平均法或累计法。它是以时期数列各期发展水平的总和与基期水平之比为基础来计算的。下面推导其计算公式。

由 $a_n = a_0 \cdot (\bar{x})^n$ 得:

$$a_1 = a_0 \cdot (\bar{x})$$
$$a_2 = a_0 \cdot (\bar{x})^2$$
$$\cdots\cdots$$
$$a_n = a_0 \cdot (\bar{x})^n$$

将以上各式相加,得:

$$a_1 + a_2 + \cdots + a_n = a_0 \cdot (\bar{x}) + a_0 \cdot (\bar{x})^2 + \cdots + a_0 \cdot (\bar{x})^n$$

整理后,即得方程式法的计算公式:

$$(\bar{x}) + (\bar{x})^2 + \cdots + (\bar{x})^n = \frac{\sum a}{a_0}$$

采用方程式法计算平均发展速度,可根据查表参数用"累计法平均增长速度查对表"查得平均发展速度。使用查对表时,先要计算查表参数:

$$\frac{\sum a}{a_0} = \frac{a_1}{a_0} + \frac{a_2}{a_0} + \cdots + \frac{a_n}{a_0} = \sum y$$

其中，y 表示各期的定基发展速度。

这个查表参数可以采用各期发展水平之和除以基期水平计算；也可以用各期定基发展速度之和来计算。

查对表分递增速度和递减速度两部分，若查表参数除以期数大于 1，则表明现象是递增的，应查递增速度部分；若查表参数除以期数小于 1，则表明现象是递减的，应查递减速度部分。

下面举例说明方程式法的运用。

例 5-12 某地区部分年份固定资产投资额资料如表 5-12 所示，试采用方程式法计算 2015—2020 年的年平均发展速度和年平均增长速度。

表 5-12 某地区部分年份固定资产投资额资料

年份	字母	固定资产投资额（亿元）
2015	a_0	1 988
2016	a_1	2 774
2017	a_2	1 870
2018	a_3	3 239
2019	a_4	2 291
2020	a_5	1 846
合计	—	14 008

本例时期项数 $n=5$，查表参数可计算如下：

$$\frac{\sum a}{a_0} = \frac{14\,008 - 1\,988}{1\,988} \times 100\% \doteq 604.62\%$$

604.62%/5=120.924%>100%，查累计法平均增长速度查对表的递增速度部分（见附录六），查得年平均增长速度为 6.4%，即年平均发展速度为 106.4%。

（三）应用几何平均法与方程式法计算平均发展速度时应注意的问题

几何平均法和方程式法的计算方法和应用条件是有所不同的。一是几何平均法侧重于考察现象最末期的发展水平，时期序列和时点序列都适用；方程式法则侧重于考察现象的整个发展过程，只适用于时期序列。二是按照几何平均法所确定的平均发展速度推算的最末一年发展水平与实际资料最末一年的发展水平相同；按照方程式法所确定的平均发展速度推算的全期各年发展水平的总和与全期各年的实际发展水平的总和相同。

我国制订国民经济五年发展规划时，也有两种规定指标数值的方法。一种是以五年规划的最后一年应达到的水平来规定，如全国人口数、国内生产总值等；另一种是以整个规划期应达到的累计数来规定，如固定资产投资额、城镇新增就业人数等。在计算平均发展速度时，前者应采用几何平均法，后者应采用方程式法。

三、速度分析与水平分析的结合与应用

动态数列的速度指标是由水平指标对比计算而来的，是以百分数表示的抽象化指标。速度指标把现象的具体规模或水平抽象化了,不能反映现象的绝对量差别。在应用速度指标进行分析时,要注意以下四个问题。

第一,要结合具体研究目的适当选择基期,并注意其所依据的基本指标在整个研究时期的同质性。如果资料中有几年的环比增长速度特别快,而后又是负增长,出现悬殊的变动和不同的发展方向以及所选择的最初水平和最末水平受特殊因素的影响过高或过低,用这样的资料来计算平均发展速度,就会降低甚至失去指标的代表意义和实际分析意义。

第二,要用各个时期的环比发展速度来补充说明平均发展速度。例如,几何平均法名义上是各个时期环比发展速度的平均数,但实际计算时只使用最末水平和最初水平两个数字,把中间各个时期的具体变动抽象掉了,所以有必要补充各期的环比速度加以分析。

第三,要结合平均速度指标所依据的各个基本指标进行分析。比如结合发展水平、增长量、环比发展速度、定基发展速度等进行分析研究,才能深入了解现象的全面发展、具体过程和特点,从而对研究现象具有比较确切和完整的认识。

第四,要结合基期水平进行分析。因为发展速度是报告期水平除以基期水平而得,从数量关系来看:基期水平低,发展速度就表现得很快;基期水平高,就难以达到高速发展。因此,增长速度高可能掩盖低增长水平,增长速度低可能隐藏着高增长水平。例如,1949年全国粗钢产量为15.8万吨,1950年为61.0万吨,则1950年粗钢产量的环比增长速度为286.08%;而2019年全国粗钢产量为9.95亿吨,2020年为10.65亿吨,2020年粗钢产量的环比增长速度为7.04%。从增长速度分析,1950年大于2020年;但从增长水平分析,却是2020年大于1950年,2020年粗钢产量环比增长7 000万吨,而1950年粗钢产量环比增加仅为45.2万吨。

第四节 现象变动的趋势分析

一、现象变动趋势分析的意义

现象变动的趋势分析就是把动态数列受若干因素影响的状态分别测定出来,研究社会经济现象在某一段较长时期内发展变化的原因及规律,为预测与决策提供依据。

社会经济现象的发展变化是受诸多复杂因素共同作用的结果。我们可以把现象发展的总变动分解成长期趋势变动、季节变动、循环变动和不规则变动四个方面。

(一) 长期趋势变动

长期趋势变动是动态数列变动的基本形式。它是指由于受到各个时期普遍的、持续的基本因素的作用,发展水平在一个较长的时期沿着一个方向,呈现逐渐向上或逐渐向下变动或水平变动的趋势。保持这种变动趋势的时间,短至数年,长至数十年甚至更长,如全国居民人均可支配收入越来越多、企业在发展期的产品销售额越来越大、居民消费品中食品的价格越来越高等。

(二) 季节变动

季节变动是指现象受季节的影响而发生的变动。它是在一年或更短的时间内现象随着时序的变更而周而复始的变化。季节变动可以是一年内的周期变动,也可以是一个季度内的周期变动,甚至可以是一个月内、一周内的周期变动。引起季节变动的原因既有自然因素,又有社会经济因素。

(三) 循环变动

循环变动就是现象超过一年的周期变动。通常说的循环变动主要是指经济周期变动，它与由自然因素和人的生活节奏引起的季节变动有明显的差别，其影响因素更为复杂，主要是由不以人的意志为转移的客观经济规律所支配，因此，其变动的周期长短是不确定的。经济循环变动是经济学家研究的重要课题。

(四) 不规则变动

不规则变动是由偶然因素或不确定原因引起的非周期性变动。不规则变动是随机的，无法预知的。

动态数列的这四种变动形式称为动态数列变动的经典模式。分别表示了动态数列变动的四个重要原因。这四种变动一般以乘法模式或加法模式结合在一起，形成动态数列的总变动。

设 Y 表示动态数列的总变动；T 表示长期趋势变动；S 表示季节变动；C 表示循环变动；I 表示不规则变动。则乘法模式和加法模式分别为：

$$Y = T \cdot S \cdot C \cdot I, \quad Y = T + S + C + I$$

在乘法模式结构中，Y、T 是绝对数，S、C、I 是相对数，通常用百分比表示。

在加法模式结构中，所有变量都是绝对数，可把 S、C、I 看作是对长期趋势值 T 所产生的偏差。

这两种模式可以推广到统计分析的一般概念中去，可把它们统称为经济等式。经济等式的加法模式一般可用来进行结构分析和因素分析；乘法模式一般可用来进行现象变动的趋势分析和指数因素分析。指数因素分析将在后续章节中详细分析。

下面采用乘法模式对长期趋势变动和季节变动进行测定。

二、长期趋势的测定

对长期趋势的测定就是用一定的方法对动态数列进行修匀，使修匀后的数列能排除其他变动因素的影响，显现出现象变动的基本趋势，作为预测的依据。测定长期趋势的方法主要有移动平均法和数学模型法。

(一) 移动平均法

移动平均法是采用逐期推移和扩大时距计算序时平均数的方法。它以一系列移动平均数作为对应时期的趋势值。

移动平均法的具体做法是：从动态数列的第一个数值开始，选择 n 项计算序时平均数，然后往下移动一个数值，再计算 n 项的序时平均数，以此类推，得出一个由移动平均数构成的新的动态数列，这个派生数列能在一定程度上修匀由其他因素带来的数值波动，使整个数列的总趋势更加明显。

取多少项数值计算序时平均数要根据资料的特点及研究任务的要求来确定。一般来说，项数 n 越大，移动平均数对动态数列的修匀作用越强。但是，由移动平均数构成的动态数列会减少 $n-1$ 个数值，因为原来 n 个数值经计算只剩下平均数一个数值了。

设动态数列 $a_1, a_2, \cdots, a_k$，若取 n 为 3，则由移动平均数组成的新数列为：

$$\bar{a}_2 = \frac{a_1 + a_2 + a_3}{3}$$

$$\bar{a}_3 = \frac{a_2 + a_3 + a_4}{3}$$

……

$$\bar{a}_{k-1} = \frac{a_{k-2} + a_{k-1} + a_k}{3}$$

在新数列中，缺失 $\bar{a}_1$ 和 $\bar{a}_k$，说明减少了 2 个数值（3－1＝2）。由于计算出的移动平均数排列在原始数据的中间，使新数列首尾各缺失 $(n-1)/2$ 个数值。缺失数据会影响趋势分析，弥补的办法是尽量多搜集些原始资料。例如，测定季节变动，至少需要 3 年的季资料或月资料。

项数 n 的选择还要考虑与动态数列各期发展水平波动的周期性相吻合。例如，分析一年内的周期波动，对月度数据 n 可取 12，对季度数据 n 可取 4。如果是超过 1 年的周期波动，则要观察一个周期变动需要几年，再根据已知条件确定 n 的大小。

值得注意的是，若采用偶数项进行移动平均，每一个移动平均数会排列在两个原始数据的中间，故不可以直接作为趋势值，需要通过校正使移动平均数与原始数据对齐。校正的办法是取 n 为 2 再计算第二次移动平均数。

在以时间 t 为横轴、发展水平 y 为纵轴的直角坐标系中，移动平均法测定的长期趋势表现为一条折线。因此，它不能对趋势值进行分析修匀，即无法得到可供预测的数学方程式。但移动平均法简单、直观，能很好地反映长期趋势的变动，不失为一种测定长期趋势的常用方法。

（二）数学模型法

数学模型法包括直线趋势测定和曲线趋势测定。这里仅介绍直线趋势测定，曲线趋势测定可参考第八章非线性回归分析的相关内容。

如果动态数列逐期增长量比较稳定，即动态数列接近于等差数列，则可以用直线趋势方程来描述长期发展趋势。直线趋势方程是一元线性回归分析（可参见第八章内容）在趋势分析中的应用。

设时间 t 为自变量、动态数列的指标值 y 为因变量，则可拟合直线趋势方程：

$$y_c = a + bt$$

其中，y_c 为趋势值；a、b 为参数。

参数 a、b 可用最小二乘法求得：

最小二乘法的数学基础是 $\sum(y - y_c) = 0$ 和 $\sum(y - y_c)^2$ 为最小。

现通过求 $\sum(y - y_c)^2$ 的极小值来获得 a、b 的计算公式。令

$$Q = \sum(y - a - bt)^2$$

对上式分别求出 Q 对 a 和 b 的一阶偏导，再令两个偏导等于零，得：

$$\sum y = na + b\sum t$$

$$\sum yt = a\sum t + b\sum t^2$$

解上面的方程组，得：

$$b = \frac{n\sum yt - \sum y \sum t}{n\sum t^2 - (\sum t)^2} = \frac{\overline{yt} - \overline{y} \cdot \overline{t}}{\overline{t^2} - \overline{t}^2}$$

$$a = \frac{\sum y}{n} - b\frac{\sum t}{n} = \overline{y} - b\overline{t}$$

若令 $\sum t = 0$，则可得 a、b 的简捷计算公式：

$$a = \frac{\sum y}{n}, \quad b = \frac{\sum yt}{\sum t^2}$$

其中，a 表示直线方程在 y 轴上的截距，其经济含义是长期趋势的初始数值；b 表示直线方程的斜率，其经济含义是时间 t 每增加一期而平均增加的趋势值。

如果动态数列的时间间隔是相等的，则可对时间这个品质标志进行数量化处理，即将 n 项时间依次用代码（整数或零）表示，如 $1, 2, \cdots, n$。

在采用简捷计算公式时，时间代码的确定方法如下所述。

（1）若时间项数为奇数，可以使中项时间为原点，各期的时间代码 t 分别为：

$$-(n-1)/2, \cdots, -2, -1, 0, 1, 2, \cdots, (n-1)/2$$

（2）若时间项数为偶数，则中间相邻两项要用 $-1, 1$ 表示，各期的时间代码 t 分别为：

$$-n/2, \cdots, -3, -1, 1, 3, \cdots, n/2$$

这样就能使 $\sum t = 0$。但要注意：对时间间隔相等的时间序列，时间代码构成的数列要保持按等差数列排序。

例 5-13 某地区历年粮食产量资料如表 5-13 所示，试拟合一直线趋势方程，并预测 2022 年该地区的粮食产量。

表 5-13　2015—2020 年某地区粮食产量资料及计算表　　　　　　　　　单位：万吨

年份	t	y	t^2	yt	t	y	t^2	yt
2015	1	85.6	1	85.6	-5	85.6	25	-428.0
2016	2	91.0	4	182.0	-3	91.0	9	-273.0
2017	3	96.1	9	288.3	-1	96.1	1	-96.1
2018	4	101.2	16	404.8	1	101.2	1	101.2
2019	5	107.0	25	535.0	3	107.0	9	321.0
2020	6	112.2	36	673.2	5	112.2	25	561.0
合计	21	593.1	91	2 168.9	0	593.1	70	186.1

表中 t 表示时间代码；y 表示粮食产量。

用一般公式可计算如下：

$$b = \frac{n\sum yt - \sum y \sum t}{n\sum t^2 - (\sum t)^2} = \frac{6 \times 2\,168.9 - 593.1 \times 21}{6 \times 91 - 21^2} \doteq 5.32$$

$$a = \frac{\sum y}{n} - b\frac{\sum t}{n} = \frac{593.1}{6} - 5.32 \times \frac{21}{6} = 80.23$$

$$y_c = a + bt = 80.23 + 5.32t$$

2022年时间代码t为8,则该地区2022年的粮食产量可预测为:

$$y_c = a + bt = 80.23 + 5.32t = 80.23 + 5.32 \times 7 = 122.79(万吨)$$

用简捷公式可计算如下:

$$a = \frac{\sum y}{n} = \frac{593.1}{6} = 98.85$$

$$b = \frac{\sum yt}{\sum t^2} = \frac{186.1}{70} = 2.66$$

$$y_c = a + bt = 98.85 + 2.66t$$

2022年时间代码t为9,预测2022年的粮食产量为:

$$y_c = a + bt = 98.85 + 2.66t = 98.85 + 2.66 \times 9 = 122.79(万吨)$$

两种方法计算的参数虽然不同,但预测结果是相同的。本例b的经济含义是:该地区粮食产量每年平均增长5.32万吨。采用简捷公式计算时t等于2为1年,因此,年平均增长量为:$b \times 2 = 2.66 \times 2 = 5.32$(万吨)。

三、季节变动的测定

测定季节变动的目的在于掌握季节变动的周期、数量界限及其变动规律,以便预测未来,及时采取措施,更好地组织生产和销售,提高社会经济效益。这里讲的季节变动泛指季度变动、月度变动、甚至旬或周的变动。

测定季节变动的主要方法是采用季节比率来反映季节变动的程度。季节比率高说明是销售的旺季,反之说明是销售的淡季。计算季节比率常用的方法有按季平均法、移动平均趋势剔除法和直线方程趋势剔除法三种。

(一) 按季平均法

按季平均法将长期趋势看作是一条水平线。当各年的发展水平大致相同时,可以将动态数列所有数值的平均数作为趋势值,然后用各季的水平与趋势值对比,求得季节比率。按季平均法的趋势值为一常数,它相当于直线趋势方程中斜率为零时,长期趋势表现为一条水平线的情形。按季平均法可以推广到按月平均法、按旬平均法、按周平均数法等。

季节比率的计算步骤如下:首先,搜集历年各季或各月的动态数列资料,一般要有三年或三年以上的历史资料;然后,求出历年同季数值的算术平均数,再求出动态数列所有数值的算术平均数;最后,将同季数值的平均数除以所有数值的平均数,计算出季节比率。

例5-14 某超市2018—2020年各季度某种商品的销售量资料如表5-14所示,试用按季平均法计算各季度的季节指数,并根据计算结果进行简要分析。

表 5-14 2018—2020年某超市各季度某商品的销售量资料　　　　单位:件

年份	季度 ①	②	③	④
2018	194	232	316	128
2019	142	196	254	134
2020	162	205	270	107
合　计	498	633	840	369

三年各同季销售量的平均数计算如下:

$$\bar{y}_1=\frac{498}{3}=166(件),\quad \bar{y}_2=\frac{633}{3}=211(件),$$

$$\bar{y}_3=\frac{840}{3}=280(件),\quad \bar{y}_4=\frac{369}{3}=123(件)$$

季销售量的总平均数,可计算同季平均数的平均数求出:

$$\bar{y}=\frac{166+211+280+123}{4}=195(件)$$

各季的季节比率为:

$$S_1=\frac{166}{195}=85.13\%,\quad S_2=\frac{211}{195}=108.21\%$$

$$S_3=\frac{280}{195}=143.59\%,\quad S_4=\frac{123}{195}=63.08\%$$

计算结果表明,第一季度、第四季度季节比率小于100%,是商品销售淡季;第二季度季节比率接近100%,是销售平季,第三季度季节比率大于100%,是销售旺季。

假设已预测2021年上半年的销售量为400件,则2021年各季度的销售量可预测如下:

$$2021年上半年季节比率为100\%的销售量=\frac{400}{85.13\%+108.21\%}$$

$$\doteq 206.89(件)$$

则2021年各季度的预测销售量为:

$$y_1=206.89\times 85.13\%=176(件)$$

$$y_2=206.89\times 108.21\%=224(件)$$

$$y_3=206.89\times 143.59\%=297(件)$$

$$y_4=206.89\times 63.08\%=131(件)$$

本例在计算过程中小数点后面保留两位,预测结果取整数。

按季平均法计算简便,但由于简化了长期趋势的影响,当动态数列资料有较大波动时,会影响季节比率的准确性。而用移动平均趋势剔除法和直线方程趋势剔除法能很好地解决这个矛盾。

(二)移动平均趋势剔除法

移动平均趋势剔除法计算季节比率的前提条件是,要有三年或更多年份的资料,不仅其各季发展水平有规则性的季节变动,而且其逐年数值还有显著增长的趋势。采用移动平均趋势剔除法,首先要计算动态数列的移动平均数数列,作为相应时期的趋势值,然后将实际值与趋势值对比计算出季节比率。由季节比率构成的动态数列已剔除了趋势值,所以该法称趋势剔除法。

例 5-15 某企业 2017—2020 年销售额资料如表 5-15 所示,试采用移动平均趋势剔除法测定季节比率。

表 5-15 2017—2020 年某企业销售额资料   单位:万元

季度	2017 年	2018 年	2019 年	2020 年
1	21	32	43	60
2	16	28	31	56
3	50	74	95	112
4	39	52	83	101

具体计算步骤如下:

第一步,计算移动平均数。由于动态数列的资料是季度销售额,且销售额波动周期基本为一年,所以采用四项移动平均数作为趋势值,目的是消除各季销售额季节变动的影响,以确定数列的增长趋势。

本例采用的是偶数项移动平均,所以需要进行移正平均,即再计算一次两项移动平均数,以使趋势值与各季销售额所处的季度保持一致。经过两次移动平均后,共缺失 4 个数值,首尾各两个。计算结果如表 5-16 所示。

表 5-16 2017—2020 年某企业销售额资料按移动平均趋势剔除法测定季节比率计算表

年份	季度	销售额（万元）	四项移动平均数	二项移动平均数	季节比率（%）
2017	1	21	—	—	—
	2	16	—	—	—
	3	50	31.50	32.88	152.07
	4	39	34.25	35.75	109.09
2018	1	32	37.25	40.25	79.50
	2	28	43.25	44.88	62.39
	3	74	46.50	47.88	154.55
	4	52	49.25	49.63	104.78
2019	1	43	50.00	52.63	81.70
	2	31	55.25	59.13	52.43
	3	95	63.00	65.13	145.86
	4	83	67.25	70.38	117.93
2020	1	60	73.50	75.63	79.33
	2	56	77.75	80.00	70.00
	3	112	82.25	—	—
	4	101	—	—	—

第二步,将各季度的实际销售额除以趋势值,得出季节比率。在表 5-16 中,季节比率是二项移动平均数与同季的销售额对比的结果。这时的季节比率也叫修匀比率,它使增长趋势的影响得以消除,以表明各季度销售额的季节变动程度。

第三步,将各年同季的季节比率加以平均,得出各年同季的平均季节比率。再将运算过程中由数据四舍五入引起的计算误差加以修正,计算结果见表 5-17,修正后的季节比率则可作为预测销售额的依据。

表 5-17 2017—2020 年某企业销售额各季的季节比率计算表

年份	1 季度	2 季度	3 季度	4 季度
2017	—	—	152.07	109.09
2018	79.50	62.39	154.55	104.78
2019	81.70	52.43	145.86	117.93
2020	79.33	70.00	—	—
平均季节比率(%)	80.18	61.61	150.83	110.60
修正后季节比率(%)	79.54	61.12	149.62	109.72

下面分析如何修正季节比率。根据简单算术平均数的计算公式,有

$$n = \frac{\sum y}{\bar{y}} = \frac{y_1}{\bar{y}} + \frac{y_2}{\bar{y}} + \cdots + \frac{y_n}{\bar{y}} = \sum I$$

其中,n 表示季度数或月份数;I 为季节比率。上式表明,季度的季节比率之和等于一年的季度数 4;月份的季节比率之和等于一年的月份数 12。本例季节比率之和应等于 4。但实际季节比率之和为:

$$80.18\% + 61.61\% + 150.83\% + 110.60\% = 403.22\%$$

由于实际季节比率之和等于 4.032 2,所以应对季节比率进行修正,修正后的季节比率之和等于 4。修正系数计算如下:

$$修正系数 = \frac{400\%}{403.22\%} = 0.992\ 0$$

再用修正系数分别乘以各季的平均季节比率,得修正后季节比率。计算结果见表 5-17。

(三) 直线方程趋势剔除法

直线方程趋势剔除法就是先拟合一直线趋势方程,然后计算出各期的趋势值,再将各期实际值除以同期的趋势值求出季节比率。

下面举例加以说明。

例 5-16 试根据表 5-15 中的资料,采用直线方程趋势剔除法测定季节比率。计算步骤如下所述。

第一步,求出直线趋势方程式。根据表 5-18 的计算结果,有:

$$b = \frac{n\sum yt - \sum y \sum t}{n \sum t^2 - (\sum t)^2} = \frac{16 \times 9\ 219 - 893 \times 136}{16 \times 1\ 496 - 136^2} = 4.79$$

$$a = \frac{\sum y}{n} - b\frac{\sum t}{n} = \frac{893}{16} - 4.79 \times \frac{136}{16} = 15.10$$

$$y_c = 15.10 + 4.79t$$

第二步,计算趋势值。将各季度对应的时间代码 t 代入直线趋势方程式,求出趋势值 y_c。这里应注意:趋势值构成的数列是等差数列,趋势值的总和理论上应该等于实际值的总和。计算

结果如表 5-18 所示。

表 5-18 2017—2020 年某企业销售额资料按直线方程趋势剔除法测定季节比率计算表

年份	季度	t	y	t^2	yt	y_c	y/y_c
2017	1	1	21	1	21	19.89	105.58
	2	2	16	4	32	24.68	64.83
	3	3	50	9	150	29.47	169.66
	4	4	39	16	156	34.26	113.84
2018	1	5	32	25	160	39.05	81.95
	2	6	28	36	168	43.84	63.87
	3	7	74	49	518	48.63	152.17
	4	8	52	64	416	53.42	97.34
2019	1	9	43	81	387	58.21	73.87
	2	10	31	100	310	63.00	49.21
	3	11	95	121	1 045	67.79	140.14
	4	12	83	144	996	72.58	114.36
2020	1	13	60	169	780	77.37	77.55
	2	14	56	196	784	82.16	68.16
	3	15	112	225	1 680	86.95	128.81
	4	16	101	256	1 616	91.74	110.09
合 计	—	136	893	1 496	9 219	—	—

注:表中 y 为销售额(万元);y_c 为趋势值(万元);y/y_c 为季节比率(%)。

第三步,计算季节比率。将各季的销售额除以同季的趋势值即得各季的季节比率,它已剔除了长期趋势的影响,表明了各季销售额的季节变动程度。

第四步,计算各年同季的平均季节比率,并对计算结果进行修正,求出修正后的季节比率,具体计算结果如表 5-19 所示。

表 5-19 2017—2020 年某企业销售额各季的季节比率计算表

年份	一季度	二季度	三季度	四季度
2017	105.58	64.83	169.66	113.84
2018	81.95	63.87	152.17	97.34
2019	73.87	49.21	140.14	114.36
2020	77.55	68.16	128.81	110.09
平均季节比率(%)	84.74	61.52	147.70	108.91
修正后季节比率(%)	84.14	61.08	146.65	108.13

计算结果表明,第一季度和第二季度是淡季;第三季度是旺季;第四季度是平季。

直线方程趋势剔除法与移动平均趋势剔除法相比,能充分利用原始资料,不会在计算过程中缺失一部分数据,因此其计算的季节比率更为精确。

可以根据直线趋势方程预测 2021 年第一季度销售额的趋势值,将 2021 年第一季度的时间代码 17 代入直线趋势方程式,得:

$$y_c = 15.1 + 4.79t = 15.1 + 4.79 \times 17 = 96.53(万元)$$

根据第一季度的季节比率可预测 2021 年第一季度销售额的实际值,计算如下:
$$y = 96.53 \times 84.14\% = 81.22(万元)$$

四、循环变动的测定

循环变动是超过一年的周期变动,要测定循环变动,需要有若干个周期变动的资料,如果一个变动周期为 5 年,那就要数十年的资料。因此,测定循环变动是需要专门研究的课题。

循环变动测定的基本方法是:对动态数列资料用长期趋势值和季节比率来消除其长期趋势变动和季节变动影响,得到仅反映循环变动和不规则变动的数列,计算公式如下:

$$\frac{Y}{T \cdot S} = \frac{T \cdot S \cdot C \cdot I}{T \cdot S} = C \cdot I$$

然后,再用移动平均法消除不规则变动,得出反映循环变动的系数,就可以达到测定循环变动的目的。

练 习 与 思 考

一、单项选择题

1. 某产品逐期增长量为 1 000 件,环比增长速度为 50%,则前期水平为(　　)。
   A. 500 件　　　　　　　　　　B. 667 件
   C. 1 500 件　　　　　　　　　D. 2 000 件

2. 某企业的产值,每年都增加 500 万元,则该企业各年的环比增长速度为(　　)。
   A. 递增　　　　　　　　　　　B. 递减
   C. 不变　　　　　　　　　　　D. 有增有减

3. 如果各期发展水平 b 为常数,则计算相对数或平均数的序时平均数时可采用的简化公式为(　　)。
   A. $\bar{x} = \dfrac{\sum xf}{\sum f}$　　　　　　　　B. $\bar{x} = \dfrac{\sum m}{\sum m/x}$
   C. $\bar{c} = \dfrac{\sum c}{n}$　　　　　　　　　D. $\bar{c} = \dfrac{\bar{a}}{\bar{b}}$

4. 某企业 2016 年第一季度、第二季度和下半年的职工平均人数分别为 200 人、225 人和 260 人,则年平均职工人数的计算公式为(　　)。
   A. $\dfrac{200/2 + 225 + 260/2}{2}$　　　　B. $\dfrac{200 + 225 + 260}{3}$
   C. $\dfrac{200 + 225 + 260 \times 2}{4}$　　　　D. $\dfrac{200 + 225 + 260}{4}$

5. 用月平均法测定季节比率时,各月的季节比率之和应等于(　　)。
   A. 100%　　　B. 120%　　　C. 400%　　　D. 1200%

6. 具有全年季平均数与月平均数相等这一特性的是(　　)。

A. 时点数的序时平均数 B. 时期数的序时平均数
C. 相对数的序时平均数 D. 平均数的序时平均数

7. 用移动平均法测定的长期趋势,在时间和指标值为变量的直角坐标系中呈现的是(　　)。
   A. 一条曲线 B. 一条斜线
   C. 一条直线 D. 一条折线

8. 若经济现象在半年时间内完成一次周期变动,则这种变动叫作(　　)。
   A. 长期趋势变动 B. 循环变动
   C. 季节变动 D. 不规则变动

9. 几何平均数可用来计算现象的(　　)。
   A. 平均发展水平 B. 平均发展速度
   C. 平均增长水平 D. 平均计划完成百分比

10. 某企业前4年的平均增长速度为10%,后6年的平均增长速度为9%,计算这10年的平均增长速度应采用的方法是(　　)。
    A. $\sqrt[10]{1.1^4 \times 1.09^6} - 1$ B. $\sqrt[10]{1.1 \times 1.09} - 1$
    C. $\sqrt[10]{0.1^4 \times 0.09^6} - 1$ D. $\sqrt[10]{0.1 \times 0.09} - 1$

11. 若各月的商品平均库存量不变,2021年1—3月商品流转次数分别为2次、3次、4次,则今年一季度月平均商品流转次数为(　　)。
    A. 2次 B. 3次 C. 4次 D. 9次

12. 下列选项中,甲、乙两个车间的(　　)具有相加性。
    A. 月平均工资总额 B. 月平均劳动生产率
    C. 月平均人均工资 D. 月平均工人出勤率

13. 由分子为时期数、分母为时点数对比的相对数构成的动态数列,有(　　)。
    A. $\bar{c}_年 = \bar{c}_季 = \bar{c}_月$ B. $\bar{c}_年 = \bar{c}_季 \times 4 = \bar{c}_月 \times 12$
    C. $\bar{a}_年 = \bar{a}_季 = \bar{a}_月$ D. $\bar{b}_年 = \bar{b}_季 \times 4 = \bar{b}_月 \times 12$

14. 某地区煤炭产量2021年比2020年增加了500万吨,增长了20%,则该地区2021年的煤炭产量为(　　)。
    A. 1 500万吨 B. 2 000万吨
    C. 2 500万吨 D. 3 000万吨

15. 平均发展速度是(　　)的动态平均数。
    A. 绝对数 B. 动态相对数
    C. 静态平均数 D. 动态平均数

16. 月平均工人劳动生产率是(　　)的动态平均数。
    A. 绝对数 B. 静态相对数
    C. 静态平均数 D. 动态平均数

17. 在动态数列中,前期水平等于逐期增长量除以(　　)。
    A. 定基发展速度 B. 环比发展速度
    C. 定基增长速度 D. 环比增长速度

18. 银行贷款年利率第一年为 6.8%，第二年为 7.4%，则平均年利率的计算公式为（　　）。

   A. $\dfrac{6.8\%+7.4\%}{2}$ 　　　　B. $\dfrac{106.8\%+107.4\%}{2}-1$

   C. $\sqrt{6.8\%\times 7.4\%}-1$ 　　　D. $\sqrt{106.8\%\times 107.4\%}-1$

19. 动态数列变动的基本形式是（　　）。

   A. 长期趋势 　　　　　　　　　B. 季节变动
   C. 循环变动 　　　　　　　　　D. 不规则变动

20. 某企业 2017 年产品销售额比 2014 年增长 200%，则年平均增长速度为（　　）。

   A. 144.22% 　　　　　　　　　B. 125.99%
   C. 44.22% 　　　　　　　　　 D. 25.99%

二、多项选择题

1. 某公司 2021 年第一季度的员工人数不变，各月的全员劳动生产率分别为每人 20 万元、25 万元和 30 万元，这 3 个数字可分别描述为（　　）。

   A. 其算术平均数为月平均全员劳动生产率
   B. 属于强度相对指标值
   C. 属于平均指标值
   D. 属于发展水平
   E. 属于发展速度

2. 计算与应用平均速度指标应注意的问题有（　　）。

   A. 动态数列与分配数列要结合运用
   B. 根据研究对象的性质特征选择计算方法
   C. 要充分利用原始时间序列的信息
   D. 要结合基期水平进行分析
   E. 几何平均法的应用要与环比速度分析相结合

3. 下列选项中，属于动态平均指标的有（　　）。

   A. 行业平均利润 　　　　　　　B. 公司年平均利润
   C. 企业月平均销售增长率 　　　D. 车间年劳动生产率
   E. 地区人均国内生产总值

4. 平均发展速度可以表述为（　　）。

   A. 静态相对数的动态平均数
   B. 动态相对数的动态平均数
   C. 序时平均数
   D. 平均增长速度+1
   E. 几何平均数

5. 某地区 2021 年人均国内生产总值增长 10%，这一指标属于（　　）。

   A. 总量指标 　　　　　　　　　B. 增长速度
   C. 质量指标 　　　　　　　　　D. 发展速度
   E. 无名数

6. 某商场2021年第一季度的月平均商品周转次数为3次,这个数字是( )。
   A. 正指标	B. 单名数
   C. 静态相对数的动态平均数	D. 平均发展水平
   E. 动态相对数的动态平均数
7. 某车间所属两个班组同期月平均人数分别为20人和40人,这两个数字可表述为( )。
   A. 空间概念的绝对数	B. 时点指标
   C. 平均发展水平	D. 车间月平均人数为30人
   E. 车间月平均人数为60人
8. 序时平均数包括( )。
   A. 平均发展水平	B. 平均增长量
   C. 平均发展速度	D. 增长1%的绝对量
   E. 平均增长速度
9. 计算平均发展速度的方法有( )。
   A. 代数平均法	B. 几何平均法
   C. 算术平均法	D. 位置平均法
   E. 调和平均法
10. 在动态数列中( )。
    A. 环比发展速度的连乘积等于发展总速度
    B. 各期的逐期增长量相同,则各期的环比增长速度也相同
    C. 月平均劳动生产率是平均发展速度
    D. 时间长短、总体范围、指标含义、计算方法要一致
    E. 各期的发展水平可以是绝对数、相对数和平均数

三、判断题
1. 增长量都是绝对数。( )
2. 长期趋势变动是动态数列变动的基本形式。( )
3. 现象的不规则变动是由各种偶然因素引起的有周期性变动。( )
4. 环比增长速度是应用最为广泛的速度指标。( )
5. 总量指标都是通过连续登记的方式取得统计资料的。( )
6. 在反映社会经济现象的动态数列中不能出现负数或零。( )
7. 相邻两个时期的累计增长量之差,等于后一期的逐期增长量。( )
8. 相邻两个定基发展速度之比,等于后一期的环比发展速度。( )
9. 分配数列也属于动态数列。( )
10. 平均增长量可用简单算术平均法计算,所以,它属于静态指标。( )

四、问答题
1. 时期数列和时点数列各有什么特点?
2. 如何判断时期数列和时点数列?
3. 如何计算相对指标或平均指标的动态平均数?
4. 动态平均数与静态平均数有什么主要区别?

5. 总量指标的序时平均数有什么特征?
6. 如何计算时点数列的序时平均数?
7. 简述计算与应用平均速度指标应注意的问题。
8. 社会经济现象的发展趋势一般可分解为哪几种变动形式?
9. 测定长期趋势的方法主要有哪些?各有什么特点?
10. 测定季节比率有哪些方法?各种方法的应用条件是什么?

五、计算分析题

1. 某企业2021年1月1日记录在册的职工人数为1 220人,全年职工人数变动如下:2月1日招工80人,6月1日解聘100人,10月1日招工500人,问该企业2021年平均职工人数为多少?

2. 某商业企业2021年上半年各月的销售收入和商品流转次数资料如下表所示:

月份	1	2	3	4	5	6
销售收入(万元)	600	650	800	500	620	970
商品流转率(次)	1.5	2.1	3.2	1.7	2.0	3.6

要求:分别计算该企业一季度、二季度的商品流转率和上半年的月平均、季平均商品流转率。(提示:商品流转率=销售收入/平均库存额)

3. 已知某企业2020年年末职工人数为500人,2021年各季度的相关资料如下:

季度	1	2	3	4
产量(万件)	26	32	41	40
季末职工人数(人)	600	700	680	600
人均产量(件)	473	492	594	625

要求:(1)分别计算2021年全年季平均和月平均人均产量;(2)假如该企业2021年全年职工人数没有变化,分别计算2021年全年季平均和月平均人均产量。(3)分别计算2021年人均产量的季平均增长速度和月平均增长速度。

4. 某企业2021年年职工工资和职工人数部分资料如下表所示:

职工类别	月平均人均工资(元)	月初工人人数(人)			
		1月	2月	3月	4月
普通工人	8 000	1 500	1 300	1 300	1 500
技术工人	12 000	700	760	820	820

要求:计算该企业2021年一季度的月平均工资总额和月平均人均工资。

5. 某企业有甲、乙两个车间生产某产品,甲、乙两个车间2021年一季度的计划产量相同,其他相关资料如下表所示:

车间名称	月平均计划完成程度(%)	实际产量(台)			
		1月	2月	3月	4月
甲	112	…	…	…	…
乙	118	3 200	3 432	3 280	4 000

要求：计算甲车间的月平均实际产量和2021年一季度企业总的月平均计划完成程度。

6. 某企业最近5年销售额增长资料如下表所示：

第 j 年	1	2	3	4	5
定基增长速度(%)	7	20	( )	30	( )
环比增长速度(%)	( )	( )	−5	( )	10

要求：(1)根据相关数据推算完成填空；(2)计算年平均增长速度。

7. 某地2015—2020年的粮食产量资料如下表所示：

年份	2015	2016	2017	2018	2019	2020
粮食产量(万吨)	700	( )	( )	( )	( )	1 000
累计增长量(万吨)	—	( )	40	50	( )	( )
环比增长速度(%)	—	−5	( )	( )	10	( )

要求：根据指标之间的关系把上表中所缺数字补齐，并分别计算2015—2020年该地区的粮食产量发展总速度和年平均增长速度。

8. 某企业2012—2020年产品销售量资料如下表所示：

年份	产品销售量(台)	环比动态指标		
		增长量(台)	发展速度(%)	增长1%的绝对量
2012	6 000	—	—	—
2013	( )	420	( )	( )
2014	( )	( )	110	( )
2015	( )	( )	( )	( )
2016	( )	−100	( )	67.09
2017	( )	( )	( )	( )
2018	( )	( )	115	69.20
2019	( )	( )	( )	( )
2020	( )	830	( )	83.94

要求：利用动态指标的相互关系计算相应的数据填入上表空格中，并计算该企业产品销售额的年平均增长量和年平均增长速度。

9. 某企业某产品最近6年的销售额定基增长速度如下：

第 j 年	1	2	3	4	5	6
定基增长速度(%)	10	27	52	60	62	56

要求:(1)计算6年的年平均增长速度;(2)计算后5年的年平均增长速度;(3)计算第3年到第4年的年平均增长速度;(4)计算第6年的环比增长速度。

10. 某大型化工企业最近5年化肥产量的环比增长速度如下:

第 j 年	1	2	3	4	5
环比增长速度(%)	6	3	0	−2	10

要求:(1)计算5年的发展总速度;(2)计算5年的年平均增长速度;(3)计算后2年的年平均增长速度;(4)若第3年的化肥产量为500万吨,预测第6年的化肥产量。

11. 某企业有甲乙两个车间生产某产品,2020年年末甲乙两个车间的工人人数分别为300人和500人,2021年一季度的相关资料如下表所示:

车间	月平均人均产量 (件)	各月人数变动(人)			
		1月31日	2月1日	3月1日	4月1日
甲	270	招工100	—	解聘50	—
乙	310	—	解聘30	—	招工80

要求:(1)计算2021年一季度总的月平均产量;(2)计算2021年一季度总的月平均人均产量。

12. 某企业2020年年初净资产余额5400万元,2020年各季的净利润和净资产余额资料如下:

季度	1	2	3	4
净利润(万元)	220	160	350	500
期末净资产余额(万元)	5 000	4 800	6 800	8 000

要求:(1)分别计算2020年上半年季平均净资产收益率和下半年的净资产收益率;(2)分别计算全年的净资产收益率和月平均净资产收益率。(提示:净资产收益率=净利润÷净资产平均余额)

13. 我国2000年人口数为12.6743亿人,2010年为13.4091亿人,2020年为14.1178亿人,试计算两个十年期间的年平均增长率和二十年的年平均增长率。

14. 某地国内生产总值从2016年年初开始的五年中,前三年每年递增10%,后两年的年平均增长速度为9%,若2017年该地国内生产总值为20 000亿元人民币。试计算该地国内生产总值五年的平均增长速度和后三年的平均增长速度,并按后三年的平均增长速度预测该地2021年的国内生产总值。

15. 某地区2015—2018年粮食产量的年平均发展速度为102%,2018—2020年的年平均发展速度为104%,求2015—2020年的年平均增长速度。

16. 某企业生产的某产品历年销售额资料如下表所示:

单位:万元

季度	年份		
	2018	2019	2020
1	560	620	470
2	142	170	150
3	180	200	220
4	401	390	430

要求:试用季平均法计算各季度的季节比率,并根据计算结果进行简要分析;现预测2021年全年销售额为1 500万元,试预测2021年第一季度的销售额。

17. 某企业生产某产品历年的产量如下:

年份	产量(万台)	年份	产量(万台)
1	125	6	195
2	122	7	205
3	136	8	220
4	174	9	253
5	180	10	277

要求:试用最小平方法拟合一直线趋势方程(可采用简捷公式计算),并计算年平均增长量和预测第11年的产量。

18. 某企业生产某产品2018—2020年各月的销售额如下:

单位:万元

月份	2018年	2019年	2020年
1	850	1 100	1 600
2	700	1 000	1 400
3	920	1 450	2 000
4	950	1 560	2 200
5	600	1 000	1 200
6	650	1 005	1 300
7	750	1 000	1 350
8	660	1 020	1 260
9	650	1 080	1 400
10	960	1 520	2 009
11	890	1 500	2 012
12	780	1 460	1 800

要求:(1)根据上表资料采用移动平均趋势剔除法计算季节比率(按12个月进行移动平均);(2)采用直线方程趋势剔除法计算季节比率;(3)对计算结果作简要的分析。

第六章 统计指数

学习目的与要求

本章主要对指数编制的一般方法、指数体系和因素分析以及指数数列等一系列问题进行阐述。具体要求：
1. 认识编制指数的意义及指数的分类；
2. 掌握总指数中综合指数和平均指数的编制方法及其在现实中的应用；
3. 能熟练运用总量指标指数体系和平均指标指数体系的因素分析；
4. 学会指数数列的编制，借以分析复杂现象总体发展变动的趋势。

第一节 统计指数的意义和种类

一、统计指数的含义与作用

统计指数简称指数。广义地说，社会经济现象总体数量变动的相对数都属于指数，如比较相对数、动态相对数、计划完成程度相对数等都可叫作指数。从狭义的角度来看，统计指数主要是指反映复杂现象总体数量变动的相对数。由于指数分析被广泛应用于社会经济活动，如生产指数分析、股价指数分析、物价指数分析等，因此统计指数也可称为经济指数。

复杂现象总体是总体各部分的基本单位不完全同质的多层次总体。如何综合分析不完全同质的总体单位的数量变动，是指数分析所要研究解决的核心问题。

指数的作用主要有以下三个方面。

第一，综合反映复杂现象总体数量上的变动状况。它以相对数的形式，表明复杂现象总体中各种不同类型现象数量的变动方向和变动程度。如不同商品的销售量综合变动的状况和不同商品的价格综合变动的状况等。综合反映社会经济现象总体某一数量特征的变动方向和变动程度是编制统计指数的主要目的。

第二，利用指数体系可以对现象总体数量变动及其影响因素进行分析。社会经济现象数量方面的变动往往受诸多因素的影响，如商品销售额受销售价格和销售量两个因素的影响以及产品生产成本受产量、原材料单耗和原材料单价三个因素的影响等。指数因素分析包括现象总体总量指标变动受各个因素变动的影响程度和现象总体平均指标变动受各个因素变动的影响程度。

第三，通过编制指数数列对社会经济现象的变动趋势进行分析。社会经济现象在时间上具有连续性，其发展趋势如何也是我们关注的要点。利用指数数列可以对某一现象的长期发展趋势进行分析,例如,通过编制消费品零售价格指数数列,可以帮助我们预测商品价格变动的走向,为制订生产计划和经营决策提供信息。

二、统计指数的种类
统计指数主要有以下三种分类方法。
(一)按反映的对象范围不同,可分为个体指数和总指数
个体指数是反映简单现象总体数量变动的相对数,如一种产品的价格指数、成本指数、产量指数等。总指数反映复杂现象总体数量变动的相对数,如多种产品的价格指数、产量指数等。经济指数主要是指总指数。
(二)按指数化指标的性质不同,可分为数量指标指数和质量指标指数
指数化指标就是在指数计算中反映数量变化的指标。数量指标指数是反映现象总体规模的变动程度,如工业产品产量指数、商品销售量指数、职工人数指数等。质量指标指数如产品单位成本指数、商品价格指数、劳动生产率指数等,用以说明生产经营所取得效益状态,说明质量指标的提高程度。
(三)按数量对比的时空关系不同,可分为动态指数和静态指数
动态指数是同类现象水平在不同时间对比的相对数,反映现象在时间上变化的方向和程度,如价格指数、物量指数等。动态指数是出现最早和应用最广泛的指数。静态指数就是同类现象指标在不同总体之间对比的相对数,反映现象在空间上的差异程度,如地区间对比的商品价格指数、国际对比的购买力平价指数等。

第二节 个体指数与总指数

一、个体指数
个体指数是反映个别现象变动的相对数,包括质量指标指数和数量指标指数。个体指数是针对简单现象总体而言的,而简单现象总体是指总体单位具有同质性的总体,它包括单层次总体和总体各部分的基本单位具有同质性的多层次总体。
(一)单层次总体的个体指数
单层次总体的个体指数可以直接用报告期的指标数值与基期的指标数值对比计算。其计算公式如下所示。

质量指标指数: $$K_p = \frac{p_1}{p_0}$$

数量指标指数: $$K_q = \frac{q_1}{q_0}$$

其中,K 表示个体指数;p 表示质量指标;q 表示数量指标;下标 1 表示报告期;下标 0 表示基期。在实际工作中,表示质量指标和数量指标的字母可灵活选用。
(二)多层次总体的个体指数
简单现象多层次总体的各部分基本单位是同质的,其基本单位数是可以直接相加的。现以两个层次的总体为例,分析个体指数的计算方法。

对于质量指标,由于其本身是相对数或平均数,不能直接相加,必须计算总体各部分质量指标的加权算术平均数或加权调和平均数,然后再对比计算指数。具体计算方法如下。

第一步,分别计算报告期和基期总体各部分质量指标的加权算术平均数或加权调和平均数。以加权算术平均数为例,质量指标个体指数的计算公式为:

$$\bar{x}_0 = \frac{\sum x_0 f_0}{\sum f_0}, \quad \bar{x}_1 = \frac{\sum x_1 f_1}{\sum f_1}$$

其中,x 表示总体各部分的质量指标;权数 f 表示数量指标,当 x 为平均数时,它是总体各部分的单位数,当 x 是相对数时,它是总体各部分的某标志总量。

第二步,将报告期与基期的总体平均数进行对比,计算质量指标指数,即

$$K_{\bar{x}} = \frac{\bar{x}_1}{\bar{x}_0}$$

对于数量指标,其个体指数的计算可分别将报告期和基期各小总体的数量指标直接加总,然后将其对比。数量指标个体指数的计算公式如下:

$$K_f = \frac{\sum f_1}{\sum f_0}$$

例 6-1 某公司甲、乙两个销售部门销售 A 产品,相关资料如表 6-1 所示,试计算 A 产品的平均价格指数和总销售量指数。

表 6-1 A 产品销售价格和销售量资料

销售部门	价格(元/件)		销售量(万件)	
	基期 x_0	报告期 x_1	基期 f_0	报告期 f_1
甲	50	58	30	24
乙	57	52	20	36
合 计	—	—	50	60

本例两个销售部门销售的产品都是 A 产品,所以,属于简单现象多层总体。

价格是平均指标,可先分别计算报告期和基期的平均价格,再将其对比计算出平均价格指数,具体计算如下:

$$\bar{x}_1 = \frac{\sum x_1 f_1}{\sum f_1} = \frac{58 \times 24 + 52 \times 36}{60} = 54.4 (元/件)$$

$$\bar{x}_0 = \frac{\sum x_0 f_0}{\sum f_0} = \frac{50 \times 30 + 57 \times 20}{50} = 52.8 (元/件)$$

$$K_{\bar{x}} = \frac{\bar{x}_1}{\bar{x}_0} = \frac{54.4}{52.8} = 103.03\%$$

$$\bar{x}_1 - \bar{x}_0 = 54.4 - 52.8 = 1.6 (元/件)$$

计算结果表明,报告期 A 产品的平均价格是基期的 103.03%,上涨了 3.03%,金额每件增加了 1.6 元。

产品销售量是数量指标,可直接加总然后对比计算出总销售量指数:

$$K_f = \frac{\sum f_1}{\sum f_0} = \frac{60}{50} = 120\%$$

$$\sum f_1 - \sum f_0 = 60 - 50 = 10(万件)$$

计算结果表明,报告期 A 产品总销售量是基期的 120%,增加了 20%,数量增加了 10 万件。

二、总指数

总指数是对复杂现象总体而言的。总指数的计算公式有综合指数和平均指数两种形式。其中,综合指数是总指数的基本形式,平均指数是综合指数的计算公式变形而来的。

(一)综合指数

综合指数的编制方法:先综合,后对比。计算综合指数就是要综合测定复杂现象总体数量方面的总的变动。复杂现象总体是总体各部分的基本单位不完全同质的多层次总体,其各部分的基本单位数是不能直接相加的。要解决这个问题,必须引进同度量因素。所谓同度量因素,就是通过其与指数化指标相乘,使不能相加的指数化指标转变为可以相加的总量指标,而自己保持不变的媒介因素。例如,在研究价格这个指数化指标变化时,不同商品的价格是不能相加的,但引进销售量这个同度量因素与价格相乘,得出销售额,而不同商品的销售额是可以相加的。

编制综合指数的这一特点表明,指数化指标不是孤立的,而是在同其他指标的相互联系中被观察研究的。同度量因素能使不同度量单位的现象总体转化为数量上可以相加的现象总体,并客观上体现为其在实际经济现象或过程中的份额或比重。所以,与指数化指标相联系的同度量因素又可以叫做指数权数,而权数乘以指数化指标的过程也可称为加权。

编制综合指数时,只需将报告期的总量指标与基期的总量指标进行对比,而在总量指标对比时同度量因素保持不变,就能剔除同度量因素的影响而只反映指数化指标的变动。

同度量因素选择的一般规则:编制质量指标综合指数时,应选择数量指标作为同度量因素,并把它固定在报告期,这时质量指标本身是指数化指标。编制数量指标综合指数时,应选择质量指标作为同度量因素,并把它固定在基期,这时数量指标本身是指数化指标。综合指数的计算公式如下:

$$\overline{K}_P = \frac{\sum p_1 q_1}{\sum p_0 q_1}, \quad \overline{K}_q = \frac{\sum p_0 q_1}{\sum p_0 q_0}$$

其中,$\overline{K}$ 代表综合指数;p 代表质量指标;q 代表数量指标。

例 6-2 某企业销售甲、乙两种产品,销售量和销售价格资料如表 6-2 所示,试计算两种产品的价格综合指数和销售量综合指数。

表 6-2　某企业两种产品的销售量和销售价格资料

产品	计量单位	销售量		销售价格(元/件或个)		各种资料计算的销售额(万元)			
		基期 q_0	报告期 q_1	基期 p_0	报告期 p_1	$p_0 q_0$	$p_1 q_1$	$p_0 q_1$	$p_1 q_0$
甲	万件	6	9	10	12	60	108	90	72
乙	万个	10	14	5	8	50	112	70	80
合计	—	—	—	—	—	110	220	160	152

本例总体各部分的基本单位表现为不同质的甲产品和乙产品,所以本例的总体为复杂现象总体。

根据同度量因素选择的一般规则,将质量指标指数的同度量因素固定在报告期,数量指标指数的同度量因素固定在基期,现计算如下。

销售价格综合指数为:

$$\overline{K}_p = \frac{\sum p_1 q_1}{\sum p_0 q_1} = \frac{220}{160} = 137.50\%$$

由于销售价格变动影响销售额的绝对数为:

$$\sum p_1 q_1 - \sum p_0 q_1 = 220 - 160 = 60(万元)$$

销售量综合指数为:

$$\overline{K}_q = \frac{\sum p_0 q_1}{\sum p_0 q_0} = \frac{160}{110} = 145.45\%$$

由于销售量变动影响销售额的绝对数为:

$$\sum p_0 q_1 - \sum p_0 q_0 = 160 - 110 = 50(万元)$$

现在换个角度来讨论同度量因素的选择问题,即将质量指标指数的同度量因素固定在基期,数量指标指数的同度量因素固定在报告期。上例可计算如下。

销售价格综合指数为:

$$\overline{K}_p = \frac{\sum p_1 q_0}{\sum p_0 q_0} = \frac{152}{110} = 138.18\%$$

由于销售价格变动影响销售额的绝对数为:

$$\sum p_1 q_0 - \sum p_0 q_0 = 152 - 110 = 42(万元)$$

销售量综合指数为:

$$\overline{K}_q = \frac{\sum p_1 q_1}{\sum p_1 q_0} = \frac{220}{152} = 144.74\%$$

由于销售量变动影响销售额的绝对数为：

$$\sum p_1 q_1 - \sum p_1 q_0 = 220 - 152 = 68(万元)$$

计算结果表明：计算综合指数时，若采用不同时期的同度量因素，计算结果是有差别的。从上例可以看出，将同度量因素固定在报告期计算的价格综合指数，两种产品总的销售价格提高了 37.50%，销售额增加了 60 万元。若将同度量因素固定在基期计算销售价格综合指数，两种产品总的销售价格提高了 38.18%，销售额增加了 42 万元。容易看出，前者指数值略低于后者，原因是本例两种产品价格的上涨速度小于销售量的增长速度。

从两种指数计算公式的性质分析，当商品的价格与销售量呈同方向变动时，若商品价格的上涨速度小于销售量的增长速度，按选择同度量因素的一般规则计算的价格指数会偏低一点、物量指数会偏高一点。当商品的价格与销售量呈反方向变动时，若商品价格的上涨速度（价格指数－1）大于销售量的下降速度（1－销售量指数），或商品价格的下降速度（1－价格指数）大于销售量的增长速度（销售量指数－1），则按一般规则计算的价格指数会偏低一点、物量指数会偏高一点。从经济学的角度分析，短期内商品的价格与销售量可能会呈反方向变动，但从长期发展趋势看，商品的价格与销售量都是逐渐上升的，且商品价格的上涨速度一般会小于销售量的增长速度。因此，虽然按一般规则计算的价格指数值偏低一点，但其经济意义更为合理。人们关心的是现在的价格和销售量的变动情况，经济效果也应与报告期的实际成果相联系。算式 $\sum p_1 q_1$ 表示报告期的实际销售额，更具有实际意义。算式 $\sum p_1 q_0$ 表示报告期的价格按基期销售量计算的销售额，它缺乏现实意义。因此，在计算质量指标的综合指数时，一般将同度量因素固定在报告期。

关于数量指标综合指数的同度量因素固定期的选择问题，也可通过上例的计算结果来分析：以基期价格为同度量因素计算的销售量指数为 145.45%，而以报告期价格为同度量因素计算的销售量指数为 144.74%。前者指数值略高于后者，这是因为本例两种产品销售量的增长速度大于价格的上涨速度。前者的经济意义更为合理，因为物量的变动而影响的价值量，若以基期的价格水平作为同度量因素来计算，则更具有可比性，基期价格也称为可比价格或不变价格，算式 $\sum p_0 q_1$ 是以可比价格计算的价值量，具有很强的现实意义。因此，在实际应用中，一般采用基期质量指标作为同度量因素来编制物量指数。

应该强调的是，立足于现实经济意义的分析来确定综合指数的同度量因素所属时期，具有普遍的应用意义。这不是固定不变的，应根据现象总体的不同情况以及分析问题的不同要求，来具体确定同度量因素的所属时期。

现在再来回顾一下指数的历史。100 多年前，德国统计学家拉斯佩雷斯和帕舍分别主张以基期数量和报告期数量为同度量因素来编制物价指数，提出了所谓的拉氏公式和帕氏公式：

$$\bar{K}_{拉氏} = \frac{\sum p_1 q_0}{\sum p_0 q_0}, \quad \bar{K}_{帕氏} = \frac{\sum p_1 q_1}{\sum p_0 q_1}$$

后人对于任何指数，只要同度量因素固定在基期就称为拉氏公式；只要同度量因素固定在报告期，就称为帕氏公式。

因此,编制综合指数的一般方法:数量指标综合指数按拉氏公式来编制;质量指标综合指数按帕氏公式来编制。

实践证明,用拉氏公式和帕氏公式计算的价格指数,其数值有明显的差异,前者指数值偏高,后者指数值偏低。于是,就产生了折中的综合形式,如美国学者马歇尔和埃奇沃斯提出的"马埃指数",其同度量因素用基期数值与报告期数值之和来替代。美国学者费歇尔提出的"理想指数"公式为:

$$\bar{K}_P = \sqrt{\frac{\sum p_1 q_1}{\sum p_0 q_1} \cdot \frac{\sum p_1 q_0}{\sum p_0 q_0}}, \quad \bar{K}_q = \sqrt{\frac{\sum p_0 q_1}{\sum p_0 q_0} \cdot \frac{\sum p_1 q_1}{\sum p_1 q_0}}$$

"理想指数"公式由于在理论上能满足指数公式测试的一些要求,特别是在不同环境中能更好地进行对比,所以可在国际比较和地区比较中应用。例如,联合国编制的地域差别生活费用指数和各国货币购买力平价指数就是用"理想指数"公式计算的。

例 6-3　某公司销售 A、B 两种商品,在甲、乙两个地区的销售资料如表 6-3 所示,试计算两个地区对比的销售价格指数。

表 6-3　某公司甲、乙两个地区商品销售资料

商品	计量单位	甲地区销售单价(万元)	乙地区销售单价(万元)	甲地区销售量	乙地区销售量
A	百台	2.5	3.2	12	36
B	百件	0.8	1.4	57	30

现用费歇尔的"理想指数"公式来计算。

以甲地区销售量为同度量因素的价格指数为:

$$\frac{\sum p_甲 q_甲}{\sum p_乙 q_甲} = \frac{2.5 \times 12 + 0.8 \times 57}{3.2 \times 12 + 1.4 \times 57} \doteq 63.96\%$$

以乙地区销售量为同度量因素的价格指数为:

$$\frac{\sum p_甲 q_乙}{\sum p_乙 q_乙} = \frac{2.5 \times 36 + 0.8 \times 30}{3.2 \times 36 + 1.4 \times 30} \doteq 72.52\%$$

两个地区对比的价格总指数 $= \sqrt{63.96\% \times 72.52\%} \doteq 68.11\%$

计算结果表明,甲地区 A、B 两种商品的综合销售价格比乙地区低 31.89%。

本例也可采用"马埃指数"公式,计算如下:

$$\frac{\sum p_甲 \cdot (q_甲 + q_乙)}{\sum p_乙 \cdot (q_甲 + q_乙)} = \frac{2.5 \times (12+36) + 0.8 \times (57+30)}{3.2 \times (12+36) + 1.4 \times (57+30)}$$

$$\doteq 68.85\%$$

计算结果表明,甲地区 A、B 两种商品的综合销售价格比乙地区低 31.15%。

(二) 平均指数

平均指数的编制过程：先对比，后平均。它是通过计算个体指数的加权平均数来计算总指数，有加权算术平均指数和加权调和平均指数两种形式。平均指数的计算公式是由综合指数的计算公式变形而来的，其推导过程如下。

加权算术平均指数为：

$$\bar{K}_q = \frac{\sum p_0 q_1}{\sum p_0 q_0} = \frac{\sum \frac{q_1}{q_0} p_0 q_0}{\sum p_0 q_0} = \frac{\sum K_q p_0 q_0}{\sum p_0 q_0} = \sum K_q \frac{p_0 q_0}{\sum p_0 q_0}$$

其中，$\bar{K}_q$ 为数量指标总指数；K_q 为数量指标个体指数；$p_0 q_0$ 和 $p_0 q_0 / \sum p_0 q_0$ 为权数。

加权调和平均指数为：

$$\bar{K}_p = \frac{\sum p_1 q_1}{\sum p_0 q_1} = \frac{\sum p_1 q_1}{\sum \frac{p_1 q_1}{\frac{p_1}{p_0}}} = \frac{\sum p_1 q_1}{\sum \frac{p_1 q_1}{K_P}} = \frac{1}{\sum \frac{1}{K_P} \frac{p_1 q_1}{\sum p_1 q_1}}$$

其中，$\bar{K}_P$ 为质量指标总指数；K_p 为质量指标个体指数；$p_1 q_1$ 和 $p_1 q_1 / \sum p_1 q_1$ 为权数。

例 6-4 某企业生产销售 A、B 两种产品，部分销售资料如表 6-4 所示，试用加权算术平均指数的方法计算该企业的销售量指数。

表 6-4 某企业 A、B 两种产品销售资料

产品	基期销售额（万元）$p_0 q_0$	销售额比重(%) $p_0 q_0 / \sum p_0 q_0$	销售量增长(%) $(q_1 - q_0)/q_0$	$K_q = q_1/q_0$
(甲)	(1)	(2)	(3)	(4) = (3) + 1
A 产品	900	60	50	1.5
B 产品	600	40	−20	0.8
合 计	1 500	100	—	—

根据表 6-4 中 (1) 列和 (4) 列的资料，销售量的加权算术平均指数可计算如下：

$$\bar{K}_q = \frac{\sum K_q p_0 q_0}{\sum p_0 q_0} = \frac{150\% \times 900 + 80\% \times 600}{1\,500} = 122\%$$

计算结果表明，两种产品销售报告期比基期综合提高了 22%。

根据表 6-4 中 (2) 列和 (4) 列的资料可计算如下：

$$\bar{K}_q = \sum K_q \frac{p_0 q_0}{\sum p_0 q_0} = 150\% \times 0.6 + 80\% \times 0.4 = 122\%$$

这两种方法计算结果是一样的。

值得指出的是，平均指数和平均指标指数是有区别的。平均指数是通过对个体指数进行加权平均计算出来的总指数；而平均指标指数是将平均数作为指数化指标计算出来的指数，它属

于质量指标指数,包括总指数和个体指数。

例 6-5 某企业生产销售 A、B 两种产品,部分销售资料如表 6-5 所示,试用加权调和平均指数的方法计算该企业的产品价格指数。

表 6-5 某企业 A、B 两种产品销售资料

产品	报告期销售额 (万元)$p_1 q_1$	销售额比重(%) $p_1 q_1 / \sum p_1 q_1$	价格上涨(%) $(p_1 - p_0)/p_0$	$K_p = p_1/p_0$
(甲)	(1)	(2)	(3)	(4) = (3) + 1
A 产品	1 350	73.77	30	1.3
B 产品	480	26.23	0	1.0
合　计	1 830	100.00	—	—

根据表 6-5 中(1)列和(4)列的资料,销售价格的加权调和平均指数可计算如下:

$$\overline{K}_p = \frac{\sum p_1 q_1}{\sum \dfrac{p_1 q_1}{K_P}} = \frac{1\ 350 + 480}{\dfrac{1\ 350}{1.3} + \dfrac{480}{1.0}} \doteq 120.52\%$$

计算结果表明,两种产品的销售价格报告期比基期综合上涨了 20.52%。

根据表 6-5 中(2)列和(4)列的资料可计算如下:

$$\overline{K}_P = \frac{1}{\sum \dfrac{1}{K_P} \dfrac{p_1 q_1}{\sum p_1 q_1}} = \frac{1}{\dfrac{0.737\ 7}{1.3} + \dfrac{0.262\ 3}{1.0}} \doteq 120.52\%$$

两种方法计算结果是一样的。

(三) 平均指数的独立应用 —— 居民消费价格指数

从以上计算可以看出,总指数实际上是个体指数的加权平均数。平均指数作为综合指数的一种变形,其形式有以基期总值为权数的加权算术平均指数和以报告期总值为权数的加权调和平均数。

平均指数的独立应用,意味着能在权数上做文章。也就是说,可以根据实际情况对权数进行适当地调整,使总指数的计算变得既简单又合理。

下面把价格指数变形成数学性质更好的加权算术平均数:

$$\overline{K}_p = \frac{\sum p_1 q_1}{\sum p_0 q_1} = \frac{\sum \dfrac{p_1}{p_0} p_0 q_1}{\sum p_0 q_1} = \sum \dfrac{p_1}{p_0} \dfrac{p_0 q_1}{\sum p_0 q_1}$$

其中,$\dfrac{p_0 q_1}{\sum p_0 q_1}$ 是以报告期数量和基期价格计算的销售额比重,现在对它作适当调整,变成在一定时期内固定不变的销售额比重或人均消费性支出额比重,得到如下价格指数:

$$\overline{K}_p = \frac{\sum K_p w}{\sum w} = \sum K_p \frac{w}{\sum w}$$

其中，w 表示固定权数；K_p 为个体价格指数。

这就是固定权数平均指数，简称固定权数指数。我国居民消费价格指数（CPI）就是采用这种指数形式计算的，权数采用的是各种商品的人均消费性支出额比重。

居民消费价格指数也称社会零售商品物价指数，是反映与居民生活有关的产品及劳务价格统计出来的物价变动指标，通常作为观察通货膨胀水平的重要指标。一般说来，$0 < CPI < 3\%$ 表示有轻微的通货膨胀，这是经济发展所允许的，因为轻微的通货膨胀对经济繁荣是有一定刺激作用的；$CPI > 3\%$，就是通货膨胀；而当 $CPI > 5\%$ 时，则是严重的通货膨胀，经济发展不稳定，国家将出台货币紧缩政策，如加息、提高银行法定准备金率等。

计算居民消费价格指数时，首先要选择代表商品，现行的代表商品包括食品烟酒、衣着、生活用品及服务、医疗保健、交通通信、娱乐教育、居住、其他用品及服务等八大类。其下又设 262 个基本分类，以及每个基本分类下包括代表规格品。采用抽样调查方法抽选确定调查网点，按照"定人、定点、定时"的原则，直接派人到调查网点采集原始价格。数据来源于全国 31 个省（区、市）500 个市县、8.3 万余家价格调查点，包括商场（店）、超市、农贸市场、服务网点和互联网电商等。价格资料采集后，还要计算月平均价格，即把每一代表规格品所有调查点的时点价格进行简单算术平均，得到月平均价格。

居民消费价格指数的权数是根据全国 12 万户城乡居民家庭各类商品和服务项目的消费支出占总支出的比重确定的。权数每五年调整一次，并每年进行相应的微调。权数一年内固定不变。

居民消费价格指数的计算程序是：月度平均价格计算后，就可计算与基期对比的月度价格指数。在计算单项商品和服务项目价格指数的基础上，将各单项指数进行几何平均，计算出基本分类商品的价格指数，由基本分类指数再依次加权计算出类指数和总指数。

按统计制度要求，我国 CPI 每五年进行一次基期轮换，2016 年 1 月开始使用 2015 年作为新一轮的对比基期，计算定基价格指数序列。在此基础上，可通过定基指数的对比计算，换算出环比指数和同比指数序列。

例 6-6 某地区 2020 年 1 月份定基居民消费价格指数为 102.61%，2021 年 1 月份八类消费品定基价格类指数及权数资料如表 6-6 所示，试计算该地区 2021 年 1 月份同比居民消费价格指数。

表 6-6 某地区 2021 年 1 月份各类消费品同比价格指数及权数资料

商品类别及品名	权数 w	类指数 K_p（%）	$K_p \cdot w$
一、食品烟酒	29.72	109.8	32.63
二、衣着	8.45	102.2	8.64
三、生活用品及服务	4.73	104.5	4.94
四、医疗保健	10.34	103.7	10.72
五、交通通讯	10.48	102.2	10.71
六、娱乐教育	14.07	104.6	14.72
七、居住	20.00	103.1	20.62
八、其他用品	2.21	103.2	2.28
合计	100.00	—	105.26

$$2021\text{年}1\text{月份同比 CPI} = \frac{\text{报告期 1 月份定基 CPI}}{\text{上年 1 月份定基 CPI}}$$

$$= \frac{105.26/100}{102.61\%} \doteq 102.58\%$$

计算结果表明,该地区 2021 年 1 月份 CPI 同比上涨 2.58%。

与综合指数相比,平均指数形式及其权数在应用上有两个重要特点。

第一,综合指数主要根据全面资料编制,而平均指数既可以根据全面资料编制,也可以根据非全面资料编制。

第二,综合指数一般采用实际资料来编制,而平均指数既可以根据实际资料编制,也可以根据推算资料编制,具有一定的独立性。例如,居民消费价格指数采用固定权数指数编制。

第三节　因素分析

一、指数体系和因素分析的概念

因素分析就是借助于指数体系来分析社会经济现象变动中各种因素变动发生的作用的影响程度。

由前面章节可知,经济等式的乘法模型可用来进行指数因素分析。指数体系就是由经济等式转化而来。经济等式表现为结果指标是原因指标的函数,例如:销售额 ＝ 销售量 × 销售价格;产品成本 ＝ 产量 × 单位成本;总产值 ＝ 职工人数 × 劳动生产率;工资总额 ＝ 职工人数 × 平均工资;利润总额 ＝ 销售量 × 销售价格 × 销售利润率;材料成本 ＝ 产量 × 原材料单耗 × 原材料单价。

这些由指标体系构成的经济等式,可以转化成指数体系,如:

　　　　销售额指数 ＝ 销售量指数 × 销售价格指数
　　　　总产值指数 ＝ 职工人数指数 × 劳动生产率指数
　　　　产品成本指数 ＝ 产量指数 × 单位成本指数
　　　　工资总额指数 ＝ 职工人数指数 × 平均工资指数
　　　　利润总额指数 ＝ 销售量指数 × 销售价格指数 × 销售利润率指数
　　　　材料成本指数 ＝ 产量指数 × 原材料单耗指数 × 原材料单价指数

指数体系的因素分析,主要分析以下两个方面的问题。

第一,分析社会经济现象总体总量指标的变动受各种因素变动的影响程度。它是利用综合指数体系,从数量指标指数和质量指标指数的相互关系中,分析各种因素变动的影响关系。例如,分析销售量变动和销售价格变动对销售额变动的影响。

第二,分析社会经济现象总体平均指标的变动受各种因素变动的影响程度。即运用综合指数编制的原理,通过平均指标指数体系来进行分析。例如,分析职工工资变动和职工人数结构变动对平均工资变动的影响。

二、因素分析的内容

因素分析的内容包括指数分析和差量分析。指数分析就是把互相联系的指数组成乘积关系的体系,从指数计算本身指出现象总体总量指标或平均指标的变动是哪些因素作用的结果,指数分析又称相对数分析。差量分析就是分析由指数体系中各个指数分子与分母指标之差所形成的差量变动的因果关系,即原因指标指数中分子与分母之差的总和应等于结果指标指数分子与分母之差。总量指标指数体系的差量分析也称绝对数分析;平均指标指数的分子与分母之差是平均数,其指数体系的差量分析也称平均数分析。

对指数体系进行指数分析和差量分析,要借助于编制综合指数的一般原理。也就是说,作为权数的数量指标应固定在报告期水平上,作为权数的质量指标应固定在基期水平上。这样,既可以使互为因果关系的指数体系乘积关系得以成立,以维持指数体系;又可以通过指数的分子与分母之差明确体现经济效果的内容。

由此,因素分析必须依据实际资料,反映一定的经济内涵,具有实际意义;而不以经济内容为依据的综合指数和以估计推算的权数所编制的平均指数就不能承担因素分析的任务。因此,从某种意义上说来,因素分析是以综合指数为形式,以指数体系为基础,对统计指数研究的深入。

三、总量指标变动的因素分析
(一) 简单现象单层次总体总量指标变动的因素分析

对简单现象总体总量指标变动进行因素分析时,要列出具有经济内容的指数体系,这里必须指出的是,为了维持指数体系的平衡和计量单位的一致,建立个体指数的乘积关系时也要引进同度量因素。

指数分析:

$$\frac{p_1 q_1}{p_0 q_0} = \frac{p_1 q_1}{p_0 q_1} \times \frac{p_0 q_1}{p_0 q_0}$$

差量分析:

$$p_1 q_1 - p_0 q_0 = (p_1 q_1 - p_0 q_1) + (p_0 q_1 - p_0 q_0)$$
$$= (p_1 - p_0) q_1 + (q_1 - q_0) p_0$$

式中字母及下标的含义同前。从差量分析的等式中可以看出,引进了同度量因素,等式两边指标的计量单位才能保持一致。

例 6-7 某企业生产某产品,基期产品总成本为 950 万元,报告期产品总成本增长了 20%,而单位成本降低了 5%,试从相对数和绝对数两个方面,分析单位成本变动和产量变动对产品总成本变动的影响。

可根据已知条件先计算出指数体系中的 $p_1 q_1$、$p_0 q_1$ 和 $p_0 q_0$,即

$$p_0 q_0 = 950(万元)$$
$$p_1 q_1 = 950 \times (100\% + 20\%) = 1\,140(万元)$$
$$p_0 q_1 = 1\,140 \div (100\% - 5\%) = 1\,200(万元)$$

产品总成本的变动率,即总成本指数计算如下:

$$K_{pq} = \frac{p_1 q_1}{p_0 q_0} = \frac{1\,140}{950} = 120\%$$

本例总成本指数也可根据总成本增长率来计算,即 $100\% + 20\% = 120\%$。

产品总成本的变动额为:

$$p_1q_1 - p_0q_0 = 1\,140 - 950 = 190(万元)$$

由于单位成本变动对产品总成本变动率的影响,即单位成本指数可计算如下:

$$K_p = \frac{p_1q_1}{p_0q_1} = \frac{1\,140}{1\,200} = 95\%$$

本例单位成本指数也可根据单位成本降低率来计算,即 $100\% - 5\% = 95\%$。

由于单位成本变动而增加的产品总成本为:

$$p_1q_1 - p_0q_1 = 1\,140 - 1\,200 = -60(万元)$$

由于产量变动对产品总成本变动率的影响,即产量指数为:

$$K_q = \frac{p_0q_1}{p_0q_0} = \frac{1\,200}{950} \doteq 126.32\%$$

由于产量变动而增加的产品总成本为:

$$p_0q_1 - p_0q_0 = 1\,200 - 950 = 250(万元)$$

从相对数和绝对数两个方面看,单位成本和产量这两个因素的变动对总成本变动的综合影响,可分别列出如下关系式。

指数分析:　　总成本指数 ＝ 单位成本指数 × 产量指数

$$\frac{p_1q_1}{p_0q_0} = \frac{p_1q_1}{p_0q_1} \times \frac{p_0q_1}{p_0q_0}$$

$$120\% = 95\% \times 126.32\%$$

差量分析:　　$p_1q_1 - p_0q_0 = (p_1q_1 - p_0q_1) + (p_0q_1 - p_0q_0)$

$$190(万元) = -60(万元) + 250(万元)$$

这说明,该企业产品总成本报告期比基期增加了20%,金额增加了190万元,其中,由于单位成本的降低而使总成本下降了5%,金额减少了60万元;由于产量增加而使总成本增加了26.32%,金额增加了250万元。

(二) 简单现象多层次总体总量指标变动的因素分析

简单现象多层总体的特征是:总体各部分的数量指标能直接相加后对比,而质量指标必须先计算其平均数,然后再对比。

设 x 表示质量指标,f 表示数量指标,则可建立如下指数体系。

指数分析:　$\dfrac{\bar{x}_1 \sum f_1}{\bar{x}_0 \sum f_0} = \dfrac{\bar{x}_1 \sum f_1}{\bar{x}_0 \sum f_1} \times \dfrac{\bar{x}_0 \sum f_1}{\bar{x}_0 \sum f_0}$

差量分析:　$\bar{x}_1 \sum f_1 - \bar{x}_0 \sum f_0 = (\bar{x}_1 - \bar{x}_0) \sum f_1 + (\sum f_1 - \sum f_0) \bar{x}_0$

例 6-8　某企业两个车间生产同一种产品,产量和单位成本资料如表 6-7 所示。

表 6-7　某企业两个生产车间产量和单位成本资料

车间名称	单位成本(元/件)		产量(万件)	
	基期 x_0	报告期 x_1	基期 f_0	报告期 f_1
一车间	700	674	9	14
二车间	690	661	6	12
合　计	—	—	15	26

本例可先计算指数体系中三个算式：

$$\bar{x}_1 \sum f_1 = \sum x_1 f_1 = 674 \times 14 + 661 \times 12 = 17\,368 (万元)$$

$$\bar{x}_0 \sum f_0 = \sum x_0 f_0 = 700 \times 9 + 690 \times 6 = 10\,440 (万元)$$

$$\bar{x}_0 \sum f_1 = \bar{x}_0 \sum f_0 \frac{\sum f_1}{\sum f_0} = 10\,440 \times \frac{26}{15} = 18\,096 (万元)$$

总成本的变动率为：

$$总成本指数 = \frac{\bar{x}_1 \sum f_1}{\bar{x}_0 \sum f_0} = \frac{17\,368}{10\,440} \doteq 166.36\%$$

总成本的变动额为：

$$\bar{x}_1 \sum f_1 - \bar{x}_0 \sum f_0 = 17\,368 - 10\,440 = 6\,928 (万元)$$

其中,单位成本变动对总成本的变动率和变动额产生的影响分别为：

$$单位成本指数 = \frac{\bar{x}_1 \sum f_1}{\bar{x}_0 \sum f_1} = \frac{17\,368}{18\,096} \doteq 95.98\%$$

$$\bar{x}_1 \sum f_1 - \bar{x}_0 \sum f_1 = 17\,368 - 18\,096 = -728 (万元)$$

产量变动对总成本的变动率和变动额产生的影响分别为：

$$产量指数 = \frac{\bar{x}_0 \sum f_1}{\bar{x}_0 \sum f_0} = \frac{18\,096}{10\,440} \doteq 173.33\%$$

$$\bar{x}_0 \sum f_1 - \bar{x}_0 \sum f_0 = 18\,096 - 10\,440 = 7\,656 (万元)$$

从相对数和绝对数两个角度看,单位成本和产品产量两个因素变动对总成本变动综合影响的关系式分别为：

指数分析：　总成本指数 = 单位成本指数 × 产量指数

$$\frac{\bar{x}_1 \sum f_1}{\bar{x}_0 \sum f_0} = \frac{\bar{x}_1 \sum f_1}{\bar{x}_0 \sum f_1} \times \frac{\bar{x}_0 \sum f_1}{\bar{x}_0 \sum f_0}$$

即　　　　　$166.36\% = 95.98\% \times 173.33\%$

差量分析：$\bar{x}_1 \sum f_1 - \bar{x}_0 \sum f_0$

$$= (\bar{x}_1 \sum f_1 - \bar{x}_0 \sum f_1) + (\bar{x}_0 \sum f_1 - \bar{x}_0 \sum f_0)$$
$$6\,928(万元) = -728(万元) + 7\,656(万元)$$

根据计算结果分析如下：两个车间产品总成本报告期比基期增加了 66.36%，成本总额增加了 6 928 万元，其中，由于各车间单位成本变动而使总成本下降了 4.02%，成本总额减少了 728 万元；由于各车间产量变动而使总成本增加了 73.33%，成本总额增加了 7 656 万元。

（三）复杂现象总体总量指标变动的因素分析

在复杂现象总体的条件下，总量指标是两个原因指标的乘积，相应的指数体系是典型的指数体系，可表示如下。

指数分析：

$$\frac{\sum p_1 q_1}{\sum p_0 q_0} = \frac{\sum p_1 q_1}{\sum p_0 q_1} \times \frac{\sum p_0 q_1}{\sum p_0 q_0}$$

差量分析：

$$\sum p_1 q_1 - \sum p_0 q_0 = (\sum p_1 q_1 - \sum p_0 q_1) + (\sum p_0 q_1 - \sum p_0 q_0)$$

例 6 - 9 某企业生产销售甲、乙两种产品，相关资料如表 6 - 8 所示。

表 6 - 8 某企业甲、乙两种产品销售资料

产品	计量单位	基期销售额（万元）	报告期价格上涨（%）	报告期销售量增长（%）
甲产品	台	800	15	−10
乙产品	只	1 200	0	100
合　计	—	2 000	—	—

本例可根据综合指数的概念，通过公式变形把指数体系中三个算式先计算出来：

$$\sum p_0 q_0 = 800 + 1\,200 = 2\,000(万元)$$

$$\sum p_1 q_1 = \sum \frac{p_1 q_1}{p_0 q_0} \cdot p_0 q_0 = 1.15 \times 0.9 \times 800 + 1 \times 2 \times 1\,200$$
$$= 3\,228(万元)$$

$$\sum p_0 q_1 = \sum \frac{q_1}{q_0} \cdot p_0 q_0 = 0.9 \times 800 + 2 \times 1\,200 = 3\,120(万元)$$

有了这三个计算因子，便可进行以下因素分析。

销售额的变动率，即销售额指数为：

$$\bar{K}_{pq} = \frac{\sum p_1 q_1}{\sum p_0 q_0} = \frac{3\,228}{2\,000} = 161.4\%$$

销售额的变动额为：

$$\sum p_1 q_1 - \sum p_0 q_0 = 3\,228 - 2\,000 = 1\,228(万元)$$

其中,价格变动对销售额变动率的影响,即价格指数为:

$$\bar{K}_p = \frac{\sum p_1 q_1}{\sum p_0 q_1} = \frac{3\,228}{3\,120} \doteq 103.46\%$$

价格变动对销售额变动额的影响为:

$$\sum p_1 q_1 - \sum p_0 q_1 = 3\,228 - 3\,120 = 108(万元)$$

销售量变动对销售额变动率的影响,即销售量指数为:

$$\bar{K}_q = \frac{\sum p_0 q_1}{\sum p_0 q_0} = \frac{3\,120}{2\,000} = 156\%$$

销售量变动对销售额变动额的影响为:

$$\sum p_0 q_1 - \sum p_0 q_0 = 3\,120 - 2\,000 = 1\,120(万元)$$

从相对数看,两个因素变动对销售额变动综合影响的相互关系为:

$$销售额指数 = 价格指数 \times 销售量指数$$

$$\frac{\sum p_1 q_1}{\sum p_0 q_0} = \frac{\sum p_1 q_1}{\sum p_0 q_1} \times \frac{\sum p_0 q_1}{\sum p_0 q_0}$$

即
$$161.4\% = 103.46\% \times 156\%$$

从绝对数看,两个因素变动对销售额变动综合影响的相互关系为:

$$\sum p_1 q_1 - \sum p_0 q_0 = \left(\sum p_1 q_1 - \sum p_0 q_1\right) + \left(\sum p_0 q_1 - \sum p_0 q_0\right)$$

即
$$1\,228(万元) = 108(万元) + 1\,120(万元)$$

这表明,两种产品的销售额报告期比基期增长了61.4%,是由于价格综合上涨了3.46%和销售量综合增长了56%两个因素共同作用的结果。同时,由于各产品价格变动使销售额增加了108万元,由于各产品销售量变动使销售额增加了1 120万元,两种因素共同作用,使销售额共增加了1 228万元。

四、平均指标变动的因素分析

平均指标变动的因素分析专指简单现象多层次总体平均指标变动的因素分析。它是研究平均指标计算公式的内部结构,分析其各构成要素变动对平均指标变动的影响。

简单现象多层次总体中各部分的质量指标是不能直接相加的,必须先计算它们的加权算术平均数,然后才能进行对比。这里的权数表示总体各部分的单位数或数量指标值的结构,权数本身也可以作为一个影响因素来分析。

对于加权算术平均数,可构筑平均指标指数体系如下:设 x 表示总体各部分的某个质量指标,它可以是平均数,也可以是相对数;f 表示总体各部分的某个数量指标,$f/\sum f$ 表示该数量指标的结构。

则可对下式进行因素分析:

$$\bar{x} = \sum x \cdot \frac{f}{\sum f}$$

式中有两个因素 x 和 $\frac{f}{\sum f}$，因素分析就是分析 $\bar{x}$ 的变动受 x 变动和 $\frac{f}{\sum f}$ 变动的影响程度。

先将报告期质量指标的平均数与基期质量指标的平均数对比如下：

$$\frac{\bar{x}_1}{\bar{x}_0} = \frac{\sum x_1 f_1}{\sum f_1} \div \frac{\sum x_0 f_0}{\sum f_0}$$

上式称为可变构成平均指标指数，简称可变构成指数。

接着，让 x 发生变动，而将 $f/\sum f$ 作为同度量因素并固定在报告期，则有：

$$\frac{\bar{x}_1}{\bar{x}_n} = \frac{\sum x_1 f_1}{\sum f_1} \div \frac{\sum x_0 f_1}{\sum f_1}$$

上式称为固定构成平均指标指数，简称固定构成指数。其中，$\bar{x}_n$ 为计算过程中出现的结构平均数，它并无实际意义。

然后，由 $f/\sum f$ 发生变动，并将 x 作为同度量因素并固定在基期：

$$\frac{\bar{x}_n}{\bar{x}_0} = \frac{\sum x_0 f_1}{\sum f_1} \div \frac{\sum x_0 f_0}{\sum f_0}$$

上式称为结构影响平均指标指数，简称结构影响指数。于是，可建立平均指标指数体系如下：

$$可变构成指数 = 固定构成指数 \times 结构影响指数$$

即

指数分析：
$$\frac{\bar{x}_1}{\bar{x}_0} = \frac{\bar{x}_1}{\bar{x}_n} \cdot \frac{\bar{x}_n}{\bar{x}_0}$$

差量分析：
$$\bar{x}_1 - \bar{x}_0 = (\bar{x}_1 - \bar{x}_n) + (\bar{x}_n - \bar{x}_0)$$

应该指出的是，用简单算术平均数和加权调和平均数对比计算的平均指标指数，是不能构筑平均指标指数体系的。因为简单算术平均数的权数是不变的，加权调和平均数的权数是两个指标的乘积（即 $m = xf$）。

例 6-10 某企业所属的两个分厂的劳动生产率和职工人数资料如表 6-9 所示。

表 6-9 某企业劳动生产率和职工人数资料

企业所属分厂	劳动生产率（万元/人）		职工人数（人）	
	基期 x_0	报告期 x_1	基期 f_0	报告期 f_1
一分厂	15.2	15.6	590	1 520
二分厂	24.7	25.4	610	580
合 计	—	—	1 200	2 100

先根据已知条件计算平均指标指数体系中的三个平均数如下：

$$\bar{x}_1 = \frac{\sum x_1 f_1}{\sum f_1} = \frac{15.6 \times 1\,520 + 25.4 \times 580}{2\,100} = 18.31(万元/人)$$

$$\bar{x}_0 = \frac{\sum x_0 f_0}{\sum f_0} = \frac{15.2 \times 590 + 24.7 \times 610}{1\,200} \doteq 20.03(万元/人)$$

$$\bar{x}_n = \frac{\sum x_0 f_1}{\sum f_1} = \frac{15.2 \times 1\,520 + 24.7 \times 580}{2\,100} \doteq 17.82(万元/人)$$

平均劳动生产率的变动率为：

$$可变构成指数 = \frac{\bar{x}_1}{\bar{x}_0} = \frac{18.31}{20.03} \doteq 91.41\%$$

平均劳动生产率的变动额为：

$$\bar{x}_1 - \bar{x}_0 = 18.31 - 20.03 = -1.72(万元/人)$$

各分厂劳动生产率变动对平均劳动生产率变动率的影响为：

$$固定构成指数 = \frac{\bar{x}_1}{\bar{x}_n} = \frac{18.31}{17.82} \doteq 102.75\%$$

各分厂劳动生产率变动对平均劳动生产率变动额的影响为：

$$\bar{x}_1 - \bar{x}_n = 18.31 - 17.82 = 0.49(万元/人)$$

各分厂人数结构变动对平均劳动生产率变动率的影响为：

$$结构影响指数 = \frac{\bar{x}_n}{\bar{x}_0} = \frac{17.82}{20.03} \doteq 88.97\%$$

各分厂人数结构变动对平均劳动生产率变动额的影响为：

$$\bar{x}_n - \bar{x}_0 = 17.82 - 20.03 = -2.21(万元/人)$$

两个因素的变动对平均劳动生产率变动的综合影响，可以构成如下关系式。

指数分析：　可变构成指数 = 固定构成指数 × 结构影响指数

$$\frac{\bar{x}_1}{\bar{x}_0} = \frac{\bar{x}_1}{\bar{x}_n} \cdot \frac{\bar{x}_n}{\bar{x}_0}$$

$$91.41\% = 102.75\% \times 88.97\%$$

差量分析：$\bar{x}_1 - \bar{x}_0 = (\bar{x}_1 - \bar{x}_n) + (\bar{x}_n - \bar{x}_0)$

$$-1.72(万元/人) = 0.49(万元/人) - 2.21(万元/人)$$

从本例已知条件和计算结果可以看出，实际上两个分厂的劳动生产率都有所提高，但计算结果表明平均劳动生产率反而降低了，原因是职工人数结构发生了变动。如果职工人数结构没有变动，平均劳动生产率则提高了 2.75%，金额每人提高了 0.49 万元。而由于两个分厂的职工人数结构变动导致平均劳动生产率降低了 11.03%，金额每人降低了 2.21 万元。综合各分厂劳动生产率变动和职工人数结构变动两个因素的影响，最后导致平均劳动生产率报告期比基期降低了 8.59%，金额每人降低了 1.72 万元。因此，采用固定构成指数考核企业劳动生产率的实际提高程度更为合适。

应该指出的是,可变构成指数、固定构成指数和结构影响指数这三个指数名称是中性的。涉及具体的经济含义,本例的可变构成指数就是平均劳动生产率指数,固定构成指数就是各分厂劳动生产率指数,结构影响指数就是职工人数结构指数。

五、多因素分析

以上说明的是社会经济现象总体总量指标或平均指标变动的两因素分析。有时候,在统计研究任务的要求下,总量指标指数体系还可以由更多的指数组成,来分析多因素变动对总量指标的影响程度。

只有总量指标的变动可以进行多因素分析,平均指标的变动是不能进行多因素分析的。多因素现象的变动分析所包括的因素较多,分析过程比较复杂。进行多因素分析应注意以下四个问题。

第一,多因素指数体系以结果指数为因素指数的函数。在因素指数中,一般只能有一个数量指数,其他均为质量指数,这样才能保证因素指数的连乘积为总量指标指数。

第二,应注意因素指数的排序问题。一般来说,数量指数宜排在第一位或最后一位,各因素指数中的指数化指标若具有相容性,则应相邻排列。所谓相容性,就是几个指标相乘后的数值具有实际意义。

第三,每一个因素指数中只能有一个指标作为指数化指标,其余指标都应列为同度量因素。当然,结果指数不需要同度量因素。

第四,若几个作为同度量因素的指标相乘后为数量指标,则都应固定在报告期水平上,若为质量指标,则都应固定在基期水平上。如果几个指标不相容,则应分别处理,即数量指标固定在报告期水平,质量指标固定在基期水平。例如,

原材料成本指数 = 产量指数 × 原材料单耗指数 × 原材料单价指数。

其中,产量指数为数量指数,可排列在第一位。产量与原材料单耗相乘后为原材料消耗量,则两者的指数应相邻排列。同样,原材料单耗与原材料单价相乘后为单位产品原材料消耗额,两者的指数也应相邻排列。而产量与原材料单价不相容,两者的指数就不能相邻排列。

设 q 表示产量,m 表示原材料单耗,p 表示原材料单价,qmp 表示原材料成本。则可建立总量指标的多因素指数体系如下。

对于简单现象单层次总体,有:

$$\frac{q_1 m_1 p_1}{q_0 m_0 p_0} = \frac{q_1 m_0 p_0}{q_0 m_0 p_0} \cdot \frac{q_1 m_1 p_0}{q_1 m_0 p_0} \cdot \frac{q_1 m_1 p_1}{q_1 m_1 p_0}$$

对于复杂现象总体,则有:

$$\frac{\sum q_1 m_1 p_1}{\sum q_0 m_0 p_0} = \frac{\sum q_1 m_0 p_0}{\sum q_0 m_0 p_0} \cdot \frac{\sum q_1 m_1 p_0}{\sum q_1 m_0 p_0} \cdot \frac{\sum q_1 m_1 p_1}{\sum q_1 m_1 p_0}$$

对于简单现象多层次总体,只要把前面分析的关于总量指标变动的两因素分析和平均指标变动的两因素分析结合起来,就可以构筑一个总量指标变动的三因素分析指数体系:

$$\frac{\bar{x}_1 \sum f_1}{\bar{x}_0 \sum f_0} = \frac{\bar{x}_1 \sum f_1}{\bar{x}_n \sum f_1} \times \frac{\bar{x}_n \sum f_1}{\bar{x}_0 \sum f_1} \times \frac{\bar{x}_0 \sum f_1}{\bar{x}_0 \sum f_0}$$

在以上三种指数体系中,各种因素指数的分子数值与分母数值的差额都说明各个因素指标变动引起的绝对量变动对结果指标绝对量变动的影响。

例 6-11 某车间生产某产品材料成本资料如表 6-10 所示。

表 6-10　某车间生产某产品材料成本变动因素分析表

分析内容	基期	报告期	个体指数(%)	差量
材料成本(万元)	400	540	135	+140
产品产量(万件)	10	12	120	+80
材料单耗(千克/件)	10	9	90	-48
材料单价(元/千克)	4	5	125	+108

本例可建立简单现象单层次总体的三因素指数体系进行分析。

从相对数方面分析,具体计算如下:

$$材料成本指数 = \frac{q_1 m_1 p_1}{q_0 m_0 p_0} = \frac{540}{400} = 135\%$$

$$产品产量指数 = \frac{q_1 m_0 p_0}{q_0 m_0 p_0} = \frac{q_1}{q_0} = \frac{12}{10} = 120\%$$

$$材料单耗指数 = \frac{q_1 m_1 p_0}{q_1 m_0 p_0} = \frac{m_1}{m_0} = \frac{9}{10} = 90\%$$

$$材料单价指数 = \frac{q_1 m_1 p_1}{q_1 m_1 p_0} = \frac{p_1}{p_0} = \frac{5}{4} = 125\%$$

产品产量、材料单耗和材料单价三个因素综合起来对材料成本产生影响的指数体系为:

$$材料成本指数 = 产品产量指数 \times 材料单耗指数 \times 材料单价指数$$

$$\frac{q_1 m_1 p_1}{q_0 m_0 p_0} = \frac{q_1 m_0 p_0}{q_0 m_0 p_0} \cdot \frac{q_1 m_1 p_0}{q_1 m_0 p_0} \cdot \frac{q_1 m_1 p_1}{q_1 m_1 p_0}$$

即　　　　　$135\% = 120\% \times 90\% \times 125\%$

从绝对数方面分析,可计算如下。

材料成本增加额为:

$$q_1 m_1 p_1 - q_0 m_0 p_0 = 540 - 400 = 140(万元)$$

因产量增加而增加的材料成本额为:

$$(q_1 - q_0) m_0 p_0 = (12-10) \times 10 \times 4 = 80(万元)$$

因材料单耗增加而增加的材料成本额为:

$$(m_1 - m_0) q_1 p_0 = (9-10) \times 12 \times 4 = -48(万元)$$

因材料单价增加而增加的材料成本额为:

$$(p_1 - p_0) q_1 m_1 = (5-4) \times 12 \times 9 = 108(万元)$$

这三个因素对材料成本变动综合影响的差量关系式为:

$$q_1 m_1 p_1 - q_0 m_0 p_0 = (q_1 - q_0) m_0 p_0 + (m_1 - m_0) q_1 p_0$$

$$+(p_1-p_0)q_1m_1$$

即 $\qquad 140(万元)=80-48+108$

如果将这三个因素中具有相容性的两个因素合并计算,结果会如何呢?现在检验一下,先把产量与材料单耗合并为材料消耗量,它对材料成本的影响额为:

$$q_1m_1p_0-q_0m_0p_0=(12\times9-10\times10)\times4=32(万元)$$

这与两个因素单独分析的结果是相同的,即 $80-48=32$ 万元。

再把材料单耗和材料单价合并为单位材料消耗额,这一指标变动对材料成本的影响额为:

$$q_1m_1p_1-q_1m_0p_0=(9\times5-10\times4)\times12=60(万元)$$

它与这两个因素单独分析的结果也是相同的,即 $-48+108=60$ 万元。

例 6-12 试根据例 6-10 的资料及计算结果,对该企业总产值变动及影响其变动的劳动生产率、职工人数结构、职工总人数这三个因素进行分析。

从例 6-10 的计算结果已知:固定构成指数(各分厂劳动生产率指数)为 102.75%,结构影响指数(职工人数结构指数)为 88.97%。现补充计算如下:

$$总产值指数=\frac{\overline{x}_1\sum f_1}{\overline{x}_0\sum f_0}=\frac{18.31\times2\,100}{20.03\times1\,200}=159.97\%$$

$$职工总人数指数=\frac{\overline{x}_0\sum f_1}{\overline{x}_0\sum f_0}=\frac{\sum f_1}{\sum f_0}=\frac{2\,100}{1\,200}=175\%$$

这样,可建立三因素分析的指数体系如下:

总产值指数 = 固定构成指数 × 结构影响指数 × 职工总人数指数

$$\frac{\overline{x}_1\sum f_1}{\overline{x}_0\sum f_0}=\frac{\overline{x}_1\sum f_1}{\overline{x}_n\sum f_1}\times\frac{\overline{x}_n\sum f_1}{\overline{x}_0\sum f_1}\times\frac{\overline{x}_0\sum f_1}{\overline{x}_0\sum f_0}$$

即 $\qquad 159.97\%=102.75\%\times88.97\%\times175\%$

从相对数方面可分析如下:由于各分厂劳动生产率的变动导致总产值增加了 2.75%,由于各分厂人数结构变动导致总产值降低了 11.03%,由于各分厂总人数变动导致总产值增加了 75%,三个因素综合起来,使总产值增加了 59.97%。

从绝对数方面可计算和分析如下。

总产值变动额为:

$$\overline{x}_1\sum f_1-\overline{x}_0\sum f_0=18.31\times2\,100-20.03\times1\,200$$
$$=14\,415(万元)$$

各分厂劳动生产率变动对总产值变动的影响额为:

$$(\overline{x}_1-\overline{x}_n)\sum f_1=(18.31-17.82)\times2\,100=1\,029(万元)$$

各分厂职工人数结构的变动对总产值变动的影响额为:

$$(\overline{x}_n-\overline{x}_0)\sum f_1=(17.82-20.03)\times2\,100=-4\,641(万元)$$

职工总人数的变动对总产值变动的影响额为：

$$(\sum f_1 - \sum f_0)\bar{x}_0 = (2\,100 - 1\,200) \times 20.03 = 18\,027(万元)$$

由这三个因素的绝对额变动影响总产值绝对额变动的关系式为：

$$\bar{x}_1\sum f_1 - \bar{x}_0\sum f_0 = (\bar{x}_1 - \bar{x}_n)\sum f_1 + (\bar{x}_n - \bar{x}_0)\sum f_1 \\ + (\sum f_1 - \sum f_0)\bar{x}_0$$

即　　　　$14\,415(万元) = 1\,029(万元) - 4\,641(万元) + 18\,027(万元)$

也就是说，由于各分厂劳动生产率的变动导致总产值增加了 1 029 万元，由于各分厂人数比重变动导致总产值降低了 4 641 万元，由于各分厂总人数变动导致总产值增加了 18 027 万元，这三个因素综合起来，使总产值增加了 14 415 万元。

总之，对现象进行多因素变动分析，要依据分析任务的要求，从现象的客观联系出发来分解各因素的变动影响关系。同时，在多因素变动分析中，应掌握主要因素的变动情况和变动原因，以解决实际问题。

第四节　指　数　数　列

一、指数数列的种类

指数数列就是把综合指数按时间顺序加以排列而形成的数列。编制指数数列，有助于我们分析和研究复杂现象总体在较长时间的发展趋势。

指数数列按采用的基期不同，可分为定基指数数列和环比指数数列。定基指数数列是以同一固定时期为基期计算的指数而形成的数列。环比指数数列是依次以前一期为基期计算的指数而形成的数列。

在指数数列中，由于各个时期指数采用同度量因素所属时期的变动，产生了可变权数和不变权数的问题。各个时期指数采用了不同时期的同度量因素，它们是变动的，称为可变权数；各个时期指数的同度量因素固定在一个时期水平上，它们是不变的，称为不变权数。

编制指数数列究竟采取不变权数还是可变权数取决于指数编制的一般规则，即数量指标指数的同度量因素固定在基期，质量指标指数的同度量因素固定在报告期。因此，当编制数量指标环比指数数列时，由于环比指数要求依次以前一期为基期，同度量因素所属时期随着基期的变动而变动，这时就运用可变权数。而数量指标定基指数数列的同度量因素则一定固定在基期水平上，是不变权数。编制质量指标指数数列由于要求同度量因素固定在报告期，所以不管是环比指数数列还是定基指数数列，同度量因素所属时期总是随着报告期的变动而变动。即都运用可变权数。

下面写出数量指标指数数列和质量指标指数数列的算式，使用的字母含义同前，字母的下标数字 0、1、2、3、4 代表各个时期。

数量指标环比指数数列：

$$\frac{\sum p_0 q_1}{\sum p_0 q_0} \quad \frac{\sum p_1 q_2}{\sum p_1 q_1} \quad \frac{\sum p_2 q_3}{\sum p_2 q_2} \quad \frac{\sum p_3 q_4}{\sum p_3 q_3}$$

数量指标定基指数数列：

$$\frac{\sum p_0 q_1}{\sum p_0 q_0} \quad \frac{\sum p_0 q_2}{\sum p_0 q_0} \quad \frac{\sum p_0 q_3}{\sum p_0 q_0} \quad \frac{\sum p_0 q_4}{\sum p_0 q_0}$$

质量指标环比指数数列：

$$\frac{\sum p_1 q_1}{\sum p_0 q_1} \quad \frac{\sum p_2 q_2}{\sum p_1 q_2} \quad \frac{\sum p_3 q_3}{\sum p_2 q_3} \quad \frac{\sum p_4 q_4}{\sum p_3 q_4}$$

质量指标定基指数数列：

$$\frac{\sum p_1 q_1}{\sum p_0 q_1} \quad \frac{\sum p_2 q_2}{\sum p_0 q_2} \quad \frac{\sum p_3 q_3}{\sum p_0 q_3} \quad \frac{\sum p_4 q_4}{\sum p_0 q_4}$$

由此可见，用可变权数编制质量指标指数数列包括环比指数数列和定基指数数列，具有一定的现实意义。它在各期实际数量指标构成的情况下，反映各个时期质量指标的变动状况，也可以具体分析由于这些质量指标变动所取得的绝对效益。

在企业财务管理中，可比产品成本降低率指标常按质量指标指数编制的方法来编制成本综合指数再减1得出来的。一般情况下，可比产品成本综合指数数列是环比的，权数是可变的。

例 6-13 某企业可比产品产量与单位成本动态资料如表 6-11 所示：

表 6-11 某企业可比产品产量与单位成本动态资料

产品	产量（件）				单位成本（元）			
	1 季 q_1	2 季 q_2	3 季 q_3	4 季 q_4	1 季 p_1	2 季 p_2	3 季 p_3	4 季 p_4
甲	1 250	1 400	1 300	1 500	13	11	12	10
乙	120	140	130	150	25	23	24	22
丙	160	150	160	180	41	42	41	40

可以据此编制产品单位成本环比指数数列，具体计算见表 6-12 所示。

表 6-12 产品单位成本环比指数数列计算表

季度	计算过程	指数数列
1	—	—
2	$\dfrac{\sum p_2 q_2}{\sum p_1 q_2} = \dfrac{24\ 920}{27\ 850} = 89.5\%$	89.5%
3	$\dfrac{\sum p_3 q_3}{\sum p_2 q_3} = \dfrac{25\ 280}{24\ 010} = 105.3\%$	105.3%
4	$\dfrac{\sum p_4 q_4}{\sum p_3 q_4} = \dfrac{25\ 500}{28\ 980} = 88.0\%$	88.0%

表 6-12 的计算结果表明，该企业产品的单位成本第 2 季度比第 1 季度降低了 10.5%，第三季度比第二季度提高了 5.3%，第 4 季度比第 3 季度降低了 12%。

二、不变权数的运用

一般来说,数量指标指数数列是按拉氏公式编制的,质量指标指数数列是按帕氏公式编制的。但在实际工作中,也有不按拉氏公式或帕氏公式编制的指数数列,它表现在不变权数的运用上。例如,用不变价格为同度量因素编制物量指数就是一种特殊的不变权数。

不变价格是国家规定用来计算不同历史时期产品产值的某一时期的价格,又称固定价格或可比价格。在反映不同时期产品产值的变动时,用不变价格计算价值量指标,可消除价格变动的影响,便于历史资料的对比。

世界各国很早就开始了关于不变价格的研究和实践。作为国民经济核算问题,联合国统计委员会第十九次年会第一次正式提出编制价格和物量统计方法论手册,并于 1979 年正式出版《不变价格国民核算手册》,使不变价格问题得到进一步完善。我国曾经制订过 1952 年、1957 年、1980 年、1990 年的不变价格。从 2004 年起,我国采用价格指数缩减法来计算工业生产的物量指数,即工业发展速度。目前我国国内生产总值是按现价计算的,而国内生产总值的实际增长率是按扣除了物价上涨因素后的不变价格计算的。

价格指数缩减法就是利用现行价格计算的工业产品价值量指标除以工业品出厂价格指数,从而得到消除价格波动因素影响后的可比价值量指标,使报告期工业产品价值量指标与基期可比,达到准确计算工业发展速度的最终目的。具体计算公式如下:

工业总产值发展速度 = 报告期可比价格工业总产值 / 基期现行价格总产值

报告期可比价格工业总产值 = 报告期现价工业总产值 / 工业品出厂价格指数

工业增加值发展速度 = 报告期可比价格增加值 / 基期现行价格增加值

报告期可比价格增加值 = 报告期现价工业增加值 / 工业品出厂价格指数

将不变价格作为同度量因素来编制物量指数数列,可以消除价格波动因素的影响,从而可在较长时期内准确分析物量的变动趋势。下面用不变价格来编制物量指数数列。

环比指数数列:

$$\frac{\sum p_n q_1}{\sum p_n q_0} \quad \frac{\sum p_n q_2}{\sum p_n q_1} \quad \frac{\sum p_n q_3}{\sum p_n q_2} \quad \frac{\sum p_n q_4}{\sum p_n q_3}$$

定基指数数列:

$$\frac{\sum p_n q_1}{\sum p_n q_0} \quad \frac{\sum p_n q_2}{\sum p_n q_0} \quad \frac{\sum p_n q_3}{\sum p_n q_0} \quad \frac{\sum p_n q_4}{\sum p_n q_0}$$

用不变价格编制的产量指数数列,不仅便于现象发展的长期趋势分析,而且可以保持逐期环比指数的连乘积等于定基指数。即

$$\frac{\sum p_n q_1}{\sum p_n q_0} \cdot \frac{\sum p_n q_2}{\sum p_n q_1} \cdot \frac{\sum p_n q_3}{\sum p_n q_2} \cdot \frac{\sum p_n q_4}{\sum p_n q_3} = \frac{\sum p_n q_4}{\sum p_n q_0}$$

例 6-14 表 6-13 列出的是某企业 2016—2020 年工业增加值的定基指数和环比指数,试分析该企业历年生产规模的变动状况。

表 6-13　某企业工业增加值资料

年份	工业增加值指数	
	以上年为 100	以 2015 年为 100
2016	111.7	111.7
2017	117.7	131.5
2018	120.8	158.8
2019	108.5	172.3
2020	107.6	185.4

从表 6-13 中容易看出环比指数与定基指数的关系：

$$111.7\% \times 117.7\% \times 120.8\% \times 108.5\% \times 107.6\% = 185.4\%$$

根据表 6-13 中的资料，可以分析该企业 2016—2020 年生产规模的发展变化。从环比指数数列可以看出，2016—2018 年，企业生产规模增长较快，增长速度保持在 10% 以上，并逐年加快，2019 年和 2020 年生产发展有所减缓。再从定基指数数列来看，该企业 5 年间生产规模增长了 85.4%，正处于成长期。

练 习 与 思 考

一、单项选择题

1. 指数因素分析法的方法论基础是（　　）。
   A. 个体指数　　　　　　　　　　B. 综合指数
   C. 平均指数　　　　　　　　　　D. 指数体系
2. 某企业 2021 年职工的平均工资与 2020 年相同，但由于各部门职工都增加了工资使平均工资增加了 120 元，那么抵消企业职工平均工资增加额的另一因素是（　　）。
   A. 企业总人数变动　　　　　　　B. 各部门人数变动
   C. 各部门人数结构变动　　　　　D. 各部门平均人数变动
3. 编制总指数的基本形式是（　　）。
   A. 平均指标指数　　　　　　　　B. 相对指标指数
   C. 综合指数　　　　　　　　　　D. 平均指数
4. 编制国家之间或地区之间对比的总指数一般采用（　　）。
   A. 拉氏公式　　　　　　　　　　B. 理想指数公式
   C. 帕氏公式　　　　　　　　　　D. 平均指数公式
5. 编制指数时需要采用同度量因素计算的指数是（　　）。
   A. 综合指数　　　　　　　　　　B. 可变构成指数
   C. 固定构成指数　　　　　　　　D. 结构影响指数
6. 两个车间生产同一产品，本月与上月相比，由于各车间产品单位成本降低使产品平均单位成本下降了 5%，而由于各车间产量结构变化又使产品平均单位成本增加了 10%，则该产品平均单位成本综合增加了（　　）。

A. 4.5%　　　　　　B. −5%　　　　　　C. 15%　　　　　　D. −11%

7. 我国编制零售商品物价指数(CPI)采用的是(　　)。
   A. 综合指数　　　　　　　　　　　　B. 加权调和平均指数
   C. 加权算术平均指数　　　　　　　　D. 固定权数平均指数

8. 编制质量指标总指数时一般采用(　　)。
   A. 费希尔公式　　　　　　　　　　　B. 个体指数公式
   C. 帕氏公式　　　　　　　　　　　　D. 拉氏公式

9. 某地区 2021 年社会商品零售价格上涨了 3%,社会商品销售量增长 12%,则社会商品零售额增长了(　　)。
   A. 115.36%　　　　　　　　　　　　B. 8.74%
   C. 91.96%　　　　　　　　　　　　 D. 15.36%

10. 适合于建立平均指标指数体系并进行因素分析的是(　　)。
    A. 简单算术平均数　　　　　　　　　B. 加权算术平均数
    C. 简单调和平均数　　　　　　　　　D. 加权调和平均数

11. 某公司职工工资总额报告期比基期提高了 5%,职工人数报告期比基期增长了 2%,则该公司职工平均工资指数为(　　)。
    A. 102.94%　　　B. 107.1%　　　C. 103%　　　D. 108%

12. 编制总量指标平均指数,一般采用的权数是(　　)。
    A. p_1q_1　　　　B. p_1q_0　　　　C. p_0q_0　　　　D. p_0q_1

13. 在总成本不变的情况下,原材料单耗下降 12%,原材料单价上涨 5%,则产品产量增加了(　　)。
    A. −6%　　　　　B. 8.2%　　　　　C. 16.7%　　　　D. 17%

14. 在产品总成本因素分析的指数体系中,$\sum p_0q_1 - \sum p_0q_0$ 表明(　　)。
    A. 产量变动对总成本变动的影响额
    B. 单位成本变动对产量变动的影响额
    C. 单位成本变动对总成本变动的影响额
    D. 产量变动对单位成本变动的影响额

15. 编制质量指标综合指数的同度量因素是(　　)。
    A. 基期的数量指标　　　　　　　　　B. 报告期的数量指标
    C. 基期的质量指标　　　　　　　　　D. 报告期的质量指标

16. 总指数与其对应的各个个体指数之间的关系是(　　)。
    A. 总指数大于所有的个体指数
    B. 总指数小于所有的个体指数
    C. 总指数介于个体指数的最大值与最小值之间
    D. 总指数与个体指数之间的关系不确定

17. 在对销售额进行分析的指数体系中,$\sum p_1q_1 - \sum p_0q_1$ 表明(　　)。
    A. 由于销售量变动对销售额变动的影响额

B. 由于价格变动对销售量变动的影响额

C. 由于价格变动对销售额变动的影响额

D. 由于销售量变动对价格变动的影响额

18. 在分析产品平均单位成本变动的指数体系中，$\bar{x}_n - \bar{x}_0$ 表示（　　）。

　　A. 由于各车间产品单位成本变动对平均单位成本变动的影响额

　　B. 由于各车间产品总成本变动对平均单位成本变动的影响额

　　C. 由于各车间产品产量变动对平均单位成本变动的影响额

　　D. 由于各车间产品产量比重变动对平均单位成本变动的影响额

19. 费歇尔提出的"理想指数"公式适合于计算（　　）。

　　A. 静态个体指数　　　　　　　　　　B. 动态个体指数

　　C. 静态总指数　　　　　　　　　　　D. 动态总指数

20. 上月甲产品的总成本比乙产品少 40%，本月甲产品单位成本降低了 5%，产量增加了 20%，乙产品的单位成本和产量不变，则本月甲乙两种产品的总成本增加了（　　）。

　　A. 5.25%　　　　　　　　　　　　　B. 8.75%

　　C. -4.61%　　　　　　　　　　　　D. -7.68%

二、多项选择题

1. 设 x 表示平均数或相对数，y_i 表示绝对数，则下列选项可用来构建指数体系的有（　　）。

　　A. $y_0 = y_1 + y_2$　　　　　　　　B. $y_0 = y_1 \cdot y_2$

　　C. $\bar{x} = \sum x \cdot \frac{1}{n}$　　　　　　　　D. $y_0 = x \cdot y_1$

　　E. $\bar{x} = \sum x \cdot \frac{f}{\sum f}$

2. 固定权数指数属于（　　）。

　　A. 总指数　　　　　　　　　　　　　B. 加权算术平均指标指数

　　C. 具有独立意义的平均指数　　　　　D. 质量指标指数

　　E. 数量指标指数

3. 下列指数属于数量指标指数的有（　　）。

　　A. 产品产量指数　　　　　　　　　　B. 商品销售量指数

　　C. 单位成本指数　　　　　　　　　　D. 职工人数指数

　　E. 平均工资指数

4. 总量指标指数体系的因素分析，主要内容包括（　　）。

　　A. 相对数分析　　　　　　　　　　　B. 绝对数分析

　　C. 平均数分析　　　　　　　　　　　D. 发展水平分析

　　E. 发展速度分析

5. 总指数包括（　　）。

　　A. 综合指数　　　　　　　　　　　　B. 购买力平价指数

　　C. 平均指数　　　　　　　　　　　　D. 固定权数指数

　　E. 个体指数

6. 在平均指标指数体系中,因素指标指数包括(　　)。
   A. 平均指标指数　　　　　　　　B. 总量指标指数
   C. 结构影响指数　　　　　　　　D. 固定构成指数
   E. 可变构成指数
7. 指数的作用主要有(　　)。
   A. 综合反映复杂现象总体的内部结构
   B. 综合反映复杂现象总体数量上的变动状态
   C. 利用指数体系可进行因素分析
   D. 可对复杂现象总体进行参数估计
   E. 可对复杂现象总体进行变动趋势分析
8. 总指数可以是个体指数的(　　)。
   A. 简单算术平均数　　　　　　　B. 加权调和平均数
   C. 几何平均数　　　　　　　　　D. 序时平均数
   E. 加权算术平均数
9. 用平均指数形式编制总指数,可以采用(　　)。
   A. 全面资料　　　　　　　　　　B. 非全面资料
   C. 实际资料　　　　　　　　　　D. 推算资料
   E. 次级资料
10. 下列选项中,关于总量指标指数多因素分析正确的表述有(　　)。
    A. 因素指标指数的乘积关系中只能有一个数量指标指数
    B. 具有相容性的因素指标指数应相邻排列
    C. 因素指数中只能有一个指标作为同度量因素
    D. 因素指数中只能有一个指标作为指数化因素
    E. 若几个同度量指标相乘的结果为数量指标则都应固定在报告期水平

三、判断题

1. 各种相对数都是广义的指数。　　　　　　　　　　　　　　　　　　　(　　)
2. 只有加权算术平均数可以建立平均指标指数体系。　　　　　　　　　　(　　)
3. 平均指标指数都是总指数。　　　　　　　　　　　　　　　　　　　　(　　)
4. 编制总指数的基本形式是平均指数。　　　　　　　　　　　　　　　　(　　)
5. 平均指数与平均指标指数的概念是相同的。　　　　　　　　　　　　　(　　)
6. 构建个体指数体系也需要同度量因素。　　　　　　　　　　　　　　　(　　)
7. 零售商品价格指数属于固定权数平均指数。　　　　　　　　　　　　　(　　)
8. 建立指数体系的基础是具有内在经济联系的经济等式。　　　　　　　　(　　)
9. 多层次总体的劳动生产率指数属于总指数。　　　　　　　　　　　　　(　　)
10. 总指数是针对复杂现象总体而言的。　　　　　　　　　　　　　　　　(　　)

四、问答题

1. 统计指数的作用主要有哪些?
2. 平均指数和平均指标指数有何区别?

3. 总指数的编制形式有哪几种？各有什么特点？
4. 综合指数与平均指数形式在应用上有什么特点？
5. 社会经济现象的经济等式有哪几类？各有什么作用？
6. 什么是指数体系？因素分析与指数体系的关系如何？
7. 在总量指标的多因素指数体系中，如何确定同度量因素？
8. 如何进行平均指标指数体系的因素分析？
9. 如何应用固定权数指数来编制消费者价格指数？
10. 什么是指数数列？它有哪些实际应用？

五、计算分析题

1. 某地甲乙两种农产品收购额和价格指数资料如下表所示：

农产品种类	农产品收购额（万元）		收购价格指数（％）
	2020年	2021年	
甲	680	920	107
乙	120	100	96

要求：编制这两种农产品的收购价格总指数和收购量总指数。

2. 某上市公司生产销售 A、B 两种产品，相关资料如下表所示：

产品	计量单位	东部地区销售单价（元）	西部地区销售单价（元）	东部地区销售额比重（％）	西部地区销售额比重（％）
A	件	880	700	60	20
B	箱	1 500	600	40	80
合计	—	—	—	100	100

要求：采用费歇尔的理想指数公式计算这两种产品以东部地区与西部地区对比的价格总指数，并对两个地区的销售业绩作简要评价。

3. 某市 2018 年社会商品零售额为 150 亿元，2020 年增加为 290 亿元。这两年商品零售价格指数提高了 9.4％。试计算商品零售量指数，并分析商品零售量和零售价格两因素变动对零售额变动的影响额。

4. 某地 2020 年城镇消费品零售额为 1 200 亿元，比 2019 年增长 21.2％；农村消费品零售额为 800 亿元，比 2019 年增长 14.8％；扣除价格上涨因素，实际分别增长 15.6％和 10.7％。问该地城镇和农村的 2020 年消费品价格分别上涨了多少？

5. 某企业 2020 年生产的产品产量比 2019 年增长了 32％，单位成本下降了 2％，问该企业 2020 年产品成本的变动情况如何？

6. 价格上涨后同样多的人民币少购了 5％的商品，求物价指数。

7. 2020 年某市城镇居民人均可支配收入达 32 000 元，比 2019 年增长 16％，扣除物价上涨因素后实际人均可支配收入为 30 200 元，试问 2020 年物价上涨了多少？

8. 某企业生产销售甲、乙两种产品，2020 年甲产品的销售额比乙产品多 2 倍，2021 年甲产品的销售价格上涨了 10％，销售量翻了一番，而乙产品销售价格下降了 10％，销售量与

2020 年持平。问 2021 年甲、乙两种产品的销售总额比去年增加了百分之多少？其中销售价格和销售量哪个因素对销售总额的增长贡献大？

9. 某企业生产销售甲、乙两种产品，相关销售资料如下表所示：

产品名称	计量单位	报告期销售额比重（%）	报告期价格上涨（%）	报告期销售量增长（%）
甲	台	80	30	120
乙	箱	20	-2	0
合计	—	100		

要求：计算甲、乙两种产品的价格总指数和销售量总指数。

10. 某企业生产 A、B 两种产品，相关成本资料如下表所示：

产品名称	计量单位	上月总成本（万元）	本月总成本（万元）	本月单位成本降低（%）
A	件	16	24	5
B	只	20	30	2
合计	—	36	54	

要求：(1) 计算单位成本指数、产量指数和总成本指数，并写出指数体系；(2) 这两种产品的总成本增加了多少万元？由于各种产品单位成本的变动使总成本降低了多少万元？

11. 某商业企业两个营业部 2021 年 1 月份和 2 月份的相关资料如下表所示：

营业部名称	商品流通费率（%）		商品流转额（万元）	
	1月份	2月份	1月份	2月份
甲	32	40	200	400
乙	26	35	300	200
合计	—	—	500	600

要求：从相对数和绝对数两个方面分析企业总的商品流通费变动受各营业部商品流通费率变动和商品流转额变动的影响程度。（提示：商品流通费率＝商品流通费/商品流转额）

12. 某企业生产销售甲、乙两种产品，相关销售资料如下表所示：

产品名称	计量单位	基期销售额（万元）	报告期价格上涨（%）	报告期销售量增长（%）
甲	件	10	10	20
乙	包	30	0	-5
合计	—	40		

要求：从相对数和绝对数两个方面分析该企业产品销售额的变动受销售价格变动和销售量变动的影响程度。

13. 某企业有两个车间生产同一种产品,相关资料如下表所示:

车间	单位成本(元/件)		产量(万件)	
	基期	报告期	基期	报告期
甲	47	46	14	16
乙	50	58	10	32
合计	—	—	24	48

要求:计算可变构成指数、固定构成指数和结构影响指数,写出指数体系,并进行指数因素分析和差量分析。

14. 某企业生产甲乙两种产品,相关成本资料如下表所示:

商品名称	计量单位	基期总成本比重(%)	报告期产量增长(%)	报告期单位成本降低(%)
甲	箱	66	120	5
乙	件	34	−7	0
合计	—	100		

要求:(1)计算总成本指数、单位成本指数和产量指数,并写出指数体系;(2)已知报告期总成本为300万元,试进行指数体系的差量分析。

15. 某车间生产某产品有甲乙两个班组,材料消耗和产品产量相关资料如下表所示:

班组名称	材料单耗(千克/件)		材料消耗量(千克)	
	上月	本月	上月	本月
甲	20	22	2 000	2 640
乙	30	27	6 000	7 560
合计	—	—	8 000	10 200

要求:(1)计算材料总消耗量指数、材料单耗指数和总产量指数;(2)写出指数体系并进行差量分析。

16. 某企业生产甲、乙、丙三种产品,有关生产资料如下:

产品名称	计量单位	总成本(万元)		产量增长%
		1月份	2月份	
甲	件	120	…	32
乙	台	90	…	0
丙	箱	240	…	−5
合计	—	450	520	—

要求：(1)计算总成本指数、单位成本指数和产量指数，并写出指数体系，进行差量分析；(2)若计划 3 月份这三种产品的总产量增长 30%，总成本增长 20%，则 3 月份三种产品的单位成本应降低百分之多少？

17. 某企业 A、B 两个车间的劳动生产率和职工人数资料如下表所示：

车间	劳动生产率(万元/人)		职工人数(人)	
	基期	报告期	基期	报告期
A	30	37	300	500
B	32	35	200	300
合计	—	—	500	800

要求：从相对数和绝对数两个方面，分析该企业总产值的变动受各车间劳动生产率变动、各车间职工人数结构变动和职工总人数变动的影响。

18. 某公司下属两个企业 2021 年 1 月份和 2 月份的产品销售资料如下：

企业	计量单位	利润额(万元)		销售量		销售价利润率(%)	
		1月份	2月份	1月份	2月份	1月份	2月份
A	万件	310	674	20	36	31	36
B	万箱	432	340	30	28	30	27
合计	—	742	1 014	—	—	—	—

要求：从相对数和绝对数两个方面分析该公司利润额的变动受各企业销售量变动、各企业销售价格变动和各企业销售利润率变动的影响。(提示：利润额＝销售量×销售价格×销售利润率)

第七章 抽样估计

学习目的与要求

抽样调查在统计调查和分析中应用非常广泛,是一种非常重要的调查方法。本章的目的在于提供一套利用抽样资料来估计总体数量特征的方法。学习本章的具体要求:

1. 了解抽样推断的概念和特点,明确在哪些场合适合运用抽样推断的方法;

2. 理解抽样平均误差、抽样极限误差及概率度的概念和三者之间的相互关系,明确如何确定一定误差范围内的置信度;

3. 理解抽样估计的优良标准是什么,掌握估计总体平均指标和成数指标的基本原理和基本方法;

4. 掌握简单随机抽样、等距抽样、类型抽样、整群抽样等抽样组织方式的特点以及各种组织形式的抽样平均误差的计算方法和抽样推断方法。

第一节 抽样推断的一般问题

一、抽样推断的意义

(一)抽样推断概念

抽样推断是在抽样调查的基础上,利用样本的实际资料计算样本指标,并据此推算总体相应数量特征的一种统计分析方法。统计分析的主要任务就是要反映现象总体的数量特征。在实际工作中,不可能、也没有必要每次都对总体的所有单位进行全面调查。在很多情况下,只需抽取总体的一部分单位作为样本,通过分析样本的实际资料来估计和推断总体的数量特征,以达到对现象总体的认识。

(二)抽样推断的特点

抽样推断具有以下四个特点。

1. 抽样推断是由部分推算整体的一种认识方法

在总体中抽取样本并对样本指标进行分析是了解和认识总体的手段。抽样推断原理科学地论证了样本指标与对应的总体参数之间存在着内在联系,而且两者的误差也是有规律可循的。这就有效地提供了通过实际调查所得到的部分信息来推断总体数量特征的方法,提高了统计分析的认识能力。

2. 抽样推断是建立在随机取样的基础之上的

按随机原则抽取样本单位是抽样推断的前提。所谓随机原则,就是总体中每一个单位在抽样时中选或不中选的机会是相同的,不受主观因素的影响。只有坚持随机原则,才能使抽取的样本保持与总体类似的结构,减少抽样误差,提高样本对被估计总体的代表性。

3. 抽样推断运用的是概率估计的方法

利用样本指标来估计总体参数,在数学上运用不确定的概率估计方法,而不是运用确定的数学分析方法。概率估计的基本思路是抽取样本并计算样本指标,这时样本指标仅是一个随机变量,接下来就要计算用样本指标估计总体参数的可靠性程度。如果可靠性程度不符合要求,就要改善抽样组织,重新进行抽样,直到符合要求为止。

4. 抽样推断的误差是可以事先计算并加以控制的

抽样推断是以部分资料来估计总体的数量特征,虽然存在一定的误差,但与其他统计估算不同,其误差范围可以事先借助相关资料加以计算,并且能够采取相应的组织措施来控制这一误差范围,保证抽样推断的结果达到一定的可靠程度。

二、抽样推断的内容

抽样推断的前提是对总体的数量特征不了解或了解很少,利用抽样推断的方法可以帮助我们解决这类问题。抽样推断的内容主要有参数估计和假设检验两个方面。这两方面的内容虽然都是利用样本观察值所提供的信息对总体做出估计或判断,但它们所解决问题的着重点是不同的。

(一) 参数估计

虽然不知道总体的数量特征,但可以依据所获得的样本观察资料对所研究对象总体的水平、结构、规模等数量特征进行估计,这种推断方法称为总体参数估计,如居民的家计抽样调查、产品质量抽样调查等都属于参数估计的推断方法。由于社会经济统计在大多数场合都要求对总体的各项综合指标作出客观的估计,而参数估计恰好能满足这一方面的要求,所以参数估计推断方法在实际工作中被广泛应用。参数估计包括的内容有确定估计值、确定估计的优良标准并加以区别、计算估计值与被估计参数之间的误差范围、计算在一定误差范围内所作的推断的可靠性程度等。

(二) 假设检验

由于对总体的变化情况不了解,不妨先对总体的状况作某种假设,然后根据抽样推断的原理,依据样本观察资料对所作假设进行检验,来判断这种假设的真伪,以决定行动的取舍,这种推断方法称为总体参数的假设检验。例如,某产品经工艺改革不知是否有效果,则不妨假设工艺改革无效果,然后考虑样本指标的实际值与假设的总体参数之间的差异是否超过了给定的显著性标准。如果差异已超过这一标准,则有理由否定原来的假设,而认为工艺改革是有效果的。

当然,在抽样检验中,要使样本指标的实际值和假设的总体参数完全一致是难以做到的。现在的问题是,这种差异达到什么程度时对总体的假设仍然是可信的? 这就产生了差异显著性水平的标准问题、确定显著性水平的临界值问题以及分析各类判断错误的可能性问题等,这些都是假设检验所要研究的问题。

三、有关抽样的基本概念

（一）总体和样本

总体也称全及总体或母体，是指所要认识研究对象的全体。它是由所研究范围内具有某种共同性质的全体单位所组成的集合体。总体的单位数通常较大，一般用 N 表示全及总体的单位数。一个全及总体的指标数值是确定的、唯一的，所以称为参数。

样本又称样本总体或子样，它是从全及总体中随机抽取出来的一部分单位组成的集合体，一般用 n 表示样本总体的单位数。样本总体的指标数值是个随机变量，所以，称为样本统计量或样本估计量。

（二）总体参数和样本统计量

在抽样调查前，总体参数是未知的，需要通过抽样调查来估计。常用的总体参数有总体平均数及方差、总体成数及方差。

设总体变量为 $X_1, X_2, \cdots, X_N$，总体参数是总体变量的函数，则总体平均数及方差为：

$$\bar{X} = \frac{\sum X}{N}, \quad \bar{X} = \frac{\sum XF}{\sum F}$$

$$\sigma_{\bar{X}}^2 = \frac{\sum (X - \bar{X})^2}{N}, \quad \sigma_{\bar{X}}^2 = \frac{\sum (X - \bar{X})^2 F}{\sum F}$$

总体成数及方差为：

$$P = \frac{N_1}{N}, \quad \sigma_P^2 = P(1 - P)$$

样本统计量是用来估计总体参数的。与总体参数相对应，样本统计量有样本平均数及方差、样本成数及方差。它们常以小写字母表示。

设样本变量为 $x_1, x_2, \cdots, x_n$，样本统计量是样本变量的函数，则样本平均数及方差为：

$$\bar{x} = \frac{\sum x}{n}, \quad \bar{x} = \frac{\sum xf}{\sum f}$$

$$s_{\bar{x}}^2 = \frac{\sum (x - \bar{x})^2}{n}, \quad s_{\bar{x}}^2 = \frac{\sum (x - \bar{x})^2 f}{\sum f}$$

样本成数及方差为：

$$p = \frac{n_1}{n}, \quad s_p^2 = p(1 - p)$$

由于抽取的某个样本是所有可能抽取的样本当中的一个，究竟抽取了哪一个样本完全是随机的，因此，某个样本统计量本身也是一个随机变量，用它来作为总体参数的估计值，其误差可能大些，可能小些，有的是正误差，有的是负误差，情况各不相同。

（三）样本容量和样本个数

样本容量是指一个样本包含的单位数。一个样本应包含多少单位较合适，这是抽样设计必须考虑的问题。样本容量的大小不但关系到抽样调查的效果,而且关系到抽样方法的应用。通常将单位数小于 30 的样本称为小样本,将单位数等于或大于 30 的样本称为大样本。社会经济统计的抽样调查一般都采用大样本调查。

样本个数又称样本可能数目,是指从一个总体可能抽取的样本个数。一个总体可以抽取多少个样本与样本容量和抽样方法有关。从一个总体中能抽取多少个样本,样本统计量就有多少种取值,从而形成了该统计量的分布。研究所有可能抽取的样本及其统计量的分布是抽样推断的基础。

(四)重复抽样和不重复抽样

抽样方法有重复抽样和不重复抽样两种。

重复抽样也称回置抽样,它是指每次抽取一个样本登记后再将它放回总体中参加下一次抽取。也就是说,每一个样本单位都有被重复抽取的可能。重复抽样的特点是:每次抽取样本是在完全相同的条件下进行的,总体中每个单位中选的机会在各次都完全相等。

从总体 N 个单位中,用重复抽样的方法,随机抽取一个容量为 n 的样本,则共可抽取 N^n 个样本。

例如,总体有 A、B、C 共 3 个单位,要从中以重复抽样的方法抽取 2 个单位构成样本。在抽取第 1 个样本单位时,有 3 种取法,在抽取第 2 个样本单位时,还是有 3 种取法,则全部可能抽取的样本数目为 $3^2 = 9$ 个,它们是:

$$AA, AB, AC, BA, BB, BC, CA, CB, CC$$

不重复抽样也称不回置抽样,它是指每次抽取一个样本登记后不再放回总体中参加下一次抽取。也就是说,每一个样本单位只有一次被抽取的可能。不重复抽样的特点:样本由连续 n 次抽取的结果构成,实质上等于一次同时从总体中抽取 n 个样本单位,每抽一次总体单位数就少一个,总体中每个单位中选的机会在各次是不相同的,因此连续 n 次抽选的结果不是相互独立的。

从总体 N 个单位中,采用不重复抽样的方法,随机抽取一个容量为 n 的样本,则全部可能抽取的样本数目为 $N(N-1)(N-2)(N-n+1)$ 个。

如上例总体有 3 个单位 A、B、C,要从中以不重复抽样的方法抽取 2 个单位构成样本,先从 3 个单位中抽取 1 个,有 3 种取法,然后再从 2 个单位中抽取 1 个,有 2 种取法,前后抽取两个单位构成样本,全部可能抽取的样本数目为 $3 \times 2 = 6$ 个,它们是:

$$AB, AC, BA, BC, CA, CB$$

由此可见,在同一总体抽取相同容量的样本,采用重复抽样可能抽取的样本数目总是比不重复抽样多。在实际抽样操作中,大多数情况采用不重复抽样,如从一批产品中抽取样本、从全校学生中抽取样本等。但是,有些场合可采用重复抽样。例如,调查居民 5 年内的人均可支配收入,由于居民的收入每年会有变化,则可采用重复抽样方法。

第二节 抽样误差

一、抽样误差的意义

用抽样指标去估计全及指标是否可行,关键问题在于抽样误差。抽样误差的大小表明抽样效果的好坏，如果误差超过了允许的限度，抽样调查也就失去了意义。

抽样误差是指由于随机抽样的偶然因素使样本各单位的结构不足以代表总体各单位的结构而引起抽样指标和全及指标的绝对离差。必须指出，抽样误差不同于登记误差，登记误差是在调查过程中由于观察、登记、测量、计算上的差错所引起的误差，是所有统计调查都可能发生的。抽样误差不是由调查失误所引起的，而是随机抽样所特有的误差。

抽样误差是一种代表性误差。用样本统计量来代表总体参数必然会有误差。因此，抽样误差是已遵循了随机原则、由偶然因素引起的误差，它是抽样推断所固有的、正常产生的误差，是无法消除的，但能事先计算并加以控制。

系统性误差是抽样过程中可能产生的另一种代表性误差。系统性误差是由于违反了随机原则而产生的数据偏大或偏小的情况，因此也称系统性偏差。系统性偏差不是正常的抽样误差，它是人为原因产生的误差，是可以采取措施避免或加以消除的。

影响抽样误差大小的因素主要有总体各单位标志值的差异程度、样本单位数、抽样方法和抽样组织方式。

二、抽样平均误差

抽样平均误差是反映抽样误差一般水平的指标。我们知道，从一个总体可能抽取很多个样本，而每一个样本的统计量是一个随机变量，每一个样本的统计量与总体参数之间的误差也是一个随机变量，单个样本的抽样误差是无法计算的，但所有可能抽取的样本统计量与总体参数之间的平均误差是可以计算的。

抽样平均误差是所有可能抽取的样本平均数或成数的标准差。标准差是反映平均误差的尺度，根据标准差的定义，抽样平均数或成数的标准差是按抽样平均数或成数与其平均数的离差平方和计算的。但由于所有样本平均数的平均数正好等于总体平均数，而所有样本成数的平均数正好等于总体成数，因此，抽样平均数或成数的标准差恰好反映了抽样平均数或成数与总体平均数或成数的平均离差程度。

（一）重复抽样条件下的抽样平均误差

在重复抽样的条件下，抽样平均误差与总体变异程度和样本容量有关，与总体单位数的多少无关。它们的关系如下：

$$\mu_{\bar{x}} = \sqrt{\frac{\sigma^2}{n}} = \frac{\sigma}{\sqrt{n}}$$

其中，$\mu_{\bar{x}}$ 表示抽样平均误差；σ 表示总体标准差；n 表示样本容量。

设总体变量为 $X_1, X_2, \cdots, X_N$，样本变量为 $x_1, x_2, \cdots, x_n$，根据平均数的定义和它的数学性质，有：

$$E(\bar{x}) = E\left[\frac{x_1 + x_2 + \cdots + x_n}{n}\right]$$
$$= \frac{1}{n}[E(x_1) + E(x_2) + \cdots + E(x_n)]$$

在重复抽样条件下，由于 $x_1, x_2, \cdots, x_n$ 是相互独立的，它们虽然在每个样本中是一个确定的数,但从它们在总体内被选中的概率看,却都是随机变量,每一个变量在总体中都有 N 种选择,中选机会相等,概率都是 $1/N$。即

$$E(x_1) = E(x_2) = \cdots = E(x_n) = \bar{X}$$

$$E(\bar{x}) = \frac{1}{n}[E(x_1) + E(x_2) + \cdots + E(x_n)]$$

$$= \frac{1}{n}[\bar{X} + \bar{X} + \cdots + \bar{X}] = \frac{1}{n}n\bar{X} = \bar{X}$$

根据方差的定义和它的数学性质,以及 $x_1, x_2, \cdots, x_n$ 作为相互独立的变量,它们的取值范围都为 $X_1, X_2, \cdots, X_N$,抽样平均误差的计算公式可按其定义推导如下:

$$\mu_{\bar{x}}^2 = \sigma^2(\bar{x}) = E[\bar{x} - E(\bar{x})]^2 = E[\bar{x} - \bar{X}]^2$$

$$= E\left[\frac{x_1 + x_2 + \cdots + x_n}{n} - \bar{X}\right]^2$$

$$= \frac{1}{n^2}E[(x_1 - \bar{X}) + (x_2 - \bar{X}) + \cdots + (x_n - \bar{X})]^2$$

$$= \frac{1}{n^2}E\left[\sum_{i=1}^{n}(x_i - \bar{X})^2 + \sum_{i \neq j}^{n(n-1)}(x_i - \bar{X})(x_j - \bar{X})\right]$$

$$= \frac{1}{n^2}\left[\sum_{i=1}^{n}E(x_i - \bar{X})^2 + \sum_{i \neq j}^{n(n-1)}E(x_i - \bar{X})(x_j - \bar{X})\right]$$

$$= \frac{1}{n^2}\left[\sum_{i=1}^{n}\sigma^2(X) + 0\right] = \frac{1}{n^2}[n\sigma^2(X)] = \frac{\sigma^2(X)}{n}$$

其中,

$$E(x_i - \bar{X})^2 = \frac{1}{N}\sum_{k=1}^{N}(x_{ik} - \bar{X})^2 = \sigma^2(X)$$

$$E(x_i - \bar{X})(x_j - \bar{X}) = \frac{1}{N}\sum_{k=1}^{N}\sum_{l=1}^{N}(x_{ik} - \bar{X})(x_{jl} - \bar{X})$$

$$= \frac{1}{N}\sum_{k=1}^{N}(x_{ik} - \bar{X})\sum_{l=1}^{N}(x_{jl} - \bar{X}) = 0$$

所以,重复抽样条件下的抽样平均误差为:

$$\mu_{\bar{x}} = \sqrt{\frac{\sigma^2}{n}} = \frac{\sigma}{\sqrt{n}}$$

从抽样平均误差的计算公式可以看出:一是抽样平均误差的大小和总体标准差成正比,而与样本容量的平方根成反比变化;二是抽样平均误差比总体标准差小,仅为总体标准差的 $1/\sqrt{n}$。

(二) 不重复抽样条件下的抽样平均误差

在不重复抽样的条件下,抽样平均误差不但和总体变异程度和样本容量有关,而且与总体单位数的多少有关。它们的关系如下:

$$\mu_{\bar{x}} = \sqrt{\frac{\sigma^2}{n}\left(\frac{N-n}{N-1}\right)}$$

现推导如下:

设总体变量为 $X_1, X_2, \cdots, X_N$,样本变量为 $x_1, x_2, \cdots, x_n$,根据平均数的定义和它的数学性质,有

$$E(\bar{x}) = E\left[\frac{x_1 + x_2 + \cdots + x_n}{n}\right]$$

$$= \frac{1}{n}[E(x_1) + E(x_2) + \cdots + E(x_n)]$$

在不重复抽样条件下,$x_1, x_2, \cdots, x_n$ 的抽选不是独立的,其中,x_1 是抽取的第 1 个变量,它可以在 $X_1, X_2, \cdots, X_N$ 中选择,而总体中每个单位中选的概率都为 $1/N$。因此,

$$E(x_1) = \frac{1}{N}\sum X = \bar{X}$$

x_2 是抽取的第 2 个变量,它可以在 $N-1$ 个总体单位中选择,而 $N-1$ 个总体单位的组合可以有 N 种选择,所以总体中每个单位中选的概率还是都为 $1/N$,即

$$E(x_2) = \frac{N-1}{N} \cdot \frac{1}{N-1}\sum X = \frac{1}{N}\sum X = \bar{X}$$

依此类推,

$$E(x_3) = \frac{N-1}{N} \cdot \frac{N-2}{N-1} \cdot \frac{1}{N-2}\sum X = \frac{1}{N}\sum X = \bar{X}$$

$$\cdots$$

$$E(x_n) = \frac{N-1}{N} \cdot \frac{N-2}{N-1} \cdot \cdots \cdot \frac{1}{N-n+1}\sum X = \frac{1}{N}\sum X = \bar{X}$$

所以,

$$E(\bar{x}) = \frac{1}{n}[E(x_1) + E(x_2) + \cdots + E(x_n)]$$

$$= \frac{1}{n}[\bar{X} + \bar{X} + \cdots + \bar{X}] = \frac{1}{n}n\bar{X} = \bar{X}$$

按照抽样平均误差的定义,有

$$\mu_{\bar{x}}^2 = \sigma^2(\bar{x}) = E[\bar{x} - E(\bar{x})]^2$$

$$= E[\bar{x} - \bar{X}]^2 = E\left[\frac{x_1 + x_2 + \cdots + x_n}{n} - \bar{X}\right]^2$$

$$= \frac{1}{n^2}E[(x_1 - \bar{X}) + (x_2 - \bar{X}) + \cdots + (x_n - \bar{X})]^2$$

$$= \frac{1}{n^2}\left[\sum_{i=1}^{n}E(x_i - \bar{X})^2 + \sum_{i \neq j}^{n(n-1)}E(x_i - \bar{X})(x_j - \bar{X})\right]$$

由于在不重复抽样条件下,样本变量 x 不是互相独立的,因此,共有 $n(n-1)$ 项的 $E(x_i - \bar{X})(x_j - \bar{X}) \neq 0$,现在我们分别讨论 $E(x_i - \bar{X})^2$ 和 $E(x_i - \bar{X})(x_j - \bar{X})$。

$$E(x_i - \bar{X})^2 = \frac{1}{N}\sum_{k=1}^{N}(x_{ik} - \bar{X})^2 = \sigma^2(X)$$

$$E(x_i - \overline{X})(x_j - \overline{X}) = \frac{1}{N(N-1)} \sum_{k \neq l}^{N(N-1)} (x_{ik} - \overline{X})(x_{jl} - \overline{X})$$

其中，$k、l = 1, 2, \cdots, N$。又由于：

$$\Big[\sum_{k=1}^{N} (x_{ik} - \overline{X})\Big]^2 = \sum_{k=1}^{N} (x_{ik} - \overline{X})^2 + \sum_{k \neq l}^{N(N-1)} (x_{ik} - \overline{X})(x_{jl} - \overline{X})$$

$$\sum_{k \neq l}^{N(N-1)} (x_{ik} - \overline{X})(x_{jl} - \overline{X}) = 0 - \sum_{k=1}^{N} (x_{ik} - \overline{X})^2 = -N\sigma^2(X)$$

所以，$E(x_i - \overline{X})(x_j - \overline{X}) = \dfrac{-N\sigma^2(X)}{N(N-1)} = \dfrac{-\sigma^2(X)}{N-1}$

代入上式，可得：

$$\mu_{\overline{x}}^2 = \frac{1}{n^2}\Big[\sum_{i=1}^{n} E(x_i - \overline{X})^2 + \sum_{i \neq j}^{n(n-1)} E(x_i - \overline{X})(x_j - \overline{X})\Big]$$

$$\mu_{\overline{x}}^2 = \frac{1}{n^2}\Big[n\sigma^2(X) + n(n-1)\frac{-\sigma^2(X)}{N-1}\Big] = \frac{\sigma^2(X)}{n}\Big(\frac{N-n}{N-1}\Big)$$

所以，在不重复抽样条件下的抽样平均误差为：

$$\mu_{\overline{x}} = \sqrt{\frac{\sigma^2}{n}\Big(\frac{N-n}{N-1}\Big)}$$

当 N 较大时，则有：

$$\mu_{\overline{x}} = \sqrt{\frac{\sigma^2}{n}\Big(1 - \frac{n}{N}\Big)}$$

例 7-1 假设总体有 3 个单位 A、B、C，它们的标志值分别为 3、5、7，样本容量为 2 个单位，试计算在重复抽样条件下和不重复抽样条件下的抽样平均误差。

表 7-1 重复抽样与不重复抽样条件下的样本组合及计算表

重复抽样				不重复抽样			
样本	x_i	$\overline{x}$	$(\overline{x} - \overline{X})^2$	样本	x_i	$\overline{x}$	$(\overline{x} - \overline{X})^2$
AA	3、3	3	4	—	—	—	—
AB	3、5	4	1	AB	3、5	4	1
AC	3、7	5	0	AC	3、7	5	0
BA	5、3	4	1	BA	5、3	4	1
BB	5、5	5	0	—	—	—	—
BC	5、7	6	1	BC	5、7	6	1
CA	7、3	5	0	CA	7、3	5	0
CB	7、5	6	1	CB	7、5	6	1
CC	7、7	7	4	—	—	—	—
合计	—	—	12	合计	—	—	4

本题 $N=3, n=2$，易知，总体变量的平均数为5，样本变量平均数的平均数等于总体变量的平均数。即

$$\bar{\bar{x}} = \bar{X} = 5$$

根据抽样平均误差的定义，抽样平均误差是所有样本平均数的标准差。由于样本平均数的平均数等于总体平均数，在重复抽样条件下，有：

$$\mu_{\bar{x}} = \sqrt{\frac{\sum(\bar{x}-\bar{X})^2}{M}} \doteq \sqrt{\frac{12}{9}} \doteq 1.1547$$

其中，M 表示所有可能抽取的样本数目。

按抽样平均误差的计算公式可计算如下：

$$\sigma^2 = \frac{\sum(X-\bar{X})^2}{N} = \frac{(3-5)^2+(5-5)^2+(7-5)^2}{3} = \frac{8}{3}$$

$$\mu_{\bar{x}} = \sqrt{\frac{\sigma^2}{n}} = \sqrt{\frac{8/3}{2}} \doteq 1.1547$$

这两种方法计算结果是一样的。

在不重复抽样条件下，根据抽样平均误差的定义，有：

$$\mu_{\bar{x}} = \sqrt{\frac{\sum(\bar{x}-\bar{X})^2}{M}} = \sqrt{\frac{4}{6}} \doteq 0.8165$$

按抽样平均误差的计算公式可计算如下：

$$\mu_{\bar{x}} = \sqrt{\frac{\sigma^2}{n}\left(\frac{N-n}{N-1}\right)} = \sqrt{\frac{8/3}{2}\left(\frac{3-2}{3-1}\right)} \doteq 0.8165$$

这两种方法计算结果也是一样的。

值得指出的是，在实际抽样调查中总体方差是未知的。常用的抽样平均误差计算公式中的总体方差的替代方法有两种：一是用样本方差替代；二是用总体方差的历史数据来替代。当总体方差有多个历史数据可供选择时，应取其中较大者，并应根据环境变化对它进行适当的修正。

样本方差的计算公式为：

$$s^2 = \frac{\sum(x-\bar{x})^2}{n-1}$$

其中，$(n-1)$ 表示样本变量的自由度。在大样本情况下，可用 n 替代 $(n-1)$ 计算样本方差。

自由度是独立变量的个数。样本方差是在样本平均数的基础上进行的第二次估计，样本平均数要满足约束条件 $\sum(x-\bar{x})=0$。也就是说，样本变量中其中有一个变量不是独立的，可以被推算出来，所以失去了一个自由度。

从另一个角度看，为了符合无偏估计的要求，应使所有样本方差的平均数等于总体方差，

只有用 $n-1$ 替代 n 来计算方差时才能做到这一点,现加以推导。

在第四章中已经分析过,在总体分组的情况下,总体方差等于各组方差的平均数加上各组平均数的方差,即

$$\sigma^2 = \overline{s^2} + \delta^2$$

这个公式也适合于在总体抽取所有可能样本这种特殊分组的情形,上式中各组平均数的方差在这里就是抽样平均误差的平方。现分析如下:

$$\sigma^2 = \overline{s^2} + \mu^2$$

$$\overline{s^2} = E(s^2) = \sigma^2 - \frac{\sigma^2}{n} = \frac{n-1}{n} \cdot \sigma^2$$

$$\frac{n}{n-1} \cdot E(s^2) = \sigma^2$$

$$E\left[\frac{\sum(x-\overline{x})^2}{n} \cdot \frac{n}{n-1}\right] = \sigma^2$$

$$E\left[\frac{\sum(x-\overline{x})^2}{n-1}\right] = \sigma^2$$

从上式可以看出,只有以 $n-1$ 为自由度计算样本方差,才能使所有样本方差的平均数等于总体方差,以满足无偏估计的要求。即

$$E(s_{n-1}^2) = \sigma^2$$

上式中的下标 $(n-1)$ 表示计算样本方差的自由度。

(三) 成数的抽样平均误差

从第四章中关于成数方差的分析可知,成数的方差可直接从成数推算出来。即

$$\sigma_p^2 = P(1-P)$$

在重复抽样条件下,成数的抽样平均误差为:

$$\mu_p = \sqrt{\frac{P(1-P)}{n}}$$

在不重复抽样条件下,成数的抽样平均误差为:

$$\mu_p = \sqrt{\frac{P(1-P)}{n}\left(\frac{N-n}{N-1}\right)}$$

当 N 较大时,则有:

$$\mu_p = \sqrt{\frac{P(1-P)}{n}\left(1-\frac{n}{N}\right)}$$

在实际抽样调查中,在计算成数的抽样平均误差时,一般用样本成数的方差来替代总体成数的方差,或用总体成数方差的历史资料来替代。

例 7-2 某大学教务处调查学生选修某公共课程的学习情况,现采用不重复抽样的方法抽取了 5% 的学生组成一个 200 人的样本。对样本的统计结果为:平均成绩为 80 分,标准差为

17分;及格率为90%。试计算平均成绩和及格率的抽样平均误差。

本例采用样本方差代替总体方差,现分别计算如下:

$$\mu_{\bar{x}} = \sqrt{\frac{s_{\bar{x}}^2}{n}\left(1-\frac{n}{N}\right)} = \sqrt{\frac{17^2}{200}(1-5\%)} = 1.17(分)$$

$$\mu_p = \sqrt{\frac{p(1-p)}{n}\left(1-\frac{n}{N}\right)} = \sqrt{\frac{0.9(1-0.9)}{200}(1-5\%)} = 2.07\%$$

第三节 参数估计的方法

参数估计就是指利用实际调查计算的样本指标值来估计相应的总体指标的数值。总体指标是表明总体数量特征的参数,所以称为参数估计。总体参数估计有点估计和区间估计两种,其中,区间估计是体现抽样估计科学性的主要参数估计方法。

一、优良估计标准

对总体参数作估计时,我们总是希望估计是合理的或优良的。所谓优良估计是从总体上来评价的。估计总体参数未必只能用一个统计量。例如,估计总体某指标的平均水平,可以用样本的平均数,也可以用样本的中位数、众数等。应当以哪一种统计量作为总体参数的估计量才是较优良的?这就是评价统计量的优良估计标准问题。优良的估计量应该符合以下三个标准。

(一) 无偏性

无偏性标准就是要求在总体中所有可能抽取的样本统计量的平均数应等于被估计的总体参数。从第二节的分析中可知,样本平均数的平均数等于总体平均数,样本成数的平均数等于总体成数,即

$$E(\bar{x}) = \bar{X}, \quad E(p) = P$$

可见,样本平均数、样本成数都符合无偏性优良估计标准。

样本方差也符合无偏性优良估计标准,因为以 $n-1$ 为自由度计算的样本方差的平均数等于总体方差。样本标准差并不严格符合无偏性优良估计标准,相关分析如下:

对于任何变量 x 都有

$$\sigma^2(x) = \overline{x^2} - \bar{x}^2$$

以样本标准差 s 代替上式中的 x,则有

$$\sigma^2(s) = E(s^2) - E^2(s)$$

由于样本方差的平均数等于总体方差,所以有

$$E(s) = \sqrt{\sigma^2 - \sigma^2(s)} \neq \sigma$$

其中,只有当所有样本的标准差都一样时,$\sigma^2(s)$ 才会等于0,即只有当样本容量等于总体单位数时,样本标准差的平均数才能等于总体标准差,因此样本标准差是总体标准差的渐近无偏估计量。

(二) 一致性

一致性标准就是要求当样本容量充分大时,样本统计量也充分靠近总体参数。也就是说,随着样本单位数不断增加,样本指标与未知的总体参数之差的绝对值小于任意小的正数。最后,当样本单位数等于总体单位数时,样本指标一定等于总体参数。

由于抽样平均数和抽样成数的抽样平均误差与样本容量的平方根成反比关系。样本单位数越多,则平均误差越小;当样本单位数接近于总体单位数时,平均误差也就接近于 0。因此,抽样平均数和抽样成数作为总体平均数和总体成数的估计量是符合一致性标准的。

(三) 有效性

有效性标准就是要求作为优良估计量的方差应该比其他估计量的方差小。根据算术平均数方差的数学性质,即变量与其算术平均数离差平方之和为最小可知,若用样本平均数与另一个样本统计量来估计总体参数,虽然两者都是无偏的,但相对而言,样本平均数是更为有效的估计量。抽样成数是(0,1)分布平均数的表现形式,所以也完全符合有效性标准的要求。

不是所有估计量都符合以上标准。可以说,符合优良标准的估计量比不符合或不完全符合优良标准的估计量更好。例如,在正态分布的情况下,总体平均数和总体中位数是重合的,这时候,样本平均数和样本中位数都是总体参数的无偏估计量和一致估计量。由于平均数的方差比中位数的方差小,所以样本平均数是有效估计量,而样本中位数不是有效估计量。

二、总体参数的点估计

点估计又称定值估计,它是直接以样本统计量作为相应总体参数的估计量。例如,用样本平均数的实际值直接估计总体平均数,用样本成数的实际值直接估计总体成数等。

在抽样调查中,所抽取样本的结构与总体结构应该是一致的,样本统计量的计算方法与总体参数的计算方法是相同的,只是总体参数未知,要用样本统计量去估计它。无论从总体中抽取一个什么样的样本,用它的统计量来估计总体参数必然会有误差。只要这个统计量符合无偏性、一致性和有效性三个标准,仍然可以认为它是优良估计。

例 7 - 3　某地对居民家庭消费支出情况进行调查,现按随机原则抽取 100 户作为样本,对样本的调查结果是:年人均消费支出金额为 3.6 万元,恩格尔系数(食物支出金额占消费支出总额的比重)为 35%。试对该地居民家庭年人均消费支出金额和恩格尔系数进行点估计。

进行点估计就是直接用样本统计量估计总体参数,即

$$\bar{X} = \bar{x} = 3.6(万元), \quad P = p = 35\%$$

上式表明,该地居民家庭年人均消费支出金额为 3.6 万元,恩格尔系数为 35%。根据联合国粮农组织提出的标准,恩格尔系数在 40%～50% 为小康,30%～40% 为富裕。

点估计的优点在于它能提供对于总体参数一个确定的估计值。这个确定的估计值有多大的误差是未知的,这也是点估计的不足之处。

三、总体参数的区间估计

(一) 允许误差范围与估计区间

根据例 7 - 3 的资料,假如不是直接用样本统计量年人均消费支出金额 3.6 万元来估计总

体参数,而是给定一个区间,采用3.6万元左右这么一个幅度来估计该地居民家庭年人均消费支出金额,则可以计算出相应的可靠性程度。

例如,假定在3.6万元处允许误差范围为±0.4万元,从而可以形成一个估计区间3.2万~4.0万元,如图7-1所示。

```
    X̄下限              x̄              X̄上限
    3.2      Δ_x̄      3.6     Δ_x̄     4.0
```

图7-1 平均数的抽样估计区间

图7-1中,$\Delta_{\bar{x}}$表示允许误差范围,也称抽样极限误差。显然,平均数的抽样极限误差为:

$$|\bar{x} - \bar{X}| \leqslant \Delta_{\bar{x}}$$

估计区间的上限和下限分别为:

$$\bar{X}_{上限} = \bar{x} + \Delta_{\bar{x}}, \quad \bar{X}_{下限} = \bar{x} - \Delta_{\bar{x}}$$

综合起来,总体平均数的估计区间为:

$$\bar{x} - \Delta_{\bar{x}} \leqslant \bar{X} \leqslant \bar{x} + \Delta_{\bar{x}}$$

显然,本例有

$$3.2(万元) \leqslant \bar{X} \leqslant 4.0(万元)$$

对于成数的抽样极限误差,也可用例7-3的资料来分析。如果我们不是用样本统计量恩格尔系数35%来直接估计该地居民家庭消费支出的恩格尔系数,而是给定一个允许误差范围2%。估计区间为33%~37%,如图7-2所示。

```
    P下限              p              P上限
    33%      Δ_p      35%     Δ_p     37%
```

图7-2 成数的抽样估计区间

成数的抽样极限误差Δ_p可表达为:

$$|p - P| \leqslant \Delta_p$$

估计区间的上限和下限分别为:

$$P_{上限} = p + \Delta_p, \quad P_{下限} = p - \Delta_p$$

综合起来,总体成数的估计区间为:

$$p - \Delta_p \leqslant P \leqslant p + \Delta_p$$

显然,本例有

$$33\% \leqslant P \leqslant 37\%$$

接下来的问题是:估计区间与可能性程度之间的关系如何呢?假如该地居民家庭年人均消费支出金额落在3.2万～4.0万元这一区间的可能性程度为90%,那么,当估计区间扩大为3.0万～4.2万元时,其可能性程度一定会大于90%;反过来,若估计区间缩小为3.4万～3.8万元时,其可能性程度一定会小于90%。也就是说,抽样极限误差 Δ 越大,总体参数落在估计区间的概率就越大;Δ 越小,总体参数落在估计区间的概率就越小。现在需要解决的问题是:抽样极限误差 Δ 与可能性程度之间的数学关系式如何。下面将展开对这个问题的讨论。

(二) 区间估计的基本公式

根据例7-1的资料,假设总体有3个单位分别为A、B、C,其变量值分别为3、5、7,样本容量为2,总体平均数为5,所有样本平均数的分布状况见表7-2所示。

表7-2 样本平均数的分布

样本平均数($\bar{x}$)	3	4	5	6	7
次数 f	1	2	3	2	1
概率 $\dfrac{f}{\sum f}$	$\dfrac{1}{9}$	$\dfrac{2}{9}$	$\dfrac{3}{9}$	$\dfrac{2}{9}$	$\dfrac{1}{9}$

在随机变量的分布中,频率 $f/\sum f$ 称作概率,用 P 表示。所谓概率,就是指在随机事件进行大量试验中,某种事件出现的可能性大小,通常可以用某种事件出现的频率来表示。

根据概率的完备性原理,所有事件出现的概率之和一定等于1。本例有

$$\sum \frac{f}{\sum f} = \sum P = \frac{1}{9} + \frac{2}{9} + \frac{3}{9} + \frac{2}{9} + \frac{1}{9} = 1$$

样本平均数的分布有一个明显的特征,即对称性。如图7-3所示。由于样本平均数的平均数就是总体平均数,虽然总体平均数未知,但样本平均数的分布中心却是一个真实的总体平均数。

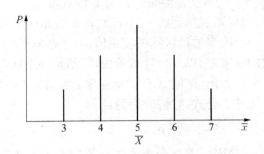

图7-3 样本平均数的分布

在大样本的条件下,样本平均数的分布接近于正态分布。这一分布的特点是,抽样平均数的分布以总体平均数为中心,两边完全对称。而且,抽样平均数越接近总体平均数,出现的概率越大;反之,抽样平均数越远离总体平均数,出现的概率越小,并趋于0。正态分布的图形如图7-4所示。

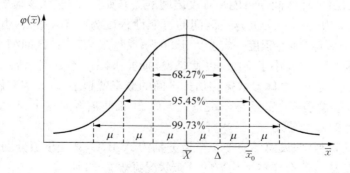

图 7-4 正态概率分布

在图 7-4 中,$\varphi(\bar{x})$ 表示 $\bar{x}$ 的概率密度。求和符号 $\sum$ 与积分符号 $\int$ 在本质意义上是相同的,它们的区别是:前者是对有限个离散变量求和;后者是对无限个连续变量求和。图 7-3 中,用求和符号 $\sum$ 将五个概率值相加,或将五条竖线的长度相加等于 1,表明所有变量出现的概率之和为 100%。可以想象,若将正态分布图中的概率密度函数 $\varphi(\bar{x})$ 沿着横轴积分,就相当于将无限多条连续竖线相加,其结果也一定等于 1,其几何图形则是横轴与正态分布曲线所夹的面积。横轴上某一区间与正态分布曲线所夹的面积,正是所有变量落在这一区间的概率。

根据正态分布理论,无论一组变量的平均数和标准差的大小如何,变量分布中心两侧以标准差为计量单位度量的区间与这一区间的概率是一一对应的。例如,分布中心两侧各 1 个标准差单位所限定的区间对应的概率为 68.27%;分布中心两侧各 2 个标准差单位所限定的区间对应的概率为 95.45%;分布中心两侧各 3 个标准差单位所限定的区间对应的概率为 99.73%。可表达为:

$$F(t=1)=68.27\%, F(t=2)=95.45\%, F(t=3)=99.73\%$$

其中,$F(t)$ 表示估计区间的概率;t 表示概率度。

概率度有两层含义:首先,概率度是测量估计可靠性程度的一个参数。概率度 t 的大小与概率的大小是一一对应的,可以通过给定的 t 值查阅"正态分布概率表"(见附录三),查得相应的概率。其次,概率度又是一个确定估计区间的度量值。对于样本平均数组成的分布,由于抽样平均误差 μ 是样本平均数的标准差,以 μ 为计量单位,若给定一个区间 Δ,就可以表达为 Δ 有 t 个 μ 那么宽。从图 7-3 中可以看出,区间 Δ 有 2 个 μ 那么宽,即 $\Delta=2\mu$。由此可以引出总体平均数和总体成数区间估计的基本公式,它们分别为:

$$\Delta_{\bar{x}}=t\cdot\mu_{\bar{x}}, \quad \Delta_p=t\cdot\mu_p$$

从上式中容易看出,抽样极限误差 Δ 与概率度 t 成正比,与样本容量 n 的平方根成反比。

由于样本平均数的分布中心就是总体平均数 $\bar{X}$,假如在所有可能抽取的样本中抽到了某个样本,其平均数为 $\bar{x}_0$,若它落在总体平均数右侧 2 个 μ 宽度的位置,见图 7-4 所示,这个区间的概率为 95.45% 的一半,即

$$P(\bar{x}_0-\bar{X}\leqslant\Delta_{\bar{x}})=P(\bar{x}_0-\Delta_{\bar{x}}\leqslant\bar{X})=47.725\%$$

事实上,总体平均数是未知的。也就是说,虽然已知样本平均数与总体平均数这个分布中

心的距离及其概率,但仍不知道分布中心 $\bar{X}$ 的确切位置究竟在样本平均数 $\bar{x}_0$ 的左侧还是右侧。因此,必须把样本平均数可能落在分布中心两侧的情况都考虑在内,如果该样本平均数落在分布中心的左侧,考虑到对称性,其概率同样为:

$$P(\bar{X} - \bar{x}_0 \leqslant \Delta_{\bar{x}}) = P(\bar{X} \leqslant \bar{x}_0 + \Delta_{\bar{x}}) = 47.725\%$$

综合起来,则有:

$$P(|\bar{x}_0 - \bar{X}| \leqslant \Delta_{\bar{x}}) = P(\bar{x}_0 - \Delta_{\bar{x}} \leqslant \bar{X} \leqslant \bar{x}_0 + \Delta_{\bar{x}})$$
$$= 47.725\% + 47.725\% = 95.45\%$$

95.45% 这个概率就是本例区间估计的可靠性程度,也可称概率保证程度或置信度。其中,估计区间又称置信区间,置信区间的上限称为置信上限,下限称为置信下限。

计算总体平均数的置信上限 $\bar{X}_{上限}$ 和置信下限 $\bar{X}_{下限}$ 的过程如下:

假设分布中心在样本平均数的左侧,从图 7-4 中可以看出,估计区间的下限为 $\bar{X}_{下限} = \bar{x}_0 - \Delta_{\bar{x}}$;在计算上限时,可以想象图 7-4 的分布中心 $\bar{X}$ 移到了样本平均数 $\bar{x}_0$ 的右侧,这样,估计区间的上限为 $\bar{X}_{上限} = \bar{x}_0 + \Delta_{\bar{x}}$。

当然,样本平均数 $\bar{x}_i$ 本身也是一个随机变量,把它作为估计区间的中心必然会产生误差。减少误差最有效的方法是提高样本的代表性。由此,根据区间估计的基本公式,对总体平均数的区间估计可作如下一般表达:

$$P(|\bar{x}_i - \bar{X}| \leqslant \Delta_{\bar{x}}) = P(|\bar{x}_i - \bar{X}| \leqslant t\mu_{\bar{x}})$$
$$= P(\bar{x}_i - t\mu_{\bar{x}} \leqslant \bar{X} \leqslant \bar{x}_i + t\mu_{\bar{x}}) = F(t)$$

同理,总体成数的区间估计也可作相同的表达。

(三) 区间估计的方法

1. 区间估计应具备的三个要素

总体参数区间估计的三要素包括样本统计量、抽样允许误差范围以及概率保证程度。其中,抽样允许误差范围也称抽样极限误差或抽样误差范围,概率保证程度也称置信度或可靠性程度。

设置信度为 $1-\alpha$,则 α 被称为估计误差的显著性水平,简称显著性水平。例如,某样本粮食亩产为 1 000 千克,总体粮食亩产在990~1 010 千克的可靠性程度为80%。则估计置信度为 $1-\alpha = 80\%$,显著性水平 $\alpha = 1-80\% = 20\%$。这表明总体亩产落在 990~1 010 千克区间内的可能性为80%,而不落在这个区间内的可能性为20%,因此作上述区间估计要冒不超过 20% 概率的失败风险。显著性水平正是判断估计是否可信的一个标准。当不愿意冒这样大的风险时,可以缩小显著性水平,则置信区间就要扩大,估计的准确性便要降低了。

由此可见,在样本统计量、抽样允许误差范围、概率保证程度这三个要素中,抽样允许误差范围决定了估计的准确性,而概率保证程度则决定了估计的可靠性。在抽样估计时,一般总希望提高估计的准确性和可靠性。准确性和可靠性是一对矛盾,对于一个样本,提高估计的准确性,必然会降低估计的可靠性;提高估计的可靠性,必然会降低估计的准确性。因此,在抽样估计时只能对其中的一个要素提出要求。如果要对两个要素都要提出一定的要求,只有通过增加样本容量来解决。

综上所述,总体参数区间估计的方法主要有三种:一种是在一定的样本条件下,给定概率保证程度,计算抽样极限误差;一种是在一定的样本条件下,给定抽样极限误差,计算概率保证程度;还有一种就是给定抽样极限误差和概率保证程度,推算出样本容量。下面分别加以讨论。

2. 给定概率保证程度求抽样极限误差

给定概率保证程度求抽样极限误差,就是根据区间估计的基本公式 $\Delta = t \cdot \mu$,在已知 t 和 μ 的条件下,求 Δ。下面举例来说明具体计算步骤。

例7-4 某地对居民家庭月生活费支出进行抽样调查,在5万户居民中用不重复抽样方法随机抽取一个630户居民的样本,抽查资料如表7-3所示,试以95%($t = 1.96$)的置信度对该地居民家庭月生活费支出进行区间估计。

表7-3 某地居民家庭生活费支出抽查资料

家庭月生活费支出(元)	组中值(元) x	户数(户) f	xf	$(x-\bar{x})^2 f$
1 000 以下	800	12	9 600	27 148 885
1 000～1 400	1 200	55	66 000	67 050 668
1 400～1 800	1 600	92	147 200	45 613 513
1 800～2 200	2 000	117	234 000	10 821 922
2 200～2 600	2 400	134	321 600	1 231 602
2 600～3 000	2 800	106	296 800	26 064 028
3 000～3 400	3 200	85	272 000	68 219 560
3 400 以上	3 600	29	104 400	48 699 093
合　计	—	630	1 451 600	294 849 271

第一步,计算样本平均数和方差:

$$\bar{x} = \frac{\sum xf}{\sum f} = \frac{1\ 451\ 600}{630} = 2\ 304.13(元)$$

$$s^2 = \frac{\sum (x-\bar{x})^2 f}{\sum f} = \frac{294\ 849\ 271}{630} = 468\ 014.72$$

第二步,计算抽样平均误差,当抽样比率小于1%时,因子$(1-n/N)$可忽略不计:

$$\mu_{\bar{x}} = \sqrt{\frac{s^2}{n}} = \sqrt{\frac{468\ 014.72}{630}} = 27.26(元)$$

第三步,计算抽样极限误差:

$$\Delta_{\bar{x}} = t\mu_{\bar{x}} = 1.96 \times 27.26 = 53.43(元)$$

第四步,计算估计区间的上限和下限:

$$上限 = \bar{x} + \Delta_{\bar{x}} = 2\ 304.13 + 53.43 = 2\ 357.56(元)$$

$$下限 = \bar{x} - \Delta_{\bar{x}} = 2\ 304.13 - 53.43 = 2\ 250.70(元)$$

也就是说,在 95% 的概率保证程度下,估计该地居民家庭月生活费支出在 2 250.70 ~ 2 357.56 元之间。

还可以计算相对误差范围(误差率)和估计精度:

$$误差率 = \frac{\Delta_{\bar{x}}}{\bar{x}} = \frac{53.43}{2\,304.13} = 2.32\%$$

$$估计精度 = 1 - 误差率 = 1 - 2.32\% = 97.68\%$$

例 7-5 根据例 7-4 的资料,试以 95%($t = 1.96$)的可靠性程度,对该地居民家庭月生活费支出在 1 800 元以下的户数比重进行区间估计。

第一步,计算成数和方差:

$$p = \frac{n_1}{n} = \frac{12 + 55 + 92}{630} = 25.24\%$$

$$p(1-p) = 0.252\,4 \times (1 - 0.252\,4) = 0.188\,7$$

须注意的是:本例成数小于 0.5,方差不起作用。这个方差对家庭月生活费支出在 1 800 元以上的户数比重 q 起作用。理论上本例应先对 q 作区间估计,再将估计结果通过关系式 $p + q = 1$ 转换为 p。这样做的结论与直接对 p 作区间估计的结论是一样的,读者自己可以验证。因此,本例可以直接对 p 作区间估计。

第二步,计算成数的抽样平均误差:

$$\mu_p = \sqrt{\frac{p(1-p)}{n}} = \sqrt{\frac{0.188\,7}{630}} = 1.73\%$$

第三步,计算成数的抽样极限误差:

$$\Delta_p = t\mu_p = 1.96 \times 1.73\% = 3.39\%$$

第四步,计算置信上限和置信下限:

$$上限 = p + \Delta_p = 25.24\% + 3.39\% = 28.63\%$$

$$下限 = p - \Delta_p = 25.24\% - 3.39\% = 21.85\%$$

也就是说,在 95% 的概率保证程度下,该地居民家庭月生活费支出在 1 800 元以下户数比重的估计区间为 21.85% ~ 28.63%。

3. 给定抽样极限误差求概率保证程度

给定抽样极限误差求概率保证程度,相当于在公式 $\Delta = t \cdot \mu$ 中,已知 Δ 和 μ,求 t。下面举例说明。

例 7-6 根据例 7-4 的资料,若允许误差范围为 64 元,试对该地居民家庭月生活费支出进行区间估计,并通过计算概率度及查阅正态分布概率表,求出可靠性程度。

第一步和第二步与例 7-4 是相同的,即计算样本平均数和抽样平均误差,现已知:

$$\bar{x} = 2\,304.13(元), \quad \mu_{\bar{x}} = 27.26(元)$$

第三步,计算估计区间的置信上限和置信下限:

$$上限 = \bar{x} + \Delta_{\bar{x}} = 2\,304.13 + 64 = 2\,368.13(元)$$

$$下限 = \bar{x} - \Delta_{\bar{x}} = 2\,304.13 - 64 = 2\,240.13(元)$$

第四步,计算概率度:

$$t = \frac{\Delta_{\bar{x}}}{\mu_{\bar{x}}} = \frac{64}{27.26} = 2.35$$

查概率表得置信度为 98.12%,即该地居民家庭月生活费支出在 2 240.13 ~ 2 368.13 元之间的可靠性程度为 98.12%。

例 7-7 根据例 7-4 和例 7-5 的资料,若允许误差范围为 5%,试对该地居民家庭月生活费支出在 1 800 元以下的户数比重进行区间估计,并计算及查概率表确定可靠性程度。

第一步和第二步与例 7-5 是相同的,即计算样本成数和抽样平均误差,现已知:

$$p = 25.24\%, \quad \mu_p = 1.73\%$$

第三步,计算估计区间的上限和下限:

$$上限 = p + \Delta_p = 25.24\% + 5\% = 30.24\%$$
$$下限 = p - \Delta_p = 25.24\% - 5\% = 20.24\%$$

第四步,计算概率度:

$$t = \frac{\Delta_p}{\mu_p} = \frac{5\%}{1.73\%} = 2.89$$

查概率表得可靠性程度为 99.61%,即该地居民家庭月生活费支出在 1 800 元以下户数比重的估计区间为 20.24% ~ 30.24%,其概率保证程度为 99.61%。

4. 给定抽样极限误差和概率保证程度推算必要的样本容量

给定抽样极限误差和概率保证程度推算样本容量,就是在公式 $\Delta = t \cdot \mu$ 中,已知 Δ 和 t,求 μ 的计算公式中所包含的 n。

在重复抽样下,抽样平均数区间估计的基本公式可以写成:

$$\Delta_{\bar{x}} = t\mu_{\bar{x}} = t\sqrt{\frac{\sigma^2}{n_{\bar{x}}}}$$

则必要的样本容量为:

$$n_{\bar{x}} = \frac{t^2\sigma^2}{\Delta_{\bar{x}}^2}$$

在不重复抽样下,抽样平均数区间估计的基本公式可以写成:

$$\Delta_{\bar{x}} = t\mu_{\bar{x}} = t\sqrt{\frac{\sigma^2}{n_{\bar{x}}}\left(1 - \frac{n}{N}\right)}$$

则必要的样本容量为:

$$n_{\bar{x}} = \frac{Nt^2\sigma^2}{N\Delta_{\bar{x}}^2 + t^2\sigma^2}$$

其中,$n_{\bar{x}}$ 表示估计总体平均数的必要样本容量。

同样,在重复抽样和不重复抽样的条件下抽样成数的样本必要容量分别为:

$$n_p = \frac{t^2 P(1-P)}{\Delta_p^2}$$

$$n_p = \frac{Nt^2 P(1-P)}{N\Delta_p^2 + t^2 P(1-P)}$$

其中,n_p表示估计总体成数的必要样本容量。

从计算公式中可以看出,样本必要容量受允许误差范围的制约,允许误差范围越小,则要求样本容量越多。以重复抽样来说,若其他条件不变,允许误差范围缩小一半,则样本容量必须增至原来的四倍;允许误差范围扩大一倍,则样本容量只需为原来的四分之一。因此,在抽样组织过程中,如何确定允许误差范围要十分慎重地考虑。

在一定的置信度和允许误差范围条件下确定样本容量,要考虑两个方面的问题。

第一,如何确定方差。因为总体方差是未知的,解决的方法之一是采用总体方差的历史数据或经验数据,当有多个方差可供选择时,应选择较大的方差;方法之二是用试验性样本的方差来替代,一般试验性样本至少要抽两个,然后选择方差较大者来替代总体方差。

第二,如何确定样本容量。当根据任务要求需要同时估计总体的平均数和成数时,应分别计算估计平均数的必要样本容量和估计成数的必要样本容量,并选择较大者作为正式样本容量,以确保将抽样误差控制在允许的范围内。

例 7-8 某机械加工厂对一批零件进行抽检,零件数量为13 752个,根据历史资料,这种零件平均长度的标准差在$12 \sim 20$毫米,一等品率在$92\% \sim 96\%$。现用不重复抽样的方法,要求在$95\%(t=1.96)$的可靠性程度保证下,零件平均长度的误差范围不超过3毫米,一等品率的误差范围不超过4.7%,求样本必要容量。

先计算估计零件平均长度的必要样本容量,标准差采用历史资料,取较大者,即$\sigma=20$毫米。必要样本容量可计算如下:

$$n_{\bar{x}} = \frac{Nt^2 \sigma^2}{N\Delta_{\bar{x}}^2 + t^2 \sigma^2} = \frac{13\ 752 \times 1.96^2 \times 20^2}{13\ 752 \times 3^2 + 1.96^2 \times 20^2} = 169(个)$$

再计算估计零件一等品率的必要样本容量,由于$0.92 \times 0.08 > 0.96 \times 0.04$,方差应选择前者,具体计算如下:

$$n_p = \frac{Nt^2 P(1-P)}{N\Delta_p^2 + t^2 P(1-P)} = \frac{13\ 752 \times 1.96^2 \times 0.92 \times 0.08}{13\ 752 \times 0.047^2 + 1.96^2 \times 0.92 \times 0.08}$$
$$= 127(个)$$

最后,确定正式样本容量时,应选择两者较大者169个,也可根据需要进行适当调整。

第四节 抽样组织设计

一、抽样组织设计概述

抽样推断是根据事先规定的要求设计抽样调查组织,并以样本实际资料来推理演算得出结论的活动。因此,如何科学地设计抽样调查组织,以保证随机条件的实现和提高样本的代表性是一个至关重要的问题。

(一)抽样随机原则

在抽样设计中,首先要保证随机原则的实现。随机取样是抽样推断的前提,如果违反了随机原则,抽样推断的理论和方法也就失去了意义。从理论上说,随机原则就是要保证总体每一个单位都有同等的中选机会,或样本的抽选概率是已知的。在实际操作上,如何保证随机原则的实现,要考虑许多问题:第一,要有合适的抽样框。抽样框必须具备可实施的条件,一个合适的抽样框必须能覆盖总体所有的单位,还要考虑抽样单位与总体单位的对应问题。第二,取样的实施问题。在总体单位数很大甚至无限大的情况下,要保证总体中每一个单位都有均等的中选机会绝非易事。在抽样设计时,要考虑将总体各单位加以分类和排队,以尽量保证随机原则的实现。

(二) 样本容量的结构

样本容量的大小和结构直接反映样本的代表性好坏。样本的容量究竟要多大才算是适当的?例如,在粮食产量调查中,要调查多少亩土地才能反映某地几千万亩播种面积的亩产水平。调查单位太多会增加抽样的组织费用,甚至造成不必要的浪费;调查单位太少,又不能有效的反映情况,降低样本的代表性,直接影响抽样推断的效果。样本容量取决于对抽样推断准确性和可靠性的要求。在抽样设计时,应重视研究现象的差异,允许误差范围的要求与样本容量的关系,作出适当的选择。对相同容量的样本,还有一个样本容量的结构问题。例如,某乡镇要抽取 100 亩播种面积,可以先抽 5 个村,每个村再抽 20 亩;也可以先抽 10 个村,每个村再抽 10 亩等。样本容量的结构不同,所产生的效果也不同。抽样设计应考虑通过改善和调整样本结构来提高抽样效果。

(三) 抽样组织方式

抽样组织方式包括简单随机抽样、等距抽样、类型抽样、整群抽样以及多阶段抽样等。不同的抽样组织方式会产生不同的抽样效果,科学的抽样组织方式能以更少的样本单位数取得更好的抽样效果。在抽样设计时,要充分利用已经掌握的辅助信息,对总体单位加以预处理,并选择合适的抽样组织方式。应该指出的是,即使同一种抽样组织方式,由于采用的分类标志不同,仍然会产生不同的效果。总之,抽样组织方式的选择应根据具体情况而定,并在不断积累经验的基础上,改进和完善抽样组织方式。

二、常用的抽样组织方式

常用的抽样组织方式有简单随机抽样、等距抽样、类型抽样、整群抽样和多阶段抽样。下面分别加以介绍。

(一) 简单随机抽样

简单随机抽样是按随机原则直接从总体 N 个单位中抽取 n 个单位作为样本。不论是重复抽样还是不重复抽样,都要保证每个单位在抽选中都有相等的中选机会。由于这种抽样组织方式除了设计好抽样框外,不需要其他信息,所以也被称为单纯随机抽样。

简单随机抽样是最基本也是最简单的抽样组织方式,它适合于分布较为均匀的总体。在抽样之前,应对总体各单位加以编号,然后用抽签的方法或根据随机数字表来抽取必要的样本单位数。上一节介绍的内容都是就简单随机抽样而言的。

简单随机抽样最能体现抽样的随机原则,所以抽样平均误差的计算方法是以它为基础,各种抽样组织方式抽样的误差的比较也是以它为基础。

(二) 等距抽样

等距抽样也称机械抽样或系统抽样,它是先根据某一标志对总体各单位进行排队,然后按一定顺序和间隔来抽取样本单位的一种抽样组织方式,由于这种抽样是在总体各单位排序的基础上,再按一定规则和一定间隔抽取样本,这样可以保证所取得的样本单位比较均匀地分布在总体的各个部分,所以有较高的代表性。

等距抽样时,总体各单位排序的标志可以是无关标志,也可以是有关标志。

所谓无关标志,是指和单位标志值的大小无关或不起主要作用的标志,如产品质量检验按生产时间排序和居民家计调查按门牌号抽取住户等。总体按无关标志排序后,若要抽取 n 个单位作为样本,则可将总体等距划分成 n 个间隔,在第一个间隔内根据随机原则抽取第 1 个样本单位,然后以第 1 个样本单位算起,等距地在每个间隔中抽取一个单位,共可抽取 n 单位构成样本。这种方法的随机原则主要体现在第 1 个样本单位的抽选上,当第 1 个样本单位随机确定后,其余各个单位的位置也就确定了。按无关标志排序的等距抽样类似于简单随机抽样。

所谓有关标志,就是作为排序的标志与单位标志值的大小有密切的关系。例如,调查职工的工资收入,职工按去年的平均工资排序;调查学生的学习情况,学生按学习成绩排序等。按有关标志排序的等距抽样,类似于类型抽样,样本的代表性更高。

按有关标志排队,将总体加以 n 等分之后,在每一间隔抽取一个样本单位的方法有两种:一种是半距中点取样,即抽取每一间隔内处于中间位置的单位作为样本单位。另一种是对称等距抽样,即将总体按有关标志排序后,在第一个间隔内随机抽取第 1 个样本单位,假如第 1 个样本单位在第一个间隔内是处在第 k 个位置,则在第二个间隔内抽取倒数第 k 个单位作为样本单位,在第三个间隔内再抽取正数第 k 个单位作为样本单位,以此类推,共抽取 n 个单位构成样本。采用对称等距抽样,如果一个单位取值偏小,接下去一个单位取值就会偏大,这样不管第 1 个样本单位按随机原则抽取了哪一个位置上的单位,当样本容量为偶数时,对称等距抽样能从总体上把握样本的代表性。

在等距抽样中,不论是无关标志还是有关标志排序,都要注意避免抽样间隔与现象本身的周期性节奏相重合所引起系统性误差。例如,进行农作物产量抽样调查时,样本点的抽样间隔不宜和田间的长度相等。进行工业品质量抽查时,产品抽样时间间隔不宜和上下班时间一致,以免发生系统性误差,从而影响样本的代表性。

等距抽样一般采用不重复抽样。

例 7-9 某厂对流水线上生产的某产品进行质量抽检,流水线生产节拍为每分钟 1 个产品,现随机抽取了第 1 个产品,然后每隔半小时抽取 1 个产品,共抽取了 300 个产品构成一个样本。测得样本产品的一等品率为 93%,试以 95%($t=1.96$) 的可靠性程度对该流水线生产的产品一等品率进行区间估计。

这是按产品生产时间排序的等距抽样。现计算如下:

$$p = 93\%, \ N = 300 \times 30 = 9\,000, \ n = 300$$

$$\mu_p = \sqrt{\frac{p(1-p)}{n}\left(1-\frac{n}{N}\right)}$$

$$= \sqrt{\frac{0.93(1-0.93)}{300}\left(1-\frac{300}{9\,000}\right)} \doteq 1.45\%$$

$$\Delta_p = t\mu_p = 1.96 \times 1.45\% = 2.84\%$$
$$上限 = p + \Delta_p = 93\% + 2.84\% = 95.84\%$$
$$下限 = p - \Delta_p = 93\% + 2.84\% = 90.16\%$$

也就是说，在 95% 的概率保证下，该流水线生产的产品一等品率在 90.16% ~ 95.84% 之间。

（三）类型抽样

类型抽样又称分层抽样，它是将总体各单位按主要标志分成各种类型，然后再从各类型中按随机原则抽取一定比例的单位构成样本。类型抽样的特点是把分类法和随机原则结合起来。

根据方差加法定理，总体分组后可把总体方差分解成组内方差的平均数和组间方差两部分，即 $\sigma^2 = \overline{s^2} + \delta^2$。其中，在计算组间方差时，可把总体各组视作总体各单位。抽样误差是在样本容量小于总体单位数时产生的，当总体各单位被百分之百地选中作为样本，即 $n = N$ 时，就不存在抽样误差。

类型抽样的抽样过程实际上可分为两步：第一步是总体所划分的各组被百分之百地选中，这时抽样误差不存在，不需计算组间方差，从而避开了组间方差的影响；第二步是按一定比例在每一组中抽取样本单位，这就产生了抽样误差，需要计算组内方差的平均数。因此，从整个抽样过程来看，类型抽样只需用组内方差的平均数来计算其抽样平均误差。由于总方差等于组内方差的平均数与组间方差之和，而组间方差一般大于零，所以，组内方差的平均数一般小于总方差，类型抽样的误差一般小于简单随机抽样的误差。

类型抽样在分组时应尽量将变异较小的同类单位归入一组，通过扩大组间差异来达到缩小组内差异的目的。在分组时，为了划分各种类型，各组单位数可多可少，但各组的抽样比例要保持一致，以便于操作和计算。由于各组样本单位数不同，所以在计算各组变量的平均数和组内方差平均数时，要以各组单位数为权数进行加权平均。即

$$\overline{x} = \frac{\sum xf}{\sum f}, \quad \overline{s_{\overline{x}}^2} = \frac{\sum s_{\overline{x}}^2 f}{\sum f}$$

其中，f 表示各组单位数；$\sum f = n$ 表示样本容量。

在重复抽样和不重复抽样条件下，总体平均数的抽样平均误差计算公式分别为：

$$\mu_{\overline{x}} = \sqrt{\frac{\overline{s_{\overline{x}}^2}}{n}}, \quad \mu_{\overline{x}} = \sqrt{\frac{\overline{s_{\overline{x}}^2}}{n}\left(1 - \frac{n}{N}\right)}$$

各组成数的平均数和组内方差平均数的计算公式分别为：

$$\overline{p} = \frac{\sum pf}{\sum f}, \quad \overline{s_p^2} = \frac{\sum s_p^2 f}{\sum f}$$

在重复抽样和不重复抽样条件下，总体成数的抽样平均误差计算公式分别为：

$$\mu_p = \sqrt{\frac{\overline{s_p^2}}{n}}, \quad \mu_p = \sqrt{\frac{\overline{s_p^2}}{n}\left(1 - \frac{n}{N}\right)}$$

例 7-10 某企业有三个车间生产某产品，现分别从三个车间各抽取 5% 的产品进行检

验,得检验结果如表 7-4 所示,试以 90%($t=1.64$)的可靠性程度,对该产品平均每件重量和平均优质品率进行区间估计。

表 7-4 某企业三个车间产品样本统计量资料

车间	月产量（件）	样本数 f（件）	平均重量 x（千克）	标准差 s（千克）	优质品率 p（%）
甲	700	35	61.0	1.4	87.9
乙	500	25	59.4	0.9	85.6
丙	800	40	60.1	1.2	91.4
合 计	2 000	100	—	—	—

产品平均每件重量的区间估计可计算分析如下。

样本容量为：
$$n = \sum f = 100(件)$$

$$\bar{x} = \frac{\sum xf}{\sum f} = \frac{61 \times 35 + 59.4 \times 25 + 60.1 \times 40}{100} = 60.24(千克)$$

$$\overline{s_{\bar{x}}^2} = \frac{\sum s_{\bar{x}}^2 f}{\sum f} = \frac{1.4^2 \times 35 + 0.9^2 \times 25 + 1.2^2 \times 40}{100} = 1.464\ 5$$

$$\mu_{\bar{x}} = \sqrt{\frac{\overline{s_{\bar{x}}^2}}{n}\left(1 - \frac{n}{N}\right)} = \sqrt{\frac{1.464\ 5}{100}(1 - 5\%)} \doteq 0.118(千克)$$

$$\Delta_{\bar{x}} = t\mu_{\bar{x}} = 1.64 \times 0.118 = 0.19(千克)$$

$$上限 = \bar{x} + \Delta_{\bar{x}} = 60.24 + 0.19 = 60.43(千克)$$

$$下限 = \bar{x} - \Delta_{\bar{x}} = 60.24 - 0.19 = 60.05(千克)$$

根据计算结果,可以对三个车间生产的所有产品作出估计,即在 90% 的可靠性程度保证下,该产品平均每件重量为 60.05～60.43 千克。

产品优质品率的区间估计计算分析如下：

$$\bar{p} = \frac{\sum pf}{\sum f} = \frac{0.879 \times 35 + 0.856 \times 25 + 0.914 \times 40}{100} = 88.73\%$$

$$\overline{s_p^2} = \frac{\sum s_p^2 f}{\sum f} = \frac{\sum p(1-p)f}{\sum f}$$

$$= \frac{0.879 \times 0.121 \times 35 + 0.856 \times 0.144 \times 25 + 0.914 \times 0.086 \times 40}{100}$$

$$= 0.099\ 5$$

$$\mu_p = \sqrt{\frac{\overline{s_p^2}}{n}\left(1 - \frac{n}{N}\right)} = \sqrt{\frac{0.099\ 5}{100}(1 - 5\%)} = 3.07\%$$

$$\Delta_p = t\mu_p = 1.64 \times 3.07\% = 5.03\%$$

$$\text{上限} = \bar{p} + \Delta_p = 88.73\% + 5.03\% = 93.76\%$$
$$\text{下限} = \bar{p} - \Delta_p = 88.73\% - 5.03\% = 83.70\%$$

也就是说,在 90% 的可靠性程度保证下,该产品的平均优质品率在 83.70% ~ 93.76%。

从以上计算过程可以看出,类型抽样的抽样平均误差与组间方差无关,其数值取决于组内方差平均数的大小。

在进行类型抽样时,当各组的抽样比重不相同时,其抽样平均误差的计算公式如下:

$$\mu = \sqrt{\sum \frac{w_i^2 s_i^2}{n_i}(1 - v_i)}$$

其中,w_i 称为组权,表示第 i 组的单位数与总体单位数之比;n_i 表示从第 i 组中抽取的样本容量;v_i 表示第 i 组的抽样比重;s_i^2 表示第 i 组变量的组内方差,未知时可用从该组抽取的样本变量的组内方差替代。

假如将例 7-10 中的资料调整为甲、乙、丙三个车间产品的抽样比重分别为 6%、3.6%、5%,样本单位数分别为 42、18、40,其他资料不变,则产品平均重量的抽样平均误差可计算如下:

$$w_\text{甲} = 700/2\,000 = 35\%$$
$$w_\text{乙} = 500/2\,000 = 25\%$$
$$w_\text{丙} = 800/2\,000 = 40\%$$
$$0.35^2 \times 1.4^2 \times (1 - 6\%)/42 = 0.005\,37$$
$$0.25^2 \times 0.9^2 \times (1 - 3.6\%)/18 = 0.002\,71$$
$$0.4^2 \times 1.2^2 \times (1 - 5\%)/40 = 0.005\,47$$
$$\mu_{\bar{x}} = \sqrt{0.005\,37 + 0.002\,71 + 0.005\,47} \doteq 0.116(\text{千克})$$

从计算结果可以看出,标准差大的组抽样比重高一些,标准差小的组抽样比重低一些,可适当降低抽样平均误差。本例总体抽样比重仍为 5%,但其抽样平均误差比原题略小。

当然,例 7-10 原题中的抽样平均误差也可用上述公式计算。产品平均重量的抽样平均误差计算如下:

$$0.35^2 \times 1.4^2 \times (1 - 5\%)/35 = 0.006\,52$$
$$0.25^2 \times 0.9^2 \times (1 - 5\%)/25 = 0.001\,92$$
$$0.4^2 \times 1.2^2 \times (1 - 5\%)/40 = 0.005\,47$$
$$\mu_{\bar{x}} = \sqrt{0.006\,52 + 0.001\,92 + 0.005\,47} \doteq 0.118(\text{千克})$$

产品优质品率的抽样平均误差可计算如下:

$$0.35^2 \times 0.879 \times 0.121 \times (1 - 5\%)/35 = 0.000\,353\,6$$
$$0.25^2 \times 0.856 \times 0.144 \times (1 - 5\%)/25 = 0.000\,292\,8$$
$$0.4^2 \times 0.914 \times 0.086 \times (1 - 5\%)/40 = 0.000\,298\,7$$
$$\mu_p = \sqrt{0.000\,353\,6 + 0.000\,292\,8 + 0.000\,298\,7} \doteq 3.07\%$$

这两种方法计算结果是一样的。

（四）整群抽样

整群抽样也称整组抽样，它是将总体各单位划分成若干群（组），然后从中随机抽取部分群，对选中群的所有单位进行全面调查的抽样组织方式。

整群抽样的抽样过程实际上也可看作两步：第一步是按一定比例在所有群中以群为单位选择一部分群作为样本群，这就产生了抽样误差，需用组间方差来计算抽样平均误差；第二步是对被选中的各群中对群内单位进行百分之百地采样调查，因此这一步不存在抽样误差，不需用组内方差来计算抽样平均误差，也就避开了组内方差。从抽样全过程来看，计算整群抽样的抽样平均误差只需用组间方差，不需用组内方差。

可以想象，如果将各群浓缩成一个单位，那么整群抽样实质上是以群代替总体单位之后的简单随机抽样。

为了简化计算，现只讨论各群单位数相同的情况。这样各群平均数的平均数、各群平均数的方差，只需用简单算术平均法计算就可以了。假设将总体的全部单位 N 划分成 R 群，每群包括 M 个单位。再从 R 群中抽取 r 群构成一个样本，则可计算如下：

$$\bar{x} = \frac{\sum x}{M}, \quad \bar{\bar{x}} = \frac{\sum \bar{x}}{r}$$

其中，$\bar{x}$ 表示样本群平均数；$\bar{\bar{x}}$ 表示各群平均数的平均数。

由于 $n = Mr$，r 比 n 小得多，所以在计算样本的组间方差时要减少一个自由度，即

$$\delta_{\bar{x}}^2 = \frac{\sum (\bar{x} - \bar{\bar{x}})^2}{r - 1}$$

整群抽样一般采用不重复抽样方法。在计算抽样平均误差时，可用总体群数 R 来替代总体单位数 N，用样本群数 r 来替代样本单位数 n。由于 $N = MR$，R 比 N 小得多，一般其计算公式不能作简化处理，即

$$\mu_{\bar{x}} = \sqrt{\frac{\delta_{\bar{x}}^2}{r}\left(\frac{R - r}{R - 1}\right)}$$

对于总体成数的估计，各群样本单位成数的平均数、各群样本单位成数的方差（组间方差）的计算公式为：

$$\bar{p} = \frac{\sum p}{r}, \quad \delta_p^2 = \frac{\sum (p - \bar{p})^2}{r - 1}$$

则成数的抽样平均误差为：

$$\mu_p = \sqrt{\frac{\delta_p^2}{r}\left(\frac{R - r}{R - 1}\right)}$$

从整群抽样的计算公式中可以看出，组间方差是通过 r 个变量计算出来的，因此整群抽样的样本容量可视为只有 r 个。虽然组间方差比总体方差小，可减少抽样误差，但其减少的量抵消不了由于 r 变小而增加的量，所以整群抽样的抽样误差比简单随机抽样大。

例 7-11 某乡镇从全乡 32 个自然村中抽出 9 个自然村,调查 2021 年各村人均可支配收入情况,相关资料见表 7-5。试以 90%($t=1.64$)的置信度对全乡 32 个自然村的人均可支配收入进行区间估计。假设各自然村的规模大致相同。

表 7-5 某乡镇 9 个样本自然村 2021 年人均可支配收入资料

自然村编号	人均可支配收入(元) $\bar{x}$	$(\bar{x}-\bar{\bar{x}})^2$
1	27 200	22 090 000
2	18 300	17 640 000
3	20 800	2 890 000
4	16 500	36 000 000
5	30 100	57 760 000
6	19 000	12 250 000
7	26 700	17 640 000
8	15 800	44 890 000
9	28 100	31 360 000
合 计	202 500	242 520 000

已知本例中 $R=32$,$r=9$,则有

$$\bar{\bar{x}} = \frac{\sum \bar{x}}{r} = \frac{202\,500}{9} = 22\,500(元)$$

$$\delta_{\bar{x}}^2 = \frac{\sum(\bar{x}-\bar{\bar{x}})^2}{r-1} = \frac{242\,520\,000}{9-1} = 30\,315\,000$$

$$\mu_{\bar{x}} = \sqrt{\frac{\delta_{\bar{x}}^2}{r}\left(\frac{R-r}{R-1}\right)} = \sqrt{\frac{30\,315\,000}{9}\left(\frac{32-9}{32-1}\right)} \doteq 1\,580.85(元)$$

$$\Delta_{\bar{x}} = t\mu_{\bar{x}} = 1.64 \times 1\,580.85 = 2\,592.59(元)$$

上限 $= \bar{x} + \Delta_{\bar{x}} = 22\,500 + 2\,592.59 = 25\,092.59(元)$

下限 $= \bar{x} - \Delta_{\bar{x}} = 22\,500 - 2\,592.59 = 19\,907.41(元)$

$$19\,907.41(元) \leqslant \bar{X} \leqslant 25\,092.59(元)$$

也就是说,在 90% 的置信度下,全乡 32 个自然村的人均可支配收入在 19 907.41～25 092.59 元。

例 7-12 某流水线连续生产某产品,生产节拍为每分钟生产 2 个产品。现从 24 小时内每隔 3 小时抽取 60 个产品作为一组,共抽取 8 组产品构成一个样本,样本检验资料如表 7-6 所示。试以 95%($t=1.96$)的可靠性程度对流水线上 24 小时内所生产的产品一等品率进行区间估计。

表 7-6　某流水线产品质量检验整群抽样样本统计量资料

样本组序号	各组一等品率(%)p	$(p-\bar{p})^2 (\%)^2$
1	75	60.062 5
2	95	150.062 5
3	87	18.062 5
4	80	7.562 5
5	72	115.562 5
6	90	52.562 5
7	70	162.562 5
8	93	105.062 5
合　计	—	671.500 0

本例以 60 个产品为一群,生产 60 个产品需要的时间为 30 分钟(60/2＝30),24 小时可以划分的群数为:

$$R = \frac{24 \times 60}{30} = 48, \quad r = \frac{24}{3} = 8$$

$$\bar{p} = \frac{\sum p}{r} = \frac{(75+95+87+80+72+90+70+93)\%}{8}$$
$$= 82.75\%$$

$$\delta_p^2 = \frac{\sum(p-\bar{p})^2}{r-1} = \frac{671.5(\%)^2}{8-1} = 95.93(\%)^2$$

$$\mu_p = \sqrt{\frac{\delta_p^2}{r}\left(\frac{R-r}{R-1}\right)} = \sqrt{\frac{95.93}{8}\left(\frac{48-8}{48-1}\right)} \doteq 3.19\%,$$

$$\Delta_p = t\mu_p = 1.96 \times 3.19\% = 6.25\%$$

$$上限 = \bar{p} + \Delta_p = 82.75\% + 6.25\% = 89.1\%$$
$$下限 = \bar{p} - \Delta_p = 82.75\% - 6.25\% = 76.5\%$$
$$76.5\% \leq P \leq 89.1\%$$

也就是说,在 95% 的可靠性程度保证下,该流水线上 24 小时内所生产的产品一等品率在 76.5%～89.1%。

在抽样调查中,当没有总体单位的原始记录可以利用时,常常采用整群抽样。整群抽样在分组时应尽量扩大群内的差异程度,以达到缩小群间方差的目的。整群抽样的好处是组织工作方便,确定一群便可以调查许多单位。正是由于抽样单位比较集中,限制了样本在总体分配的均匀性,代表性比较低,如果抽取的样本群数较少,则抽样误差较大。因此,在实际工作中,通常采用增加一些样本群数的办法来减少抽样误差,以提高估计的准确性。

(五) 多阶段抽样

多阶段抽样是指在抽样时先在总体中抽取较大范围的单位,再从较大范围的单位中抽取较小范围的单位,逐次类推,最后从更小范围的单位中抽取样本的基本单位,分阶段来完成抽样的组织工作。以两阶段抽样为例,首先将总体划分为 R 组,每组包含 M 个单位。抽第一阶

段从 R 组中随机抽取 r 组,第二阶段分别对中选的各组从 M 个单位中再随机抽取 m 个单位,构成一个样本。这样,总体单位数 $N = RM$,样本容量 $n = rm$。

两阶段抽样在组织技术上可以看作是整群抽样和类型抽样的结合。设 x_{ij} 表示第 i 组第 j 个样本单位变量,$\bar{x}_i$ 表示第 i 组变量的平均数。则样本变量的平均数为:

$$\bar{x} = \frac{\sum_{i=1}^{r}\sum_{j=1}^{m} x_{ij}}{rm} = \frac{\sum_{i=1}^{r} \bar{x}_i}{r}$$

抽样平均误差的计算公式为:

$$\mu = \sqrt{\frac{\sigma_1^2}{r}\left(\frac{R-r}{R-1}\right) + \frac{\overline{\sigma_2^2}}{rm}\left(1 - \frac{m}{M}\right)}$$

其中,σ_1^2 表示各组平均数的组间方差;$\overline{\sigma_2^2}$ 表示组内方差的平均数。

应用以上公式时,在总体资料未知的情况下,可用样本资料来替代。考虑到无偏性要求,在用样本组间方差代替总体组间方差和用样本组内方差代替总体组内方差时,必须对抽样平均误差的计算公式加以修正。修正后总体平均数或成数的抽样平均误差计算公式为:

$$\mu = \sqrt{\frac{\delta^2}{r}\left(\frac{R-r}{R-1}\right) + \frac{\overline{s^2}}{rm}\left(\frac{r}{R}\right)\left(1 - \frac{m}{M}\right)}$$

其中,δ^2 表示各样本组平均数或成数的组间方差,其计算方法同整群抽样中的组间方差;$\overline{s^2}$ 表示各样本组的组内方差平均数,其计算方法同类型抽样中的组内方差平均数。

例 7-13 某大学教务处调查学生学习高等数学的情况,在 10 个班中随机抽取了 3 个样本班,并分别在各样本班的 60 名学生中随机抽取 10 名学生作为样本组,相关资料如表 7-7 所示。

表 7-7 某大学调查学生学习高等数学的样本资料

样本班	样本组单位数	平均分数 $\bar{x}_i$ (分)	标准差 $S_{\bar{x}}$ (分)	及格率 p (%)
1	10	76	12	80
2	10	80	16	86
3	10	69	10	77
合　计	30	—	—	—

本例 $R = 10, r = 3, M = 60, m = 10$。

样本平均数:

$$\bar{x} = \frac{76 + 80 + 69}{3} = 75(\text{分})$$

$$\bar{p} = \frac{80\% + 86\% + 77\%}{3} = 81\%$$

样本组间方差:

$$\delta_{\bar{x}}^2 = \frac{(76-75)^2 + (80-75)^2 + (69-75)^2}{3-1} = 31$$

$$\delta_p^2 = \frac{(0.8-0.81)^2 + (0.86-0.81)^2 + (0.77-0.81)^2}{3-1} = 0.002\ 1$$

样本组内方差平均数：

$$\overline{s_{\bar{x}}^2} = \frac{12^2 + 16^2 + 10^2}{3} = 166.67$$

$$\overline{s_p^2} = \frac{0.8 \times 0.2 + 0.86 \times 0.14 + 0.77 \times 0.23}{3} = 0.152\ 5$$

抽样平均误差：

$$\mu_{\bar{x}} = \sqrt{\frac{31}{3}\left(\frac{10-3}{10-1}\right) + \frac{166.67}{3 \times 10}\left(\frac{3}{10}\right)\left(1 - \frac{10}{60}\right)} = 3.07(\text{分})$$

$$\mu_p = \sqrt{\frac{0.002\ 1}{3}\left(\frac{10-3}{10-1}\right) + \frac{0.152\ 5}{3 \times 10}\left(\frac{3}{10}\right)\left(1 - \frac{10}{60}\right)} \doteq 4.26\%$$

若以 $90\%(t=1.64)$ 的可靠性程度对 10 个班级学生学习高等数学的平均分数和及格率进行区间估计，则平均分数的估计区间为：

$$75 - 1.64 \times 3.07 \leqslant \overline{X} \leqslant 75 + 1.64 \times 3.07$$

$$70(\text{分}) \leqslant \overline{X} \leqslant 80(\text{分})$$

及格率的估计区间为：

$$81\% - 1.64 \times 4.26\% \leqslant P \leqslant 81\% + 1.64 \times 4.26\%$$

$$74\% \leqslant P \leqslant 88\%$$

三、抽样方案的检查

在抽样方案的设计时或者由于所使用的历史资料已过时，与现实不符；或者由于考虑不周，在设计时可能会发生失误。这些都不能保证抽样数据有充分的代表性，因此，在设计方案实施之前必须经过检查，用试点的结果来验证设计方案的准确性和可行性，然后才能正式推广使用。方案的检查主要有准确性检查和代表性检查两个方面。

（一）准确性检查

准确性检查就是以方案所要求的允许误差范围为标准，用已掌握的资料检查其在一定概率保证下实际的极限误差是否超过方案所允许的误差范围。如果检查结果表明实际极限误差没有超过方案所允许的误差范围，则方案可以付诸实施。如果检查结果表明实际极限误差已经超过了方案所允许的误差范围，就要增加样本容量，对方案作必要的修正，直到符合准确性要求为止。

（二）代表性检查

代表性检查就是将方案中的样本指标与过去已掌握的总体同一指标进行对比，视其比率是否超过规定，如规定农产品的比率不超过 $\pm 2\%$，居民收入的比率不超过 $\pm 3\%$ 等。

由于总体情况在不断变化，每次抽样调查必须对样本资料进行准确性检查和代表性检查，以保证抽样资料的准确和可靠，进而提高抽样调查的效果。

第五节 假设检验

一、假设检验的意义和假设命题

（一）假设检验的意义

假设检验是利用样本实际资料来检验事先对总体某些数量特征所作的假设是否可信的一种统计分析方法。它是根据已有的知识对总体的数量特征和变动规律作出一定的假设，然后运用样本资料按一定的程序，对事先所作的假设判断是不是合理和可信，从而决定接受或拒绝这个假设。假设检验是抽样推断的一项重要内容。

人们对总体某些数量特征所作的假设往往根据已有的数据和以往的经验来判断的，但事物不断地发展变化是一个普遍的规律，假设检验正是用来验证事物是否已经发生变化的有效方法。例如，要分析对股票价格指数的走势是否正常，可以根据过去长期观察的资料作出某种假设：如果这种假设检验下来可以接受，说明股票价格指数的走势没有发生大的变化；如果这种假设检验被拒绝，则说明股票价格指数的走势已发生了重大变化。当然，所作的假设是否被接受，还有允许存在多大误差的问题，即显著性水平多大的问题。

统计假设检验亦称为显著性检验，主要是指实际抽样资料与总体指标之间的检验，目的在于判断原假设的总体参数和现在实际的总体参数是否发生了显著差异。因此，进行假设检验时，首先必须确立一个比较标准，这个标准就是假设的总体参数；其次要考虑差异是不是显著，即样本统计量与总体参数之间的差异达到多大程度才是显著的。一般来说，差异是由两种原因引起的：一种是条件差异，即由于环境发生变化而引起的差异；另一种是随机差异，是由偶然因素引起的差异。显著性差异是条件差异。

假设检验与总体参数的区间估计是有密切联系的。例如，以一定的概率把握通过样本产品的统计量来估计总体产品的合格品率，这属于区间估计问题。如果以一定的概率水平，通过样本产品的统计量来判断总体产品是否都合格，这就属于假设检验问题。因此，区间估计问题可以转换成假设检验问题；而假设检验问题也可以转换成区间估计问题。由此，假设检验问题可以视为区间估计中置信区间的另一种表达方式。

当然，假设检验和区间估计所考虑问题的角度是不同的。假设检验所关心的是所检验的总体参数值有无较大的变化及是否存在显著性差异；而区间估计的目的在于通过样本资料推断总体参数在一定概率保证下的可能取值区间。

（二）显著性水平

通俗地说，显著性水平是假设检验时人们主观上允许存在的误差大小。理论上讲，显著性水平是数据落在估计区间以外的小概率标准。

假设检验的基本思想是对所研究的命题提出一种假设——无显著性差异的假设，并假定这一假设成立，由此导出其必然结果。如果所作的假设存在显著性差异，就有理由用反证法认为原假设是错误的。也就是说，在假设检验中用的是概率性质的反证法原则，其理论依据是"小概率事件原理"，即小概率事件在一次试验中几乎是不可能发生的。因此，在进行假设检验时事先确定一个可允许的作为判断界限的小概率标准是非常重要的。这个小概率标准就是显著性水平。

在假设检验中,可以根据显著性水平的大小把概率划分为两个区间:小于显著性水平的概率区间称为拒绝区间,大于显著性水平的概率区间称为接受区间。例如,在正态分布图 7-5 中,显著性水平 $\alpha = 10\%$,两侧概率各 5% 为拒绝区间,中间概率 90% 为接受区间。

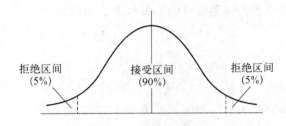

图 7-5　概率分布的接受区间和拒绝区间

显著性水平 α 所对应的概率度 t 称为临界值。例如,$\alpha = 0.1$ 时,临界值 $t = 1.64$。这与区间估计中可靠性程度为 90% 时的概率度 $t = 1.64$ 是相同的,只是说法不同而已。

对显著性水平的理解应把握以下两个特点。第一,显著性水平并不是一个固定不变的数值,它的大小是根据问题的性质和人们愿意承担风险大小的程度而作出主观判断,显著性水平多采用 0.01、0.05、0.10 等数值。第二,统计上说的显著性有其独特的含义。在假设检验中,设定显著性水平的目的是比较样本总体与全及总体之间是否存在差异,只有当这种差异超过了一定的范围,才认为它有统计上差异的显著性,但这种差异的显著性并不意味着一定会对经济活动产生多大的影响。

(三) 假设的命题

假设一般包括原假设和备选假设两部分。

1. 原假设

原假设又称虚无假设或零假设,一般用 H_0 表示。它通常是根据已有的资料,并经过周密考虑后确定的。例如,要检验一批薄钢板是否符合平均厚度 4 毫米的标准,可事先设置该批钢板的平均厚度等于 4 毫米的假设,然后从这批钢板中抽取一个样本并计算样本的钢板平均厚度,以此来检验所作的假设是否正确。如果结果被证实,被检验的假设就是原假设。即:

$$H_0: M = 4 \text{ 毫米}$$

这个表达式可理解为原假设是总体钢板平均厚度等于 4 毫米。

一般来说,原假设建立的依据都是已知的,具有稳定性,从经验来看,如果环境条件没有发生较大的变化,原假设是不会被轻易否定的。进行假设检验的最终结果就在于作出决策:接受原假设还是拒绝原假设。

2. 备选假设

备选假设又称择一假设,一般用 H_1 表示。它是在原假设被否定之后而采用的逻辑对立假设。原假设虽然比较稳定,但并不能保证原假设永远正确,不会被否定。在检验过程中,如果样本资料的计算结果有充分的理由否定原假设的真实性,而拒绝接受原假设,就选择其逻辑对立的假设,即备选假设。上例中,当原假设 $H_0: M = 4$ 毫米被否定后,就采用备选假设。备选假设可表示为:

$$H_1: M \neq 4 \text{ 毫米}$$

即这批钢板平均厚度不等于 4 毫米。

当统计分析关注的不是总体参数是否等于假定参数,而是总体参数与假设参数是否发生指定方向的差异时,原假设和备选假设可用不等号来表示,如:

$$H_0: M \geqslant M_0 \qquad H_1: M < M_0$$

或

$$H_0: M \leqslant M_0 \qquad H_1: M > M_0$$

上例中,如果假设薄钢板的平均厚度小于等于 4 毫米,则有:

$$H_0: M \leqslant 4 \text{ 毫米} \qquad H_1: M > 4 \text{ 毫米}$$

二、假设检验的方法

(一) 假设检验的程序

统计假设检验的一般过程可以归纳为以下四个步骤。

第一步,建立统计假设,即根据已知信息,提出原假设和备选假设。其中,原假设是检验中要予以拒绝或接受的假设,如果原假设被拒绝,就接受备选假设。

第二步,选择检验的显著性水平,在原假设成立的条件下,由被检验统计量的分布求出临界值,该临界值就是原假设的拒绝域和接受域的分界线。

第三步,确立检验统计量,并根据样本信息计算检验统计量的实际值。假设检验并不是直接通过样本观察值进行的,而是通过样本所构造的适当的统计量来进行的。

第四步,将实际求得的检验统计量取值与临界值进行比较,作出拒绝或接受原假设的决定。如果样本统计量的值超过临界值,则拒绝原假设;如果样本统计量的值小于临界值,则接受原假设,或作进一步的检验。

(二) 双侧检验与单侧检验

统计假设检验可分为双侧检验与单侧检验,单侧检验还可以分为左单侧检验和右单侧检验。

1. 双侧检验

所谓双侧检验,就是指当统计分析的目的是要检验样本平均数和总体平均数或样本成数和总体成数有没有显著性差异,而不问差异的方向是正差还是负差时,所采用的一种统计检验方法。在双侧检验中,原假设取等式,备选假设取不等式,如:

$$H_0: M = M_0 \qquad H_1: M \neq M_0$$

或

$$H_0: P = P_0 \qquad H_1: P \neq P_0$$

同时,由于双侧检验不问差异的正负,给定的显著性水平 α,必须按对称分布的原理平均分配到左右两侧,每一侧各为 $\alpha/2$,相应得到下临界值 $-t_{\alpha/2}$ 和上临界值 $t_{\alpha/2}$,如图 7-6 所示。

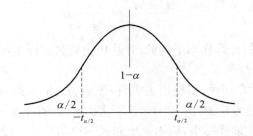

图 7-6 双侧检验

2. 单侧检验

所谓单侧检验,是指当要检验的是样本所取自的总体的参数值大于或小于某个特定值时,所采用的一种单方面的统计检验方法。单侧检验包括左单侧检验和右单侧检验两种。如果所要检验的是样本所取自的总体的参数值是否大于某个特定值时,则采用右单侧检验;反之,若所要检验的是样本所取自的总体的参数值是否小于某个特定值时,则采用左单侧检验。

在单侧检验中,原假设采取不等式形式。

在左单侧检验时,有

$$H_0: M \geqslant M_0 \qquad H_1: M < M_0$$

或

$$H_0: P \geqslant P_0 \qquad H_1: P < P_0$$

在右单侧检验时,有

$$H_0: M \leqslant M_0 \qquad H_1: M > M_0$$

或

$$H_0: P \leqslant P_0 \qquad H_1: P > P_0$$

同时,给定的显著性水平 α,左单侧检验的临界值为 $-t_\alpha$,右单侧检验的临界值为 t_α,如图 7-7 和图 7-8 所示。

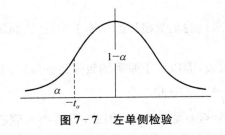
图 7-7 左单侧检验

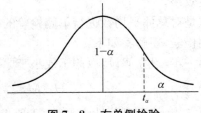
图 7-8 右单侧检验

(三) 总体平均数的检验

在大样本的情况下,样本平均数服从或趋近于其期望值为总体平均数 M_0,其方差为样本抽样方差 μ^2 的正态分布,记为 $N \sim (M_0, \mu^2)$。概率度则服从于或趋近于其期望值为 0、方差为 1 的标准正态分布,记为 $N \sim (0, 1)$。

$$t = \frac{\overline{x} - M_0}{\mu} = \frac{\overline{x} - M_0}{\sigma/\sqrt{n}}$$

根据随机抽样调查资料计算样本平均数,并从历史资料或样本推算 μ 值,就可以具体确定统计量 t 值,并按程序进行检验。

例 7-14 某地有 3 万户居民,根据历史资料,该地居民的家庭月收入服从正态分布。户均月收入为 28 700 元,标准差为 9 000 元。2016 年,该地调查队随机抽取了 100 户居民,计算出户均月收入为 31 200 元。据此抽样结果,认为该地居民的户均月收入没有发生显著的变化。试在 0.05 的显著性水平下判断这个结论是否正确。

本题属于总体平均数的双侧检验,具体解答步骤如下几方面。

第一步,设立原假设。$H_0:M = 28\,700$ 元,其用意是总体平均数没有发生变化,样本资料的差异是由随机因素引起的。

备选假设,$H_1:M \neq 28\,700$ 元。其用意与原假设相反,即认为该地居民的户均月收入发生了显著的变化。

第二步,给定显著性水平 $\alpha = 0.05$。由于是双侧检验,两侧拒绝区间的概率各为 $\alpha/2 = 0.025$,即下临界值为 $-t_{0.025}$,上临界值为 $t_{0.025}$。而接受区间的概率则为 $1-\alpha = 0.95$。查"正态分布概率表"可得 $t = 1.96$。所以,下临界值为 $-t_{0.025} = -1.96$,上临界值为 $t_{0.025} = 1.96$,表示下拒绝域包括所有等于或小于 -1.96 的 t 值,上拒绝域包括所有等于或大于 1.96 的 t 值。

第三步,选择样本统计量,根据抽样平均数计算实际的样本统计量值。即

$$t = \frac{\overline{x} - M_0}{\sigma/\sqrt{n}} = \frac{31\,200 - 28\,700}{9\,000/\sqrt{100}} = 2.78$$

第四步,检验判断。由于实际的 t 值大于临界值 $t_{0.025}$,即 $2.78 > 1.96$,所以有理由拒绝接受原假设,即否定该地居民的户均月收入没有发生较大变化的假设,而接受备选假设 H_1,认为该地居民的户均月收入发生了明显的变化。

例 7-15 某假日酒店有 100 间客房,正常时间每间客房的日租金为 180 元,平均入住率为 70%,即平均每天出租 70 间客房。现经理进行一项试验,采取优惠措施将房价降低 20%,结果 36 天中平均每天出租客房 82 间,其标准差为 18 间。试以 0.05 的显著性水平评估优惠措施是否有明显效果。

这是对总体平均数进行单侧检验的问题,而且要求检验是否超过原总体平均数,因而属于右单侧检验。现解答如下:

第一步,设立假设,以等于或小于原平均数为原假设,而以大于原平均数为备选假设,即

$$H_0:M \leqslant 70 \text{ 间} \qquad H_1:M > 70 \text{ 间}$$

第二步,给定显著性水平。由于要求检验订位数是否有显著提高,因此,只需要右侧临界值,显著性水平 $\alpha = 0.05$ 只是单侧要求。考虑到"正态分布概率表"是双侧的,如果单侧要求 $\alpha = 0.05$,则双侧就有 $2 \times 0.05 = 0.10$,即 $F(t) = 1 - 0.1 = 0.9$ 时,对应的 $t = 1.64$。

第三步,计算检验统计量的样本观察值,即

$$t = \frac{\overline{x} - M_0}{\sigma/\sqrt{n}} = \frac{82 - 70}{18/\sqrt{36}} = 4$$

第四步,检验判断。由于实际的 t 值大于临界值 $t_{0.05}$,即 $4 > 1.64$,检验统计量的样本观察值落在拒绝区域,所以,在 0.05 的显著性水平下拒绝原假设,接受备选假设,即假日酒店的优惠措施使平均入住率有显著的提高。

例 7-16 在一项关于某农村居民生活费支出是否受自然灾害影响有所下降的研究中,已知以往该地农村居民户均月生活费支出为 4 000 元。现随机抽取 100 户农户,计算得出其户均月生活消费支出为 3 860 元,标准差为 800 元。试在显著性水平 $\alpha = 0.01$ 的条件下,检验该地农村居民户均月生活费支出低于 4 000 元的结论是否正确。

第一步,设立假设,以大于或等于原平均数为原假设,而以小于原平均数为备选假设,即

$$H_0: M \geqslant 4\,000 \text{元} \qquad H_1: M < 4\,000 \text{元}$$

第二步,给定显著性水平。由于要求检验月均生活消费支出是否有显著降低,因此,只需要左侧临界值,显著性水平 $\alpha = 0.01$ 只是单侧要求。由于"正态分布概率表"是双侧的,如果单侧要求 $\alpha = 0.01$,则双侧就有 $2 \times 0.01 = 0.02$,即 $F(t) = 1 - 0.02 = 0.98$ 时,对应的 $t = 2.33$,而临界值 $-t_{0.01} = -2.33$。

第三步,计算检验统计量的样本观察值,即

$$t = \frac{\bar{x} - M_0}{\sigma/\sqrt{n}} = \frac{3\,860 - 4\,000}{800/\sqrt{100}} = -1.75$$

第四步,作出检验决策。由于实际的 t 值大于临界值 $-t_{0.01}$,即 $-1.75 > -2.33$,检验统计量的样本观察值落在接受区域,所以,在 0.01 的显著性水平下应接受原假设,即该地农村居民户均月生活费支出没有出现明显的降低。

(四) 总体成数的检验

总体成数是指在总体分成两种类型的条件下某一种类型的单位数所占的比重。总体成数的检验方法与总体平均数的检验方法基本相同。不过,总体成数所用的检验方法是基于二项分布的。在大样本条件下,二项分布逼近正态分布,所以,可以把问题转化为正态分布来处理,其统计检验量一般也选择 t 统计量。

例 7-17 根据人口普查的资料,某地具有大专以上文化程度的人口占总人口的 16%,现从该地人口中用简单随机抽样的方法抽取一个 500 人的样本。其中,具有大专以上文化程度的为 85 人。试检验该地具有大专以上文化程度的人所占的比率与人口普查的资料相对比是否有明显不同。

由于具有大专以上文化程度的人所占的比率可能高于 16%,也可能低于 16%,因此这是一个双侧检验问题。

第一步,设立假设。

$$H_0: P = 16\% \qquad H_1: P \neq 16\%$$

第二步,计算检验统计量的样本观察值。

$$p = \frac{85}{500} = 17\%$$

$$t = \frac{p - p_0}{\sqrt{p_0(1-p_0)/n}} = \frac{17\% - 16\%}{\sqrt{16\%(1-16\%)/500}} = 0.61$$

第三步,给定显著性水平 $\alpha = 0.05$。由于是双侧检验,查"正态分布概率表"得临界值为 $t = 1.96$,即上临界值为 $t_{0.025} = 1.96$,下临界值为 $-t_{0.025} = -1.96$。

第四步,作出检验决策。由于实际的 t 值小于临界值 $t_{0.025}$,即 $0.61 < 1.96$,检验统计量的样本观察值落在接受区域,所以在 0.05 的显著性水平下应接受原假设,即该地具有大专以上文化程度的人所占的比率与人口普查的资料相对比没有显著的差异。

例 7-18 某企业开发一种新产品,根据试销资料,客户对产品的满意率为 30%。现对产品改进后进行市场调查,随机抽取了一个 600 名客户的样本,有 220 名客户表示对产品满意。试以 0.05 的显著性水平检验客户对产品的满意率是否有显著提高。

显然,这是一个右单侧检验问题。

第一步,设立假设。

$$H_0: P \leqslant 30\% \qquad H_1: P > 30\%$$

第二步,给定显著性水平 $\alpha = 0.05$。由于是单侧检验,查"正态分布概率表"得临界值为 $t_{0.05} = 1.64$。

第三步,根据样本资料,计算检验统计量的样本观察值。

$$p = \frac{220}{600} = 37\%$$

$$t = \frac{p - p_0}{\sqrt{p_0(1-p_0)/n}} = \frac{37\% - 30\%}{\sqrt{30\%(1-30\%)/600}} = 3.74$$

第四步,作出检验决策。由于实际的 t 值大于临界值 $t_{0.05}$,即 $3.74 > 1.64$,检验统计量的样本观察值落在拒绝区域,所以,在 0.05 的显著性水平下不能接受原假设,应接受备选假设,即客户对产品的满意率有显著提高。

(五) 两类错误的分析

在统计假设检验中,人们对于总体提出的问题的真实性往往是未知的,即原假设究竟是否真实是未知的。因此,人们通过从样本获得的信息,用假设检验的方法对原假设的真实性作出判断,这种判断并不能保证不犯错误,而总是要承担一定的风险的。

一般来说,在假设检验时作出的判断将会出现四种可能:(1) 否定了不真实的原假设;(2) 否定了真实的原假设;(3) 接受了不真实的原假设;(4) 接受了真实的原假设。

以上四种可能的判断中,第二种和第三种可能的判断就是我们所犯的两类错误。

第一类错误,否定了真实的原假设,就是弃真错误。假设检验是以概率性质的反证法为基础的一种统计分析方法。因此,给定一个显著性水平 α,进而通过计算样本平均数或样本成数的差异出现的概率等于或小于 α,则认为此事出现的可能性很小,所以拒绝接受原假设。但小概率事件发生的可能性很小并不是说完全不可能发生,而仍然有 α 的可能性会发生。这样,我们作出拒绝接受原假设的决定是有风险的,可能会犯弃真错误。而犯弃真错误的概率大小就是显著性水平 α。

第二类错误,接受了不真实的原假设,就是纳伪错误。若以 β 表示犯第二类错误的概率,对于检验者来说,当然希望 β 值尽可能地小。换言之,就是希望 $(1-\beta)$ 的值尽可能地大,即原假设不真而被舍弃的概率越大越好。因此,$(1-\beta)$ 是衡量检验工作做得好坏的一个指标,在统计上称为检验功效。

在检验决策中,人们当然希望所有真实的假设被接受,所有不真实的假设被拒绝。事实上,第一类错误和第二类错误是一对矛盾。在其他条件不变的情况下,减少犯第一类错误的可能性就会增加犯第二类错误的可能性。因为犯弃真错误意味着显著性水平 α 减少,从而拒绝域减少,接受域扩大,使纳伪概率 β 增大;反之亦然。要想同时减少犯两类错误的可能性,只有通过增加样本容量来解决。

三、符号检验与秩和检验

符号检验与秩和检验属于非参数统计检验方法。所谓非参数统计检验,是指对总体分布不作任何限制性假设的统计检验方法。由于它不考虑总体分布状况,因此也称自由分布检验或无分布检验。与参数检验方法相比,非参数检验方法更加容易理解,计算也相对简单。

(一) 符号检验

符号检验是非参数统计检验方法中最简单又最常用的一种检验方法。它是建立在以"+"或"—"两个差数符号表示样本数据与假设参数值之间的关系基础之上,因此可称之为符号检验。符号检验方法既可应用于单样本场合,也可应用于配对样本场合。

1. 单样本场合的符号检验

在单样本场合,符号检验适用于检验总体中位数是否在某一指定位置。

反映一个总体分布位置的参数主要有平均数和中位数。平均数反映的是分布数列重心的位置,而中位数反映分布数列左右两边次数相等的中央位置。当分布为对称时,这两者的位置是一致的;当分布不对称时,两者的位置就有差别。在对中位数位置进行检验时,可采用正负符号检验。其基本原理是这样的:假设被抽样的总体其中位数的真值 $M_e = A$,对于容量为 n 的样本观察值 $x_1, x_2, \cdots, x_n$,可以从每一个样本观察值减去 A,并只记录其差数符号,即当 $x_i > A$ 时,符号为"+";当 $x_i < A$ 时,符号为"—"。然后分别计算"+"号的个数(用 n^+ 表示)和"—"号的个数(用 n^- 表示),如果遇到 $x_i = A$ 时,应予以剔除。从理论上讲,当 $M_e = A$ 为真时,$n^+ = n^-$。如果 n^+ 和 n^- 相差太大,则有理由认为 $M_e = A$ 不能接受。要指出的是,在检验中所用的判断标准是由二项分布临界值提供的,在大样本情况下,可由正态分布逼近。

例 7-19 某班有 20 名学生,其身高资料(单位:厘米)如下:

170 167 186 171 168 163 160 172 162 168
152 153 165 160 166 173 159 164 169 167

试以显著性水平 $\alpha = 0.05$ 的水准用符号检验判定总体中位数是否为 160 厘米。

第一步,设立假设。

$$H_0: M_e = 160 \qquad H_1: M_e \neq 160$$

第二步,将样本数据都减去原假设中位数 160 厘米,并用正负号记录下来,其中,相减后为 0 的略去不用。则有

$$+ + + + + + + + + + - - + + + + - + + +$$

其中,$n^+ = 15, n^- = 3, n = n^+ + n^- = 18$。

第三步,给定显著性水平 $\alpha = 0.05$。查"二项分布临界值表"(附录一),当 $n = 18$ 时,临界值

为14,即拒绝域为所有大于和等于14的区域。

第四步,作出检验决策。由于 $n^+ = 15 >$ 临界值14,落入拒绝域,所以应拒绝原假设,接受备选假设,即认为总体中位数 $M_e \neq 160$。

2. 配对样本场合的符号检验

在更多的情况下,符号检验是用来处理成对资料,即用于配对样本场合的。例如,调查居民家庭的收入水平在改革开放前后有无显著变化,消费者对某种商品在生产工艺改进前后的评价等,就涉及符号检验。其检验的目的是希望确定两种条件下的总体分布在位置差异方面是否存在显著性。

假定 n_1、n_2 是两个选自不同总体、样本容量大小相同的随机样本,现将两个样本的数值一一配对,得到系列配对值,然后将两个配对组相减并记录下其差数符号,计算正号的个数 n^+ 和负号的个数 n^-。如果两个样本所选自的总体在位置差异方面不存在显著差别,则 n^+ 与 n^- 出现的概率应该一致,各为 0.5;反之,则认为两个总体存在显著差异。

配对样本场合的符号检验过程和单样本场合下的符号检验过程基本相同。

(二) 秩和检验法

秩和检验用于检验两个独立的样本是否来自具有相同位置特征的总体。其基本程序有以下三步。

第一步,设从两个未知总体中分别独立、随机地抽取容量为 n_1 和 n_2 的两个样本。把样本容量较小的样本叫做样本1,如果两个样本容量相等,就任选一个为样本1,即 $n_1 \leqslant n_2$。

第二步,将两个样本混合起来,并将数值按从小到大顺序编号,每个数值的编号就是它的秩次。如果混合样本中有若干个相同的数值,则把它们所在位置的秩进行简单算术平均,用所得平均值作为这些数值的秩。

第三步,计算来自样本1的 n_1 个观察值在混合样本序中所对应的秩次之和 T。T 的可能最小值是 $1 + 2 + 3 + \cdots + n_1 = [n_1(n_1+1)]/2$;$T$ 的可能最大值是 $(n_2+1) + (n_2+2) + \cdots + (n_2+n_1) = n_1[n_2 + (n_1+1)/2]$。

如果两个样本分布无显著差异,则 T 值不应太大或太小,应等于中间值,即

$$T = \frac{可能最大值 + 可能最小值}{2}$$

如果样本1分布位于样本2右边,即 $M_e^1 > M_e^2$,T 将靠近它的最大值;如果样本1分布位于样本2左边,即 $M_e^1 < M_e^2$,T 将靠近它的最小值。因此,可以选择 T 作为秩和检验法的检验统计量。

秩和检验法的原理与符号检验法相似。由于 T 的分布与 n_1 和 n_2 的大小有关,因此,秩和检验中临界值的确定有两种方法。

如果 n_1 和 n_2 都未超过10,则可通过查找"秩和检验表"(附录二)确定临界范围;如果 n_1 和 n_2 都超过10,此时,随机变量 T 近似服从正态分布。在这种情况下,可将 T 标准化为 t 统计量,通过查"正态分布概率表"确定临界值。具体计算如下:

$$t = \frac{T - \overline{T}}{\sigma_T}$$

其中，$\bar{T} = \dfrac{n_1(n_1+n_2+1)}{2}$，$\sigma_T = \sqrt{\dfrac{n_1 n_2(n_1+n_2+1)}{12}}$

例 7-20 市场上有 A、B 两种品牌的手机电池，价格相同。为了检验两种手机电池的优劣，以充电次数多者为优，现分别随机抽取 A、B 两种品牌的手机电池 6 块和 5 块，试验结果如下：

A 品牌电池的充电次数：390　630　470　560　500　605
B 品牌电池的充电次数：510　605　400　500　540

现以显著性水平 $\alpha = 0.05$ 的要求，试检验这两种品牌手机电池的优劣。

第一步，设立假设。如果两种品牌的手机电池效果相当，则它们的平均充电次数应相等，即

$$H_0 : M_A = M_B \qquad H_1 : M_A \neq M_B$$

第二步，将样本混合，并计算秩和。

秩号	1	2	3	4.5	4.5	6	7	8	9.5	9.5	11
数据	390	400	470	500	500	510	540	560	605	605	630

其中，有下划线的数据为 B 品牌手机电池。因为 500 和 605 均有两个，所以，它们的秩数分别为 $(4+5)/2 = 4.5$，$(9+10)/2 = 9.5$。

由于 B 品牌手机电池样本容量少，可指定 B 品牌手机电池为样本 1（$n_1 = 5$），A 品牌手机电池为样本 2（$n_2 = 6$）。

B 品牌手机电池的秩和为：

$$T = 2 + 4.5 + 6 + 7 + 9.5 = 29$$

第三步，根据给定的显著性水平 $\alpha = 0.05$，查"秩和检验表"。由于该案属于双侧检验，且 $n_1 = 5, n_2 = 6$，查表得临界值 $T_1 = 20, T_2 = 40$。

第四步，作出检验决策。由于 $T_1 < T < T_2$，落在接受区域内，所以不能拒绝原假设 H_0，即认为两种品牌的手机电池效果一样好。

练 习 与 思 考

一、单项选择题

1. 假如概率保证程度不变，则抽样极限误差与样本容量的正平方根之间存在（　　）。
   A. 正比关系　　　　　　　　　B. 反比关系
   C. 相差关系　　　　　　　　　D. 相关关系
2. 在抽样过程中因违反随机原则使样本不足以代表总体的偏差称为（　　）。
   A. 抽样误差　　　　　　　　　B. 随机误差
   C. 登记性误差　　　　　　　　D. 系统偏差
3. 在重置抽样条件下，若样本容量增加 3 倍，其他条件不变，则抽样平均误差将减少（　　）。

A. 50% B. 57.8%
C. 173% D. 200%倍

4. 抽样推断的误差可以事先计算并加以控制是针对（　　）而言的。
   A. 点估计 B. 区间估计
   C. 抽样方法 D. 抽样组织方式

5. 在进行整群抽样时，为了减少抽样误差，应尽量做到（　　）。
   A. 不同类型的单位相互搭配
   B. 同类型单位归入同一群
   C. 扩大群内差异、缩小群间差异
   D. 扩大群间差异、缩小群内差异

6. 在一定的可靠性程度要求下，样本容量越大，则（　　）。
   A. 抽样极限误差越大 B. 抽样极限误差越小
   C. 概率度越大 D. 概率度越小

7. 最符合随机原则的抽样组织方式是（　　）。
   A. 简单随机抽样 B. 类型抽样
   C. 整群抽样 D. 等距抽样

8. 下列选项中不完全符合无偏性优良估计标准的是（　　）。
   A. 样本平均数 B. 样本成数
   C. 样本标准差 D. 样本方差

9. 从某地规模相当的 100 个村庄中抽出 10 个村庄进行全面调查，得各村平均每户饲养生猪 5 头，各村平均数的方差为 1，各村方差的平均数为 2，则抽样平均误差为（　　）。
   A. 0.4 头 B. 0.3 头
   C. 0.8 头 D. 1.5 头

10. 在进行类型抽样时，为了减少抽样误差，应尽量（　　）。
    A. 缩小组间方差 B. 扩大组内方差
    C. 同类型单位归入同一组 D. 同类型单位归入不同的组

11. 抽样误差属于（　　）。
    A. 登记性误差 B. 系统性误差
    C. 代表性误差 D. 可以避免的误差

12. 区间估计在其他条件不变的情况下，则（　　）。
    A. t 值越小，置信区间越小 B. t 值越小，置信区间越大
    C. t 值越大，置信区间越小 D. t 值变动、置信区间不变

13. 下列选项中表述正确的是（　　）。
    A. 等距抽样的抽样误差最小
    B. 等距抽样一般采用重复抽样
    C. 等距抽样的抽样误差最大
    D. 等距抽样一般采用不重复抽样

14. 在总体方差不变的前提下,总体各组内部的差异程度与组间差异程度之间的关系是(   )。
    A. 正比关系   B. 反比关系
    C. 等量变化   D. 互为消长
15. 社会经济统计实践中最常用的抽样组织方式是(   )。
    A. 简单随机抽样   B. 等距抽样
    C. 类型抽样   D. 整群抽样
16. 下列选项中,可用来对总体参数进行估计的调查方法是(   )。
    A. 重点调查   B. "解剖麻雀"式典型调查
    C. 抽样调查   D. "划类选点"式典型调查
17. 在单侧检验中,原假设可采用的形式是(   )。
    A. $H_0: M \geqslant M_0$ B. $H_0: M = M_0$
    C. $H_0: M > M_0$ D. $H_0: M \neq M_0$
18. 在假设检验中所犯的弃真错误是(   )。
    A. 否定了不真实的原假设   B. 否定了真实的原假设
    C. 接受了不真实的原假设   D. 接受了真实的原假设
19. 在单侧检验时给定显著性水平 $\alpha=0.05$,查"正态分布概率表"得 t 值为(   )。
    A. 1.82   B. 1.96
    C. 2.00   D. 1.64
20. 非参数统计检验方法中最简单而最常用的检验方法是(   )。
    A. 双侧检验   B. 单侧检验
    C. 符号检验   D. 秩和检验

二、多项选择题

1. 采用类型抽样组织方式,对样本应进行事先组织,使其(   )。
    A. 尽量减少各组内的差异程度
    B. 尽量减少分组的数目
    C. 尽量增加各组内的差异程度
    D. 尽量增加组间的差异程度
    E. 尽量减少组间的差异程度
2. 常用的抽样组织方式包括(   )。
    A. 不重复抽样   B. 简单随机抽样
    C. 等距抽样   D. 类型抽样
    E. 整群抽样
3. 在一定的置信度和误差范围下,确定必要样本容量时方差的选择方法有(   )。
    A. 采用历史资料中较小的总体方差替代
    B. 采用正式样本的方差
    C. 采用历史资料中总体方差替代
    D. 采用总体方差

E. 采用较大的试验性样本方差替代

4. 样本的代表性误差包括（　　）。
   A. 抽样误差　　　　　　　　B. 系统偏差
   C. 计算误差　　　　　　　　D. 抽样极限误差
   E. 登记性误差

5. 影响抽样平均误差的因素有（　　）。
   A. 样本各单位标志值的变异程度
   B. 总体各单位标志值的变异程度
   C. 样本容量的大小
   D. 抽样方法
   E. 抽样组织方式

6. 提高抽样推断的可靠性程度，可以采取的方法有（　　）。
   A. 扩大置信区间　　　　　　B. 缩小置信区间
   C. 缩小总体范围　　　　　　D. 降低概率度
   E. 增加样本容量

7. 抽样平均误差的特性有（　　）。
   A. 是由随机因素引起而无法避免的
   B. 是可以改进抽样方式消除的
   C. 是可以事先计算的
   D. 是无法事先计算的
   E. 其大小是可以控制的

8. 抽样推断必须遵循随机原则的理由是（　　）。
   A. 样本容量有限　　　　　　B. 便于计算抽样误差
   C. 排除人们主观因素的影响　D. 避免产生系统偏差
   E. 保证总体单位被抽中的概率相等

9. 区间估计的基本要素有（　　）。
   A. 样本容量　　　　　　　　B. 样本统计量
   C. 抽样极限误差　　　　　　D. 概率度
   E. 总体单位数

10. 下列选项中，关于抽样方法正确的说法有（　　）。
    A. 用不重复抽样计算的抽样平均误差比重复抽样的小
    B. 用不重复抽样计算的抽样平均误差比重复抽样的大
    C. 整群抽样一般采用重复抽样
    D. 整群抽样一般采用不重复抽样
    E. 在实际工作中，人们更多地采用不重复抽样

11. 对于总体成数的双侧检验，原假设和备选假设应表达为（　　）。
    A. $H_0:P \geqslant P_0$　　　　　　　B. $H_1:P<P_0$
    C. $H_0:P=P_0$　　　　　　　D. $H_1:P \neq P_0$

E. $H_0: P > P_0$

12. 假设检验的程序包括（　　）。
    A. 设立原假设　　　　　　　　　　B. 确定备选假设
    C. 给定显著性水平　　　　　　　　D. 计算检验统计量
    E. 检验判断

三、判断题

1. 优良估计标准有无偏性、一致性和有效性。　　　　　　　　　　　　　　（　　）
2. 抽样估计是推断统计学的核心内容。　　　　　　　　　　　　　　　　　（　　）
3. 对总体参数进行点估计也要计算可靠性程度。　　　　　　　　　　　　　（　　）
4. 概率度与置信度是一一对应的。　　　　　　　　　　　　　　　　　　　（　　）
5. 简单随机抽样最符合随机原则，因此其抽样误差最小。　　　　　　　　　（　　）
6. 按无关标志排序的等距抽样类似于简单随机抽样。　　　　　　　　　　　（　　）
7. 抽样推断的内容包括参数估计和假设检验。　　　　　　　　　　　　　　（　　）
8. 显著性水平为0.05，意思是说允许有5%的误差存在。　　　　　　　　　（　　）
9. 在总体单位标志值呈近似正态分布的条件下适用采用非参数检验方法。　　（　　）
10. 秩和检验用于检验两个独立的样本是否来自具有相同位置特征的总体。　（　　）

四、问答题

1. 什么是抽样误差？影响抽样平均误差的因素有哪些？
2. 什么是代表性误差？代表性误差有哪几种？各有什么特点？
3. 抽样组织方式主要有哪几种？试比较各种抽样组织方式的抽样平均误差大小。
4. 什么是类型抽样和整群抽样，在抽样操作方面分别有何要求？
5. 如何降低类型抽样和整群抽样的抽样平均误差？
6. 在一定的置信度和误差范围条件下，如果确定样本容量？
7. 抽样平均误差、抽样极限误差和概率度三者之间是何关系？
8. 假设检验与区间估计有什么联系和区别？
9. 什么是双侧检验？什么是单侧检验？它们各自适用于何种情况？
10. 什么是符号检验和秩和检验？其假设检验的一般程序有哪些？

五、计算分析题

1. 现从5 000件产品中采用不重复抽样方法抽取200件，其中，优质品为190件。要求：(1)计算优质品率及其抽样平均误差；(2)以90%的置信度对优质品率和优质品数量进行区间估计；(3)如果允许误差范围为2%，则其概率保证程度为多少？

2. 某流水线生产某品牌的食品，为了检验产品质量，现每隔5小时抽取1包食品，共抽取了300包食品组成样本。测得平均每包重量为130.07克，标准差为1.5克。试以95%的可靠性程度对该品牌食品的平均重量进行区间估计。

3. 某县从120个自然村（假设各自然村的规模大致相同）中抽出10个自然村，调查各村农户的家禽饲养情况，统计结果为：10个自然村平均每户饲养家禽只数为50只，各村平均数的方差为12，各村方差的平均数为24。(1)以95.45%的概率估计全县平均每户饲养家禽只数；(2)如果允许极限误差为2只，则其概率保证程度如何？

4. 某地互联网宽带用户约有 26 万户,现随机采访 200 户,得到如下资料:

每周上网时间(小时)	户数(户)
5 以下	22
5~10	25
10~15	56
15~20	50
20~25	30
25 以上	17
合 计	200

要求:(1)计算样本平均数和抽样平均误差,以 99.73% 的置信度对该地宽带用户平均每周上网时间进行区间估计;(2)计算用户每周上网时间超过 15 小时的成数和抽样平均误差,并以相同的置信度作区间估计。

5. 某企业有三个车间生产某产品,现分别从三个车间各抽取 5% 的产量进行检验,得检验结果如下表所示:

车间	样本产量(件)	一等品率(%)
甲	21	75
乙	34	90
丙	15	82
合 计	70	—

要求:以 90% 的可靠性程度,对该产品的平均一等品率进行区间估计。

6. 某大型企业为了了解员工薪酬情况,对管理人员和普通员工各按 5% 的比率进行抽样调查,统计结果如下:

员工类型	样本人数(人)	平均年薪(元)	标准差(元)
管理人员	12	75 000	52
普通员工	38	21 000	37
合 计	50	—	—

要求:以 95% 的可靠性程度,对该企业员工的平均年薪进行区间估计。

7. 某地从各中小学校分别抽取 5% 的学生作为样本进行调查,得统计资料如下:

学校	学生数(人)	近视率(%)	方差 $p(1-p)$
高 中	50	78	0.171 6
初 中	80	65	0.227 5
小 学	170	32	0.217 6
合 计	300	—	—

要求:以 95% 的可靠性程度,对该地中小学生的平均近视率进行区间估计。

8. 某经济欠发达乡镇进行常住居民年人均可支配收入抽样调查,现从 20 个规模大致相同的自然村中随机抽取了 6 个自然村作为样本,得相关数据如下:

自然村序号	人均可支配收入 (千元)	贫困人口比重 (%)
1	3.82	14.2
2	4.12	13.7
3	5.00	10.3
4	6.68	5.6
5	4.71	11.4
6	3.25	16.8

要求:(1)对 20 个自然村年人均可支配收入的平均数进行点估计;(2)以 95%($t=1.96$)的概率,对 20 个自然村的贫困人口比重进行区间估计。

9. 对 100 亩水稻田运用等距抽样方式,抽取了 100 个样本单位构成样本总体。每个样本单位为 0.01 亩。现测得平均每个样本单位的收获量为 8.2 千克,平均收获量的均方差为 0.2 公斤。要求:(1)试以 95.45% 的可靠性程度对 100 亩水稻田的平均亩产进行区间估计。(2)根据以上数据采用整群抽样方法对 100 亩水稻田的平均亩产进行估计区间。

10. 某流水线连续生产某产品,现从一昼夜内每隔 3 小时抽取 30 分钟的产量作为样本,得检验结果如下表所示:

序号	平均袋重(千克)	标准差(千克)	一等品率(%)
1	98	2.1	72
2	100	1.7	80
3	97	1.6	87
4	100	2.3	95
5	102	2.0	75
6	105	1.8	94
7	103	2.2	70
8	101	1.9	90

要求:(1)对该产品的平均袋重和一等品率进行点估计;(2)以 95% 的概率保证程度对该产品的平均袋重和一等品率进行区间估计。

11. 某社区展居民家计调查,根据历史资料,该社区居民家庭户均年收入的标准差在 5～6 万元,而家庭消费的恩格尔系数(食品支出占消费总支出的比重)在 38%～55%。现用重复抽样的方法,要求在 95.45% 的概率保证下,平均收入的极限误差不超过 7 000 元,恩格尔系数的极限误差不超过 5.7%,求样本必要容量。

12. 某电信局推出宽带无限上网与电话、手机优惠套餐,现进行客户的平均月租调查,在各类套餐客户中事先抽取一个试验性样本。得样本资料如下:

客户总数(户)	160 000			70 000	
套餐类别(类)	1	2	3	4	5
套餐月租(元)	138	168	218	258	288
样本客户数(户)	70	50	40	40	30

要求:(1)如果抽样极限误差不超过5元,概率保证程度为95.45%,试用类型抽样组织方式计算必要的抽样数目;(2)如果改用简单随机抽样组织方式,按上述条件需要抽取多少样本单位?

13. 某食品加工企业生产销售一种罐头食品,按标准规格每罐净重为250克,标准差为3克。现随机抽取100罐,测得平均净重为251克。假如给定显著性水平为0.05,则该种罐头食品平均每罐净重是否符合标准?

14. 根据历史资料,某品牌汽车轮胎平均行驶里程为25 000千米,标准差为125千米。现从新批量轮胎中抽取400个进行试验,结果平均行驶里程为25 300千米。试按5%的显著性水平判断新批量轮胎的平均行驶里程与老批量轮胎相比有没有显著增加。

15. 某社区2020年户均月消费支出为7 500元,户均月消费支出低于5 000元的比重为37%,2021年随机抽取了400户进行调查,结果有132户居民的户均月消费支出低于5 000元。试按5%的显著性水平判断该社区户均月消费支出低于5 000元的比重有没有明显降低。

16. 从一个连续对称的总体中,抽取一个随机样本,测得样本值如下:
  9 10 16 15 16 20 11 9 10
  10 18 15 15 12 18 13 14 12

试在显著性水平为5%的条件下,检验其中位数是否等于15。

17. 从两个行业中分别抽取12个企业组成简单随机样本。这些企业2021年的流动资金占用情况如下(单位:百万元):
  甲行业: 29.6 18.2 32.6 52.4 30.6 36.5
      40.2 25.4 44.2 36.9 48.7 50.1
  乙行业: 45.8 19.6 24.4 37.6 39.2 23.8
      29.6 33.8 37.1 45.0 16.4 25.3

假定两个行业流动资金占用水平的分布形态相同,试以显著性水平为0.05的要求,用秩和检验法检验两个行业的流动资金占用平均水平是否存在显著性差异。

第八章 相关与回归分析

学习目的与要求

本章的目的在于学习从数量上研究现象之间相互联系的分析方法。具体要求：
1. 明确现象相关的含义、现象相关的主要形式以及相关分析的基本内容；
2. 理解相关系数的设计原理，学会利用相关系数来判断现象相关的方向和密切程度；
3. 理解一元线性回归分析和多元线性回归分析的理论和方法；
4. 掌握利用线性回归方程进行预测的方法。

第一节 相关与回归分析的基本概念

一、函数关系与相关关系

社会经济现象是错综复杂的，很多现象之间存在着相互联系、相互制约的关系。例如，投入与产出之间、产品生产规模与单位成本之间都有密切的联系。客观现象之间的数量联系存在着两种不同的类型：一种是函数关系；另一种是相关关系。

函数关系是指客观现象存在的一种完全确定的相互依存关系，即自变量的每一个取值，因变量会有唯一确定的数值与之对应。函数分析中的自变量和因变量有严格的区别，不能互换。

相关关系是指客观现象存在的一种非确定的相互依存关系，即自变量的每一个取值，因变量由于受随机因素影响，与其所对应的数值是非确定性的。相关分析中的自变量和因变量没有严格的区别，有时可以互换。

变量之间的函数关系和相关关系在一定的条件下是可以互相转化的。本来具有函数关系的变量，当存在观察误差时，其函数关系往往以相关关系的形式表现出来。而具有相关关系的变量之间的联系，如果认识了变量之间的规律性，并且能够将影响因变量变动的因素全部纳入方程，这时的相关关系也可以转化为函数关系。另外，相关关系也具有某种变动规律性，所以相关关系经常可以用一定的函数形式去近似地描述。

事实上，社会经济现象各种因素之间的关系大多并不呈现严格的函数关系，一般表现为一定程度的相关关系，但借助于统计学中的相关与回归分析方法，可以在一定的条件下将社会经济现象各种因素之间的相关关系转化为函数关系，进而可以用数学分析的方法去研究。这就是本章将要分析的重点。

二、相关关系的种类

(一) 按影响因素的多少可分为单相关和复相关

单相关就是一个变量只受另一个变量影响的相关关系。严格的单相关在现实生活中较少见,但它是研究相关关系的基础。

复相关就是一个变量受两个或两个以上变量影响的相关关系。例如,某种商品的需求与其价格水平和消费者收入水平之间的相关关系便是一种复相关。社会经济现象大多是复相关关系,但只要能抓住主要矛盾,有些复相关现象可以转化为单相关关系来分析。

(二) 按表现形态可分为线性相关和非线性相关

线性相关就是当两个变量大致呈现线性关系时的相关关系。例如,人均消费水平与人均收入水平通常呈线性相关。

非线性相关就是当两个变量近似地呈现某种曲线关系时的相关关系。例如,产品的单位成本与产量之间的相关关系就是一种非线性相关。

在现实生活中,大多数现象都表现为非线性相关。只要在大趋势为非线性相关的现象中,选择一定的范围进行分析,就可以把非线性相关的现象转化为线性相关来分析。例如,股票的长期 K 线图呈现非线性相关,但几天或几周的 K 线图可视为线性相关。

(三) 按变动方向可分为正相关和负相关

正相关就是两个变量的数值在变动方向上保持一致的相关关系。例如,家庭收入增加,银行储蓄也会增加;家庭收入减少,银行储蓄也会减少。

负相关就是两个变量的数值在变动方向上完全相反的相关关系。例如,企业的生产规模越大,产品的单位成本就越低;居民家庭人均可支配收入越高,用于食品支出的比重就会降低。

现象总体表现出来的正相关或负相关是有一定条件和范围的。某种现象不会永远以正相关表现,也不会永远以负相关表现。例如,在一定的范围内,增加施肥量能提高农作物的产量,但如果施肥过多,产量反而会减少。

(四) 按相关关系的程度可分为完全相关、不完全相关和不相关

完全相关就是当一个变量的变动完全由另一个变量变动所确定时的相关关系,完全相关关系就是函数关系。例如,在一定的计件工资标准下,工人生产的产品数量与发放的奖酬是完全相关关系。

不完全相关是介于完全相关与不相关之间的相关关系,一般的相关现象都是指这种不完全相关。

不相关指的是两个变量互不影响或者互相影响非常微弱的现象。例如,某个企业给员工增发的奖金与商品房价格之间的关系就是不相关现象。

各种相关关系如图 8-1 所示。

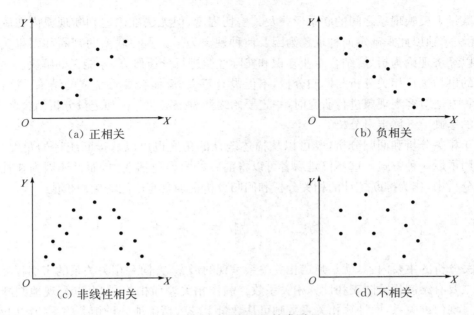

图 8-1 相关关系的类型

三、相关分析与回归分析

相关分析和回归分析是研究现象之间相互关系的两种基本方法。所谓相关分析，就是用相关图表和相关系数来表明现象之间相互依存关系的相关方向和密切程度。所谓回归分析，就是根据相关关系的具体形态选择一种合适的数学模型，来近似地表达变量之间的平均变化关系。

相关分析和回归分析有着密切的联系，它们不仅具有共同的研究对象，而且在具体应用时，常常需要互相补充。相关分析需要依靠回归分析来表明现象数量相关的具体形式，而回归分析则需要相关分析来表明现象数量变化的相关程度。只有当变量之间存在显著相关时，进行回归分析并寻求其相关的具体形式才有意义。因此，回归分析也是一种广义的相关分析。

应当指出的是，相关分析和回归分析在研究目的和方法上是有明显区别的。相关分析研究变量之间相关的方向和相关的程度，但相关分析不能指出变量间相互关系的具体形式，也无法从一个变量的变化来推测另一个变量的变化情况。回归分析则是研究变量之间相互关系的具体形式，它对具有相关关系的变量之间的数量联系进行测定，确定一个相关的数学方程式，据此可以从已知量来推测未知量，从而为估算或预测提供一个重要方法。因此，相关分析可以不必确定变量中哪个是自变量，哪个是因变量，其所涉及的变量都可以是随机变量。回归分析则必须事先研究确定具有相关关系的变量中哪个是自变量，哪个是因变量。一般来说，回归分析中因变量是随机变量，而自变量是作为研究分析时给定的非随机变量。在回归方程中，只能给定自变量来预测因变量，而不能反过来给定因变量来预测自变量。

相关分析和回归分析可以加深人们对客观现象之间相互关系的认识，因而是对客观现象分析的有效方法。但是，它们也有一定的局限性，现象之间是否存在真实相关，是由现象的内在联系所决定的。相关分析和回归分析只是定量分析的手段。通过相关分析与回归分析虽然可以从数量上反映现象之间的联系形式及其密切程度,但无法准确地判断现象内在联系的有无,也无法单独以此来确定何种现象为因及何种现象为果。内在联系的判断和因果关系的确定必须以经济理论为指导,结合专业知识和实际经验进行分析研究,才能正确解决。对没有内在联系的事物进行相关分析与回归分析,不但没有意义,反而会导致荒谬的结论。因此,在应用这两种方法对客观现象进行研究时,一定要始终注意把定性分析和定量分析结合起来,在定性分析的基础上开展定量分析。

对于相关分析和回归分析,既可以从描述统计的角度也可以从推断统计的角度来说明。本章采用了后一种方式。这不仅是后者可以将前者的内容包括在内,而且还因为在社会经济的定量分析中,作为推断统计的相关分析和回归分析更加具有广泛的应用价值。

第二节 相 关 分 析

相关分析的主要内容,就是判定相关关系呈现的形态、方向和相关关系的密切程度。判定的方法主要有绘制相关图表和计算相关系数。制作相关表和相关图,可以直观地判断现象之间大致呈现何种关系,而计算相关系数则可从数量上较为精确地分析相关关系的方向和程度。

一、相关表

相关表就是把具有相关关系的两个变量的值按一定的顺序排列在一张表上,以观察它们之间的关系。根据资料是否分组,相关表可分为简单相关表和分组相关表。相关表属于统计表的一种。

(一)简单相关表

简单相关表是资料未经分组的相关表,它是直接将原始数据中的自变量与因变量一一对应排列,并将变量值按从小到大排序形成的统计表。

例 8-1 某企业最近几年不断扩大产品生产规模,每次扩大规模后产品产量与单位成本的相关资料如表 8-1 所示。

表 8-1 某企业产品产量与单位成本资料

产量(万件)X	10	16	32	40	50	60
单位成本(元)Y	76	72	67	65	63	59

从表 8-1 中可以直观地看出,随着产量的增加,单位成本有逐渐降低的趋势,但不是与产量成等比例地降低,即产量与单位成本呈负相关关系。产量与单位成本这种变动关系体现了产品生产的规模经济效果。

(二)分组相关表

分组相关表适用于在观察资料数量很大的情况下进行相关分析。它是在简单相关表的基础上,将原始数据进行分组而编制的统计表。

根据资料的具体情况,自变量分组可以是单项式的,也可以是组距式的。

例 8-2 某地为了调查 2020 年居民人均收入与人均支出之间的相互关系,随机抽取了一个 132 户的样本,得样本资料如表 8-2 所示。

表 8-2 某地 2020 年人均收入与人均支出样本资料

人均收入(万元)	户数(户)	组中值(万元)X	人均支出(万元)Y
2 以下	9	1	1.0
2~4	15	3	2.7
4~6	23	5	3.8
6~8	37	7	5.0
8~10	36	9	6.9
10 以上	12	11	7.8

在表 8-2 中,人均支出是各组的平均数,人均收入以组中值表示。从表中可以看出,人均收入与人均支出的关系是正相关关系。即人均收入越高,相应的人均支出也越多。

二、相关图

相关图又称散点图,它是将相关表中的观察值在平面直角坐标系中用坐标点描绘出来的图形。相关图可以用来直观地分析两个变量相关的分布状况。例如,可将表 8-2 中的资料绘制成相关图,如图 8-2 所示。

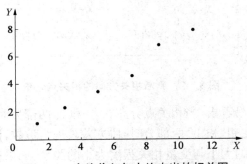

图 8-2 人均收入与人均支出的相关图

从图 8-2 中的散点图形可以看出,人均收入 X 与人均支出 Y 呈线性相关,两个变量的变动方向一致,呈正相关关系,且相关程度较为密切。

三、相关系数

相关系数是测定变量之间相关密切程度的比较完善的指标。相关系数有单相关系数和复相关系数,这里讨论单相关系数,复相关系数将在第四节中讨论。单相关是最基本的相关关系,而测定单相关系数的方法是最基本的相关分析方法。

(一)单相关系数计算公式剖析

单相关系数是按积差方法计算的。它同样是以两个变量与各自平均数的离差为基础,通过两个离差相乘来反映两个变量之间的相关程度。单相关系数的计算公式如下:

$$r = \frac{\sigma_{xy}^2}{\sigma_x \sigma_y} = \frac{\frac{1}{n}\sum(X_t - \bar{X})(Y_t - \bar{Y})}{\sqrt{\frac{1}{n}\sum(X_t - \bar{X})^2}\sqrt{\frac{1}{n}\sum(Y_t - \bar{Y})^2}}$$

其中，X_t 和 Y_t 是实际观察值；σ_{xy}^2 是 X_t 和 Y_t 的协方差；σ_x 是 X_t 的标准差；σ_y 是 Y_t 的标准差。

1. 协方差的意义

协方差是一个积差平均数，可用来度量 X 和 Y 的相关关系。协方差有两个作用：一是它的数值有正有负，可表明两个变量是正相关还是负相关；二是协方差数值的大小可表明两个变量相关程度的大小。

下面先说明协方差的正负号与相关方向的关系。在平面直角坐标系中，用两个变量的平均数把第一象限分成 Ⅰ、Ⅱ、Ⅲ、Ⅳ 四部分，如图 8-3 所示。

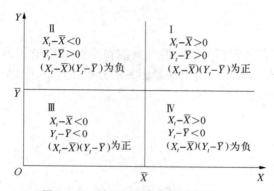

图 8-3 判断相关方向的相关点分布

从图 8-3 中可以很容易看出，当相关点分布在 Ⅰ 和 Ⅲ 两部分时，协方差表现为正数，说明是正相关；当相关点分布在 Ⅱ 和 Ⅳ 两部分时，协方差表现为负数，说明是负相关。

下面分析协方差数值的大小与变量相关程度大小的关系。如果相关点呈散乱分布状态，则表明两个变量的相关程度较低，$\sum(X_t - \bar{X})(Y_t - \bar{Y})$ 因正负项相互抵消，绝对值较小，即协方差的绝对值较小，从而单相关系数的绝对值也较小，表示 X 和 Y 的相关程度较低；反之，若相关点的分布十分靠近某一直线，$\sum(X_t - \bar{X})(Y_t - \bar{Y})$ 较少有正负项抵消或没有正负项抵消，则协方差的绝对值较大，表示 X 和 Y 的相关程度密切。

2. 标准差的作用

本来可以用协方差直接作为单相关系数，但是协方差是个随机变量，可大可小，难以进行不同现象之间的比较。

标准差 σ_x 和 σ_y 的作用在于对协方差进行标准化处理。将协方差除以 $\sigma_x \sigma_y$ 后，能使单相关系数的绝对值不超过 1，即单相关系数被限定在 -1 到 $+1$ 之间波动。可证明如下：

$$\frac{1}{n}\sum\left(\frac{X_t - \bar{X}}{\sigma_x} + \frac{Y_t - \bar{Y}}{\sigma_y}\right)^2 = \frac{1}{n}\sum\left(\frac{X_t - \bar{X}}{\sigma_x}\right)^2$$

$$+ \frac{1}{n}\sum\left(\frac{Y_t-\bar{Y}}{\sigma_y}\right)^2 + \frac{2}{n}\sum\left(\frac{X_t-\bar{X}}{\sigma_x}\right)\left(\frac{Y_t-\bar{Y}}{\sigma_y}\right)$$

由于

$$\frac{1}{n}\sum\left(\frac{X_t-\bar{X}}{\sigma_x}\right)^2 = \frac{\sigma_x^2}{\sigma_x^2} = 1, \quad \frac{1}{n}\sum\left(\frac{Y_t-\bar{Y}}{\sigma_y}\right)^2 = \frac{\sigma_y^2}{\sigma_y^2} = 1$$

而

$$\frac{1}{n}\sum\left(\frac{X_t-\bar{X}}{\sigma_x}+\frac{Y_t-\bar{Y}}{\sigma_y}\right)^2 \geqslant 0, \quad \frac{2}{n}\sum\left(\frac{X_t-\bar{X}}{\sigma_x}\right)\left(\frac{Y_t-\bar{Y}}{\sigma_y}\right) = 2r$$

所以，$\qquad\qquad\qquad 2r+2 \geqslant 0, r \geqslant -1$
同理，可证明得：$\qquad -2r+2 \geqslant 0, r \leqslant +1$
因此，$\qquad\qquad\qquad -1 \leqslant r \leqslant +1$
或 $\qquad\qquad\qquad\qquad |r| \leqslant 1$

当 X 和 Y 完全相关时，$|r|=1$。这时所有观察点都在一条直线上，有 $Y_t = a + bX_t$，且 $\bar{Y} = a + b\bar{X}$，所以有：

$$r = \frac{\sum(X_t-\bar{X})(Y_t-\bar{Y})}{\sqrt{\sum(X_t-\bar{X})^2}\sqrt{\sum(Y_t-\bar{Y})^2}}$$

$$= \frac{\sum(X_t-\bar{X})(a+bX_t-a-b\bar{X})}{\sqrt{\sum(X_t-\bar{X})^2}\sqrt{\sum(a+bX_t-a-b\bar{X})^2}}$$

$$= \frac{\sum(X_t-\bar{X})b(X_t-\bar{X})}{\sqrt{\sum(X_t-\bar{X})^2}\sqrt{b^2\sum(X_t-\bar{X})^2}}$$

$$= \frac{b\sum(X_t-\bar{X})^2}{\pm b\sum(X_t-\bar{X})^2} = \pm 1$$

（二）单相关系数的简化计算公式

单相关系数的基本公式比较烦琐，下面利用代数演算的方法可得到单相关系数的简化计算公式：

$$r = \frac{n\sum X_t Y_t - \sum X_t \sum Y_t}{\sqrt{n\sum X_t^2 - (\sum X_t)^2}\sqrt{n\sum Y_t^2 - (\sum Y_t)^2}}$$

$$= \frac{\overline{XY} - \bar{X}\bar{Y}}{\sqrt{\overline{X^2}-\bar{X}^2}\sqrt{\overline{Y^2}-\bar{Y}^2}}$$

$$= \frac{\overline{XY} - \bar{X}\bar{Y}}{\sigma_x \sigma_y}$$

例 8-3 试根据表 8-1 中的资料，计算产品产量与单位成本的单相关系数。

表 8-3 产品产量与单位成本单相关系数计算表

序号	产量 X_t（万件）	单位成本 Y_t（元）	X_t^2	Y_t^2	$X_t Y_t$
1	10	76	100	5 776	760
2	16	72	256	5 184	1 152
3	32	67	1 024	4 489	2 144
4	40	65	1 600	4 225	2 600
5	50	63	2 500	3 969	3 150
6	60	59	3 600	3 481	3 540
合计	208	402	9 080	27 124	13 346

单相关系数可用简化公式计算如下：

$$r = \frac{n\sum X_t Y_t - \sum X_t \sum Y_t}{\sqrt{n\sum X_t^2 - (\sum X_t)^2}\sqrt{n\sum Y_t^2 - (\sum Y_t)^2}}$$

$$= \frac{6 \times 13\ 346 - 208 \times 402}{\sqrt{6 \times 9\ 080 - 208^2}\sqrt{6 \times 27\ 124 - 402^2}}$$

$$= -0.990\ 0$$

计算结果表明，产品产量与单位成本呈现高度负相关。

对于分组资料，计算单相关系数时则要采用加权平均法。

例 8-4 试根据表 8-2 中的分组资料计算某地人均收入与人均支出的单相关系数。

表 8-4 人均收入与人均支出单相关系数计算表

X_t	Y_t	F_t	$X_t F_t$	$Y_t F_t$	$X_t Y_t F_t$	$X_t^2 F_t$	$Y_t^2 F_t$
1	1.0	9	9	9.0	9.0	9	9.0
3	2.7	15	45	40.5	121.5	135	109.4
5	3.8	23	115	87.4	437.0	575	332.1
7	5.0	37	259	185.0	1 295.0	1 813	925.0
9	6.9	36	324	248.4	2 235.6	2 916	1 714.0
11	7.8	12	132	93.6	1 029.6	1 452	730.1
合计	27.2	132	884	663.9	5 127.7	6 900	3 819.6

相关变量的加权平均数可计算如下：

$$\overline{X} = \frac{\sum X_t F_t}{\sum F_t} = \frac{884}{132} \doteq 6.697\ 0$$

$$\overline{Y} = \frac{\sum Y_t F_t}{\sum F_t} = \frac{663.9}{132} \doteq 5.029\ 5$$

$$\overline{X^2} = \frac{\sum X_t^2 F_t}{\sum F_t} = \frac{6\ 900}{132} \doteq 52.272\ 7$$

$$\overline{Y^2} = \frac{\sum Y_t^2 F_t}{\sum F_t} = \frac{3\,819.6}{132} \doteq 28.936\,4$$

$$\overline{XY} = \frac{\sum X_t Y_t F_t}{\sum F_t} = \frac{5\,127.7}{132} \doteq 38.846\,2$$

代入单相关系数的简化计算公式,可得:

$$r = \frac{\overline{XY} - \overline{X}\,\overline{Y}}{\sqrt{\overline{X^2} - \overline{X}^2}\sqrt{\overline{Y^2} - \overline{Y}^2}}$$

$$= \frac{38.846\,2 - 6.697 \times 5.029\,5}{\sqrt{52.272\,7 - (6.697)^2}\sqrt{28.936\,4 - (5.029\,5)^2}}$$

$$\doteq 0.993\,3$$

计算结果表明,该地居民人均收入与人均支出呈高度正相关关系。

(三) 单相关系数的性质

单相关系数只适用于线性相关的现象,现将单相关系数的性质总结如下几方面。

(1) 当 $|r|=1$ 时,X 和 Y 两个变量为完全线性相关,即存在线性函数关系。

(2) 当 $r>0$ 时,表示 X 和 Y 为正相关;当 $r<0$ 时,表示 X 和 Y 为负相关。

(3) 当 $|r|=0$ 时,即零相关,表示 X 和 Y 没有线性相关关系。这时,X 和 Y 可能不相关,也可能存在非线性相关关系。

(4) 当 $0<|r|<1$ 时,表示 X 和 Y 存在着一定的线性相关关系。$|r|$ 的数值越大,表示 X 和 Y 之间的直线相关程度越高;$|r|$ 的数值越小,表示 X 和 Y 之间的直线相关程度越低。通常判断的标准为:$|r|<0.3$ 称为微弱相关;$0.3 \leqslant |r|<0.5$ 称为低度相关;$0.5 \leqslant |r|<0.8$ 称为显著相关;$0.8 \leqslant |r|<1$ 称为高度相关。

线性相关分析的主要工具是单相关系数,但运用单相关系数要善于进行定性分析。单相关系数只能说明两个变量之间的相关方向和相关程度,而两个变量之间是否存在因果关系,要根据实际情况进行具体分析。

两个变量之间有较高的相关关系,并不能说明它们一定存在因果关系。在相关分析时,要排除其他因素的影响或抵消作用,还要考虑单相关系数的适用范围。例如,人们发现儿童睡眠时间与其身高成正相关关系,但不能由此推断儿童睡眠时间越多,人就长得越高。

有时候,两个变量之间可以计算出较高的单相关系数,但并不表明两个变量之间一定存在着相关关系。例如,可以计算职工收入与房价的单相关系数,计算结果可能为较高的正相关关系,但并不能说由于职工收入的提高导致房价上涨,因为房价上涨会受到诸多因素的影响。因此,职工收入与房价的单相关系数虽然较高,但可能是一种虚假的相关。

第三节 一元线性回归分析

一、标准的一元线性回归模型

(一) 总体回归函数

总体回归函数是以总体为研究对象而建立的最简单的数学模型,它是只有一个因变量和一个自变量的线性回归模型。

该类模型假定因变量Y主要受自变量X的影响,它们之间存在着近似的线性函数关系,即

$$Y_t = \alpha + \beta X_t + u_t \quad (t = 1, 2, \cdots, n)$$

上式被称为总体回归函数。其中,α和β是未知的参数,又叫回归系数;Y_t和X_t分别为实际观察值;u_t是随机误差项,又称随机干扰项,它是一个特殊的随机变量,反映未列入方程式的其他各种因素对Y_t的影响。

在社会经济现象总体中,由于受多种因素的影响,对应于X的观察值Y可能有许多个不同的值。以经济学中的消费函数为例,若以X表示可支配收入,Y表示消费支出,则对应于相同收入水平的家庭来说,可能有不同的消费支出水平。平均来说,消费支出与可支配收入的关系能够用直线反映。设$E(Y_t)$为Y_t的期望值,则有:

$$E(Y_t) = \alpha + \beta X_t$$

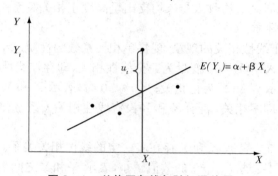

图 8-4　总体回归线与随机误差项

在X的值给定的条件下,Y_t的期望值$E(Y_t)$是X的严密线性函数。这条直线被称为总体一元回归直线。如图8-4所示,Y的实际观察值并不位于该直线上,只是散布在该直线的周围。我们把各实际观察点与总体回归直线垂直方向的间隔,称为随机误差项,即

$$u_t = Y_t - E(Y_t)$$

可见,总体一元回归直线方程引进随机误差项就能得到总体回归函数。

(二)样本回归函数

社会经济现象总体的单位数在一般情况下是很多的,因此无法进行变量的全部取值。也就是说,总体回归函数事实上是未知的,需要利用样本的信息对其进行估计。

根据样本数据拟合的直线方程,称为样本回归直线方程。显然,样本回归线的函数形式与总体回归线的函数形式一致。一元线性回归模型的样本回归直线方程可表示为:

$$\hat{Y}_t = a + bX_t$$

其中,$\hat{Y}_t$为样本回归线上与X_t相对应的Y_t值,可视作对$E(Y_t)$的估计;a是样本回归函数的截距系数,b是样本回归函数的斜率系数,它们分别是对总体回归系数α和β的估计。

实际观察到的因变量Y_t值并不完全等于$\hat{Y}_t$,如果用e_t表示两者之差($e_t = Y_t - \hat{Y}_t$),则有

$$Y_t = a + bX_t + e_t \quad (t = 1, 2, \cdots, n)$$

上式称为样本回归函数。其中，e_t 称为残差，在概念上与总体误差项 u_t 相对应；n 为样本容量。

应当指出的是，总体回归线是未知的，它只有一条，而样本回归线可以有多条；总体回归系数 α 和 β 是未知的，且表现为常数，而样本回归系数 a 和 b 是随机变量；总体回归函数中的误差项 u_t 是不可直接观察的，而样本回归函数中的残差 e_t，可以根据样本回归线计算出具体的数值。

为了进行回归分析，通常需要对随机误差项 u_t 的概率分布提出一些假定。德国数学家高斯提出的标准假定有以下五条：(1)误差项的期望值为 0；(2)误差项的方差为常数；(3)误差项之间不存在序列相关关系，其协方差为 0；(4)自变量是给定的变量，与随机误差项线性无关；(5)随机误差项服从正态分布。满足以上标准假定的一元线性回归模型，称为标准的一元线性回归模型。

二、一元线性回归模型的估计
（一）回归系数的估计

回归分析的主要任务就是要建立能够近似地反映真实总体回归函数的样本回归函数。在根据样本资料确定样本回归方程时，为了使回归方程尽可能地反映实际观察值，残差 e_t 的总量应越小越好。由于 e_t 有正有负，简单的代数和会相互抵消，因此通常采用残差的平方和作为衡量总偏差的尺度。所谓最小二乘法，就是根据这一思路，通过使残差平方和为最小来估计回归系数的一种方法。

设 Q 表示 Y_t 对于 $\hat{Y}_t$ 的离差平方和，则有

$$Q = \sum e_t^2 = \sum (Y_t - \hat{Y}_t)^2$$
$$= \sum (Y_t - a - bX_t)^2$$

将 Q 分别对 a 和 b 求一阶偏导，并令一阶偏导等于 0，有

$$\frac{\partial Q}{\partial a} = -2 \sum (Y_t - a - bX_t) = 0$$

$$\frac{\partial Q}{\partial b} = -2 \sum (Y_t - a - bX_t)X_t = 0$$

整理后得：

$$\sum Y_t = na + b \sum X_t$$

$$\sum X_t Y_t = a \sum X_t + b \sum X_t^2$$

解之可得：

$$b = \frac{n \sum X_t Y_t - \sum X_t \sum Y_t}{n \sum X_t^2 - (\sum X_t)^2} = \frac{\overline{XY} - \overline{X}\,\overline{Y}}{\overline{X^2} - \overline{X}^2}$$

$$a = \frac{\sum Y_t}{n} - b \frac{\sum X_t}{n} = \overline{Y} - b\overline{X}$$

例8-5 根据表8-3中的资料,试拟合一直线方程,并估算产量为100万件时的单位成本。根据例8-3的相关计算,已知:

$$\sum X_t Y_t = 13\,346, \quad \sum X_t = 208, \quad \sum Y_t = 402, \quad \sum X_t^2 = 9\,080, \quad n = 6。$$

现计算如下:

$$b = \frac{6 \times 13\,346 - 208 \times 402}{6 \times 9\,080 - 208^2} = -0.315\,621$$

$$a = \frac{402}{6} + 0.315\,621 \times \frac{208}{6} = 77.941\,528$$

$$\hat{Y}_t = 77.941\,5 - 0.315\,6 X_t$$

回归系数 b 的经济意义为:产品产量每增加1万件,单位成本平均降低0.315 6元。注意回归系数 b 的正负号与同例的相关系数是相同的。

当产量为100万件时,即 $X_0 = 100$,可估算产品的单位成本为:

$$\hat{Y}_0 = 77.941\,5 - 0.315\,6 \times 100 = 46.38(元)$$

用回归方程进行估算或预测是单向的,即只能给定自变量估算或预测因变量,不能给定因变量来估算或预测自变量。即使是两个互为因果关系的变量,在建立回归方程前,必须确定哪个是自变量,哪个是因变量。一旦回归方程建立后,自变量和因变量就不能再互换了。

例8-6 根据表8-4中的资料,试拟合一直线方程,并说明回归系数 b 的经济意义。
根据例8-4的相关计算,已知:

$$\overline{XY} = 38.846\,2, \quad \overline{X} = 6.697\,0, \quad \overline{Y} = 5.029\,5, \quad \overline{X^2} = 52.272\,7。$$

现计算如下:

$$b = \frac{38.846\,2 - 6.697 \times 5.029\,5}{52.272\,7 - (6.697)^2} = 0.695\,637$$

$$a = 5.029\,5 - 0.695\,637 \times 6.697 = 0.370\,8$$

$$\hat{Y}_t = 0.370\,8 + 0.695\,6 X_t$$

本例人均收入和人均支出的单位为万元,回归系数 b 的经济意义是年人均收入每增加10 000元时,当年的人均支出则平均增加6 956元。

(二) 总体方差的估计

总体一元线性回归函数的随机误差项的方差 σ^2 可以反映理论模型误差的大小,它是检验模型时必须利用的一个重要参数。σ^2 是一个未知参数,需要用最小二乘残差代替随机误差项来估计。数学上可证明,σ^2 的无偏估计可由下式给出:

$$S_{yx} = \sqrt{\frac{\sum e_t^2}{n-2}} = \sqrt{\frac{\sum (Y_t - \hat{Y}_t)^2}{n-2}}$$

其中,S_{yx} 是样本回归函数的估计标准误差;其下标表示 Y 倚 X 的回归;分母是自由度,n 是样本观察值的个数。在一元线性回归方程式中,求出 a、b 两个回归系数,残差要满足以下两

个约束条件:

$$\sum e_t = 0, \quad \sum e_t X_t = 0$$

所以,失去了 2 个自由度。

值得注意的是,在计算估计标准误差时,a、b 两个参数的小数点后面应多保留几位,特别是 b 这个参数,如果它与一个很大的数相乘,在公式中将起到杠杆作用,其微小的变化会引起估计标准误差计算结果的很大波动。

例 8-7 根据表 8-3 中的资料和例 8-5 的计算结果,计算回归方程 $\hat{Y}_t = 77.941\,528 - 0.315\,621 X_t$ 的估计标准误差。

表 8-5　单位成本倚产量回归方程的估计标准误差计算表

序号	X_t	Y_t	$\hat{Y}_t$	$(Y_t - \hat{Y}_t)^2$
1	10	76	74.785 3	1.475 496
2	16	72	72.891 6	0.794 951
3	32	67	67.841 6	0.708 291
4	40	65	65.316 7	0.100 299
5	50	63	62.160 5	0.704 760
6	60	59	59.004 3	0.000 185
合　计	208	402	402.000 0	3.783 982

$$S_{yx} = \sqrt{\frac{\sum (Y_t - \hat{Y}_t)^2}{n-2}} = \sqrt{\frac{3.783\,982}{6-2}} \doteq 0.972\,6(元)$$

计算结果表明,估计标准误差为 0.972 6,这是就平均而言的。单位成本的实际值与估计值离差的绝对值有大有小,平均起来等于 0.972 6 元。只有在估计标准误差较小的情况下,用回归方程进行估算或预测才有实用价值。

如果数据较多,估计标准误差可用以下简式计算:

$$S_{yx} = \sqrt{\frac{\sum Y_t^2 - a\sum Y_t - b\sum X_t Y_t}{n-2}}$$

根据表 8-3 中的资料和例 8-5 的计算结果,已知:$a = 77.941\,528$,$b = -0.315\,621$,$\sum Y_t^2 = 27\,124$,$\sum Y_t = 402$,$\sum X_t Y_t = 13\,346$。用简式可计算如下:

$$S_{yx} = \sqrt{\frac{27\,124 - 77.941\,528 \times 402 + 0.315\,621 \times 13\,346}{6-2}}$$

$$\doteq 0.972\,6(元)$$

三、一元线性回归系数和单相关系数的关系

单相关系数的基本公式为:

$$r = \frac{\sigma_{xy}^2}{\sigma_x \sigma_y}$$

而一元线性回归系数 b 的计算公式可写成：

$$b = \frac{\frac{1}{n}\sum(X_t - \overline{X})(Y_t - \overline{Y})}{\frac{1}{n}\sum(X_t - \overline{X})^2} = \frac{\sigma_{xy}^2}{\sigma_x^2}$$

所以，有：

$$r = b \cdot \frac{\sigma_x}{\sigma_y}, \quad b = r \cdot \frac{\sigma_y}{\sigma_x}$$

由于 σ_x 和 σ_y 为非负，因而 r 和 b 的正负号相同。

一元线性回归分析对于因果关系不甚明确或互为因果关系的两个变量，可以求出 Y 倚 X 的回归方程，也可以求出 X 倚 Y 的回归方程。即

$$\hat{Y}_t = a + bX_t, \quad 或 \quad \hat{X}_t = c + dY_t$$

因 $b = \frac{\sigma_{xy}^2}{\sigma_x^2}, d = \frac{\sigma_{xy}^2}{\sigma_y^2}$，而此时，

$$b \cdot d = \frac{\sigma_{xy}^2}{\sigma_x^2} \cdot \frac{\sigma_{xy}^2}{\sigma_y^2} = \left(\frac{\sigma_{xy}^2}{\sigma_x \cdot \sigma_y}\right)^2 = r^2$$

其中，b、d、r 的正负号相同。

四、一元线性回归模型的检验

（一）回归模型检验的种类

回归模型中的参数估计出来之后，必须对其进行检验。如果通过检验发现模型有缺陷，则应重新选择因变量和自变量及其函数形式，或对数据进行加工整理之后再次估计参数。

回归模型的检验包括理论意义检验、一级检验和二级检验。

理论意义检验主要涉及参数估计值的符号和取值区间，如果它们与实质性科学的理论以及人们的实践经验不相符，就说明模型不能很好地解释现实问题。

一级检验又称统计学检验，它是利用统计学中的抽样理论来检验样本回归方程的可靠性，具体又分为拟合程度评价和显著性检验。一级检验是对所有现象进行回归分析时都必须通过的检验。

二级检验又称经济计量学检验，它是对标准线性回归模型的假定条件能否得到满足进行检验，具体包括序列相关检验、异方差性检验等。二级检验对于社会经济现象的定量分析具有重要的意义。二级检验属于计量经济学中研究的问题，这里仅分析一级检验。

（二）拟合程度的评价

所谓拟合程度，是指样本观察值聚集在样本回归线周围的密切程度。判断回归模型拟合程度优劣最常用的数量指标是可决系数。

各种误差之间的关系可分析如下：因变量的实际观察值与样本均值的总误差$(Y_t - \overline{Y})$可

以分解为两部分:一部分是因变量的理论回归值与其样本均值的回归误差($\hat{Y}_t - \bar{Y}$),它可以看作能由回归直线解释的部分,称为可解释离差;另一部分是实际观察值与理论回归值的估计误差($Y_t - \hat{Y}_t$),它是不能由回归直线解释的残差 e_t,如图 8-5 所示。

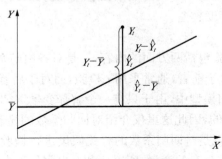

图 8-5 总误差的分解

它们之间的关系式为:

$$Y_t - \bar{Y} = (Y_t - \hat{Y}_t) + (\hat{Y}_t - \bar{Y})$$
$$\text{总误差} = \text{估计误差} + \text{回归误差}$$

由于 $\sum (Y_t - \hat{Y}_t)(\hat{Y}_t - \bar{Y}) = 0$,上式两边平方并求和可得到下列关系式:

$$\sum (Y_t - \bar{Y})^2 = \sum (Y_t - \hat{Y}_t)^2 + \sum (\hat{Y}_t - \bar{Y})^2$$

或

$$1 = \frac{\sum (Y_t - \hat{Y}_t)^2}{\sum (Y_t - \bar{Y})^2} + \frac{\sum (\hat{Y}_t - \bar{Y})^2}{\sum (Y_t - \bar{Y})^2}$$

上式右边第一项说明估计误差占总误差的比重;第二项说明回归误差占总误差的比重,该项比重越大,说明总误差中可用回归方程来解释的部分就越大,因此这一比重称为可决系数,又称决定系数。可决系数和单相关系数具有相同的意义:可决系数越接近于 1,说明所有相关点越接近回归直线,此时相关程度也相应很高;当可决系数等于 1 时,即为完全线性相关。

下面证明可决系数等于单相关系数的平方,即

$$\text{可决系数} = r^2$$

由于

$$b = r \cdot \frac{\sigma_y}{\sigma_x}, \quad \hat{Y}_t - \bar{Y} = a + bX_t - (a + b\bar{X}) = b(X_t - \bar{X})$$

所以,

$$\frac{\sum (\hat{Y}_t - \bar{Y})^2}{\sum (Y_t - \bar{Y})^2} = \frac{b^2 \sum (X_t - \bar{X})^2}{\sum (Y_t - \bar{Y})^2} = \frac{b^2 \sigma_x^2}{\sigma_y^2} = \left(r \frac{\sigma_y}{\sigma_x}\right)^2 \frac{\sigma_x^2}{\sigma_y^2} = r^2$$

由于计算方差时的自由度为 $(n-1)$,计算估计标准误差时的自由度为 $(n-2)$,则有

$$r^2 = 1 - \frac{\sum(Y_t - \hat{Y}_t)^2}{\sum(Y_t - \bar{Y})^2} = 1 - \frac{S_{yx}^2 \times (n-2)}{\sigma_y^2 \times (n-1)}$$

可决系数的取值范围为 $0 \leqslant r^2 \leqslant 1$。可决系数越大,说明回归模型拟合程度越高;可决系数越小,则说明回归模型拟合程度越差。

(三) 显著性检验

回归分析中的显著性检验包括两方面的内容:一是对各回归系数的显著性检验;二是对整个回归方程的显著性检验。对于前者,通常采用 t 检验,而对于后者,则是在方差分析的基础上采用 F 检验。在一元线性回归模型中,由于只有一个解释变量 X,对回归系数 $\beta = 0$ 的 t 检验与对整个方程的 F 检验是等价的,因此这里仅介绍对回归系数的显著性检验。

回归系数的显著性检验就是对回归系数的有关假设进行检验。根据上述有关回归分析的标准假定,可知 Y 是服从正态分布的变量,所以 a 和 b 也服从正态分布。

在标准假定的条件下,a 和 b 的期望值分别等于它们的真值 α 和 β,即

$$E(a) = \alpha, \quad E(b) = \beta$$

其方差分别为:

$$\sigma_a^2 = \sigma^2 \cdot \left[\frac{1}{n} + \frac{\bar{X}^2}{\sum(X_t - \bar{X})^2}\right], \quad \sigma_b^2 = \sigma^2 \cdot \left[\frac{1}{\sum(X_t - \bar{X})^2}\right]$$

则有:

$$a \sim N(\alpha, \sigma_a^2), \quad b \sim N(\beta, \sigma_b^2)$$

总体方差 σ^2 一般是未知的,要用其无偏估计量 S^2 去替代,即用 S_a^2 和 S_b^2 去分别替代 σ_a^2 和 σ_b^2。数学上可以证明,当样本为小样本时,回归系数估计值的标准化变换值并不遵循正态分布,而是服从 t 分布,即

$$t_a = \frac{a - \alpha}{S_a} \sim t(n-2), \quad t_b = \frac{b - \beta}{S_b} \sim t(n-2)$$

其中,n 为样本容量,$(n-2)$ 为自由度。可知,a 和 b 的检验方法是相同的,下面以 b 的检验为例,介绍回归系数显著性检验的基本步骤。

1. 提出假设

由于样本回归系数 b 对应总体回归系数 β,对 b 进行显著性检验所提出假设的一般形式是:

$$H_0: \beta = \beta^*, \qquad H_1: \beta \neq \beta^*$$

其中,H_0 表示原假设;H_1 表示备选假设;β^* 是假设的回归系数真值。在计算机程序中常令 $\beta^* = 0$,这是因为 β 是否为 0 可以表明 X 对 Y 是否有显著的影响。

2. 确定显著性水平

显著性水平 α 一般取 0.05 或 0.01。

3. 计算回归系数的 t 值

计算 t 值的基本公式是:

$$t_b = \frac{b - \beta^*}{S_b}$$

4. 确定临界值

t 检验的临界值是由显著性水平和自由度决定的。这时要注意原假设和备选假设设定的方式不同,据以判断的接受域和拒绝域也不同。在双侧检验的场合,依据显著性水平和自由度查 t 分布表所确定的临界值是 $-t_{a/2}$ 和 $t_{a/2}$;而在单侧检验的场合,所确定的临界值是 t_a。

5. 作出判断

如果 t_b 的绝对值大于临界值的绝对值,就拒绝原假设,接受备选假设;反之,如果 t_b 的绝对值小于临界值的绝对值,则接受原假设。

例 8-8 根据表 8-3 中的资料和例 8-5 的计算结果,对单位成本倚产量的直线方程回归系数进行显著性检验。

(1) 以 5% 的显著性水平检验产量是否对单位成本有显著影响。

(2) 对 $H_0: \beta = -0.3$,$H_1: \beta < -0.3$ 进行检验。

对于第一个问题,可提出假设 $H_0: \beta = 0$,$H_1: \beta \neq 0$。具体计算如下:

$$\sum(X_t - \bar{X})^2 = \sum X_t^2 - \frac{1}{n}\left(\sum X_t\right)^2$$
$$= 9\,080 - (208)^2/6$$
$$\doteq 1\,869.33$$

$$S_b = \frac{S_{yx}}{\sqrt{\sum(X_t - \bar{X})^2}} = \frac{0.972\,6}{\sqrt{1\,869.33}} \doteq 0.022\,5$$

$$t_b = \frac{-0.315\,6 - 0}{0.022\,5} \doteq -14.03$$

查 t 分布表可知:显著性水平为 5%,自由度为 4 的双侧 t 检验的临界值是 2.776,以上计算的 t_b 值的绝对值大于临界值,所以,拒绝原假设,接受备选假设,即认为产量对单位成本的影响是显著的。

对于第二个问题,可计算如下:

$$t_b = \frac{-0.315\,6 + 0.3}{0.022\,5} \doteq -0.693\,3$$

查 t 分布表可知:显著性水平为 5%,自由度为 4 的单侧 t 检验的临界值是 2.132,因为计算的 t_b 值的绝对值小于 2.132,所以不能否定 $\beta = -0.3$ 的原假设。

五、一元线性回归模型的预测

(一) 回归预测的基本公式

建立回归模型的重要目的之一是进行预测。如果样本回归方程具有较高的拟合程度,并且具有一定的经济意义,就可以利用其来进行预测。简单回归预测的基本公式如下:

$$\hat{Y}_0 = a + bX_0$$

其中,X_0 是给定的 X 的具体数值;$\hat{Y}_0$ 是对 Y 的点估计;a 和 b 是已估计出的样本回归系数。

当给出的 X_0 属于样本内的数值时,利用上式计算出的 $\hat{Y}_0$ 称为内插检验或事后预测;而当给出的 X_0 在样本之外时,利用上式计算出的 $\hat{Y}_0$ 称为外推预测或事前预测。通常所说的预测是指事前预测。

(二)预测误差

$\hat{Y}_0$ 是根据样本回归方程计算的,它是样本观察值的函数,因而也是一个随机变量。$\hat{Y}_0$ 与所要预测的 Y 的真值之间必然存在一定的误差,其原因可概括为以下四个方面。

第一,模型本身固有的因素造成的误差。由于总体回归函数并未将所有影响 Y 的因素都纳入模型,同时,其具体的函数形式也只是实际变量之间数量联系的近似反映,因此必然存在误差。这一误差可以用总体随机误差项的方差来评价。

第二,由于回归系数的估计值同其真值不一致所造成的误差。样本回归系数是根据样本估计的,它与总体回归系数之间总是有一定的误差。这一误差可以用回归系数的最小二乘估计量的方差来评价。

第三,在样本回归函数中由于自变量 X 的设定值与其实际值的偏差所造成的误差。当给出的 X_0 在样本之外时,其本身也需要利用某种方法去进行预测。如果 X_0 与未来时期 X 的实际值不符,则所求得的 Y 的点预测值当然也会与其实际值有所不同。

第四,由于未来时期总体回归系数发生变化所造成的误差。在研究客观现象的总体回归方程中,总体回归系数是一定时期内经济结构的数量特征,随着社会经济运行机制和经济结构的变化,它也会有所变动。这时,如果仍然沿用原样本回归方程进行预测,也会造成误差。

在以上造成预测误差的原因中,第三、第四两项不属于回归方程本身的问题,下面讨论第一、第二两项误差。

设 X_0 给定时 Y 的真值为 Y_0,即

$$Y_0 = \alpha + \beta X_0 + u_0$$

则有:

$$\begin{aligned} e_0 &= Y_0 - \hat{Y}_0 \\ &= (\alpha + \beta X_0 + u_0) - (a + b X_0) \\ &= (\alpha - a) + (\beta - b) X_0 + u_0 \end{aligned}$$

其中,e_0 是预测的残值。利用期望值和方差的运算规则,可以证明:

$$E(e_0) = 0$$

$$Var(e_0) = \sigma^2 \cdot \left[1 + \frac{1}{n} + \frac{(X_0 - \bar{X})^2}{\sum (X_t - \bar{X})^2} \right]$$

同时,可证明 $\hat{Y}_0$ 是 Y_0 的最优线性无偏预测。

(三)区间预测

利用回归方程进行预测,在许多场合人们更关心对 Y_0 的区间估计。

由于 $Var(e_0)$ 中的 σ^2 是未知的,通常用其无偏估计 S_{yx}^2 来代替。若用 μ_y 来表示预测标准误差的估计值,则有:

$$\mu_y = S_{yx} \cdot \sqrt{1 + \frac{1}{n} + \frac{(X_0 - \bar{X})^2}{\sum(X_t - \bar{X})^2}}$$

数学上可以证明：$(\hat{Y}_0 - Y_0)/\mu_y$ 服从于自由度为 $(n-2)$ 的 t 分布。Y_0 的 $(1-\alpha)$ 的置信区间为：

$$\hat{Y}_0 \pm t_{\alpha/2}^{(n-2)} \cdot \mu_y$$

式中的 $t_{\alpha/2}^{(n-2)}$ 是置信度为 $(1-\alpha)$、自由度为 $(n-2)$ 的 t 分布临界值。

例 8-9 根据表 8-3 中的资料和例 8-5、例 8-8 的计算结果，试根据模型 $\hat{Y}_t = 77.9415 - 0.3156X_t$，以 95% 的置信度，估算当产量为 70 万件时单位成本的预测区间。

$X_0 = 70$ 万件时，产品的单位成本为：

$$\hat{Y}_0 = 77.9415 - 0.3156 \times 70 \doteq 55.85(元)$$

从前面几例的计算结果可知：

$$\sum X_t = 208, \quad \sum(X_t - \bar{X})^2 \doteq 1869.33, \quad S_{yx} \doteq 0.9726$$

则预测标准误差的估计值为：

$$\mu_y = 0.9726 \times \sqrt{1 + \frac{1}{6} + \frac{(70 - 208/6)^2}{1869.33}} \doteq 1.3175$$

查 t 分布表（见附录四）可知：显著性水平为 5%，自由度为 4 的双侧 t 检验的临界值是 2.776。因此，产量为 70 万件时，置信度为 95% 的单位成本预测区间为：

$$55.85 - 2.776 \times 1.3175 \leqslant Y_0 \leqslant 5.85 + 2.776 \times 1.3175$$

即

$$52.19(元) \leqslant Y_0 \leqslant 59.51(元)$$

当样本容量 n 较大时，$\mu_y \approx S_{yx}$。这时，可用正态分布理论来估计 Y_0 值的置信区间。其概率度 t 为：

$$t = \frac{\hat{Y}_0 - Y_0}{\mu_y}$$

总体 Y_0 值的置信区间为：

$$\hat{Y}_0 - t\mu_y \leqslant Y_0 \leqslant \hat{Y}_0 + t\mu_y$$

例 8-10 现以表 8-4 中的资料和例 8-6 中的计算结果来说明。试根据模型 $\hat{Y}_t = 0.3708 + 0.695637X_t$，在 90% 的可靠性程度保证下，估算当人均收入 $X_0 = 12$ 万元时该地居民人均支出的置信区间。

根据表 8-4 中的数据，已知：

$$\sum Y^2 F = 3819.6, \quad \sum YF = 663.9, \quad \sum XYF = 5127.7, \quad \sum F = 132$$

可计算如下：

$$\hat{Y}_0 = 0.3708 + 0.695637 \times 12 = 8.7184 (万元)$$

$$\mu_y \approx S_{yx} = \sqrt{\frac{\sum Y_t^2 F_t - a\sum Y_t F_t - b\sum X_t Y_t F_t}{\sum F_t - 2}}$$

$$= \sqrt{\frac{3819.6 - 0.3708 \times 663.9 - 0.695637 \times 5127.7}{132 - 2}}$$

$$\doteq 0.22202 (万元)$$

查正态分布概率表(见附录三)可知：置信度为90%时，概率度 $t = 1.64$。

则该地居民人均支出的置信区间为：

$$8.7184 - 1.64 \times 0.22202 \leqslant Y_0 \leqslant 8.7184 + 1.64 \times 0.22202$$

即

$$8.3543(万元) \leqslant Y_0 \leqslant 9.0825(万元)$$

计算结果表明，现有90%的把握判断该地居民当人均收入为120 000元时，其人均支出在83 543～90 825元。

第四节 多元线性回归分析

一、标准的多元线性回归模型

在社会经济的客观环境中，某一现象的变动常受多种现象变动的影响。例如，居民的消费除了受本期的收入水平影响外，还会受商品价格等因素的影响。在大多数现象中影响因变量的自变量不是一个，而是多个。有时候，只有将一个因变量与多个自变量联系起来进行考察，才能获得比较满意的结果。这就产生了测定多因素之间相互关系的问题。

在线性相关的条件下，两个或两个以上自变量对一个因变量的数量变化关系称为多元线性回归分析，表现这一数量变化关系的数学公式称为多元线性回归模型。多元线性回归模型是一元线性回归模型的扩展，其基本原理与一元线性回归模型相似，只是在计算上比较麻烦而已。

多元线性回归模型总体回归函数的一般形式如下：

$$Y_t = \beta_1 + \beta_2 X_{2t} + \cdots + \beta_k X_{kt} + u_t$$

上式假定因变量与 k 个自变量之间的回归关系可以用线性函数来近似反映。其中，Y_t 是变量 Y 的第 t 次观察值；X_{jt} 是第 j 个自变量 X_j 的第 t 次观察值($j = 1, 2, \cdots, k$)；u_t 是随机误差项；$\beta_1, \beta_2, \cdots, \beta_k$ 是总体回归系数。β_j 表示在其他自变量保持不变的情况下，自变量 X_j 变动一个单位所引起的因变量 Y 平均变动的数值，因而又叫做偏回归系数。在该式中，总体回归系数是未知的，必须利用有关的样本观察值来进行估计。

假设已给出了 n 次观察值，$b_1, b_2, \cdots, b_k$ 表示对总体回归系数的估计，即样本回归系数，则多元线性回归模型样本回归函数如下：

$$Y_t = b_1 + b_2 X_{2t} + \cdots + b_k X_{kt} + e_t$$
$$(t = 1, 2, \cdots, n)$$

式中的 e_t 是 Y_t 与其估计值 $\hat{Y}_t$ 之间的离差，即残差。由 $e_t = Y_t - \hat{Y}_t$，可得：

$$\hat{Y}_t = b_1 + b_2 X_{2t} + \cdots + b_k X_{kt}$$
$$(t = 1, 2, \cdots, n)$$

多元线性回归的标准假定,除了关于随机误差项的假定外,还要追加一条假定,就是回归模型所包含的自变量之间不能具有较强的线性关系。

二、多元线性回归模型的估计
(一) 回归系数的估计

多元线性回归模型中回归系数的估计同样采用最小二乘法。设

$$Q = \sum e_t^2 = \sum (Y_t - \hat{Y}_t)^2$$
$$= \sum (Y_t - b_1 - b_2 X_{2t} - \cdots - b_k X_{kt})^2$$

根据微积分中求极小值的原理,可知残差平方和 Q 存在极小值,现将 Q 对 $b_1, b_2, \cdots, b_k$ 分别求偏导数,并分别令其等于零,加以整理可得到以下 k 个方程式:

$$nb_1 + b_2 \sum X_{2t} + \cdots + b_k \sum X_{kt} = \sum Y_t$$
$$b_1 \sum X_{2t} + b_2 \sum X_{2t}^2 + \cdots + b_k \sum X_{2t} X_{kt} = \sum X_{2t} Y_t$$
$$\cdots$$
$$b_1 \sum X_{kt} + b_2 \sum X_{2t} X_{kt} + \cdots + b_k \sum X_{kt}^2 = \sum X_{kt} Y_t$$

以上 k 元一次方程组称为正规方程组或标准方程组,通过求解这一方程组便可得到 $b_1, b_2, \cdots, b_k$。

实际求解回归系数的估计值,通常要采用计算机来运算。这时,用矩阵形式来表达较为简便。记:

$$\boldsymbol{Y} = \begin{pmatrix} y_1 \\ y_2 \\ \vdots \\ y_n \end{pmatrix} \quad \boldsymbol{X} = \begin{pmatrix} 1 & x_{21} & \cdots & x_{k1} \\ 1 & x_{22} & \cdots & x_{k2} \\ \vdots & \vdots & \vdots & \vdots \\ 1 & x_{2n} & \cdots & x_{kn} \end{pmatrix} \quad \boldsymbol{U} = \begin{pmatrix} u_1 \\ u_2 \\ \vdots \\ u_n \end{pmatrix}$$

$$\boldsymbol{B} = \begin{pmatrix} \beta_1 \\ \beta_2 \\ \vdots \\ \beta_n \end{pmatrix} \quad \hat{Y} = \begin{pmatrix} \hat{y}_1 \\ \hat{y}_2 \\ \vdots \\ \hat{y}_n \end{pmatrix} \quad \hat{\boldsymbol{B}} = \begin{pmatrix} b_1 \\ b_2 \\ \vdots \\ b_n \end{pmatrix} \quad \boldsymbol{e} = \begin{pmatrix} e_1 \\ e_2 \\ \vdots \\ e_n \end{pmatrix}$$

则总体回归函数式可以写为:

$$\boldsymbol{Y} = \boldsymbol{X}\boldsymbol{B} + \boldsymbol{U}$$

样本回归函数式可以写为:

$$\boldsymbol{Y} = \boldsymbol{X}\hat{\boldsymbol{B}} + \boldsymbol{e}$$

标准方程组可以写为:

$$(\boldsymbol{X}'\boldsymbol{X})\hat{\boldsymbol{B}} = \boldsymbol{X}'\boldsymbol{Y}$$

其中，$\boldsymbol{X}'$ 表示 $\boldsymbol{X}$ 的转置矩阵。$(\boldsymbol{X}'\boldsymbol{X})$ 是一个 $k\times k$ 的对称矩阵，根据标准假定，要求 k 个自变量之间不存在高度的线性相关，因此其逆矩阵存在。

标准方程组两边同时左乘 $(\boldsymbol{X}'\boldsymbol{X})^{-1}$，可得：

$$\hat{\boldsymbol{B}} = (\boldsymbol{X}'\boldsymbol{X})^{-1}\boldsymbol{X}'\boldsymbol{Y}$$

上式是回归系数最小二乘估计的一般形式，计算机程序通常按该式编写。利用软件包如SPSS、TSP、EXCEL等进行计算，只要输入数据并指定因变量和自变量，立刻就能得到计算结果。

例 8-11 试根据表 8-6 的资料，以某地居民家庭户均收入和 A 商品价格为自变量，拟合 A 商品的线性需求函数。

表 8-6　某地 A 商品需求量统计数据

年次	1	2	3	4	5	6	7	8	9	10
A 商品需求量 Y(万件)	10	10	15	13	14	20	18	24	19	23
居民户均收入 X_2(万元)	5	7	8	9	9	10	10	12	13	15
单价 X_3(百元)	2	3	2	5	4	3	4	3	5	4

本例可记：

$$\hat{B} = \begin{pmatrix} b_1 \\ b_2 \\ b_3 \end{pmatrix} \quad \boldsymbol{X} = \begin{pmatrix} 1 & 5 & 2 \\ 1 & 7 & 3 \\ \vdots & \vdots & \vdots \\ 1 & 15 & 4 \end{pmatrix} \quad \boldsymbol{Y} = \begin{pmatrix} 10 \\ 10 \\ \vdots \\ 23 \end{pmatrix}$$

所以，有

$$(\boldsymbol{X}'\boldsymbol{X}) = \begin{pmatrix} 10 & 98 & 35 \\ 98 & 1\,038 & 359 \\ 35 & 359 & 133 \end{pmatrix} \quad \boldsymbol{X}'\boldsymbol{Y} = \begin{pmatrix} 166 \\ 1\,743 \\ 592 \end{pmatrix}$$

$$(\boldsymbol{X}'\boldsymbol{X})^{-1} = \begin{pmatrix} 1.641\,6 & -0.083\,9 & -0.205\,4 \\ -0.083\,9 & 0.018\,8 & -0.028\,6 \\ -0.205\,4 & -0.028\,6 & 0.138\,9 \end{pmatrix}$$

即可得：

$$\hat{B} = \begin{pmatrix} 1.641\,6 & -0.083\,9 & -0.205\,4 \\ -0.083\,9 & 0.018\,8 & -0.028\,6 \\ -0.205\,4 & -0.028\,6 & 0.138\,9 \end{pmatrix} \begin{pmatrix} 166 \\ 1\,743 \\ 592 \end{pmatrix} = \begin{pmatrix} 4.587\,51 \\ 1.868\,47 \\ -1.799\,57 \end{pmatrix}$$

由此得到 A 商品需求函数的样本回归方程如下：

$$\hat{Y}_t = 4.587\,5 + 1.868\,5 X_{2t} - 1.799\,6 X_{3t}$$

(二) 总体方差的估计

与一元线性回归模型相类似,多元线性回归模型中随机误差项的方差 σ^2 也是利用残差平方和除以其自由度来估计的,即

$$S^2 = \frac{\sum e_t^2}{n-k}$$

其中,n 是样本观察值的个数;k 是方程中回归系数的个数。

在 k 元回归模型中,标准方程组有 k 个方程式,残差必须满足 k 个约束条件,因此其自由度为 $(n-k)$。数学上可以证明,S^2 是 σ^2 的无偏估计。S^2 的正平方根 S 又叫做回归估计的标准误差。S 越小,表明样本回归方程的代表性就越强。

在编制计算机程序时,残差平方和可利用以下公式计算:

$$\sum e_t^2 = e'e = Y'Y - \hat{B}'X'Y$$

上式是残差平方和的矩阵形式,式中字母上标加一撇表示求其转置矩阵;Y 是因变量样本观察值向量;X 是自变量样本观察值矩阵。$\hat{B}'$ 是回归系数估计值向量的转置向量。

例 8-12 试根据表 8-6 给出的资料,计算总体方差的估计值 S^2 和回归估计标准误差 S。

本例可根据例 8-11 中的数据计算如下:

$$Y'Y = \sum Y_t^2 = 2\,980$$

$$\sum e_t^2 = 2\,980 - 4.587\,51 \times 166 - 1.868\,47 \times 1\,743$$
$$+ 1.799\,57 \times 592 = 27.075\,6$$

$$S^2 = 27.075\,6/(10-3) = 3.867\,9$$

$$S = \sqrt{3.867\,9} = 1.966\,7$$

三、多元线性回归模型的检验

(一) 拟合程度的评价

与一元线性回归分析相似,在多元线性回归分析中,也可以用可决系数作为评价模型拟合程度的指标。多元回归的可决系数用 R 表示:

$$R^2 = 1 - \frac{\sum(Y_t - \hat{Y}_t)^2}{\sum(Y_t - \bar{Y})^2} = 1 - \frac{\sum e_t^2}{\sum(Y_t - \bar{Y})^2}$$

在一元线性回归模型中,所有模型包含两个变量,如果所使用的样本容量也一样,可决系数便可以直接作为评价拟合程度的尺度。然而,在多元线性回归模型中,各回归模型所包含的变量数目未必相同,以 R^2 的大小作为评价拟合程度的尺度是不合适的。因此,在多元线性回归分析中,常用的评价指标是所谓的修正自由度的可决系数 $\bar{R}^2$。该指标的定义如下:

$$\bar{R}^2 = 1 - \frac{\sum e_t^2/(n-k)}{\sum(Y_t - \bar{Y})^2/(n-1)} = 1 - \frac{n-1}{n-k}(1-R^2)$$

其中,n 是样本容量;k 是模型中回归系数的个数;$(n-1)$ 是总离差平方和的自由度;$(n-$

k）是残差平方和的自由度。

修正自由度的可决系数 $\bar{R}^2$ 具有以下两个特点：(1) $\bar{R}^2 \leqslant R^2$。因为 $k \geqslant 1$，所以根据两者各自的定义可得出这一结论。对于给定的 R^2 值和 n 值，k 值越大，$\bar{R}^2$ 值就是越小。(2) $\bar{R}^2$ 值小于 1，但未必都大于 0。在拟合较差的场合，$\bar{R}^2$ 值有可能取负值。

例 8-13 利用例 8-11 和例 8-12 的有关资料，计算样本回归方程的可决系数和修正自由度的可决系数。

根据上述两例中的资料：

$$n = 10, \ k = 3, \ \sum e_t^2 = 27.075\,6, \ \sum Y_t^2 = 2\,980, \ \sum Y_t = 166。$$

可计算如下：

$$\sum (Y_t - \bar{Y})^2 = \sum Y_t^2 - \frac{1}{n}\left(\sum Y_t\right)^2$$
$$= 2\,980 - (166)^2/10 = 224.4$$
$$R^2 = 1 - (27.075\,6/224.4) = 0.879\,3$$
$$\bar{R}^2 = 1 - \frac{27.075\,6/(10-3)}{224.4/(10-1)} = 0.844\,9$$

（二）显著性检验

多元线性回归模型的显著性检验包括回归系数的显著性检验和回归方程的显著性检验和两个方面。

1. 回归系数的显著性检验

多元回归分析中进行这一检验的目的，就是检验与各回归系数对应的自变量对因变量的影响是否显著，以便对自变量的取舍做出正确的决策。当发现某个自变量的影响不显著时，一般应将其从模型中删除。这样才能做到以尽可能少的自变量去达到尽可能高的拟合程度。

多元模型中回归系数的检验也采用 t 检验，回归系数的显著性检验 t 统计量的一般计算公式为：

$$t_{b_j} = \frac{b_j}{S_{b_j}} \quad (j = 1, 2, \cdots, k)$$

其中，b_j 是回归系数的估计值；S_{b_j} 是 b_j 的标准差的估计值。S_{b_j} 可按下式计算：

$$S_{b_j} = \sqrt{S^2 \times \Psi_{jj}}$$

其中，Ψ_{jj} 是 $(X'X)^{-1}$ 中的第 j 个对角线元素；S^2 是随机误差项方差的估计值。回归系数的显著性检验 t 统计量背后的原假设是 $H_0: \beta_j = 0$，因此，t 的绝对值越大，表明 β_j 为 0 的可能性越小，即表明相应的自变量对因变量的影响是显著的。

2. 回归方程的显著性检验

多元线性回归模型包含了多个回归系数，因此，对于多元回归模型，除了要对单个回归系数进行显著性检验外，还要对整个回归模型进行显著性检验。回归方程的显著性检验是在方差分析的基础上利用 F 检验进行，其具体的方法步骤如下：

(1) 提出假设。

假设总体回归方程不显著，即

$$H_0: \beta_2 = \beta_3 = \cdots = \beta_k = 0$$

(2) 进行方差分析。

根据离差平方和的分解公式可知，回归模型总离差平方和等于回归离差平方和加上残差平方和。回归模型总体函数的线性关系是否显著，主要是判断回归离差平方和与残差平方和之比值的大小问题。但是，多元回归模型样本容量和自变量的个数的变化会影响这种判断，因此要对其进行调整。

对于回归离差平方和 $\sum(\hat{Y}_t - \bar{Y})^2$，其取值受 k 个回归系数估计值的影响，同时又要服从 $\sum \hat{Y}_t/n = \bar{Y}$ 的约束条件，因此其自由度是 $(k-1)$ 个。

对于残差平方和 $\sum(Y_t - \hat{Y}_t)^2$，则取决于 n 个因变量的观察值，同时又要服从 k 个正规方程式的约束，因此其自由度是 $(n-k)$ 个。

回归离差平方和与残差平方和分别除以各自的自由度，就分别得到各自的样本方差。

(3) 计算 F 统计量。

F 统计量的计算公式为：

$$F = \frac{\sum(\hat{Y}_t - \bar{Y})^2/(k-1)}{\sum(Y_t - \hat{Y}_t)^2/(n-k)}$$

(4) 查 F 分布表中的理论临界值。

根据自由度和给定的显著性水平 α，则可在 F 分布表中查到相应的理论临界值 F_α。当 $F > F_\alpha$ 时，拒绝原假设，即认为总体回归函数的线性关系显著。当 $F < F_\alpha$ 时，则接受原假设，即认为总体回归函数的线性关系不显著，因而所建立的回归模型没有意义。

例 8-14 利用前面几例中的数据，对例 8-11 中建立的 A 商品的需求函数进行 t 检验和 F 检验。

回归系数的显著性检验采用 t 检验。

由前面的计算结果已知：$S = 1.9667$，$\Psi_{11} = 1.6416$，$\Psi_{22} = 0.0188$，$\Psi_{33} = 0.1389$，$b_1 = 4.5875$，$b_2 = 1.8685$，$b_3 = -1.7996$，$n = 10$，$k = 3$。

可计算如下：

$$t_{b_1} = 4.5875/(1.9667 \times \sqrt{1.6416}) \doteq 1.821$$

$$t_{b_2} = 1.8685/(1.9667 \times \sqrt{0.0188}) \doteq 6.929$$

$$t_{b_3} = -1.7996/(1.9667 \times \sqrt{0.1389}) \doteq -2.455$$

查自由度为 7 的 t 分布表可知：显著性水平为 5% 的双侧检验临界值为 2.365。将以上求得的 t 值与此对照，b_2 和 b_3 均能通过检验，即可认为该地居民家庭户均收入和商品价格对 A 商品需求量的影响是显著的。b_1 未能通过检验，说明该商品的需求函数不必设置常数项，可考虑删除常数项后，再次拟合样本回归方程。

回归方程的显著性检验采用 F 检验。

由前面的计算结果已知：$\sum (Y_t - \bar{Y})^2 = 224.4$，$\sum (Y_t - \hat{Y}_t)^2 = \sum e_t^2 = 27.0756$。

可计算如下：

$$\sum (\hat{Y}_t - \bar{Y})^2 = 224.4 - 27.0756 = 197.3244$$

$$F = \frac{197.3244/(3-1)}{27.0756/(10-3)} = 25.51$$

查显著性水平为 1%、自由度为 (2、7) 的 F 分布表（见附录五），可知 $F_\alpha = 9.55$，以上求得的 F 值远超过 F_α，因此可认为该回归方程所描述的线性关系是显著的。

四、多元线性回归模型的预测

多元线性回归预测与一元线性回归预测的原理是一致的，其基本公式如下：

$$\hat{Y}_0 = b_1 + b_2 X_{20} + \cdots + b_k X_{k0}$$

其中，$X_{j0}(j = 2, 3, \cdots, k)$ 是给定的 X_j 在预测期的具体数值；b_j 是已估计出的样本回归系数；$\hat{Y}_0$ 是 X_j 给定时 Y_0 的预测值。

例 8-15 试根据例 8-11 中建立的 A 商品需求的样本回归方程，预测当居民家庭户均收入为 16 万元、商品单价为 500 元时的 A 商品的需求量。

将居民年人均纯收入和商品单价代入 A 商品需求函数的样本回归方程，计算如下：

$$\hat{Y}_0 = 4.5875 + 1.8685 \times 16 - 1.7996 \times 5 = 25.49 (万件)$$

当居民家庭户均收入为 16 万元、商品单价为 500 元时，A 商品的需求量为 25.49 万件。

五、复相关系数

复相关系数是反映一个变量 Y 与多个变量 $X_2, X_3, \cdots, X_k$ 之间线性相关程度的指标。样本复相关系数的定义如下：

$$R = \frac{\sum (Y_t - \bar{Y})(\hat{Y}_t - \bar{Y})}{\sqrt{\sum (Y_t - \bar{Y})^2 \sum (\hat{Y}_t - \bar{Y})^2}}$$

上式与单相关系数的定义式相似，不同之处仅在于用根据 $X_2, X_3, \cdots, X_k$ 等计算的回归估计值 $\hat{Y}_t$ 代替了单相关系数的定义式中的 X_t。在所涉及的变量只有两个时，因为 $\hat{Y}_t$ 是 X_t 的严密函数，所以上式完全等价于单相关系数的定义式。而在多元分析的场合，以上定义的复相关系数的平方实际上就是多元线性回归方程的可决系数。

实际计算复相关系数时，可以先计算出可决系数，然后再求可决系数的平方根。在多数情况下，复相关系数只取正值。这是因为在两个变量时，回归系数有正有负，所以也有正相关和负相关之分；而在多个变量时，偏回归系数有两个或两个以上，其符号可能有正有负，不能按正负来区别，所以复相关系数也就只取正值。

由此可见，$0 \leqslant R \leqslant 1$。复相关系数为 1 表明 Y 与 $X_2, X_3, \cdots, X_k$ 之间存在严密的线性关系，

所有的样本观察点都在拟合的 k 维超平面上。复相关系数为 0 则表明 Y 与 $X_2, X_3, \cdots, X_k$ 之间不存在任何线性相关关系。在一般情况下,复相关系数的取值在 0 和 1 之间,表明变量之间存在一定程度的线性相关关系。

例 8-16 根据例 8-11 和例 8-13 中的资料和计算结果,试计算变量 Y 与变量 X_2、X_3 之间的复相关系数。

已知可决系数:$R^2 = 0.879\ 3$,复相关系数可直接计算如下:

$$R = \sqrt{0.879\ 3} \doteq 0.937\ 7$$

计算结果表明,Y 与变量 X_2、X_3 之间存在着高度线性相关关系。

第五节　非线性回归分析

一、非线性回归分析的意义

在现实生活中,非线性关系是大量存在的。在许多场合下,非线性回归函数比线性回归函数更能够正确地反映客观现象之间的相互关系。例如,以工业增加值为因变量,以固定资产和职工人数为自变量的线性函数 $Y_t = \beta_1 + \beta_2 X_{2t} + \beta_3 X_{3t} + u_t$,是假定固定资产和劳动的边际生产率不变的,即固定资产投入每增加一个单位,工业增加值总是增加 β_2,劳动投入每增加一个单位,工业增加值总是增加 β_3。在这种类型的生产函数中,一方面没有考虑到生产的规模经济效益,另一方面资金和劳动之间是完全可以替代的,即使某一生产要素的投入为 0,只要另一生产要素投入足够多,工业增加值还会继续增长。显而易见,这是不可能的。要建立能体现生产的规模经济效益、生产要素之间有条件地替代这样一种更符合客观现实的生产函数,就必须考虑采用非线性回归模型。

建立非线性回归模型必须解决以下两个问题。第一,如何确定非线性的函数的具体形式。与线性回归分析的场合不同,非线性回归函数有多种多样的形式,需要根据所研究问题的性质并结合实际的样本观察值作出恰当的选择。第二,如何估计非线性回归函数中的参数。非线性回归分析最常用的方法仍然是最小二乘法,但需要根据函数的不同类型,作适当的处理。

二、非线性函数形式的确定

在对社会经济客观现象进行定量分析时,选择非线性回归方程的具体形式应遵循以下三条原则:一是回归方程式应与经济理论相一致;二是回归方程式要有较高的拟合程度;三是回归方程的数学形式应尽可能简单。

下面介绍七种常见的非线性函数。

(一)抛物线函数

抛物线方程的具体形式为:

$$Y = a + bX + cX^2$$

其中,a、b 和 c 为待定参数。

在实际操作中,可根据"差分法"来判断某种现象是否适合应用抛物线方程。其步骤如下:首先将样本观察值按 X 大小顺序排列,然后按以下两式分别计算 X 和 Y 的一阶差分 ΔX_t

和 ΔY_t，以及 Y 的二阶差分 ΔY_{2t}。

$$\Delta X_t = X_t - X_{t-1}, \quad \Delta Y_t = Y_t - Y_{t-1}$$
$$\Delta Y_{2t} = \Delta Y_t - \Delta Y_{t-1}$$

当 ΔX_t 接近于一常数且 ΔY_{2t} 的绝对值接近于一常数时，则 Y 和 X 之间的关系可用抛物线方程近似地反映。

（二）双曲线函数

假如 Y 随着 X 的增加而增加（或减少），最初增加（或减少）很快，以后逐渐放慢并趋于稳定，则可以选用双曲线函数来拟合。双曲线的方程式为：

$$Y = a + b(1/X)$$

（三）幂函数

幂函数方程的一般形式为：

$$Y = aX_1^{b_1} X_2^{b_2} \cdots X_k^{b_k}$$

幂函数的优点是方程中的参数可以直接反映因变量 Y 对于某一个自变量 X_j 的弹性。所谓弹性，是指在其他条件不变的情况下，X_j 变动 1% 时所引起 Y 变动的百分比。弹性系数是一个无量纲的数值，它是经济定量分析中常用的一个尺度。其一般定义如下：

$$E_{Y,X_j} = \frac{\partial Y}{\partial X_j} \cdot \frac{X_j}{Y}$$

在幂函数中，利用求偏导数的规则容易证明：$E_{Y,X_j} = b_j$。

（四）指数函数

指数函数的方程形式为：

$$Y = ab^X$$

式中有两个待定参数 a 和 b。当 $a>0, b>1$ 时，曲线随着 X 的增加而弯曲上升，趋于 $+\infty$；当 $a>0, 0<b<1$ 时，曲线随着 X 的增加而弯曲下降并趋于 0。

这种曲线可用来描述客观现象的变动趋势，如产值按一定比率增长、成本按一定比率降低等。

（五）对数函数

对数函数的方程形式为：

$$Y = a + b\ln X$$

其中，ln 表示取自然对数。对数函数的特点是随着 X 的增加，X 的单位变动对因变量 Y 的影响效果不断递减。

（六）S 型曲线函数

最常用的 S 型曲线函数是逻辑曲线。逻辑曲线的方程式如下：

$$Y = \frac{L}{1 + ae^{-bX}} \quad (L, a, b > 0)$$

逻辑曲线具有以下性质：Y 是 X 的非减函数，开始时，随着 X 的增加，Y 的增长速度逐渐加快,但是 Y 达到一定水平之后,其增长速度又逐渐放慢。最后无论 X 如何增加,Y 只会趋于 L,而永远不会超过 L。由于逻辑曲线的一特点,它常被用来表现耐用消费品普及率的变化。

(七) 多项式方程

多项式方程在非线性回归分析中占有重要的地位。根据数学上级数展开的原理,任何曲线、曲面和超曲面的问题,在一定的范围内都能够用多项式任意逼近。因此,当因变量与自变量之间的确切关系未知时,可以用适当幂次的多项式方程来近似反映。

一元高次多项式的方程形式为:

$$Y = b_0 + b_1 X + b_2 X^2 + \cdots + b_k X^k$$

二元二次多项式的方程形式为:

$$Y = b_0 + b_1 X_1 + b_2 X_2 + b_3 X_1 X_2 + b_4 X_1^2 + b_5 X_2^2$$

一般来说,涉及的变量越多,变量的幂次越高,计算量就越大。因此,在实际操作中常用计算机来完成运算。

三、非线性回归模型的估计

对非线性回归模型进行估计的基本思路是:通过对某些非线性回归函数的适当变换,将其转化为线性回归函数来处理。常用的线性变换方法有以下四种。

(一) 倒数变换

倒数变换是用新的变量来替换原模型中变量的倒数,从而使原模型变成线性模型的一种方法。例如,对于双曲线函数,令 $X^* = 1/X$,代入原方程式,可得:$Y = a + bX^*$。

(二) 半对数变换

这种方法主要应用于对数函数的线性变换。例如,对于对数函数,令 $X^* = \ln X$,代入原方程式,可得:$Y = a + bX^*$。

(三) 双对数变换

这种方法通过用新的变量来替换原模型中变量的对数,从而使原模型变换成线性模型。例如,对幂函数等式两边求对数,可得:

$$\ln Y = \ln a + b_1 \ln X_1 + b_2 \ln X_2 + \cdots + b_k \ln X_k$$

令 $Y^* = \ln Y, b_0 = \ln a, X_1^* = \ln X_1, \cdots, X_k^* = \ln X_k$,代入上式,

可得:

$$Y^* = b_0 + b_1 X_1^* + b_2 X_2^* + \cdots + b_k X_k^*$$

(四) 多项式变换

这种方法适用于多项式方程的变换。例如,对于二元二次多项式,可令:

$$X_1^* = X_1, X_2^* = X_2, X_3^* = X_1 X_2, X_4^* = X_1^2, X_5^* = X_2^2$$

可得:

$$Y = b_0 + b_1 X_1^* + b_2 X_2^* + b_3 X_3^* + b_4 X_4^* + b_5 X_5^*$$

线性变换的方法具有简便易行的优点。但是,在实际应用时,要注意以下四个问题。

第一,对于一些较为复杂的非线性函数,往往要综合利用上述几种方法。例如,对于逻辑曲线函数,若假定 $L=100$,则可采用以下方式进行线性变换。首先,原方程两边同时取倒数,可得:

$$1/Y = (1+ae^{-bX})/100 \text{ 或 } 100/Y-1 = ae^{-bX}$$

然后等式两边取对数,可得:

$$\ln(100/Y-1) = \ln a - bX$$

令 $Y^* = \ln(100/Y-1), b_1 = \ln a, b_2 = -b$,代入上式,可得:

$$Y^* = b_1 + b_2 X$$

第二,在通过变换得到的线性回归方程式中,所有变量都不能包含未知的参数。例如,如果 L 未知,上面所述的逻辑曲线方程的线性变换就是不正确的。在这种情况下,Y^* 包含了未知的 L,因而是不可观察的。

第三,在以上的分析中,为了叙述方便,我们省略了非线性回归函数中包含的随机误差项。事实上,非线性回归分析也要考虑随机误差项问题。只有当变换后的新模型中包含的随机误差项能满足各种标准假定时,新模型中回归系数最小二乘估计量的各种理想性质才能成立。

第四,严格地说,上述各种线性变换方法只适用于变量为非线性的函数。对于参数也是非线性的、或变量和参数均为非线性的函数,即使有可能进行线性变换和回归估计,也无法得到原方程中非线性参数的无偏估计量。

例 8-17 某企业生产一种电子产品,历年单位成本的递减率资料如表 8-7 所示,试拟合一非线性回归方程,并为 2021 年制订产品成本计划提供预测数据。

表 8-7 某企业某产品单位成本拟合非线性回归方程计算表

年份	每台成本(元)	递减率(%)	X	X^2	lg Y	Xlg Y
2015	435	—	1	1	2.638 5	2.638 5
2016	422	2.99	2	4	2.625 3	5.250 6
2017	407	3.55	3	9	2.609 6	7.828 8
2018	395	2.95	4	16	2.596 6	10.386 4
2019	382	3.29	5	25	2.582 1	12.910 5
2020	370	3.14	6	36	2.568 2	15.409 2
合 计	—	—	21	91	15.620 3	54.424 0

当动态数列以大体上相同的增长速度变化,即各期环比增长速度大致相同时,这种动态数列的基本趋势属于指数曲线类型,其方程式为:

$$Y = ab^X$$

其中,Y 表示产品单位成本;X 表示年份;a、b 为参数。

对上式两边取对数,得:

$$\lg Y = \lg a + (\lg b) \cdot X$$

令 $Y^* = \lg Y, A = \lg a, B = \lg b$,则指数曲线方程式可变换为直线形式:

$$Y^* = A + BX$$

变换后的参数 A、B 可计算如下:

$$B = \frac{n\sum XY^* - \sum X \sum Y^*}{n\sum X^2 - (\sum X)^2}$$

$$= \frac{6 \times 54.424 - 21 \times 15.6203}{6 \times 91 - 21^2} = -0.014\ 117$$

$$A = \frac{\sum Y^*}{n} - B\frac{\sum X}{n}$$

$$= \frac{15.6203}{6} + 0.014\ 117 \times \frac{21}{6} = 2.6528$$

变换后的直线方程为:

$$Y^* = 2.6528 - 0.014\ 1X$$

2021年时间代码 X 为7,2021年产品单位成本可预测如下:

$$Y^* = 2.6528 - 0.014\ 1 \times 7 = 2.554$$

求 Y^* 的反对数可得: $Y = 358$(元),即2021年产品单位成本的预测值为358元。

也可通过计算 A、B 的反对数,分别得 $b = 0.968$、$a = 449.576$,然后列出以下指数曲线方程:

$$Y = 449.537 \times 0.968^X$$

将 $X = 7$ 代入上式,可直接预测2017年的产品单位成本为:

$$Y = 449.537 \times 0.968^7 = 358(元)$$

指数曲线方程参数的意义是十分明确的:a 表示修匀数列的初始水平;b 表示单位时间趋势值的发展速度。本例 b 为0.968,表示产品单位成本年均发展速度为96.8%,平均每年递减3.2%(96.8%−1=−3.2%)。

练 习 与 思 考

一、单项选择题

1. 下列现象属于线性函数关系的是(　　)。
    A. 利息水平与利率水平
    B. 降雨量与茶叶质量
    C. 居民收入水平与居民储蓄额
    D. 广告投放量与产品销售量
2. 对两个变量进行回归分析的前提是这两个变量的相关程度要达到(　　)。
    A. 高度相关　　　　　　　　　B. 显著相关
    C. 低度相关　　　　　　　　　D. 微弱相关
3. 某商品的需求量和价格之间存在高度相关关系,则它们的相关系数可能为(　　)。

A. $r=0.85$　　　　　　　　　　B. $r=8.5$
C. $r=-0.85$　　　　　　　　　D. $r=-8.5$

4. 当 r=0.9 时,下列说法正确的是(　　)。
   A. 90%的点都集中在一条直线上
   B. 线性相关的可能性为 90%
   C. 两变量呈显著线性正相关
   D. 两变量呈高度线性正相关

5. 若 X 和 Y 的相关系数为-0.76, X、Y 的标准差分别为 3 万件和 6 元,则 Y 倚 X 的回归系数为(　　)。
   A. $b=-0.38$(万件)　　　　　B. $b=-0.38$(万件/元)
   C. $b=-1.52$(元)　　　　　　D. $b=-1.52$(元/万件)

6. 在变量 X 和 Y 的相关分析中(　　)。
   A. X 和 Y 都是随机变量
   B. Y 是自变量,X 是因变量
   C. X 和 Y 都是因变量
   D. X 是自变量,Y 是因变量

7. 估计标准误差的计算公式中,其自由度为(　　)。
   A. n　　　　　　　　　　　　B. $n-1$
   C. $n-2$　　　　　　　　　　　D. $n+2$

8. 下列关于 X 和 Y 的协方差错误的说法是(　　)。
   A. 协方差是积差平均数
   B. 协方差的绝对值小于等于 1
   C. 协方差表明 X 和 Y 的相关方向
   D. 协方差表明 X 和 Y 的相关程度

9. 下列现象属于不相关的是(　　)。
   A. 产品销售量与销售价格
   B. 人均收入与人均支出
   C. 居民文化程度与身高
   D. 工人奖金与劳动成果

10. 下列关于估计标准误差 S_{yx} 正确的说法是(　　)。
    A. S_{yx} 表示 X 与 $\hat{Y}$ 的误差
    B. S_{yx} 表示 X 与 $\hat{X}$ 的误差
    C. S_{yx} 表示 Y 与 X 的误差
    D. S_{yx} 表示 Y 与 $\hat{Y}$ 的误差

二、多项选择题

1. 两个变量之间的关系为零相关,可能的情况是(　　)。
   A. 线性相关　　　　　　　　　B. 非线性相关

C. 微弱相关 D. 不相关
E. 复相关
2. 相关系数能说明两个变量之间相关关系的(　　)。
   A. 经济内容 B. 离散程度
   C. 集中程度 D. 相关方向
   E. 相关程度
3. 下列选项中,在一定的范围内存在负相关关系的是(　　)。
   A. 身高与体重 B. 产量与单位成本
   C. 商品的价格与需求量 D. 施肥量与农作物产量
   E. 产品产量与总成本
4. 对于单位成本倚产量的直线方程：$\hat{Y}_t = 310 - 0.1 X_t$,下列说法正确的是(　　)。
   A. 产量为100万件时,单位成本为300元
   B. 产量增加1万件,单位成本则降低0.1元
   C. 产量每增加1万件,单位成本则平均降低0.1元
   D. 回归系数为负数,说明单位成本和产量的相关关系为负相关
   E. 回归系数为负数,说明单位成本和产量的相关关系为正相关
5. 人均支出在人均收入上回归的直线方程中,下列说法正确的是(　　)。
   A. 给定人均支出,可预测人均收入
   B. 给定人均收入,可预测人均支出
   C. 直线方程的斜率是回归系数,且为正数
   D. 直线斜率表明人均支出增加一个单位时而平均增加的人均收入
   E. 直线斜率表明人均收入增加一个单位时而平均增加的人均支出

三、判断题

1. 零相关表示两个变量无线性相关关系,但可能存在非线线相关关系。　　(　　)
2. 复相关系数的平方实际上就是多元线性回归方程的可决系数。　　(　　)
3. 社会经济现象普遍存在的是线性相关关系。　　(　　)
4. 非线线相关关系有时可以转化为线性相关关系来分析。　　(　　)
5. 对一元线性回归系数的显著性检验通常采用t检验。　　(　　)
6. 一元线性回归系数和单相关系数的变动方向是相反的。　　(　　)
7. 可决系数就是回归误差占总误差的百分比。　　(　　)
8. 对多元线性回归模型拟合程度的评价要采用修正自由度的可决系数。　　(　　)
9. 用线性回归方程进行预测时也可给出因变量的数值来估计自变量的可能值。　　(　　)
10. 多元回归方程的显著性检验是在方差分析的基础上利用F检验进行。　　(　　)

四、问答题

1. 什么是相关关系?它与函数关系有什么不同?
2. 什么是正相关、负相关和零相关?试举例说明。
3. 单相关系数的意义是什么?其计算公式有哪几种变形?
4. 如何利用单相关系数来判断现象的相关方向和相关程度?

5. 拟合一元线性回归方程要具备哪些条件？回归方程中参数 a、b 的经济含义是什么？
6. 试比较相关分析和回归分析的特点。
7. 什么叫可决系数？如何利用可决系数来说明线性回归模型的拟合程度？
8. 计算一元线性回归方程的估计标准误差时为什么会失去两个自由度？
9. 一元线性回归方程预测误差的产生原因可概括为哪几个方面？
10. 多元回归方程的显著性检验有哪些具体的步骤？

五、计算分析题

1. 某地 2016—2020 年人均可支配收入和消费品零售额资料如下：

年份	人均可支配收入（万元）	消费品零售总额（亿元）
2016	2.75	287
2017	3.08	313
2018	3.46	370
2019	3.97	446
2020	4.65	560

要求：计算相关系数，并分析该地人均可支配收入与消费品零售总额之间的相关性。

2. 现有 8 家同类企业的生产性固定资产年平均价值和年总产值资料如下：

企业编号	生产性固定资产（百万元）	总产值（亿元）
1	32	1.6
2	24	1.5
3	41	2.7
4	42	3.0
5	50	3.9
6	36	2.5
7	92	7.1
8	121	9.4
合 计	438	31.7

要求：拟合以年总产值为因变量的直线回归方程，并回答：(1) 当生产性固定资产为 1.3 亿元时，年总产值估计为多少？(2) 回归系数的经济含义是什么？

3. 某地区 2015—2020 年固定资产投资额和工业增加值增长率资料如下表所示：

年份	固定资产投资额（百亿元）	工业增加值增长率（%）
2015	50	7.0
2016	57	7.6
2017	60	7.7
2018	70	8.1
2019	72	8.2
2020	76	8.4

要求:(1)计算固定资产投资额和工业增加值增长率的相关系数;(2)拟合以固定资产投资额为自变量的直线回归方程;(3)预测固定资产投资额为 8 000 亿元时的工业增加值增长率。(4)指出回归系数的经济含义。

4. 某航空公司有关航班正点率和顾客投诉率的资料如下:

航班正点率(%)	顾客投诉率(%)
79	0.52
78	0.57
77	0.65
74	0.69
74	0.70
72	0.77
71	0.84
69	1.20

要求:(1)建立航班正点率和顾客投诉率之间的回归方程;(2)计算估计标准误差;(3)当航班正点率为 80% 时,在可靠性程度为 95% 的条件下估计投诉率的区间范围。

5. 某制药公司研发投入与公司利润资料如下:

研发投入(万元)	20	32	40	43	57
利 润(万元)	120	162	270	285	310

要求:(1)计算研发投入与利润之间的相关系数;(2)分别建立以研发投入和利润为自变量的回归方程;(3)当研发投入为 60 万时,利润可以达到多少?(4)当利润为 400 万时,需要有多大的研发投入?

6. 为了对某市写字楼的空置率与租金水平的关系进行研究,现收集资料如下:

编号	写字楼空置率(%)	每平方米租金(万元)
1	5.0	0.9
2	12.3	1.2
3	14.0	1.8
4	15.2	2.1
5	16.8	2.5
6	20.2	3.0
7	21.6	3.7
8	22.7	4.1
9	24.0	4.8

要求:(1)绘制散点图,指出变量之间存在什么关系;(2)建立写字楼空置率和租金之间的回归方程;(3)以 99.73% 的置信水平估计租金为每平方米 5.2 万元时,写字楼的空置率为多少?

7. 根据以下资料编制直线回归方程,并计算相关系数和可决系数。

$$\overline{XY}=146.5 \quad \overline{X}=12.6 \quad \overline{Y}=11.3$$
$$\overline{X^2}=164.2 \quad \overline{Y^2}=134.1 \quad a=1.7575$$

8. 某企业为了分析产品销售量与销售价格的关系,随机抽取了 30 个样本单位,得如下数据:各样本单位的平均销售量为 6 200 件,标准差为 75 件,各样本单位的平均价格为每件 820 元,标准差为每件 30 元,销售量与销售价格的协方差为 2 025。

要求:(1)计算销售量与销售价格的相关系数;(2)拟合一销售量对于价格的直线方程;(3)计算估计标准误差;(4)当价格为每件 800 元时,价格每增长 1%,销售量增长百分之多少?

9. 某企业生产某产品,单位成本与产量的相关资料如下:

序号	单位成本(元/吨)	产量(吨)
1	53	150
2	50	170
3	46	200
4	42	300
5	40	390
6	39	420
合 计	270	1 630

要求:(1)计算单位成本与产量的相关系数;(2)拟合以产量为自变量的直线回归方程;(3)预测产量为 500 吨时的单位成本。

10. 某经济较发达的乡镇居民 2016—2020 年人均可支配收入和人均消费支出资料如下:

年份	人均可支配收入(万元)	人均消费支出(万元)
2016	5.0	4.6
2017	5.4	5.0
2018	6.0	5.3
2019	6.5	5.7
2020	7.1	6.4
合 计	30.0	27.0

要求:(1)试计算相关系数,并说明相关关系;(2)建立直线回归方程,并预测当人均纯收入为 8 万元时的人均消费支出。

11. 根据某地对 15 户家庭进行家计抽样调查资料得知:人均年收入为 47 000 元,均方差为 600 元,人均年消费支出为 32 000 元,均方差为 300 元,支出对于收入的回归系数 b 为 0.4。

要求:(1)计算收入与支出的相关系数;(2)拟合一支出对于收入的直线回归方程;(3)估计平均年收入在 50 000 元时的平均消费支出额;(4)估计收入每增加 1 000 元的平均支出额;(5)以 95%的可靠性程度估计人均年收入为 40 000 元的家庭消费支出的置信区间;(6)对直线回归方程进行显著性水平为 5%的显著性检验;(7)对回归系数进行显著性水平为 5%,$H_0:B=0.5,H_1:B<0.5$ 的显著性检验。

12. 设回归方程为:$Y_t=\beta_1+\beta_2 X_{2t}+\cdots+\beta_k X_{kt}+u_t$,试根据以下几种场合,讨论回归方程

中回归系数的经济含义和应取的符号:(1)Y_t 为商业行业的净资产报酬率; X_{2t} 为人均消费额; X_{3t} 为流通费率;(2)Y_t 为国内生产总值; X_{2t} 为工业增加值; X_{3t} 为农业增加值。

13. 假设要拟合以下回归方程: $Y_t = \beta_1 + \beta_2 X_{2t} + \beta_3 X_{3t} + u_t$, 式中, Y_t 是小轿车数量(百辆); X_{2t} 为居民人数(万人); X_{3t} 为居民人均年收入(万元)。现利用 8 个城市的样本资料已经计算出以下数据:

$$Y'Y = 8\,565\,600, \quad \overline{Y} = 574.6$$

$$X'Y = \begin{pmatrix} 2\,748 \\ 821\,058 \\ 478\,675 \end{pmatrix}, \quad (X'X)^{-1} = \begin{pmatrix} 430.334 & 1.573\,99 & -5.168\,68 \\ 1.573\,99 & 0.006\,36 & -0.019\,93 \\ -5.168\,68 & -0.019\,93 & 0.063\,86 \end{pmatrix}$$

试根据上述数据:(1)估计方程中的回归系数;(2)计算随机误差项的方差估计值;(3)计算修正自由度的可决系数;(4)计算各回归系数的 t 统计量;(5)对整个回归方程进行显著性检验;(6)计算变量 Y 和变量 X_2、X_3 的复相关系数;(7)测算居民人数为 150 万人、人均年收入 6 万元时的小轿车数量。

14. 某企业近年来总成本与产量资料如下表所示:

年份	产量 X_t (百件)	总成本 Y_t (万元)	年份	产量 X_t (百件)	总成本 Y_t (万元)
1	4	32.9	7	9	86.3
2	6	52.4	8	12	139.0
3	5	42.4	9	11	115.7
4	7	62.9	10	13	154.8
5	8	74.1	11	14	178.7
6	10	100.0	12	15	203.1

要求:(1)试拟合以下总成本函数: $Y_t = \beta_1 + \beta_2 X_t + \beta_3 X_t^2 + \beta_4 X_t^3 + u_t$;(2)根据总成本函数推导出平均成本函数,并推算总产量为 1 350 件时的平均成本。

第九章 统计综合分析

学习目的与要求

本章主要阐述统计综合分析的意义及其一般步骤,并介绍几种主要的统计综合分析方法。具体要求:
1. 理解统计综合分析的概念、特点和作用;
2. 掌握统计综合分析的基本要求、一般程序和统计综合分析的主要方法;
3. 掌握统计比较的概念、统计比较的基本原则以及国际统计比较的常用方法。

第一节 统计综合分析的意义

一、统计综合分析的含义

统计综合分析也称统计综合评价,是根据分析研究的目的,在科学的理论指导下,以客观统计资料为依据,结合具体实际情况,运用定性分析和定量分析相结合的方法,对社会经济现象总体进行系统的分析研究,以阐明问题产生的原因,揭示事物之间的内在联系,从而认识事物的本质和发展规律的一种统计分析方法。在整个统计活动过程中,统计综合分析作为统计分析阶段的具体分析方法,是充分发挥统计职能的关键环节。

统计综合分析与统计综合评价的概念是交叉的。统计综合分析过程包含了统计综合评价;统计综合评价过程也是统计综合分析过程。所以,以下将交互使用这两个概念。

统计工作的基本环节是统计调查、统计整理和统计分析。通常认为,统计调查的资料经过统计整理成为反映总体数量特征的总量指标,是整理过程的终结,也标志着统计工作进入了统计分析阶段。统计分析工作包括综合指标的计算和分析、动态数列分析、指数分析、抽样估计、假设检验、相关分析以及本章所要阐明的统计综合分析。

可以认为,统计综合分析的概念是广义的,它是从上述许多统计分析方法中抽象出来的。这里可以把统计综合分析看作为统计分析阶段的一种具体分析方法。在统计实践中,统计人员经常要作统计分析工作,他们写出的统计分析报告和统计分析结论从阐明的内容与使用的分析方法来看,与统计综合分析的概念是一致的。

统计综合分析方法只是手段,解决问题才是目的。统计综合分析要求对所研究的问题作出周密的分析和正确的判断与评价,进而提出解决问题的方案和办法。所以,统计综合分析绝不仅仅是分析方法的总和,而是认识和研究问题的更高级的统计分析。

二、统计综合分析的特点

统计综合分析的特点主要包括以下三个方面。

(一) 以统计数据为基础,定量分析与定性分析相结合

统计综合分析是对所研究的事物进行剖析,从有关统计指标数值中研究其相互联系和差别,从而可以弄清情况、揭示矛盾。对于现实的客观现象总体,统计综合分析就是从数量方面入手,分析各种社会经济现象之间的数量对比关系,以发现问题与提出问题。从本质上讲,它是以统计资料为主要依据的定量分析。但是,统计综合分析不是数字的罗列,而是把真实的、客观的数据和具体实际情况结合起来,把定量分析和定性分析结合起来,综合掌握事物的联系和变化过程,掌握事物从量变到质变的关键点,深入探索事物发展变化的根本原因,进而提出可行的对策。

(二) 综合运用多种分析方法

统计综合分析的一个重要特点就是综合性,即它在分析过程中要综合运用多种分析方法。统计综合分析的对象是某种社会经济现象总体。一种分析方法只能反映现象总体的某一个侧面,只有运用多种分析方法进行综合分析才能认识总体的全貌,掌握其变动的全过程,以达到从各个方面全面了解客观现象的目的。因此,对于统计综合分析,可以把以上各章节所阐明的分析方法结合起来,组成分析方法体系。也可以说,统计综合分析不是独立的内容,它与其他统计分析方法的联系是十分密切的。只有把各种统计分析方法融会贯通,才能真正掌握统计综合分析的真谛。

(三) 统计综合评价的结果具有相对性

统计综合评价的结果并不是唯一的、绝对的结论,它具有相对性。统计综合评价采用一定的数学模式和计量方法,通过定量分析取得相应的结论性数据,但这些数据只有相对的意义。一方面,综合评价的结果一般适用于同类事物之间的比较或排序;另一方面,采取不同的评价方法也有可能得出不同的结论。例如,评价一个国家的经济发展实力,采用汇率法和购买力平价法的结果就不一定完全一致。

三、统计综合分析的作用

统计综合分析的作用可以归纳为以下两点。

(一) 对被研究的客观事物有一个综合的认识和评价

统计综合分析是一种多指标综合评价的方法,即通过将事物不同方面的评价值综合在一起,获得对事物整体性的和综合性的认识。例如,对企业进行社会经济效益考核评价时,就需要将企业的主要经济指标,如全员劳动生产率、成本费用利润率、流动资金周转率、产品销售率、净资产收益率、营运资金比例、资产保值增值率、市场占有率等,运用某种综合评价方法进行综合分析,最后可获得对企业社会经济效益状况的总体评价。

(二) 可对不同国家、地区和单位的综合分析结果进行比较和排序

对社会经济现象总体,不仅要对其本身的状况与水平有一个全面综合的认识,还要了解它在同类总体中的层次位置,即对其质量有一个序列认识,用以比较各评价主体的差异程度和分析差异水平。例如,可以运用统计综合评价方法,进行国家之间综合国力的比较和排序,进行

不同地区社会经济发展水平的比较和排序,进行同行业各个企业的综合经济效益评价和排名等。

第二节 统计综合分析的要求和程序

一、统计综合分析的基本要求

统计综合分析的基本要求包括确定分析目的并选定课题,拟定分析提纲,搜集、鉴别和整理资料,进行综合评价并得出结论以及根据分析结果提出统计分析报告。这些要求说明统计综合分析不同于一般的统计分析,其分析过程自始至终比较完整,特别是要求最终提出统计分析报告,作为统计综合分析的成果,这也体现了统计综合分析方法的独到之处。

(一)确定分析目的并选定课题

统计综合分析是一项针对性很强的工作。要做好这项工作,首先必须明确分析研究所要解决的问题是什么。只有明确了分析目的,统计综合分析各阶段的工作才能围绕着分析目的来进行,从而达到省时省力、提高分析质量的效果。

统计综合分析目的的确定集中体现在研究课题的选择上。分析选题反映了研究的主题和问题的关键,要争取做到目的明确、选题正确。一般来说,课题要根据客观的需要来选择,可以有多种形式,如社会各界关注的热点问题、有争议的难点问题或社会经济实践中出现的新事物和新问题等。不管所选定的课题源于哪个方面,都必须是关键性的、有一定预见性的问题。在选题过程中要处理好需要与可能的关系,所选择的题目应当是在现有的社会经济技术条件下能够完成的。

(二)拟定分析提纲

确定了分析目的和选定了分析课题之后,就要拟定分析提纲和设计课题研究的计划。分析提纲是整个分析工作行动过程的指导性计划,一般包括以下几个方面的内容:分析研究的对象和内容;分析的目的和要求;从哪些方面进行分析,列出分析思路的大纲和细目;分析所需要的资料及其来源;资料取得的方式和方法;整个分析工作过程的实际步骤和分工。确定分析提纲之后,在实际分析研究中可以根据各种新情况和新问题随时对其进行补充或修改。

(三)搜集、鉴别和整理资料

统计综合分析要以统计资料为基础,因此,课题选定之后,具体分析工作的第一步就是要用各种方法调查、搜集足够丰富的、客观可靠的资料。统计资料的搜集要围绕分析课题并按照分析提纲的要求来进行,在搜集过程中还要注意结合运用各种调查方法。资料是多方面的,包括日常积累的历史资料和专门搜集的新资料、本单位的资料及与分析问题相关的外单位的资料和同行业国内外的先进水平资料等。同时,还需要在分析中进行一些补充性的调查。

各种资料由于来源不同,在总体范围、指标口径、计算方法等方面都会有差别,因此,仅仅占有充分的资料是不够的,还要对资料进行审查和鉴别。审查和鉴别包括鉴别资料的真伪、审查资料的准确程度、审查资料的代表性及代表的范围有多大和审查资料的可比性等。

在对统计资料进行鉴别之后,还要根据分析的目的和提纲的要求,对资料进行加工、整理和消化,即对搜集的资料进行去粗取精、去伪存真、由表及里地加工处理和间接推算,从中筛选出分析研究所需要的有用资料,舍去与分析题目无关的资料。同时,把互相联系的资料整理汇总到一起,使之更加系统化和条理化,以作为统计综合分析的直接依据。

(四)进行综合评价并得出结论

统计综合分析过程就是依据经过审查、鉴别和整理加工后的资料,运用各种方法进行认真、细致地思考和系统、周密地分析,最后作出评价的过程。

面对大量的资料,要认识、理解和分析它们,从中发现问题,形成初步的意见或观点,并找出原因,作出判断并得出评价结论。在分析过程中,要利用统计所特有的分析方法,诸如分组法、指数法、动态数列分析法、综合指标法、相关分析法、抽样估计分析法等。这些方法中既有描述的方法,又有推断的方法;既有静态分析方法,又有动态分析方法;既有分析结构的方法,又有比较总量的方法。因此,在综合分析时,应该根据问题的需要,运用这些方法来分析事物之间的联系,考察事物的发展变化,研究事物之间的相互依存关系,并在分析的基础上对分析项目作出综合评价,并提出解决问题的建议。

(五)提出统计综合分析报告

统计综合分析结果的主要形式是书面的分析报告。它是统计综合分析的最后程序,集中体现研究的最终成果。分析报告一般包括基本情况概述、分析发现的问题及主要成绩、问题产生的原因、作出评价并提出改进建议等内容。撰写统计分析报告时,要注意紧扣主题,从分析现象总体的基本数量关系入手,结合有关情况和事实,进行科学的归纳、总结、推断和论证,做到有材料、有事例、有观点、有建议,中心突出,简明扼要,并须注意逻辑层次分明,观点和材料统一。一份好的统计分析报告是一项有效决策的基础。

二、统计综合分析的基本程序

统计综合分析具有系统性、完整性和可操作性等特点。根据研究目的和任务的不同,可以采取不同的综合分析方法。但是,统计综合分析不论采取何种形式,其基本程序一般包括以下五个方面。

(一)根据分析目标确定评价指标体系

统计综合分析总是针对某一个或若干个专题展开的。进行统计综合分析,必须建立一个能够从不同角度和不同侧面反映评价目标的指标体系。

根据评价目标和现象总体复杂程度的不同,评价指标体系可以是单一层次的,也可以是多层次的。例如,我国在评价工业企业的经济效益时,对于一般企业有反映利润总额及增长率、反映企业盈利能力、反映企业效益等三类指标,这些指标分别是利润总额、利润增长率、总资产报酬率、销售利润率、资本金收益率、利息保障倍数等。对于大中型企业有反映总体经济实力、投入产出能力、营运能力、盈利能力、偿债能力、发展能力等六类指标,这些指标分别是市场占有率、利税占有率、全员劳动生产率、成本费用利润率、流动资金周转率、产品销售率、总资产报酬率、净资产收益率、资产负债率、营运资金比例、资产保值增值率、资产增加值率等。

选择评价指标一般要遵循以下原则:(1)要根据研究目的选择评价指标,指标能确切的反映分析评价的内容。(2)评价指标能反映客观实际,能反映被研究现象的本质特征。(3)评价指标要具有全面性,能从不同方面或不同角度全面、系统地反映事物的面貌。(4)评价指标要具有敏感性,能敏感地反映事物的发展变化。(5)评价指标之间要相互独立性,要尽量选择相关程度低的指标,避免指标的重复。(6)评价指标应具有可比性,指标概念要明确、计量口径要一致、以达到纵向和横向可比。(7)评价指标要具有可行性,要考虑资料收集和评价方法的可操作性以及指标能被社会普遍接受。

(二)确定评价指标的权重系数

权重系数也称相对权数。评价指标的权重系数表示评价指标在整个统计指标体系中的作用程度,某指标的权重大,说明该指标的作用大。选择作为综合评价的指标都是反映总体某一方面特征的数值,这些指标在综合评价中的重要程度是不同的,所以要对各个指标在总体中的重要程度赋予其不同的权重系数。根据权数的数学性质,各个指标的权重系数之和必须等于1。各个指标权重系数的确定主要是一个定性分析问题,但也可以在定性分析的基础上采用定量分析方法来确定。

(三)选择科学的评价标准

选择确定科学的评价标准,可以客观、科学、合理地对分析对象进行准确评价。常用的综合评价标准有经验数据评价标准、历史数据评价标准、空间数据评价标准以及目标数据评价标准等。

(四)选择合适的综合分析方法

统计综合分析的方法有多种,它们的特点和应用条件各不相同。统计综合分析与评价的主要目的是使不能同度量的指标能够综合度量,并将各个指标的评价值综合为总评价值。常用的方法有综合评分法、功效系数法、平均指数法以及统计比较等方法。广义地说,所有统计综合分析方法都包含统计比较的方法。因此,统计比较是统计综合分析最基本的方法,它适用于不同空间范围和不同时间阶段的统计比较,如国家与国家之间、地区与地区之间的统计比较,企事业单位之间的各种统计比较等。

(五)将各指标的评价值合成为总评价值

要将各项指标的评价值利用综合评分法、功效系数法和平均指数法等常用的统计综合分析方法合成为总的评价值,并将其与选定的评价标准进行对比分析,判别优劣,或进行排序等,以便发现问题,提出对策和建议。

在统计综合分析的整个程序中,最重要的是指标体系的选定、权重系数的确定和评价方法的选择。

第三节 统计综合分析的常用方法

在评价指标体系建立之后,要对各项指标进行无量纲化处理,即同度量处理,以消除由于各指标不同的计量单位给综合分析带来的影响。统计综合分析方法就是通过对各项指标的同度量处理,最后将它们合成一个数值作为评价值的分析方法。

下面介绍统计综合分析常用的综合评分法、功效系数法和平均指数法。

一、综合评分法

综合评分法是统计综合分析最常用的方法,它是通过打分来对根据品质划分等级的项目进行量化处理,可用来进行定性排序问题的综合评价。其核心内容是对评价的不同等级赋予不同的分值,并以此为基础进行综合评价。其分析评价的步骤如下三方面。

第一步，根据被分析评价对象的特点和分析的目的选择若干指标组成评价指标体系，并确定各项指标的评分标准、计分方法和权重系数。综合评分法的关键是评价标准和计分方法的确定，一般采用如下两种计分方法：一种是名次计分法，就是先根据各个评价指标的优劣排出被评价对象的名次，名次越在前面的得分越高，名次在后的则得分低，然后对同一总体各项指标的得分加总，并以此排定顺序；另一种是百分制法，即以100分为标准总分，然后分别确定各个指标占多少分。

第二步，对选定的评价指标的实际数据依照评分标准进行评分，由所有指标的分值计算得出总分值，并与评价标准进行比较，做出全面、综合的评价分析，以确定其优劣、或者进行排序和划分等级。

例 9-1 某电视机厂要了解消费者对该厂某型号电视机的评价，采用综合评分法评价。现选择了3个评价指标，评分值为5个等级，收回有效答卷1 000份，所选的评价项目和评分结果见表9-1所示，试对该型号电视机的性能进行综合评价。

表 9-1 消费者对电视机质量的评分结果统计表

评价指标	得票数					权重	平均得分
	100 分	80 分	60 分	40 分	20 分		
清晰度	500	200	200	50	50	0.3	81
耗电量	400	250	200	100	50	0.2	77
故障率	100	500	200	100	100	0.5	68

综合评价过程如下：

首先，分别计算每项评价指标的平均得分。如清晰度的平均得分为：

$$平均得分 = \frac{500 \times 100 + 200 \times 80 + 200 \times 60 + 50 \times 40 + 50 \times 20}{1\ 000}$$

$$= 81(分)$$

同理，可得耗电量和故障率的平均得分分别为77和68，该电视机质量的综合得分可计算如下：

$$综合得分 = 81 \times 0.3 + 77 \times 0.2 + 68 \times 0.5 = 73.7(分)$$

综合评分法简单易行，容易掌握和运用，是社会经济实践中经常使用的综合评价法。但是，其打分的多少和权重的确定受人们主观因素的影响较大。

二、功效系数法

功效系数是指各项评价指标的实际值占该指标允许变动范围的相对位置。功效系数法是在进行统计综合评价时，先运用功效系数对各指标进行无量纲同度量转换，然后再采用算术平均法或几何平均法对各项功效系数求其总功效系数，作为对总体的综合评价值，并加以比较判断的方法。其评价分析的具体步骤如下几方面。

第一步，确定反映总体特征的各项评价指标。

第二步，确定各项评价指标的满意值和不允许值。满意值是指在目前条件下能够达到的最优值；不允许值是该指标不应该出现的最低值。允许变动范围的参照系就是满意值与不允许值之差。

第三步，计算各项评价指标的功效系数，对指标进行无量纲化处理。满意值的功效系数为1，不允许值的功效系数为0，介于满意值与不允许值之间的数值的功效系数在0和1之间，功效系数可按评价指标的比例关系计算，其计算公式如下：

$$d_i = \frac{x_i - x_i^s}{x_i^h - x_i^s}$$

其中，d_i 为各评价指标的功效系数；x_i 为评价指标；x_i^h 表示满意值；x_i^s 表示不允许值。

第四步，根据各项指标的重要程度，确定各项评价指标的权重系数。

第五步，计算评价总体的总功效系数。一般用加权算术平均法计算。然后根据总功效系数数值的大小排列其优劣顺序。总功效系数的计算公式如下：

$$D = \sum d_i P_i$$

其中，D 表示总功效系数；P_i 表示各项评价指标的权数。

例9-2 现对甲、乙、丙、丁四个同类企业进行综合经济效益评价并排序比较，相关资料见表9-2所示。

表9-2 四个企业的经济效益指标相关数据

企业名称	全员劳动生产率（万元/人）	股东权益报酬率（%）	流动资金周转率（次）	市场占有率（%）
甲	21	16	10	26
乙	38	20	12	17
丙	19	26	9	31
丁	32	18	7	40

为了计算方便，本例仅选择了4个指标来评价，具体计算和评价过程如下三方面。

第一步，确定各指标的满意值和不允许值。本例中各项指标的最大值就是满意值，最小值就是不允许值。

第二步，计算各项指标针对各企业的功效系数。例如，全员劳动生产率指标乙企业为最大值38，则其的功效系数为1；丙企业为最小值19，则其的功效系数为0，甲企业与丁企业的功效系数分别为：

$$d_\text{甲} = \frac{x_i - x_i^s}{x_i^h - x_i^s} = \frac{21-19}{38-19} = 0.105\,3$$

$$d_\text{丁} = \frac{x_i - x_i^s}{x_i^h - x_i^s} = \frac{32-19}{38-19} = 0.684\,2$$

其余计算结果见表9-3所示。

表 9-3 四个企业的功效系数计算表

企业名称	d_1	d_2	d_3	d_4
甲	0.105 3	0.000 0	0.600 0	0.391 3
乙	1.000 0	0.400 0	1.000 0	0.000 0
丙	0.000 0	1.000 0	0.400 0	0.608 7
丁	0.684 2	0.200 0	0.000 0	1.000 0

第三步,计算合成各企业的总功效系数,本例假如 4 个指标的权重系数分别为 0.2、0.3、0.3、0.2,则各企业的总功效系数可计算如下:

$$D_甲 = 0.105\ 3 \times 0.2 + 0 \times 0.3 + 0.6 \times 0.3 + 0.391\ 3 \times 0.2 = 0.279$$

同理,

$$D_乙 = 0.620; \quad D_丙 = 0.542; \quad D_丁 = 0.397$$

由各企业的总功效系数可以看出,$D_乙 > D_丙 > D_丁 > D_甲$,即可得四个企业的综合经济效益的名次顺序。

如果对每一个指标的功效系数乘以 40 再加上 60,即所谓改进的功效系数:

$$d_i = \frac{x_i - x_i^s}{x_i^h - x_i^s} \times 40 + 60$$

将功效系数改为百分制,易于人们理解和接受。

三、平均指数法

平均指数法是在选定了评价总体的指标体系基础上,将评价指标的实际数值与相对应的某种基准数值进行比较,得到个体指标的指数值,然后用事先确定好的每项指标的权重系数对所有个体指数进行加权平均,计算出综合评价的平均指数,即总指数。计算公式如下:

$$\bar{K} = \frac{\sum \frac{p_{i1}}{p_{i0}} \cdot w_i}{\sum w_i} = \sum \frac{p_{i1}}{p_{i0}} \cdot \frac{w_i}{\sum w_i}$$

其中,$\bar{K}$ 表示平均指数;p_{i1} 表示第 i 个指标的实际值;p_{i0} 表示第 i 个指标的基准值,该数值可以是基期实际值,也可以是计划值或一定范围内的平均值;w_i 表示第 i 个指标的权重;$w_i / \sum w_i$ 表示第 i 个指标的权重系数。

应用平均指数法要注意以下问题:(1) 对于逆指标(数值越小越好的指标),要转换成正指标(数值越大越好的指标)才能进行加权平均计算,转换的方法是取其倒数。例如,库存周转天数为 30 天是逆指标值,转换成正指标值就是库存周转次数为 12 次。(2) 比较标准的选择要对综合评价结果具有直接影响。如果进行历史比较或者进行地区之间的横向比较,则可选用平均数为标准;如果为了评价研究对象的计划完成情况,则可选择计划数为标准;如果为了评价研究对象的增长速度,则应选择时间标准。

平均指数法的计算步骤如下几方面。

第一步,确定评价指标,建立评价指标体系,并选定评价标准。

第二步,分别计算各项评价指标与评价标准指标对比的个体指数,通过对比实现评价指标的无量纲化。

第三步,根据各项指标的重要程度确定权重系数,并对个体指数进行加权平均,计算出综合评价总指数。依据综合评价总指数,即可进行整体评价。一般来说,总指数的数值越大,总体的综合评价状况就越好。

例 9-3 某大型企业 2020 年各项经济效益指标的相关资料如表 9-4 所示,试计算各项经济效益指标的平均指数。

表 9-4 某企业 2020 年各项经济效益指标总指数计算表

指标名称	单位	2020 年实际值	2019 年实际值	权重	个体指数	个体指数×权数
产品销售率	%	90	92	12	0.98	11.76
流动资金周转率	次	9	10	18	0.90	16.20
全员劳动生产率	万元/人	36	29	16	1.24	19.84
总资产报酬率	%	7	7	20	1.00	20.00
成本费用利润率	%	39	41	15	0.95	14.25
利税占有率	%	3	2	8	1.50	12.00
资产保值增值率	%	30	26	11	1.15	12.65
合 计	—	—	—	100	—	106.70

各项经济效益指标的平均指数,即总指数为:

$$\overline{K} = \frac{\sum \frac{p_{i1}}{p_{i0}} \cdot w_i}{\sum w_i} = \frac{106.70}{100} = 106.70\%$$

总指数为 106.70%,表明该企业 2020 年总体经济效益比 2019 年增长了 6.7 个百分点。

第四节 统 计 比 较

一、统计比较的概念和意义

在进行统计综合分析时,我们通常使用统计比较的方法来研究事物之间的联系、结构和状况。这种逻辑思维的方法,是统计分析研究中常用的有效方法。所谓统计比较,是将统计指标所反映的实际水平与有关标准进行比较对照,计算出数量上的差别和变化,并在此基础上作出评价与判断的活动。

运用统计比较这一方法来认识社会经济现象的目的在于以下几方面。

第一,从总体数量关系差别及变化中认识事物。一个单独的统计指标只能说明总体的实际数量状况,难以得到明确而深刻的认识。进行统计比较则可以帮助我们作出相应的评价和判断。因为统计比较是和一定的标准、一定的参照物相互进行对比,在这种对比中,通过考察总体数量的差别和变化,可以得出若干结论性的认识,并由此引出需要研究与回答的问题。

第二,通过比较进行监督检查。将某一社会经济现象总体当前的发展状况与原来的计划目标或有关政策规定的标准进行比较,看其是否符合要求,可以发挥统计比较在认识社会经济现象中的监督检查作用。例如,国家对能源的消耗制订了相应的标准,通过企业在生产中实际消耗的能源与能源消耗标准比较,并据此作出进一步的分析,就可以检查企业对能源消耗标准的执行情况,进而找出差距及解决问题的方法。

第三,通过比较可以改善经营管理。监督检查也有促进作用,但统计比较对加强和改进管理所起的作用比监督检查更加广泛。差异的出现往往是由于管理不善或管理制度有缺陷造成的,应用统计指标在各地区和各单位之间进行比较以及在地区内部、单位内部进行比较,有助于发现问题,找出原因。通过地区与地区之间、单位与单位之间的相互学习,不断地改进管理措施,还可以提高政府的决策水平和企业的经营管理水平。

二、统计比较的种类

统计比较可以从不同的角度划分种类,通常分为静态比较和动态比较、相对比较和相差比较、单项比较和综合比较等。

(一)静态比较和动态比较

统计比较按其比较的时间状况不同可分为静态比较和动态比较。静态比较也叫横向比较,是同一时间条件下不同总体的数量比较,如不同地区的比较、不同部门的比较、企业与企业的比较、生产任务的实际完成情况与计划目标或规定标准比较等。动态比较也叫纵向比较,是同一统计指标在不同时间的比较,它反映所研究总体随着历史发展时期的不同所发生的数量特征的变化。根据统计分析的不同要求,这两种统计比较方法既可以单独使用,也可以结合使用。数量比较的结果统称为比较指标,分别称为静态比较指标和动态比较指标。

(二)相对比较和相差比较

统计比较根据比较方式不同可分为相对比较和相差比较。相对比较是将比较对象的指标数值和比较标准对比,比较的结果表现为相对数,如倍数、系数、百分数、成数等。相对比较也称为相除比较,可以表现为静态差别的比率和动态变化的程度。相差比较是将比较对象和比较标准相减而进行的比较,相减结果表现为两者相差的绝对量。因此,相对比较表现为相对量指标,相差比较表现为绝对量指标。在实际统计比较工作中,通常将相对比较和相差比较两种方法结合起来应用,以更加全面和完整地认识事物。

(三)单项比较和综合比较

统计比较按说明的对象范围不同可分为单项比较和综合比较。单项比较是指比较总体现象的某一方面或某一部分。根据统计比较的要求不同,可以对单独一项统计指标进行分析研究,也可以将反映总体某一方面或某一局部的若干指标联系起来进行分析研究。综合比较是指对整个总体或若干个方面的全面评价与分析,亦称综合评价。国家与国家之间综合国力的比较,地区与地区之间社会经济发展水平的比较,企业与企业之间经济效益的综合评价和产品质量综合评价与比较等,都属于综合比较。

三、统计比较的标准

要进行统计比较,必须有比较的标准或者参照依据,根据研究目的的不同,可以采用不同的统计比较标准,以下是常用的统计比较标准。

(一) 经验数据标准

经验数据标准是根据对现象的长期观察和了解或者对以往同类现象的研究所积累的经验数据为标准进行比较。该标准的形成一般没有理论支撑，只是根据事实现象归纳的结果。例如，我国国内生产总值年增长率在 6%～7%，通常情况下的积累率在 25%～30% 等数据。在实际工作中，可以将实际数据与相关的经验数据对比，判断经济发展状态是否正常。经验数据标准的运用，只适用于特定的行业和一定的时间阶段。

(二) 历史数据标准

历史数据标准是现象总体过去某一时间的实际值作为比较标准，以观察分析现象本身的发展变化趋势。历史数据标准可以选择前期平均水平、历史最高水平、历史转折时期的发展水平作为标准。例如，为了说明我国改革开放以来取得的巨大成果，常常把改革开放前的 1978 年的经济指标数据作为比较的标准。

(三) 空间数据标准

空间数据标准是以某一现象空间范围的数据作为比较的标准。通常是将同一时间的某项指标与其他单位或地区的数据进行比较。目的是分析不同国家和地区、不同部门和单位之间的差距。空间数据标准有平均水平标准、先进水平标准和相似空间标准等。

平均水平标准是以一定范围内的实际平均水平作为比较的标准，比较的结果表示各个被比较单位与平均水平的差距。先进水平标准是以一定范围内的最好水平作为比较的标准，比较的结果反映与最好水平的差距，目的在于促进落后地区或单位的发展。相似空间标准是在比较分析时选择与被比较对象情况或条件相似的其他空间数据作为标准。

(四) 目标数据标准

目标数据标准是综合了现象总体的历史数据和现实发展状况提出来的理想标准。通常以国家及相关部门规定的指标作为比较的标准。例如，我国"十三五"规划规定，单位国内生产总值能源消耗降低 16%，单位国内生产总值二氧化碳排放降低 17%，所以在"十三五"期末考核时就以这些目标数据为标准。

在实际应用时，可以将以上的几种比较标准结合起来使用，以使比较分析的结果更加符合实际，实现对被研究现象全面和准确的认识。

四、国际统计比较

(一) 国际统计比较概述

国际统计比较是统计比较方法应用的重要方面，旨在通过一定的统计指标与科学方法进行国家之间进行对比，从数量上反映不同国家之间在社会、经济、文化各个方面的差异。这对于各国了解世界、认识自己、开展国际交流、制订经济政策都有重大的意义。

国际统计比较是一种空间比较。它相对于时间比较有许多特点，时间比较通常是单维的，就同一总体按不同时间顺序的取值进行对比，各单位的影响是单向的，所以时间比较通常是后期与前期比较。而空间比较则是多维的，就不同总体在同一时间或不同时间的数值进行对比，各单位的影响是多向的，没有固定的排列顺序，也没有前后之分。因此，空间对比在比较基准的确定、权数的选择等方面常常面临着许多新的问题。再加上国际统计比较有明显的国家主体性，即各国政治、经济乃至文化传统等条件各不相同，因此进行国际统计比较要灵活多样，因地制宜。

国际统计比较应首选能综合反映该国经济总量规模和水平的指标，如国内生产总值、人均国内生产总值等。以价值指标进行国际比较时，由于存在各国币制不同以及所采用的对比方法不能恰当地反映不同国家之间经济规模真实差异等问题，所以需要计算各种货币的换算系数。

（二）货币换算系数

目前，国际上常用的计算货币换算系数的方法有汇率法和购买力平价法，现分别加以介绍。

1. 汇率法

计算货币换算系数通常以美元为标准，根据人民币对美元的汇率来计算换算系数。其中有三种不同的计算方法。

（1）直接汇率法。直接汇率法就是直接以各个国家实际的年平均汇率作为换算系数。国际货币基金组织每年定期公布各国年平均市场汇率供各国采用，以作为国际对比的货币换算系数。

例如，我国2020年国内生产总值为101.598 6万亿元人民币，按2020年人民币对美元年平均汇率为6.897 4，可计算如下：

$$\text{GDP(美元)} = \frac{\text{GDP(人民币)}}{\text{平均汇率}} = \frac{101.598\ 6}{6.897\ 4} \doteq 14.73 (\text{万亿美元})$$

采用直接汇率法作为货币换算系数虽然简单易行，但它有明显的不足：其一，市场汇率反映国际进出口商品和劳务的比价关系，而进入国际贸易的商品和劳务只占国民经济的一部分；其二，市场汇率的变动受多种因素影响，用它来作为货币换算系数稳定性较差；其三，在外汇管制较严的国家，汇率受到非经济因素的影响，很可能会扭曲汇率的比价关系。

（2）转换系数法。世界银行在计算其成员国可比的以美元表示的人均国内生产总值时，对美元汇率作了适当的调整，提出了转换系数。其主要理由是：汇率也是一种价格，它代表社会商品和劳务价格指数对全社会价格水平的影响。因此，应对比两国各自的物价指数来调整汇率，计算转换系数，具体计算公式如下：

$$C_t = \frac{e_{t-2}\left(\frac{I_t}{I_{t-2}} : \frac{I_t^*}{I_{t-2}^*}\right) + e_{t-1}\left(\frac{I_t}{I_{t-1}} : \frac{I_t^*}{I_{t-1}^*}\right) + e_t}{3}$$

其中，C_t表示货币转换系数；e_t、e_{t-1}、e_{t-2}表示t年、$t-1$年、$t-2$年的本国货币对美元的汇率；I_t、I_{t-1}、I_{t-2}表示本国t年、$t-1$年、$t-2$年的定基价格指数；I_t^*、I_{t-1}^*、I_{t-2}^*表示美国t年、$t-1$年、$t-2$年的定基价格指数。

（3）调整汇率法。联合国在计算会员国可比的以美元表示的人均收入以作为缴纳会费的标准时，对基准汇率用各年的价格指数进行调整，以作为相应年份的货币换算系数。具体做法是：首先确定基准汇率，然后各年用该年对基年的定基价格指数来调整基准汇率，以作为该年的货币转换系数。

调整汇率法有一个缺陷，就是忽略了汇率变动的影响，如果一个国家的汇率变动较大，用调整汇率法确定的货币转换系数就会脱离实际情况。

2. 购买力平价法

以汇率为基础计算货币转换系数，很难克服汇率的比价不能正确反映不同国家之间货币购买力的比价关系,进而引起价值指标换算结算偏差比较大。联合国主持的"国际比较项目"则通过对比各国商品和劳务价格关系得出货币购买力的比价,再经过逐级综合汇总,求得两国平均货币购买力的比较体系。这种方法称为国际比较的货币购买力平价法。

用购买力平价法进行国际比较的具体步骤如下:

第一步,对商品和劳务进行统一分类。例如,国民总支出可分为居民消费支出、总资本形成、公共消费支出三大类;在这个基础上,还可将其分为若干小类。居民消费支出可分为食品烟酒、衣着、生活用品及服务、医疗保健、交通通讯、娱乐教育、居住、其他用品及服务等小类;总资本形成可分为建筑物、生产设备、其他耐用品等小类;公共消费支出可分为行政管理费、国防经费、文教、科学、卫生事业等等小类。

第二步,选择代表规格品。从各小类商品和劳务中选择代表规格品,一是要注意所选择的商品和劳务在本类中具有充分的代表性,二是要注意所选择的商品和劳务在不同的国家有充分的共同性。这样才能保证求得的商品和劳务比价是在同质同量的基础上的价格关系。

第三步,计算各大类的平均购买力比价,即对小类各代表品的比价连乘,求其简单几何平均比价。计算公式为:

$$\left(\frac{p_A}{p_B}\right)_i = \left[\prod\left(\frac{p_{Aj}}{p_{Bj}}\right)\right]^{\frac{1}{m}} \quad (j=1,2,\cdots,m)$$

其中,i 代表支出大类;j 代表支出小类;A、B 分别为相互比较的两个国家;$(p_A/p_B)_i$ 代表第 i 大类 A 国对 B 国的平均价格比值;p_{Aj} 为 A 国 j 小类商品和劳务按本国货币表示的价格;p_{Bj} 为 B 国 j 小类商品和劳务按本国货币表示的价格;m 表示 i 大类中的各小类代表规格品的个数。

第四步,计算两国的综合货币购买力平价。将求得的所有大类购买力平价进行加权平均,就可以得到两国的综合货币购买力平价。

以 B 国第 i 大类商品人均支出额比重 w_{Bi} 为权数计算的综合货币购买力平价为:

$$\left(\frac{p_A}{p_B}\right)_B = \frac{\sum p_A q_B}{\sum p_B q_B} = \sum_{i=1}^{n}\left[\left(\frac{p_A}{p_B}\right)_i \cdot \left[\frac{p_B q_B}{\sum p_B q_B}\right]_i\right]$$

$$= \sum_{i=1}^{n}\left[\left(\frac{p_A}{p_B}\right)_i \cdot w_{Bi}\right]$$

以 A 国第 i 大类商品人均支出额比重 w_{Ai} 为权数计算的综合货币购买力平价为:

$$\left(\frac{p_A}{p_B}\right)_A = \frac{\sum p_A q_A}{\sum p_B q_A} = \frac{1}{\sum_{i=1}^{n}\left[\left(\frac{p_B}{p_A}\right)_i \cdot \left[\frac{p_A q_A}{\sum p_A q_A}\right]_i\right]}$$

$$= \frac{1}{\sum_{i=1}^{n}\left[\left(\frac{p_B}{p_A}\right)_i \cdot w_{Ai}\right]}$$

这样,兼顾了两国消费支出的结构,为了同时反映两国权数变化的影响,下面采用费歇尔的"理想指数"公式,计算两国综合货币购买力平价的几何平均数,作为货币转换系数,即:

$$\frac{p_A}{p_B} = \sqrt{\left(\frac{p_A}{p_B}\right)_A \cdot \left(\frac{p_A}{p_B}\right)_B}$$

例 9-4 假如 A、B 两国各项比较的基础数据如下,试计算购买力平价。

表 9-5 A、B 两国计算购买力平价的基础数据

支出类别		A 国		B 国	
大类	小类	P_A(币种 A)	$W_A(\%)$	P_B(币种 B)	$W_B(\%)$
1	1	5	60	2.2	30
	2	8		4.5	
2	1	12	40	5.0	70
	2	25		10.0	
	3	40		20.0	

第一步,计算大类平均价格比值:

$$\left(\frac{p_A}{p_B}\right)_{\text{大类}1} = \sqrt{\prod\left(\frac{p_{Aj}}{p_{Bj}}\right)} = \sqrt{\frac{5}{2.2} \times \frac{8}{4.5}} = 2.01$$

$$\left(\frac{p_A}{p_B}\right)_{\text{大类}2} = \sqrt{\prod\left(\frac{p_{Aj}}{p_{Bj}}\right)} = \sqrt{\frac{12}{5} \times \frac{25}{10} \times \frac{40}{20}} = 2.29$$

第二步,计算 A、B 两国货币综合购买力平价:

$$\left(\frac{p_A}{p_B}\right)_B = \sum_{i=1}^{n}\left[\left(\frac{p_A}{p_B}\right)_i \cdot w_{Bi}\right] = 2.01 \times 0.3 + 2.29 \times 0.7 = 2.206$$

$$\left(\frac{p_A}{p_B}\right)_A = \frac{1}{\sum_{i=1}^{n}\left[\left(\frac{p_B}{p_A}\right)_i \cdot w_{Ai}\right]} = \frac{1}{\frac{1}{2.01} \times 0.6 + \frac{1}{2.29} \times 0.4} = 2.113$$

$$\frac{p_A}{p_B} = \sqrt{\left(\frac{p_A}{p_B}\right)_A \cdot \left(\frac{p_A}{p_B}\right)_B} = \sqrt{2.113 \times 2.206} = 2.16$$

计算结果表明,B 国 1 单位货币的购买力相当于 A 国的 2.16 单位货币的购买力。假如 A 国的人均消费支出为 10 000(币种 A),B 国的人均消费支出为 5 000(币种 B),则两国人均消费支出扣除价格因素的影响,其实际比值为:

$$\text{实际比值} = \frac{10\ 000}{5\ 000} \div 2.16 = 92.6\%$$

由上式可知,A 国的实际人均消费支出水平仅为 B 国的 92.6%。

练 习 与 思 考

一、单项选择题

1. 可以用来判断现象总体定性问题的优劣、并进行排序的综合分析方法是( )。
   A. 功效系数法　　　　　　　　B. 购买力平价法
   C. 综合评分法　　　　　　　　D. 平均指数法
2. 在平均指数法中计算逆指标的个体指数可采用的方法是( )。
   A. 该指标的实际值除以基准值　　B. 该指标的基准值除以实际值

C. 该指标的实际值乘以基准值　　D. 该指标的基准值乘以实际值
3. 评价企业发展能力的指标是（　　）。
   A. 全员劳动生产率　　　　　　B. 流动资金周转率
   C. 资产负债率　　　　　　　　D. 资产保值增值率
4. 采用人均支出额比重为权数计算两国各自的货币购买力平价，理论上属于（　　）。
   A. 个体指数　　　　　　　　　B. 平均指标指数
   C. 平均指数的独立形式　　　　D. 综合指数
5. 直接以各国实际年平均汇率作为货币换算系数的方法是（　　）。
   A. 直接汇率法　　　　　　　　B. 转换系数法
   C. 调整汇率法　　　　　　　　D. 购买力平价法
6. 下列关于功效系数法正确的说法是（　　）。
   A. 功效系数法是定性分析方法
   B. 各企业某指标的功效系数可用来进行综合评价
   C. 各企业指标体系的总功效系数可用来进行综合评价
   D. 总功效系数只能用算术平均法计算
7. 若计算四个企业产品单位成本的功效系数，则（　　）。
   A. 满意值是数值最小的单位成本
   B. 四个企业产品单位成本的功效系数之和等于1
   C. 不允许值是数值最小的单位成本
   D. 产品单位成本数值最小的企业其功效系数定为0
8. 下列选项属于统计综合分析方法的是（　　）。
   A. 统计分组　　B. 统计调查　　C. 制订统计标准　　D. 统计比较
9. 对于定量指标的无量纲化处理可采用的方法是（　　）。
   A. 统计分析法　　　　　　　　B. 相差比较法
   C. 综合评分法　　　　　　　　D. 功效系数法
10. 下列关于统计综合评价正确的说法是（　　）。
    A. 统计综合评价的结果具有唯一性　　B. 统计综合评价的结果具有相对性
    C. 不同的评价方法其结论是相同的　　D. 综合评价主要是定性分析

二、多项选择题

1. 统计综合分析的特点有（　　）。
   A. 以统计数据为基础　　　　　B. 以数据预测为方法
   C. 分析结果的相对性　　　　　D. 分析结果的综合性
   E. 定量分析与定性分析相结合
2. 选择评价指标体系时，要做到（　　）。
   A. 评价指标具有敏感性　　　　B. 评价指标具有可比性
   C. 指标体系能互相补充　　　　D. 评价指标具有可操作性
   E. 指标体系能反映客观实际
3. 统计综合分析的基本要求包括（　　）。

A. 确定分析目的并选定课题 B. 拟定分析提纲
C. 搜集、鉴别和整理资料 D. 进行综合评价并得出结论
E. 提出统计综合分析报告

4. 统计比较的标准有（   ）。
A. 经验数据标准 B. 实际数据标准
C. 时间数据标准 D. 空间数据标准
E. 目标数据标准

5. 以下关于平均指数综合评价法的说法正确的是（   ）。
A. 平均指数法可应用于动态评价
B. 平均指数法可应用于静态评价
C. 平均指数就是各评价指标个体指数的平均数
D. 平均指数的数值越大,总体的综合评价状况就越好
E. 平均指数就是平均指标指数

三、判断题

1. 正指标的个体指数是逆指标个体指数的倒数。（   ）
2. 存货周转天数是正指标。（   ）
3. 功效系数可用来评价不同类型企业的综合经济效益。（   ）
4. 某项指标的功效系数越大,说明综合评价效果越好。（   ）
5. 综合评分法主要适用于定量分析的综合评价。（   ）
6. 两国综合货币购买力平价是采用费歇尔"理想指数"公式计算的。（   ）
7. 采用转换系数法计算的两国货币转换系数已排除了两国物价上涨因素。（   ）
8. 统计综合分析的最终成果就是统计分析报告。（   ）
9. 定性排序问题数量化处理的有效方法是平均指数法。（   ）
10. 综合分析方法一般是将各种指标的变动合成一个数值来评价。（   ）

四、问答题

1. 什么是综合统计分析？它有哪些特点？
2. 统计综合分析的基本要求有哪些？
3. 统计综合分析的一般程序是什么？
4. 什么是综合评分法、功效系数法和平均指数法？它们的适用范围如何？
5. 什么是统计比较？进行统计比较的目的是什么？
6. 什么是汇率法？它包括哪几种具体的方法？
7. 什么是购买力平价？其优缺点如何？
8. 统计比较标准有哪几种？它们各适用于什么场合？
9. 选择统计综合分析与评价指标一般应遵循哪些原则？
10. 统计分析报告包括哪些主要内容？

五、计算分析题

1. 某大学根据教学质量评价体系的要求,以百分制方法评分,现请 100 名学生对某教师进行评价,所得的结果如下表所示：

评价指标	得票数					权重
	100 分	80 分	60 分	40 分	20 分	
教学态度	80	10	5	5	0	0.2
教学内容	60	25	10	5	0	0.3
教学效果	50	30	10	5	5	0.3
教学方法	35	25	25	10	5	0.2

要求：计算该教师的综合得分。

2. 某公司对所属企业的管理人员工作质量的评价项目有组织能力、管理水平、业务知识和廉洁奉公四项，评分标准规定：很好，5 分；较好，4 分；一般，3 分；较差，2 分。现组织 100 名职工对某管理人员进行评分，所得的结果如下表所示：

评价指标	得票数				平均得分
	5 分	4 分	3 分	2 分	
组织能力	45	40	15	0	
管理水平	20	50	20	10	
业务知识	20	30	30	20	
廉洁奉公	30	30	25	15	

要求：计算该管理人员工作质量综合得分。

3. 某企业 2020 年四项经济效益指标的满意值、不允许值和实际完成情况资料如下表所示：

指标名称	计量单位	权重	2020 年实际值	满意值	不允许值
产品销售率	%	20	87	90	70
资金周转次数	次	30	6	10	4
资产增加值率	%	20	30	30	15
全员劳动生产率	万元/人	30	20	30	20
合 计	—	100	—	—	—

要求：计算反映该企业综合经济效益的总功效系数。

4. 现有 4 个企业 2020 年经济效益指标的相关数据如下表所示：

企业名称	全员劳动生产率（万元/人）	净资产报酬率（%）	存货周转率（次）	资产增加值率（%）
甲	12	17	22	25
乙	27	21	18	22
丙	22	24	17	34
丁	30	15	26	36

要求：假如 4 个指标的权重分别为 0.3、0.2、0.3、0.2，试用功效系数法评价各企业的综合经济效益。

5. 某企业 2020 年各项经济效益指标如下：

指标名称	计量单位	权重	2019 年实际值	2020 年实际值
产品销售率	%	15	82	95
流动资金周转率	次	15	9	7
全员劳动生产率	万元/人	15	30	32
总资产报酬率	%	20	7	8
成本费用利润率	%	10	55	57
利税占有率	%	10	3	3
资产保值增值率	%	15	33	30
合 计	—	100	—	—

要求：采用平均指数法计算该企业各项经济指标的总指数。

6. 甲、乙两个研究机构综合评价的相关资料如下：

指标名称	计量单位	权重	甲机构个体指数	乙机构个体指数
课题完成任率	%	30	1.2	1.0
成果获奖次数	次	20	2.0	1.8
成果商品化比率	%	15	0.9	2.6
人均发表论文数	篇	15	1.5	0.7
人均技术性收入	万元	20	1.7	2.2
合 计	—	100	—	—

要求：采用平均指数法评价甲、乙两个研究机构的综合研发能力。

7. 某县"十三五"规划主要经济指标的完成情况如下：

指标名称	计量单位	权重	规划目标	期末实际值
地区生产总值	亿元	14	967	1 071
人均 GDP	美元	12	5 300	5 800
固定资产投资	亿元	10	976	910
财政总收入	亿元	11	240	260
社会消费品零售总额	亿元	10	100	120
农民人均纯收入	元	13	8 000	9 300
城镇登记失业率	%	8	5	4
煤炭百万吨死亡率	—	6	1	0.2
林覆盖率年均增长	百分点	7	年均增长 1 个百分点	年均增长 1.2 个百分点
基本农田面积	万亩	9	16	16
合 计	—	100	—	—

要求：采用平均指数法计算该县各项经济指标的总指数，并对该县"十三五"规划主要经济指标的完成情况作简要的分析。

附　　录

附录一　二项分布临界值表

n	单侧检验		双侧检验	
	$\alpha=0.05$	$\alpha=0.01$	$\alpha=0.05$	$\alpha=0.01$
5	5	—	—	—
6	6	—	6	—
7	7	7	7	—
8	7	8	8	—
9	8	9	8	9
10	9	10	9	10
11	9	10	10	11
12	10	11	10	11
13	10	12	11	12
14	11	12	12	13
15	12	13	12	13
16	12	14	13	14
17	13	14	13	15
18	13	15	14	15
19	14	15	15	16
20	15	16	15	17
21	15	17	16	17
22	16	17	17	18
23	16	18	17	19
24	17	19	18	19
25	18	19	18	20
26	18	20	19	20
27	19	20	20	21
28	19	21	20	22
29	20	22	21	22
30	20	22	21	23

附录二 秩和检验表

	$\alpha=0.05$				$\alpha=0.10$		
n_1	n_2	T_1	T_2	n_1	n_2	T_1	T_2
3	3	6	15	2	9	3	21
3	4	7	17	2	10	4	22
3	5	7	20	3	4	6	18
3	6	8	22	3	5	6	21
3	7	9	24	3	6	7	23
3	8	9	27	3	7	8	25
3	9	10	29	3	8	8	28
3	10	11	31	3	9	9	30
4	4	12	24	3	10	9	33
4	5	13	27	4	4	11	25
4	6	14	30	4	5	12	28
4	7	15	33	4	6	12	32
4	8	16	36	4	7	13	35
4	9	17	39	4	8	14	38
4	10	18	42	4	9	15	41
5	5	19	36	4	10	16	44
5	6	20	40	5	5	18	37
5	7	22	43	5	6	19	41
5	8	23	47	5	7	20	45
5	9	25	50	5	8	21	49
5	10	26	54	5	9	22	53
6	6	28	50	5	10	24	56
6	7	30	54	6	6	26	52
6	8	32	58	6	7	28	56
6	9	33	63	6	8	29	61
6	10	35	67	6	9	31	65
7	7	39	66	6	10	33	69
7	8	41	71	7	8	37	68
7	9	43	76	7	9	39	73
7	10	46	80	7	10	43	83
8	8	52	84	8	8	49	87
8	9	54	90	8	9	51	93
8	10	57	95	8	10	54	98
9	9	66	105	9	9	63	108
9	10	69	111	9	10	66	114
10	10	93	127	10	10	79	131

附录三 正态分布概率表

t	F(t)	t	F(t)	t	F(t)	t	F(t)
0.00	0.000 0	0.30	0.235 8	0.60	0.451 5	0.90	0.631 9
0.01	0.008 0	0.31	0.243 4	0.61	0.458 1	0.91	0.637 2
0.02	0.016 0	0.32	0.251 0	0.62	0.464 7	0.92	0.642 4
0.03	0.023 9	0.33	0.258 6	0.63	0.471 3	0.93	0.647 6
0.04	0.031 9	0.34	0.266 1	0.64	0.477 8	0.94	0.652 8
0.05	0.039 9	0.35	0.273 7	0.65	0.484 3	0.95	0.657 9
0.06	0.047 8	0.36	0.281 2	0.66	0.490 7	0.96	0.662 9
0.07	0.055 8	0.37	0.288 6	0.67	0.497 1	0.97	0.668 0
0.08	0.063 8	0.38	0.296 1	0.68	0.503 5	0.98	0.672 9
0.09	0.071 7	0.39	0.303 5	0.69	0.509 8	0.99	0.677 8
0.10	0.079 7	0.40	0.310 8	0.70	0.516 1	1.00	0.682 7
0.11	0.087 6	0.41	0.318 2	0.71	0.522 3	1.01	0.687 5
0.12	0.095 5	0.42	0.325 5	0.72	0.528 5	1.02	0.692 3
0.13	0.103 4	0.43	0.332 8	0.73	0.534 6	1.03	0.697 0
0.14	0.111 3	0.44	0.340 1	0.74	0.540 7	1.04	0.707 1
0.15	0.119 2	0.45	0.347 3	0.75	0.546 7	1.05	0.706 3
0.16	0.127 1	0.46	0.354 5	0.76	0.552 7	1.06	0.710 9
0.17	0.135 0	0.47	0.361 6	0.77	0.558 7	1.07	0.715 4
0.18	0.142 8	0.48	0.368 8	0.78	0.564 6	1.08	0.719 9
0.19	0.150 7	0.49	0.375 9	0.79	0.570 5	1.09	0.824 3
0.20	0.158 5	0.50	0.382 9	0.80	0.576 3	1.10	0.728 7
0.21	0.166 3	0.51	0.389 9	0.81	0.582 1	1.11	0.733 0
0.22	0.174 1	0.52	0.396 9	0.82	0.587 8	1.12	0.737 3
0.23	0.181 9	0.53	0.403 9	0.83	0.593 5	1.13	0.741 5
0.24	0.189 7	0.54	0.410 8	0.84	0.599 1	1.14	0.745 7
0.25	0.197 4	0.55	0.417 7	0.85	0.604 7	1.15	0.749 9
0.26	0.205 1	0.56	0.421 5	0.86	0.610 2	1.16	0.754 0
0.27	0.212 8	0.57	0.431 3	0.87	0.615 7	1.17	0.758 0
0.28	0.220 5	0.58	0.438 1	0.88	0.621 1	1.18	0.762 0
0.29	0.228 2	0.59	0.444 8	0.89	0.626 5	1.19	0.766 0

续 表

t	F(t)	t	F(t)	t	F(t)	t	F(t)
1.20	0.769 9	1.50	0.866 4	1.80	0.928 1	2.20	0.972 2
1.21	0.773 7	1.51	0.869 0	1.81	0.929 7	2.22	0.973 6
1.22	0.777 5	1.52	0.871 5	1.82	0.931 2	2.24	0.974 9
1.23	0.781 3	1.53	0.874 0	1.83	0.932 8	2.26	0.976 2
1.24	0.785 0	1.54	0.876 4	1.84	0.934 2	2.28	0.977 4
1.25	0.788 7	1.55	0.878 9	1.85	0.935 7	2.30	0.978 6
1.26	0.792 3	1.56	0.881 2	1.86	0.937 1	2.32	0.979 7
1.27	0.795 9	1.57	0.883 6	1.87	0.938 5	2.34	0.980 7
1.28	0.799 5	1.58	0.885 9	1.88	0.939 9	2.36	0.981 7
1.29	0.803 0	1.59	0.888 2	1.89	0.941 2	2.38	0.982 7
1.30	0.806 4	1.60	0.890 4	1.90	0.942 6	2.40	0.983 6
1.31	0.809 8	1.61	0.892 6	1.91	0.943 9	2.42	0.984 5
1.32	0.813 2	1.62	0.894 8	1.92	0.945 1	2.44	0.985 3
1.33	0.816 5	1.63	0.896 9	1.93	0.946 4	2.46	0.986 1
1.34	0.819 8	1.64	0.899 0	1.94	0.947 6	2.48	0.986 9
1.35	0.823 0	1.65	0.901 1	1.95	0.948 8	2.50	0.987 6
1.36	0.826 2	1.66	0.903 1	1.96	0.950 0	2.52	0.988 3
1.37	0.829 3	1.67	0.905 1	1.97	0.951 2	2.54	0.988 9
1.38	0.832 4	1.68	0.907 0	1.98	0.952 3	2.56	0.989 5
1.39	0.835 5	1.69	0.909 0	1.99	0.953 4	2.58	0.990 1
1.40	0.838 5	1.70	0.910 9	2.00	0.954 5	2.60	0.990 7
1.41	0.841 5	1.71	0.912 7	2.02	0.956 6	2.62	0.991 2
1.42	0.844 4	1.72	0.914 6	2.04	0.958 7	2.64	0.991 7
1.43	0.847 3	1.73	0.916 4	2.06	0.960 6	2.66	0.992 2
1.44	0.850 1	1.74	0.918 1	2.08	0.962 5	2.68	0.992 6
1.45	0.852 9	1.75	0.919 9	2.10	0.964 3	2.70	0.993 1
1.46	0.855 7	1.76	0.921 6	2.12	0.966 0	2.72	0.993 5
1.47	0.858 4	1.77	0.923 3	2.14	0.967 6	2.74	0.993 9
1.48	0.861 1	1.78	0.924 9	2.16	0.969 2	2.76	0.994 2
1.49	0.863 8	1.79	0.926 5	2.18	0.970 7	2.78	0.994 6

续 表

t	$F(t)$	t	$F(t)$	t	$F(t)$	t	$F(t)$
2.80	0.9949	2.90	0.9962	3.00	0.9973	4.00	0.99994
2.82	0.9952	2.92	0.9965	3.20	0.9986	4.50	0.99999
2.84	0.9955	2.94	0.9967	3.40	0.9993	5.00	0.99999
2.86	0.9958	2.96	0.9969	3.60	0.99968		
2.88	0.9960	2.98	0.9971	3.80	0.99986		

附录四 t 分布临界值表

单侧	$\alpha=0.10$	0.05	0.025	0.01	0.005
双侧	$\alpha=0.20$	0.10	0.05	0.02	0.01
$v=1$	3.078	6.314	12.706	31.821	63.657
2	1.886	2.920	4.303	6.965	9.925
3	1.638	2.353	3.182	4.541	5.841
4	1.533	2.132	2.776	3.747	4.604
5	1.476	2.015	2.571	3.365	4.032
6	1.440	1.943	2.447	3.143	3.707
7	1.415	1.895	2.365	2.998	3.499
8	1.397	1.860	2.306	2.896	3.355
9	1.383	1.833	2.262	2.821	3.250
10	1.372	1.812	2.228	2.764	3.169
11	1.363	1.796	2.201	2.718	3.106
12	1.356	1.782	2.179	2.681	3.055
13	1.350	1.771	2.160	2.650	3.012
14	1.345	1.761	2.145	2.624	2.977
15	1.341	1.753	2.131	2.602	2.947
16	1.337	1.746	2.120	2.583	2.921
17	1.333	1.740	2.110	2.567	2.898
18	1.330	1.734	2.101	2.552	2.878
19	1.328	1.729	2.093	2.539	2.861
20	1.325	1.725	2.086	2.528	2.845
21	1.323	1.721	2.080	2.518	2.831
22	1.321	1.717	2.074	2.508	2.819
23	1.319	1.714	2.069	2.500	2.807
24	1.318	1.711	2.064	2.492	2.797
25	1.316	1.708	2.060	2.485	2.787
26	1.315	1.705	2.056	2.479	2.779
27	1.314	1.703	2.052	2.473	2.771
28	1.313	1.701	2.048	2.467	2.763
29	1.311	1.699	2.045	2.462	2.756
30	1.310	1.697	2.042	2.457	2.750
40	1.303	1.684	2.021	2.423	2.704
50	1.299	1.676	2.009	2.403	2.678
60	1.296	1.671	2.000	2.390	2.660

单侧	$\alpha=0.10$	0.05	0.025	0.01	0.005
双侧	$\alpha=0.20$	0.10	0.05	0.02	0.01
70	1.294	1.667	1.994	2.381	2.648
80	1.292	1.664	1.990	2.374	2.639
90	1.291	1.662	1.987	2.368	2.632
100	1.290	1.660	1.984	2.364	2.626
125	1.288	1.657	1.979	2.357	2.616
150	1.287	1.655	1.976	2.351	2.609
200	1.286	1.653	1.972	2.345	2.601
∞	1.282	1.645	1.960	2.326	2.576

附录五 F 分布临界值表

$\alpha=0.05$

v_2	v_1								
	1	2	3	4	5	6	8	10	15
1	161.4	199.5	215.7	224.6	230.2	234.0	238.9	241.9	245.9
2	18.51	19.00	19.16	19.25	19.30	19.33	19.37	19.40	19.43
3	10.13	9.55	9.28	9.12	9.01	8.94	8.85	8.79	8.70
4	7.71	6.94	6.59	6.39	6.26	6.16	6.04	5.96	5.86
5	6.61	5.79	5.41	5.19	5.05	4.95	4.82	4.74	4.62
6	5.99	5.14	4.76	4.53	4.39	4.28	4.15	4.06	3.94
7	5.59	4.74	4.35	4.12	3.97	3.87	3.73	3.64	3.51
8	5.32	4.46	4.07	3.84	3.69	3.58	3.44	3.35	3.22
9	5.12	4.26	3.86	3.63	3.48	3.37	3.23	3.14	3.01
10	4.96	4.10	3.71	3.48	3.33	3.22	3.07	2.98	2.85
11	4.84	3.98	3.59	3.36	3.20	3.09	2.95	2.85	2.72
12	4.75	3.89	3.49	3.26	3.11	3.00	2.85	2.75	2.62
13	4.67	3.81	3.41	3.18	3.03	2.92	2.77	2.67	2.53
14	4.60	3.74	3.34	3.11	2.96	2.85	2.70	2.60	2.46
15	4.54	3.68	3.29	3.06	2.90	2.79	2.64	2.54	2.40
16	4.49	3.63	3.24	3.01	2.85	2.74	2.59	2.49	2.35
17	4.45	3.59	3.20	2.96	2.81	2.70	2.55	2.45	2.31
18	4.41	3.55	3.16	2.93	2.77	2.66	2.51	2.41	2.27
19	4.38	3.52	3.13	2.90	2.74	2.63	2.48	2.38	2.23
20	4.35	3.49	3.10	2.87	2.71	2.60	2.45	2.35	2.20
21	4.32	3.47	3.07	2.84	2.68	2.57	2.42	2.32	2.18
22	4.30	3.44	3.05	2.82	2.66	2.55	2.40	2.30	2.15
23	4.28	3.42	3.03	2.80	2.64	2.53	2.37	2.27	2.13
24	4.26	3.40	3.01	2.78	2.62	2.51	2.36	2.25	2.11
25	4.24	3.39	2.99	2.76	2.60	2.49	2.34	2.24	2.09
26	4.23	3.37	2.98	2.74	2.59	2.47	2.32	2.22	2.07
27	4.21	3.35	2.96	2.73	2.57	2.46	2.31	2.20	2.06
28	4.20	3.34	2.95	2.71	2.56	2.45	2.29	2.19	2.04
29	4.18	3.33	2.93	2.70	2.55	2.43	2.28	2.18	2.03

续 表

v_2	v_1								
	1	2	3	4	5	6	8	10	15
30	4.17	3.32	2.92	2.69	2.53	2.42	2.27	2.16	2.01
40	4.08	3.23	2.84	2.91	2.45	2.34	2.18	2.08	1.92
50	4.03	3.18	2.79	2.56	2.40	2.29	2.13	2.03	1.87
60	4.00	3.15	2.76	2.53	2.37	2.25	2.10	1.99	1.84
70	3.98	3.13	2.74	2.50	2.35	2.23	2.07	1.97	1.80
80	3.96	3.11	2.72	2.49	2.33	2.21	2.06	1.95	1.79
90	3.95	3.10	2.71	2.47	2.32	2.20	2.04	1.94	1.78
100	3.94	3.09	2.70	2.46	2.31	2.19	2.03	1.93	1.77
125	3.92	3.07	2.68	2.44	2.29	2.17	2.01	1.91	1.75
150	3.90	3.06	2.66	2.43	2.27	2.16	2.00	1.89	1.73
200	3.89	3.04	2.65	2.42	2.26	2.14	1.98	1.88	1.72
∞	3.84	3.00	2.60	2.37	2.21	2.10	1.94	1.83	1.67

$\alpha = 0.01$

v_2	v_1								
	1	2	3	4	5	6	8	10	15
1	4 052	4 999	5 403	5 625	5 764	5 859	5 981	6 065	6 157
2	98.50	99.00	99.17	99.25	99.30	99.33	99.37	99.40	99.43
3	34.12	30.82	29.46	28.71	28.24	27.91	27.49	27.23	26.87
4	21.20	18.00	16.69	15.98	15.52	15.21	14.80	14.55	14.20
5	16.26	13.27	12.06	11.39	10.97	10.67	10.29	10.05	9.72
6	13.75	10.92	9.78	9.15	8.75	8.47	8.10	7.87	7.56
7	12.25	9.55	8.45	7.85	7.46	7.19	6.84	6.62	6.31
8	11.26	8.65	7.59	7.01	6.63	6.37	6.03	5.81	5.52
9	10.56	8.02	6.99	6.42	6.06	5.80	5.47	5.26	4.96
10	10.04	7.56	6.55	5.99	5.64	5.39	5.06	4.85	4.56
11	9.65	7.21	6.22	5.67	5.32	5.07	4.74	4.54	4.25
12	9.33	6.93	5.95	5.41	5.06	4.82	4.50	4.30	4.01
13	9.07	6.70	5.74	5.21	4.86	4.62	4.30	4.10	3.82
14	8.86	6.51	5.56	5.04	4.69	4.46	4.14	3.94	3.66
15	8.68	6.36	5.42	4.89	4.56	4.32	4.00	3.80	3.52
16	8.53	6.23	5.29	4.77	4.44	4.20	3.89	3.69	3.41
17	8.40	6.11	5.19	4.67	4.34	4.10	3.79	3.59	3.31
18	8.29	6.01	5.09	4.58	4.25	4.01	3.71	3.51	3.23
19	8.18	5.93	5.01	4.50	4.17	3.94	3.63	3.43	3.15
20	8.10	5.85	4.94	4.43	4.10	3.87	3.56	3.37	3.09
21	8.02	5.78	4.87	4.37	4.04	3.81	3.51	3.31	3.03
22	7.95	5.72	4.82	4.31	3.99	3.76	3.45	3.26	2.98
23	7.88	5.66	4.76	4.26	3.94	3.71	3.41	3.21	2.93
24	7.82	5.61	4.72	4.22	3.90	3.67	3.36	3.17	2.89
25	7.77	5.57	4.68	4.18	3.85	3.63	3.32	3.13	2.85
26	7.72	5.53	4.64	4.14	3.82	3.59	3.29	3.09	2.81

续表

v_2	v_1								
	1	2	3	4	5	6	8	10	15
27	7.68	5.49	4.60	4.11	3.78	3.56	3.26	3.06	2.78
28	7.64	5.45	4.57	4.07	3.75	3.53	3.23	3.03	2.75
29	7.60	5.42	4.54	4.04	3.73	3.50	3.20	3.00	2.73
30	7.56	5.39	4.51	4.02	3.70	3.47	3.17	2.98	2.70
40	7.31	5.18	4.31	3.83	3.51	3.29	2.99	2.80	2.52
50	7.17	5.06	4.20	3.72	3.41	3.19	2.89	2.70	2.42
60	7.08	4.98	4.13	3.65	3.34	3.12	2.82	2.63	2.35
70	7.01	4.92	4.07	3.60	3.29	3.07	2.78	2.59	2.31
80	6.96	4.88	4.04	3.56	3.26	3.04	2.74	2.55	2.27
90	6.93	4.85	4.01	3.53	3.23	3.01	2.72	2.52	2.42
100	6.90	4.82	3.98	3.51	3.21	2.99	2.69	2.50	2.22
125	6.84	4.78	3.94	3.47	3.17	2.95	2.66	2.47	2.19
150	6.81	4.75	3.91	3.45	3.14	2.92	2.63	2.44	2.16
200	6.76	4.71	3.88	3.41	3.11	2.89	2.60	2.41	2.13
∞	6.63	4.61	3.78	3.32	3.02	2.80	2.51	2.23	2.04

附录六 累计法平均增长速度查对表

递增速度部分（摘选）

平均每年增长%	各年发展水平总和为基期的%				
	1年	2年	3年	4年	5年
1.0	101.00	203.01	306.04	410.10	515.20
1.1	101.10	203.31	306.64	411.11	516.73
1.2	101.20	203.61	307.25	412.13	518.27
1.3	101.30	203.92	307.87	413.17	519.84
1.4	101.40	204.22	308.48	414.20	521.40
1.5	101.50	204.52	309.09	415.23	522.96
1.6	101.60	204.83	309.71	416.27	524.53
1.7	101.70	205.13	310.32	417.30	526.10
1.8	101.80	205.43	310.93	418.33	527.66
1.9	101.90	205.74	311.55	419.37	529.24
2.0	102.00	206.04	312.16	420.40	530.80
2.1	102.10	206.34	312.77	421.44	532.39
2.2	102.20	206.65	313.40	422.50	534.00
2.3	102.30	206.95	314.01	423.53	535.57
2.4	102.40	207.26	314.64	424.60	537.20
2.5	102.50	207.56	315.25	425.63	538.77
2.6	102.60	207.87	315.88	426.70	540.40
2.7	102.70	208.17	316.49	427.73	541.97

续　表

平均每年增长%	各年发展水平总和为基期的%				
	1年	2年	3年	4年	5年
2.8	102.80	208.48	317.12	428.80	543.61
2.9	102.90	208.78	317.73	429.84	545.20
3.0	103.00	209.09	318.36	430.91	546.84
3.1	103.10	209.40	319.00	432.00	548.50
3.2	103.20	209.70	319.61	433.04	550.10
3.3	103.30	210.01	320.24	434.11	551.74
3.4	103.40	210.32	320.88	435.20	553.41
3.5	103.50	210.62	321.49	436.24	555.01
3.6	103.60	210.93	322.12	437.31	556.65
3.7	103.70	211.24	322.76	438.41	558.34
3.8	103.80	211.54	323.37	439.45	559.94
3.9	103.90	211.85	324.01	440.54	561.61
4.0	104.00	212.16	324.65	441.64	563.31
4.1	104.10	212.47	325.28	442.72	564.98
4.2	104.20	212.78	325.92	443.81	566.65
4.3	104.30	213.08	326.54	444.88	568.31
4.4	104.40	213.39	327.18	445.98	570.01
4.5	104.50	213.70	327.81	447.05	571.66
4.6	104.60	214.01	328.45	448.15	573.36
4.7	104.70	214.32	329.09	449.25	575.06
4.8	104.80	214.63	329.73	450.35	576.76
4.9	104.90	214.94	330.37	451.46	578.48
5.0	105.00	215.25	331.01	452.56	580.19
5.1	105.10	215.56	331.65	453.66	581.89
5.2	105.20	215.87	332.29	454.76	583.60
5.3	105.30	216.18	332.94	455.89	585.36
5.4	105.40	216.49	333.58	456.99	587.06
5.5	105.50	216.80	334.22	458.10	588.79
5.6	105.60	217.11	334.86	459.29	590.50
5.7	105.70	217.42	335.51	460.33	592.26
5.8	105.80	217.74	336.17	461.47	594.04
5.9	105.90	218.05	336.82	462.60	595.80
6.0	106.00	218.36	337.46	463.71	597.54
6.1	106.10	218.67	338.11	464.84	599.30
6.2	106.20	218.98	338.75	465.95	601.04
6.3	106.30	219.30	339.42	467.11	602.84
6.4	106.40	219.61	340.07	468.24	604.61

续表

平均每年增长%	各年发展水平总和为基期的%				
	1年	2年	3年	4年	5年
6.5	106.50	219.92	340.71	469.35	606.35
6.6	106.60	220.24	341.38	470.52	608.18
6.7	106.70	220.55	342.03	471.65	609.95
6.8	106.80	220.86	342.68	472.78	611.73
6.9	106.90	221.18	343.35	473.95	613.56
7.0	107.00	221.49	343.99	475.07	615.33

附录七 习题答案

第一章
一、单项选择题
1. C；2. A；3. B；4. D；5. B；6. C；7. C；8. D；9. D；10. A；11. C；12. C；13. B；14. D；15. A。

二、多项选择题
1. BCD；2. AC；3. ACD；4. ABC；5. BDE；6. ABCDE。

三、判断题
1. 对；2. 错；3. 对；4. 对；5. 错；6. 对；7. 错；8. 对；9. 对；10. 错。

第二章
一、单项选择题
1. A；2. C；3. C；4. D；5. B；6. B；7. D；8. C；9. B；10. C；11. C；12. B；13. B；14. A；15. D。

二、多项选择题
1. BDE；2. ABCD；3. ABCDE；4. BCD；5. ABC；6. ABC。

三、判断题
1. 错；2. 对；3. 错；4. 对；5. 错；6. 错；7. 对；8. 错；9. 对；10. 对。

第三章
一、单项选择题
1. C；2. C；3. B；4. D；5. D；6. C；7. C；8. D；9. A；10. A；11. B；12. B；13. D；14. B；15. A。

二、多项选择题
1. ABE；2. ABDE；3. CE；4. BDE；5. ACD；6. ABCD。

三、判断题

1. 对；2. 错；3. 错；4. 错；5. 错；6. 对；7. 对；8. 错；9. 对；10. 错。

五、计算分析题

1. 按家庭人口数分组：1、2、3、4、5、6；
   各组次数分别为：3、10、18、13、4、2，$\sum f = 50$。

2. 按考试分数分组：60以下、60～70、70～80、80～90、90～100；
   各组次数分别为：4、7、22、18、6，$\sum f = 57$。

3. 统计表编制如下：

按年产量分组（万吨）	企业数（家）	生产工人数（百人）	增加值（万元）	平均增加值（万元/家）	工人劳动生产率（元/人）
（甲）	(1)	(2)	(3)	(4)=(3)÷(1)	(5)=(3)÷(2)
100～500	7	50	18 770	268.14	37 540
500～900	8	125	60 500	756.25	48 400
900以上	3	58	32 650	1 088.33	56 293
合　计	18	233	111 920	621.78	48 034

   从表中数据可以看出，企业生产规模越大，工人劳动生产率就越高。

4. 频率(%)：4.27、9.33、20.00、26.40、23.20、16.80；
   向上累计：频数(人)：16、51、126、225、312、375，
   　　　　　频率(%)：4.27、13.60、33.60、60.00、83.20、100.00；
   向下累计：频数(人)：375、359、324、249、150、63，
   　　　　　频率(%)：100.00、95.73、86.40、66.40、40..00、16.80；
   数列类型为等距数列。

5. 表一主词是第一栏年份，宾词是国内生产总值、人均国内生产总值、社会消费品零售总额、城乡居民储蓄余额等各栏。第一栏年份是横行标题，第一行国内生产总值、人均国内生产总值、社会消费品零售总额、城乡居民储蓄余额是纵栏标题。因主词未分组，该表为一览表。表二主词是第一栏人口按性别和城乡分组，宾词是2016年中国大陆人口数、比上年增加数等各栏。第一栏人口按性别和城乡分组是横行标题，第一行2016年中国大陆人口数、比上年增加数是纵栏标题。该表属于平行分组表。

6. 将原始数据排序如下：

   29　48　80　89　92　94　97　97　99　101
   103　105　106　107　108　108　109　110　112　113
   114　115　117　119　121　121　123　125　125　127

   极端值29、48可放在下限开口组，调整后的极差＝127－80＝47，考虑分5组，组距＝47/5＝9.4，调整为10，编制等距数列如下：

按营业额分组(万元)	连锁店数(家)	比重(%)	累计频数 向上累计	累计频数 向下累计	累计频率 向上累计	累计频率 向下累计
90 以下	4	13.3	4	30	13.3	100.0
90～100	5	16.7	9	26	30.0	86.7
100～110	8	26.7	17	21	56.7	70.0
110～120	7	23.3	24	13	80.0	43.3
120～130	6	20.0	30	6	100.0	20.0
合 计	30	100.0	—	—	—	—

7. 先按企业登记注册类型分成内资、外商、港澳台 3 组,各组再按投资金额进行分组,也可分成 3 组(亿元):5 以下、5～10、10～20,次数分别为:3、5、2;1、3、2;2、3、1。

8. (1)主词栏:按"十三五"时期各年份分组,宾词栏:粗钢、原煤、石油、电力等指标。(2)主词栏:中国和其他主要国家名称,宾词栏:国内生产总值和人均国内生产总值指标。

9. (1)主词栏:按工资收入等距分组,宾词栏:总人数、各性别人数、各工种人数、各年龄人数等指标。(2)主词栏:按工资收入等距分组,宾词栏:总人数、工种与性别层叠配置的人数、年龄与性别层叠配置的人数等指标。(3)主词栏:按工种分组和按工资收入等距分组平行排列,宾词栏:总人数、各性别人数、各年龄人数等指标。(4)主词栏:先按工种分组,各工种再按工资收入等距分组,宾词栏:总人数、各性别人数、各年龄人数等指标。

10. 表一第 1 栏:6、10、12、17、10、3、2,合计 60,第 2 栏:17.2、71.3、161.4、516.4、663.3、406.8、523.3,合计 2 359.7,第 3 栏:2.87、7.13、13.45、30.38、66.33、135.60、261.65,合计 39.33。

表二第 1 栏:10.00、16.67、20.00、28.33、16.67、5.00、3.33,合计 100,第 2 栏:10.00、26.67、46.67、75.00、91.67、96.67、100,合计"—",第 3 栏:0.73、3.02、6.84、21.88、28.11、17.24、22.18,合计 100,第 4 栏:0.73、3.75、10.59、32.47、60.58、77.82、100,合计"—"。

设括号内数字表示表二中的栏目数,则有:$PI = (1) \times (3)$,$\sum PI = 1\,442.95$;

$P(100-S) = (1) \times [100-(4)]$,$\sum P(100-S) = 7\,066.54$。

$G = 1\,442.95 \times (\%)^2 + 2 \times 7\,066.54 \times (\%)^2 - 1 = 0.557\,6$

第四章

一、单项选择题

1. D; 2. B; 3. B; 4. B; 5. C; 6. C; 7. A; 8. C; 9. B; 10. D; 11. D; 12. A; 13. D; 14. C; 15. C; 16. A; 17. C; 18. A; 19. A; 20. D。

二、多项选择题

1. CE; 2. AD; 3. ACE; 4. BDE; 5. BCD; 6. AC; 7. AB; 8. ABCE; 9. ACD; 10. ACE。

三、判断题

1. 对; 2. 错; 3. 对; 4. 对; 5. 错; 6. 错; 7. 对; 8. 对; 9. 对; 10. 错。

五、计算分析题

1. 甲计划任务比重 $= 1.3/(1+1.3) \doteq 56.52\%$,乙计划任务比重 $= 1-56.52\% = 43.48\%$,
   平均计划完成程度 $= (1+10\%) \times 56.52\% + (1+20\%) \times 43.48\% = 114.35\%$,
   甲乙实际任务之比 $= (1+30\%) \times (1+10\%) \div (1+20\%) \doteq 119.17\%$,
   即甲实际任务比乙多 19.17%。

2. (1) $\dfrac{a_n}{a_0} = \dfrac{a_1}{a_0} \div \dfrac{a_1}{a_n} = (1+10\%) \div 106\% \doteq 103.77\%$,即比上期增加了 3.77%。

   (2) 计划完成程度 $= 792/(820-20) \doteq 99\%$,即超额完成 1%。

3. (1) $\dfrac{a_1}{a_n} = \dfrac{a_1}{a_0} \div \dfrac{a_n}{a_0} = (1+20\%) \div 112\% \doteq 107.1\%$,即超额完成 7.14%。

   (2) $\dfrac{a_n}{a_0} = \dfrac{a_1}{a_0} \div \dfrac{a_1}{a_n} = (1+15\%) \div 107\% \doteq 107.48\%$,即比去年多 7.48%。

4. (1) 平均价格 $= (7+6+5)/3 = 6$(元)。

   (2) 平均价格 $= 3/(1/7+1/6+1/5) \doteq 5.89$(元)。

5. 计划完成程度相对指标 $\doteq 170/150 \doteq 113.33\%$,计划任务相对指标 $= 150/128 \doteq 117.19\%$,
   动态相对指标 $= 170/128 \doteq 132.81\%$,比例相对指标 $= 77/93 \doteq 82.80\%$,
   结构相对指标 $= 77/170 \doteq 45.29\%$,结构相对指标 $= 93/170 \doteq 54.71\%$,
   强度相对指标 $= 90/170 \doteq 52.94\%$。

6. 计划完成程度 $= 105/85 \doteq 123.53\%$,提前 3 个季度完成计划任务。

7. 平均销售利润率 $= 1/(0.3/0.21 + 0.5/0.44 + 0.2/0.35) \doteq 31.884\% \doteq 31.88\%$,
   一分公司销售额比重 $= 0.3 \times 0.31884/0.21 = 45.55\%$,
   二分公司销售额比重 $= 0.5 \times 0.31884/0.44 = 36.23\%$,
   三分公司销售额比重 $= 0.2 \times 0.31884/0.35 = 18.22\%$。

8. (1) 平均计划完成百分比 $= 480 \div (160/1.2 + 200/1.1 + 120/0.9) = 107.03\%$。
   (2) 平均优质品率 $= (0.77 \times 160 + 0.9 \times 200 + 0.82 \times 120) \div 480 = 83.67\%$。

9. 甲市场平均价格 $= 56\,500/(12\,500/7 + 28\,400/12 + 15\,600/10) = 9.89$(元),
   乙市场平均价格 $= (7 \times 5\,000 + 12 \times 12\,000 + 10 \times 8\,000)/25\,000 = 10.36$(元),
   乙市场农产品的平均价格略高,因为乙市场价格较高的西红柿权数较大(成交量占 80%),
   而甲市场价格较高的西红柿权数较小(折合为成交量占 68.74%)。

10. 1 季度平均单位成本 $= 320 \times 0.34 + 290 \times 0.29 + 275 \times 0.37 = 294.65$(元),
    1 月份产量 $= 2\,000\,000/320 = 6\,250$(件),1 季度产量 $= 6\,250/0.34 = 18\,382$(件),
    2 月份产量 $= 18\,382 \times 0.29 = 5\,331$(件),3 月份产量 $= 18\,382 \times 0.37 = 6\,801$(件)。

11. 第 2 栏:4;第 3 栏:3.10;第 4 栏:2.15;第 5 栏:94.75;第 6 栏:7.85、2。

12. 平均月工资 $= (15\,000 \times 7 + 12\,000 \times 12 + 10\,000 \times 18 + 8\,000 \times 10 + 6\,000 \times 3)/50 = 10\,540$(元),
    技术等级的众数和中位数都为 3 级,月工资的众数和中位数都为 10 000 元。

13. $\sum xf = 11\,440\,000$,$\sum f = 430$,平均数 $= 11\,440\,000/430 \doteq 26\,604.65$(元),

众数 $= 20\,000 + [(97-86)/(97-86+97-73)] \times (30\,000-20\,000) \doteq 23\,142.86(元)$,
中位数 $= 20\,000 + [(430/2 - 75 - 86)/97] \times (30\,000 - 20\,000) \doteq 25\,567.01(元)$,
平均数 > 中位数 > 众数,右偏分布;
低于平均数的户数比重 $= [75 + 86 + (97/10\,000) \times (26\,604.65 - 20\,000)]/430 \doteq 52.34\%$。

14. (1) 平均销售净利率 $= (0.22 \times 17 + 0.19 \times 34 + 0.4 \times 9)/60 = 23\%$。
    (2) 平均总资产周转率 $= 60/(17/24 + 34/18 + 9/30) \doteq 20.71(次)$。

15. (1) 甲乙两个车间平均计划完成程度 $\bar{x} = 1.2 \times 0.32 + 2 \times 0.51 + 0.95 \times 0.17 = 156.55\%$。
    (2) 三个车间的实际产量比重分别为:甲车间的实际产量比重 $= \dfrac{1.2}{1.565\,5} \times 0.32 \doteq 24.53\%$,
    乙车间的实际产量比重 $= \dfrac{2}{1.565\,5} \times 0.51 \doteq 65.15\%$,丙车间的实际产量比重 $= \dfrac{0.95}{1.565\,5} \times 0.17 \doteq 10.32\%$。

16. 第 2 栏:18.18;第 3 栏:9.25;第 4 栏:9.09;第 5 栏:108;第 6 栏:10。

17. 甲品种标准差系数 $= 50.56/802 = 6.30\%$,乙品种平均亩产 $= 2\,688/3 = 896(千克)$
    $\sum(x-\bar{x})^2 f = (918/1 - 896)^2 \times 1 + (1\,002/1.2 - 896)^2 \times 1.2 + (768/0.8 - 896)^2 \times 0.8 = 8\,226$,
    乙品种标准差 $= \sqrt{8\,226/3} = 52.36(千克)$,乙品种标准差系数 $= 52.36/896 = 5.84\%$,由于乙品种标准差系数小于甲品种,所以乙品种水稻产量比较稳定,值得推广。

18. (1) $\sum xf = 46\,600$,甲车间平均数 $= 46\,600/400 = 116.50$
    $\sum(x-\bar{x})^2 f = 39\,100$,甲车间标准差 $= \sqrt{39\,100/400} = 9.89(件)$,
    甲车间标准差系数 $= 9.89/116.5 \doteq 8.49\%$。
    (2) $\sum(x-\bar{x})^3 f = -72\,300$,偏态系数 $= -72\,300/(400 \times 9.89^3) = -0.19$,偏态系数为负值,日产量为左偏分布,说明日产量较多的工人占多数;
    $\sum(x-\bar{x})^4 f = 7\,653\,925$,峰度系数 $= 7\,653\,925/(400 \times 9.89^4) = 2$,峰度系数小于 3,说明日产量为平峰分布,即工人日产量较均匀。
    (3) 乙车间标准差系数 $= 10.02/138 \doteq 7.26\%$,由于乙车间标准差系数小于甲车间,所以乙车间人均日产量的代表性更好。

第五章

一、单项选择题

1. D; 2. B; 3. C; 4. C; 5. D; 6. A; 7. D; 8. C; 9. B; 10. A; 11. B; 12. A; 13. B; 14. D; 15. B; 16. D; 17. D; 18. D; 19. A; 20. C。

二、多项选择题

1. ABD; 2. BCDE; 3. BC; 4. BCDE; 5. BCE; 6. ABCD; 7. ACE; 8. ABCE; 9. AB;

10. ADE。

三、判断题

1. 错；2. 对；3. 错；4. 对；5. 错；6. 对；7. 对；8. 对；9. 错；10. 错。

五、计算分析题

1. 平均职工人数 $= (1\,220 \times 1 + 1\,300 \times 4 + 1\,200 \times 4 + 1\,700 \times 3)/12 = 1\,360$(人)。

2. 一季度平均库存额 $= (600/1.5 + 650/2.1 + 800/3.2)/3 \doteq 319.84$(万元)，

   一季度商品流转率 $= (600 + 650 + 800)/319.84 \doteq 6.41$(次)，

   二季度平均库存额 $= (500/1.7 + 620/2 + 970/3.6)/3 \doteq 291.19$(万元)，

   二季度商品流转率 $= (500 + 620 + 970)/291.19 \doteq 7.18$(次)，

   上半年平均库存额 $= (319.84 + 291.19)/2 = 305.52$(万元)，

   上半年月平均库存额 $=$ 上半年季平均库存额 $=$ 上半年平均库存额 $= 305.52$(万元)，

   上半年商品流转率 $= (600 + 650 + 800 + 500 + 620 + 970)/305.52 \doteq 13.55$(次)，

   上半年月平均商品流转率 $= 13.55/6 \doteq 2.26$(次)，

   上半年季平均商品流转率 $= 2.26 \times 3 = 6.78$(次)。

3. (1) 年平均人数 $= (500/2 + 600 + 700 + 680 + 600/2)/4 = 632.5$(人)，

   全年季平均人数 $=$ 全年月平均人数 $=$ 年平均人数 $= 632.5$(人)，

   全年季平均人均产量 $= [(26 + 32 + 41 + 40) \times 10\,000/4]/632.5 \doteq 549.41$(件)，

   全年月平均人均产量 $= 549.41/3 \doteq 183.14$(件)。

   (2) 全年季平均人均产量 $= (473 + 492 + 594 + 625)/4 = 546$(件)。

   (3) 季平均增长速度 $= \sqrt[3]{625/473} - 1 \doteq 9.73\%$，月平均增长速度 $= \sqrt[3]{1 + 9.73\%} - 1 \doteq 3.14\%$。

4. 普通工人月平均人数 $= (1\,500/2 + 1\,300 + 1\,300 + 1\,500/2)/3 \doteq 1\,366.67$(人)，

   技术工人月平均人数 $= (700/2 + 760 + 820 + 820/2)/3 \doteq 780$(人)，

   一季度月平均工资总额 $= 8\,000 \times 1\,366.67 + 12\,000 \times 780 = 20\,293\,360$(元)，

   一季度月平均人均工资 $= 20\,293\,360/(1\,366.67 + 780) \doteq 9\,453.41$(元)。

5. 乙车间一季度实际产量 $= 3\,200 + 3\,432 + 3\,280 = 9\,912$(台)，

   乙车间一季度计划产量 $= 9\,912/1.18 \doteq 8\,400$(台)，

   甲车间一季度计划产量 $=$ 乙车间一季度计划产量 $= 8\,400$(台)，

   甲车间一季度实际产量 $= 8\,400 \times 1.12 = 9\,408$(台)，

   甲车间月平均实际产量 $= 9\,408/3 = 3\,136$(台)，

   企业一季度计划完成程度 $= (9\,408 + 9\,912)/(8\,400 + 8\,400) = 115\%$

   企业一季度月平均计划完成程度 $=$ 企业一季度计划完成程度 $= 115\%$

6. (1) 设 $a_0 = 100, a_1 = 107, a_2 = 120, a_3 = 114, a_4 = 130, a_5 = 143$。第1行:14、43；第2行：7、12.15、14.04。(2) 年平均增长速度 $= \sqrt[5]{1.43} - 1 \doteq 7.42\%$。

7. 填空：粮食产量(万吨)：665、740、750、825；累计增长量(万吨)：-35、125、300；环比增长速度(%):11.28、1.35、21.21。

   发展总速度 $= 1\,000/700 \doteq 142.86\%$，年平均增长速度 $= \sqrt[5]{1\,000/700} - 1 \doteq 7.39\%$。

8. 填空：销售量(台)：6\,420、7\,062、6\,709、6\,609、6\,920、7\,958、8\,394、9\,224；

增长量(台):642、-353、311、1 038、436;

发展速度(%):107、95、98.51、104.71、105.48、109.89;

增长 1% 的绝对量:60、64.2、70.62、66.09、79.58。

年平均增长量 = (420+642-353-100+311+1 038+436+830)/8 = 403(台),

或:年平均增长量 = (9 224-6 000)/8 = 403(台)。

发展总速度 = 1.07×1.1×0.95×0.985 1×1.047 1×1.15×1.054 8×1.098 9 = 153.74%,

年平均增长速度 = $\sqrt[8]{153.74\%} - 1 \doteq 5.52\%$,或:年平均增长速度 = $\sqrt[8]{9\ 224/6\ 000} - 1 \doteq 5.52\%$。

9. (1) 6 年的年平均增长速度 = $\sqrt[6]{1+56\%} - 1 \doteq 7.69\%$。

(2) 后 5 年的年平均增长速度 = $\sqrt[5]{(1+56\%)/(1+10\%)} - 1 \doteq 7.24\%$。

(3) 第 3 年到第 4 年的年平均增长速度 = $\sqrt{(1+60\%)/(1+27\%)} - 1 \doteq 12.24\%$。

(4) 第 6 年的环比增长速度 = $(1+56\%)/(1+62\%) - 1 \doteq -3.70\%$。

10. (1) 5 年的发展总速度 = 1.06×1.03×1×0.98×1.1 $\doteq$ 117.696%。(2) 5 年的年平均增长速度 = $\sqrt[5]{1.17696} - 1 \doteq 3.312\ 4\%$。(3) 后 2 年的年平均增长速度 = $\sqrt{0.98×1.1} - 1 \doteq 3.826\ 8\%$。(4) 第 6 年的化肥产量 = $500×(1+3.826\ 8\%)^3 = 559.626\ 7$(万吨)。

11. (1) 甲车间一季度的月平均人数 = (300+400+350)/3 = 350(人),乙车间一季度的月平均人数 = (500×1+470×2)/3 = 480(人),今年一季度总的月平均产量 = 270×350+310×480 = 243 300(件)。(2) 今年一季度总的月平均人均产量 = 243 300÷(350+480) $\doteq$ 293.13(件)。

12. (1) 上半年净资产平均余额 = (5 400/2+5 000+4 800/2)/2 = 5 050(万元),下半年净资产平均余额 = (4 800/2+6 800+8 000/2)/2 = 6 600(万元),上半年季平均净资产收益率 = [(220+160)/2]/5 050 $\doteq$ 3.76%,下半年净资产收益率 = (350+500)/6 600 $\doteq$ 12.88%。(2) 全年净资产平均余额 (5 050+6 600)/2 = 5 825(万元),全年净资产收益率 = (220+160+350+500)/5 825 $\doteq$ 21.12%,全年月平均净资产收益率 = 21.12%÷12 $\doteq$ 1.76%。

13. 2000—2010 年年平均增长率 = $\sqrt[10]{13.409\ 1/12.674\ 3} - 1 \doteq 5.651\ 6‰$;

2010—2020 年年平均增长率 = $\sqrt[10]{14.117\ 8/13.409\ 1} - 1 \doteq 5.163\ 6‰$;

2000—2020 年年平均增长率 = $\sqrt[20]{14.117\ 8/12.674\ 3} - 1 \doteq 5.407\ 6‰$。

14. 5 年的平均增长速度 = $\sqrt[5]{(1+10\%)^3 \times (1+9\%)^2} - 1 \doteq 9.6\%$;

后 3 年的平均增长速度 = $\sqrt[3]{(1+10\%) \times (1+9\%)^2} - 1 \doteq 9.33\%$;

2017 年 GDP = $20\ 000×(1+9.33\%)^4 \doteq 28\ 575.08$(亿元)。

15. 年平均增长速度 = $\sqrt[5]{1.02^3 \times 1.04^2} - 1 \doteq 2.8\%$。

16. 季节比率(%):167.81、46.99、61.02、124.18,

一季度和四季度为销售旺季,二季度和三季度为销售淡季;

2017 年一季度的销售额 = (1 500/4)×167.81% $\doteq$ 629.29(万元)。

17. $\sum t = 0$,$\sum y = 1\,887$,$\sum yt = 2\,813$,$\sum t^2 = 330$,
$a = 1\,887/10 = 188.7$,$b = 2\,813/330 \doteq 8.524\,2$,$y_c = 188.7 + 8.524\,2\,t$,
年平均增长量 $= 8.524\,2 \times 2 = 17.05$(万台),第 11 年产量 $= 188.7 + 8.524\,2 \times 11 = 282.47$(万台)。

18. (1) 各月平均季节比率(%)分别为:
110.33、96.37、135.44、142.92、81.79、82.29、87.59、80.33、79.16、109、100.77、91.38。
修正系数 $= 1\,200/1\,197.37 \doteq 1.002\,2$,
修正后的各月季节比率(%)分别为:
110.57、96.58、135.74、143.23、81.97、82.47、87.78、80.51、79.34、109.24、100.99、91.58。

(2) $\sum t = 666$,$\sum y = 43\,586$,$\sum yt = 933\,696$,$\sum t^2 = 16\,206$,
$b = 32.781\,2$,$a = 604.27$,$y_c = 604.27 + 32.781\,2\,t$,
各月平均季节比率(%)分别为:
117.52、98.23、132.51、137.31、80.46、82.39、84.92、77.78、79.62、111.52、105.85、94.68。
修正系数 $= 1\,200/1\,202.79 \doteq 0.997\,7$,
修正后的各月季节比率(%)分别为:
117.25、98、132.2、136.99、80.27、82.2、84.72、77.6、79.44、111.26、105.61、94.46。

(3) 以上两种方法的计算结果大致相同,采用直线方程趋势剔除法计算的季节比率较为精确。计算结果表明,销售旺季为:1 月份、3 月份、4 月份、10 月份和 11 月份,销售淡季为:2 月份、5 月份、6 月份、7 月份、8 月份、9 月份和 12 月份。

第六章

一、单项选择题

1. D;2. C;3. C;4. B;5. A;6. A;7. D;8. C;9. D;10. B;11. A;12. C;13. B;14. A;15. B;16. C;17. C;18. D;19. C;20. A。

二、多项选择题

1. DE;2. ACD;3. ABD;4. AB;5. ABCD;6. CD;7. BCE;8. BE;9. ABCDE;10. ABDE。

三、判断题

1. 对;2. 对;3. 错;4. 错;5. 错;6. 对;7. 对;8. 对;9. 错;10. 对。

五、计算分析题

1. $\sum p_0 q_0 = 680 + 120 = 800$,$\sum p_1 q_1 = 920 + 100 = 1\,020$,$\sum p_0 q_1 = 920/1.07 + 100/0.96 = 963.98$,
收购价格总指数 $= 1\,020/963.98 \doteq 105.81\%$,收购量总指数 $= 963.98/800 = 120.50\%$。

2. 以东部销售额比重为权数的价格指数 $= 1/(0.6 \times 700/880 + 0.4 \times 600/1\,500) \doteq 156.92\%$,

以西部销售额比重为权数的价格指数 $= 0.2 \times 880/700 + 0.8 \times 1\,500/600 \doteq 225.14\%$,

两个地区对比的价格指数 $= \sqrt{156.92\% \times 225.14\%} \doteq 187.96\%$,

东部地区的产品销售价格综合起来比西部高 87.96%。

3. $\sum p_0 q_0 = 150$, $\sum p_1 q_1 = 290$, $\sum p_0 q_1 = 290/(1+9.4\%) \doteq 265.08$,

商品零售量指数 $= 265.08/150 \doteq 176.72\%$, 零售额变动值 $= 290 - 150 = 140$(亿元),

其中:商品零售量变动对零售额变动的影响值 $= 265.08 - 150 = 115.08$(亿元),

零售价格变动对零售额变动的影响值 $= 290 - 265.08 = 24.92$(亿元)。

4. 城市物价上涨率 $= 121.2\%/115.6\% - 1 \doteq 4.84\%$,

农村物价上涨率 $= 114.8\%/110.7\% - 1 \doteq 3.7\%$。

5. 产品成本变动率 $= (1 + 32\%) \times (1 - 2\%) - 1 = 29.36\%$。

6. 物价指数 $= 100\%/(1 - 5\%) \doteq 105.26\%$。

7. 物价上涨率 $= 32\,000/30\,200 - 1 \doteq 5.96\%$。

8. 甲产品销售额比重 $= 3/(3+1) = 0.75$, 乙产品销售额比重 $= 1/(3+1) = 0.25$,

设 $\sum p_0 q_0 = 1$, 则 $\sum p_1 q_1 = 0.75 \times 1.1 \times 2 + 0.25 \times 0.9 \times 1 = 1.875$, $\sum p_0 q_1 = 0.75 \times 2 + 0.25 \times 1 = 1.75$,

销售额指数 $= 1.875/1 = 187.5\%$, 价格指数 $= 1.875/1.75 \doteq 107.14\%$,

销售量指数 $= 1.75/1 = 175\%$, 销售总额增加了 87.5%,由于销售量指数大于价格指数,所以销售量变动对销售总额增长的贡献大。

9. 设 $\sum p_1 q_1 = 1$, 则 $\sum p_0 q_0 = 0.8/(1.3 \times 2.2) + 0.2/(0.98 \times 1) \doteq 0.4838$,

$\sum p_0 q_1 = 0.8/1.3 + 0.2/0.98 \doteq 0.8195$,

价格总指数 $= 1/0.8195 \doteq 122.03\%$, 销售量总指数 $= 0.8195/0.4838 \doteq 169.39\%$。

10. (1) $\sum p_1 q_1 = 54$, $\sum p_0 q_0 = 36$, $\sum p_0 q_1 = 24/0.95 + 30/0.98 \doteq 55.8754$,

单位成本指数 $= 54/55.8754 \doteq 96.64\%$, 产量指数 $= 55.8754/36 \doteq 155.21\%$,

总成本指数 $= 54/36 = 150\%$, 指数体系: $150\% = 96.64\% \times 155.21\%$。

(2) 这两种产品总成本增加额 $= 54 - 36 = 18$(万元),

由于各产品单位成本变动使总成本降低额 $= 55.8754 - 54 = 1.8754$(万元)。

11. $\bar{x}_1 \sum f_1 = \sum x_1 f_1 = 40 \times 400 + 35 \times 200 = 23\,000$,

$\bar{x}_0 \sum f_0 = \sum x_0 f_0 = 32 \times 200 + 26 \times 300 = 14\,200$,

$\bar{x}_0 \sum f_1 = 14\,200 \times 600/500 = 17\,040$,

商品流通费指数 $= 23\,000/14\,200 \doteq 161.97\%$,

商品流通费率指数 $= 23\,000/17\,040 \doteq 134.98\%$, 商品流转额指数 $= 17\,040/14\,200 = 120\%$,

相对数分析: $161.97\% = 134.98\% \times 120\%$,

绝对数分析: $8\,800$(万元) $= 5\,960$(万元) $+ 2\,840$(万元)。

12. $\sum p_0 q_0 = 40$, $\sum p_1 q_1 = 10 \times 1.1 \times 1.2 + 30 \times 1 \times 0.95 = 41.7$, $\sum p_0 q_1 = 10 \times 1.2 +$

$30 \times 0.95 = 40.5$,

销售额指数 $= 41.7/40 = 104.25\%$,价格指数 $= 41.7/40.5 \doteq 102.96\%$,

销售量指数 $= 40.5/40 = 101.25\%$,

相对数分析:$104.25\% = 102.96\% \times 101.25\%$,

绝对数分析:$1.7(万元) = 1.2(万元) + 0.5(万元)$。

13. $\bar{x}_1 = (46 \times 16 + 58 \times 32)/48 = 54, \bar{x}_0 = (47 \times 14 + 50 \times 10)/24 = 48.25$,

    $\bar{x}_n = (47 \times 16 + 50 \times 32)/48 = 49$,可变构成指数 $= 54/48.25 \doteq 111.92\%$,

    固定构成指数 $= 54/49 = 110.20\%$,结构影响指数 $= 49/48.25 \doteq 101.55\%$,

    指数分析:$111.92\% = 110.20\% \times 101.55\%$,

    差量分析:$5.75(元/件) = 5(元/件) + 0.75(元/件)$。

14. (1) 设 $\sum p_0 q_0 = 1$,则 $\sum p_1 q_1 = 0.66 \times 2.2 \times 0.95 + 0.34 \times 0.93 \times 1 = 1.6956$,

    $\sum p_0 q_1 = 0.66 \times 2.2 + 0.34 \times 0.93 = 1.7682$,总成本指数 $= 1.6956/1 = 169.56\%$,

    单位成本指数 $= 1.6956/1.7682 \doteq 95.89\%$,产量指数 $= 1.7682/1 = 176.82\%$,

    指数体系:总成本指数 $=$ 单位成本指数 $\times$ 产量指数,即:$169.56\% = 95.89\% \times 176.82\%$。

    (2) 差量分析:$\sum p_1 q_1 = 300$,则 $\sum p_0 q_0 = 1/1.6956 \times 300 = 176.93$,

    $\sum p_0 q_1 = 1.7682/1.6956 \times 300 = 312.85, 300 - 176.93 = (300 - 312.85) + (312.85 - 176.93)$,

    即 $123.07(万元) = -12.85(万元) + 135.92(万元)$。

15. (1) 材料消耗量$(m) = $ 材料单耗$(x) \times $ 产量$(f), x_0 f_0 = m_0, x_1 f_1 = m_1$,

    甲班组上月产量 $= 2000/20 = 100(件)$,乙班组上月产量 $= 6000/30 = 200(件)$,

    甲班组本月产量 $= 2640/22 = 120(件)$,乙班组本月产量 $= 7560/30 = 280(件)$,

    $\sum f_0 = 100 + 200 = 300, \sum f_1 = 120 + 280 = 400$,

    $\bar{x}_0 \sum f_0 = \sum x_0 f_0 = \sum m_0 = 2000 + 6000 = 8000$,

    $\bar{x}_1 \sum f_1 = \sum x_1 f_1 = \sum m_1 = 2640 + 7560 = 10200$,

    $\bar{x}_0 \sum f_1 = \dfrac{\bar{x}_0 \sum f_0}{\sum f_0} \sum f_1 = \dfrac{8000}{300} \times 400 = 10666.67$,

    材料总消耗量指数 $= 10200/8000 = 127.50\%$,

    材料单耗指数 $= 10200/10666.67 \doteq 95.62\%$,总产量指数 $= 10666.67/8000 = 133.33\%$。

    (2) 指数体系:$127.50\% = 95.62\% \times 133.33\%$,

    差量分析:$2200(千克) = -466.67(千克) + 2666.67(千克)$。

16. (1) $\sum p_0 q_0 = 450, \sum p_1 q_1 = 520, \sum p_0 q_1 = 120 \times 1.32 + 90 \times 1 + 240 \times 0.95 = 476.4$,

    总成本指数 $= 520/450 \doteq 115.56\%$,单位成本指数 $= 520/476.4 \doteq 109.15\%$,

    产量指数 $= 476.4/450 \doteq 105.87\%$,指数体系:$115.56\% = 109.15\% \times 105.87\%$,

    差量分析:$70(万元) = 43.6(万元) + 26.4(万元)$。

(2) $1.2/1.3 - 1 \doteq -7.69\%$,应降低 7.69%。

17. 总产值指数 = 劳动生产率指数(固定构成指数)×人数结构指数(结构影响指数)×职工总人数指数,

$\bar{x}_1 \sum f_1 = \sum x_1 f_1 = 37 \times 500 + 35 \times 300 = 29\ 000$,

$\bar{x}_0 \sum f_0 = \sum x_0 f_0 = 30 \times 300 + 32 \times 200 = 15\ 400$,

$\bar{x}_0 \sum f_1 = 15\ 400 \times 800/500 = 24\ 640$,

$\bar{x}_n \sum f_1 = \sum x_0 f_1 = 30 \times 500 + 32 \times 300 = 24\ 600$,

总产值指数 $= 29\ 000/15\ 400 \doteq 188.312\%$,劳动生产率指数 $= 29\ 000/24\ 600 \doteq 117.886\%$,

人数结构指数 $= 24\ 600/24\ 640 \doteq 99.838\%$,总人数指数 $= 24\ 640/154\ 000 = 160\%$,

相对数分析:$188.312\% = 117.886\% \times 99.838\% \times 160\%$,

绝对数分析:$13\ 600(万元) = 4\ 400(万元) - 40(万元) + 9\ 240(万元)$。

18. 利润额(qmp)指数 = 销售量(q)指数×价格(m)指数×销售利润率(p)指数,

1月份A企业销售价格 $= 310 \div (20 \times 31\%) = 50(元/件)$,

2月份A企业销售价格 $= 674 \div (36 \times 36\%) = 52(元/件)$,

1月份B企业销售价格 $= 432 \div (30 \times 30\%) = 48(元/箱)$,

2月份B企业销售价格 $= 340 \div (28 \times 27\%) = 45(元/箱)$,

$\sum q_1 m_1 p_1 = 674 + 340 = 1\ 014$,$\sum q_0 m_0 p_0 = 310 + 432 = 742$,

$\sum q_1 m_0 p_0 = 36 \times 50 \times 31\% + 28 \times 48 \times 30\% = 961.20$,

$\sum q_1 m_1 p_0\ 36 \times 52 \times 31\% + 28 \times 45 \times 30\% = 958.32$,

利润额指数 $= 1\ 014/742 \doteq 136.66\%$,销售量指数 $= 961.2/742 \doteq 129.54\%$,

价格指数 $= 958.32/961.2 \doteq 99.70\%$,销售利润率指数 $= 1\ 014/958.32 \doteq 105.81\%$,

相对数分析:$136.66\% = 129.54\% \times 99.70\% \times 105.81\%$,

绝对数分析:$272(万元) = 219.2(万元) - 2.88(万元) + 55.68(万元)$。

第七章

一、单项选择题

1. B;2. D;3. A;4. B;5. C;6. B;7. A;8. C;9. B;10. C;11. C;12. A;13. D;14. D;15. C;16. C;17. A;18. B;19. D;20. C。

二、多项选择题

1. AD;2. BCDE;3. CE;4. AB;5. BCDE;6. AE;7. ACE;8. CDE;9. BCD;10. ADE;11. CD;12. ABCDE。

三、判断题

1. 对;2. 对;3. 错;4. 对;5. 错;6. 对;7. 对;8. 对;9. 错;10. 对。

五、计算分析题

1. (1) $p = 95\%$,$\mu_p = 1.51\%$。

(2) $\Delta_p = 2.48\%$,估计区间:$92.52\% \sim 97.48\%$。

(3) $\Delta_p = 2\%$,$t = 1.3245$,查表得:$F(t) = 81.48\%$,估计区间:$93\% \sim 97\%$。

2. 本题为等距抽样。$\mu_{\bar{x}} = 0.0866$(克),$\Delta_{\bar{x}} = 0.17$(克),

估计区间:$129.9 \sim 130.24$(克)。

3. 本题为整群抽样。(1) $R = 120$,$r = 10$,$\delta^2 = 12$,$\mu_{\bar{x}} = 1.0532$(只),$\Delta_{\bar{x}} = 2.11$(只),估计区间:$47.89 \sim 52.11$(只)。

(2) $\Delta_{\bar{x}} = 2$(只),$t = 1.899$,查表得:$F(t) = 94.26\%$,估计区间:$48 \sim 52$(只)。

4. 本题为简单随机抽样。(1) $\bar{x} = 14.8$(小时),$s^2 = 49.21$,$\mu_{\bar{x}} = 0.496$(小时),$\Delta_{\bar{x}} = 1.49$(小时),估计区间:$13.31 \sim 16.29$(小时)。

(2) $p = 48.5\%$,$\mu_p = 3.534\%$,$\Delta_p = 10.6\%$,估计区间:$37.9\% \sim 59.1\%$。

5. 本题为类型抽样。$\bar{p} = 83.79\%$,$\overline{s^2} = 1315.93(\%)^2$,$\mu_p = 4.23\%$,$\Delta_p = 6.93\%$,估计区间:$76.86\% \sim 90.72\%$。

6. 本题为类型抽样。$\bar{x} = 33960$(元),$\overline{s^2} = 1689.4$,$\mu_{\bar{x}} = 5.67$(元),$\Delta_{\bar{x}} = 11.11$(元),估计区间:$33948.89 \sim 33971.11$(元)。

7. $n = \sum f = 300$,$\bar{x} = \dfrac{0.78 \times 50 + 0.65 \times 80 + 0.32 \times 170}{300} = 48.47\%$,

$\overline{s^2} = \dfrac{0.1716 \times 50 + 0.2275 \times 80 + 0.2176 \times 170}{300} = 0.2126$,

$\mu_{\bar{x}} = \sqrt{\dfrac{0.2126}{300}(1 - 5\%)} = 2.5947\%$,$\Delta_{\bar{x}} = 1.96 \times 2.5947\% = 5.09\%$

上限 $= 48.47\% + 5.09\% = 53.56\%$,下限 $= 48.47\% - 5.09\% = 43.38\%$,即在 95% 的可靠性程度保证下,该行业的平均销售利润率的估计区间为 $43.38\% \sim 53.56\%$。

8. (1) $\bar{x} = \dfrac{3.82 + 4.12 + 5 + 6.68 + 4.71 + 3.25}{6} = 4.60$(千元),即 20 个自然村年人均纯收入的平均数为 4.60 千元。

(2) $R = 20$,$r = 6$,

$\bar{p} = \dfrac{14.2 + 13.7 + 10.3 + 5.6 + 11.4 + 16.8}{6} = 12\%$,$\delta^2 = \dfrac{\sum(p - \bar{p})^2}{r - 1} = \dfrac{74.98}{5} = 14.996$,

$\mu_p = \sqrt{\dfrac{\delta^2}{r}\left(\dfrac{R - r}{R - 1}\right)} = \sqrt{\dfrac{14.996}{6}\left(\dfrac{20 - 6}{20 - 1}\right)} = 1.3571\%$,$\Delta_p = 1.96 \times 1.3571\% = 2.66\%$,

上限 $= 12\% + 2.66\% = 12.66\%$,下限 $= 12\% - 2.66\% = 9.34\%$,即 $9.34\% \leqslant \overline{P} \leqslant 12.66\%$。

9. (1) 等距抽样:$N = 100/0.01 = 10000$,$n = 100$,$\bar{x} = 8.2$(千克),$s^2 = 0.2$(千克),$\mu_{\bar{x}} = 0.0445$(千克),$\Delta_{\bar{x}} = 0.0889$(千克),

总体单位(0.01亩)产量估计区间:$8.1111 \sim 8.2889$(千克),

每亩产量估计区间:$811.11 \sim 828.89$(千克)。

(2) 整群抽样:$R = 100/0.01 = 10000$,$r = 100$,$\bar{\bar{x}} = 8.2/0.01 = 820$(千克),$\delta^2 = 0.2/0.01^2 = 2000$,$\mu_{\bar{x}} = 4.45$(千克),$\Delta_{\bar{x}} = 8.89$(千克),

每亩产量估计区间:811.11 ~ 828.89(千克)。

10. 本题为整群抽样。(1) 点估计:$\overline{X} = \overline{x} = 100.75(kg)$。(2) $R = 48, r = 8, \overline{p} = 82.75\%$, $\delta^2 = 95.93(\%)^2, \mu_p = 3.1945\%, \Delta_p = 6.26\%$,估计区间:76.49% ~ 89.10%。

11. $n_{\overline{x}} = 2^2 \times 6^2/0.7^2 = 294(户), n_p = 2^2 \times 0.5 \times (1-0.5)/0.057^2 = 308(户)$,样本必要容量取 308 户。

12. $N = 160\,000 + 70\,000 = 230\,000(户), \Delta_{\overline{x}} = 20(元), \overline{s^2} = 775.5048, \sigma^2 = 3\,042.7721$,
    (1) 类型抽样确定样本容量:
    $n_{\overline{x}} = 230\,000 \times 2^2 \times 775.5048/(230\,000 \times 5^2 + 2^2 \times 775.5048) = 124(户)$。
    (2) 简单随机抽样确定样本容量:
    $n_{\overline{x}} = 230\,000 \times 2^2 \times 3\,042.7221/(230\,000 \times 5^2 + 2^2 \times 3\,042.7221) = 486(户)$。

13. $H_0:M = 250$ 克,$H_1:M \neq 250$ 克,双侧检验,$1-\alpha = 0.95, t = 1.96$,临界值:
    $-t_{0.025} = -1.96, t_{0.025} = 1.96, t = (251-250)/(3 \times \sqrt{100}) = 0.03, 0.03 < 1.96$,
    接受原假设,即该种罐头食品平均每罐净重符合标准。

14. $H_0:M \leqslant 25\,000$ 公里,$H_1:M > 325\,000$ 公里,右单侧检验,
    $F(t) = 1 - 0.05 \times 2 = 0.9$ 时,$t = 1.64$,临界值:$t_{0.05} = 1.64$,
    $t = (25\,300 - 25\,000)/(125 \times \sqrt{400}) = 0.12$,由于 $0.12 < 1.64$,应接受原假设,即新批量轮胎的平均行驶里程没有显著增加。

15. $H_0:P \geqslant 37\%, H_1:P < 37\%$,左单侧检验,$F(t) = 1 - 0.05 \times 2 = 0.9$ 时,$t = 1.64$,
    临界值:$-t_{0.05} = -1.64, p = 132/400 = 33\%, t = (33\% - 37\%)/\sqrt{37\% \times (1-37\%)/400}$
    $\doteq -1.66$,由于 $-1.66 < -1.64$,应拒绝 H_0,接受 H_1,说明该社区户均月消费支出低于 5 000 元的比重有明显降低。

16. $H_0:M_e = 15, H_1:M_e \neq 15, n^+ = 5, n^- = 10, n = n^+ + n^- = 15$,查"二项分布临界值表",当 $n = 18$ 时,$\alpha = 0.05$ 时,临界值为 $12, n^+ = 5 < 12$,接受 H_0,即认为总体中位数 $M_e = 15$。

17. 解法一:采用配对场合符号检验法:$n^+ = 8, n^- = 4, n = n^+ + n^- = 12$,设 p 代表正号出现的概率,q 代表负号出现的概率,$H_0:p = q = 0.5, H_1:p \neq q \neq 0.5$,查"二项分布临界值表",当 $n = 12$ 时,$\alpha = 0.05$ 时,临界值为 $10, n^+ = 8 < 10$,接受 H_0,即两个行业的流动资金占用平均水平不存在显著性差异。
    解法二:采用秩和检验法:设甲行业为样本 $1, n_1 = n_2 = 12$,
    $H_0:M_甲 = M_乙, H_1:M_甲 \neq M_乙$,
    $T = 2+7+8.5+10+11+13+14+18+19+22+23+24 = 71.5, \overline{T} = 12 \times (12+12+1)/2 = 150$,
    $\sigma_T = \sqrt{12 \times 12(12+12+1)/12} = 17.32, t = (171.5 - 150)/17.32 = 1.24$
    $\alpha = 0.05$,双侧检验,查"正态分布概率表",得临界值为 1.96,由于 $1.24 < 1.96$,应接受 H_0,即两个行业的流动资金占用平均水平不存在显著性差异。

第八章

一、单项选择题

1. A；2. B；3. C；4. D；5. D；6. A；7. C；8. B；9. C；10. D。

二、多项选择题

1. BD；2. DE；3. BC；4. ACD；5. BCE。

三、判断题

1. 对；2. 对；3. 错；4. 对；5. 对；6. 错；7. 对；8. 对；9. 错；10. 对。

五、计算分析题

1. $\sum X_t = 17.91, \sum Y_t = 1976, \sum X_t^2 = 66.4039, \sum Y_t^2 = 829\,754, \sum X_t Y_t = 7\,408.11$，$r = 0.9957$，高度正相关。

2. (1) $\sum X_t = 4.38, \sum Y_t = 31.7, \sum X_t^2 = 3.1946, \sum X_t Y_t = 23.995$，

   $b = 8.335, a = -0.601, \hat{Y}_t = -0.601 + 8.335 X_t, X_0 = 1.3$ 亿元时，$\hat{Y}_0 = 10.2345$ 亿元，b 的经济含义是生产性固定资产每增加 1 亿元，总产值平均增加 8.335 亿元。

   (2) 略。

3. (1) $\sum X_t = 385, \sum Y_t = 47, \sum X_t^2 = 25\,209, \sum Y_t^2 = 369.46, \sum X_t Y_t = 3\,041, r = 0.9849$，高度正相关。

   (2) $b = 0.0499, a = 4.63, \hat{Y}_t = 4.63 + 0.0499 X_t$。

   (3) $\hat{Y}_t = 4.63 + 0.0499 \times 80 = 8.62\%$。

   (4) 经济含义是固定资产每投资 1 百亿元，工业增加值增长率平均提高 0.0499 个百分点。

4. (1) $\sum X_t = 594, \sum Y_t = 5.94, \sum X_t^2 = 44\,192, \sum Y_t^2 = 4.7224, \sum X_t Y_t = 436.33, b = -0.0539, a = 4.7435, \hat{Y}_t = 4.7435 - 0.0539 X_t$。

   (2) $S_{yx} = 0.0984$。

   (3) $X_0 = 80\%$ 时，$\hat{Y}_0 = 0.43\%$，上限 $= 0.43 + 1.96 \times 0.0984 = 0.62$，下限 $= 0.43 - 1.96 \times 0.0984 = 0.24$，估计区间：$0.24\% \sim 0.62\%$。

5. $\sum X_t = 192, \sum Y_t = 1\,147, \sum X_t^2 = 8\,122, \sum Y_t^2 = 290\,869, \sum X_t Y_t = 48\,309$。

   (1) $r = 0.9353$，高度正相关。

   (2) 研发投入为自变量：$b = 5.6917, a = 10.8387, \hat{Y}_t = 10.8387 + 5.6917 X_t$；利润为自变量：$d = 0.1537, c = 3.1457, \hat{X}_t = 3.1457 + 0.1537 Y_t$。

   (3) $X_0 = 60$ 万元时，$\hat{Y}_0 = 352.34$（万元）；$Y_0 = 400$ 万元时，$\hat{X}_0 = 64.63$（万元）。

6. $\sum X_t = 24.1, \sum Y_t = 151.8, \sum X_t^2 = 78.69, \sum Y_t^2 = 2\,581.46, \sum X_t Y_t = 467.17$。

   (1) 散点图略，$r = 0.9453$，高度正相关。

   (2) $b = 4.2869, a = 5.3873, \hat{Y}_t = 5.3873 + 4.2869 X_t$。

   (3) $S_{yx} = 2.1027\%, X_0 = 5.2$ 万元时，$\hat{Y}_0 = 27.68\%$，上限 $= 27.68\% + 3 \times 2.1027\% =$

33.99%，下限 $= 27.68\% - 3 \times 2.1027\% = 21.37\%$，估计区间：$21.37\% \sim 33.99\%$。

7. $b = 0.7574, a = 1.7575, \hat{Y}_t = 1.7575 + 0.7574 X_t; r = 0.6977, r^2 = 0.4868$。

8. (1) $r = -2025/(30 \times 75) = -0.9$，高度负相关。

   (2) $b = -2025/30^2 = -2.25; a = 6200 + 2.25 \times 820 = 8045, \hat{Y}_t = 8045 - 2.25 X_t$。

   (3) $S_{yx} = \sqrt{(1-(-0.9)^2) \times 75^2 \times (30-1)/(30-2)} = 33.27$(件)。

   (4) $X_0 = 800$ 元时，$\hat{Y}_0 = 6245$(件)，价格需求弹性 $= -2.25 \times 800/6245 = -0.29$，即当价格增长 1% 时，销售量则降低 0.29%。

9. (1) $\sum X_t = 1630, \sum Y_t = 270, \sum X_t^2 = 509900, \sum Y_t^2 = 12310, \sum X_t Y_t = 70230$

   $r = \dfrac{6 \times 70230 - 1630 \times 270}{\sqrt{6 \times 509900 - (1630)^2} \cdot \sqrt{6 \times 12310 - (270)^2}} \doteq -0.9523$，高度负相关。

   (2) $b = \dfrac{6 \times 70230 - 1630 \times 270}{6 \times 509900 - (1630)^2} \doteq -0.0465, a = 270/6 + 0.0465 \times 1630/6 \doteq 57.63$，

   $\hat{Y}_t = 57.63 - 0.0465 X_t$，当产量为 500 吨时，$\hat{Y}_t = 57.63 - 0.0465 \times 500 = 34.38$(元/吨)。

10. (1) $\sum X_t = 300, \sum Y_t = 270, \sum X_t^2 = 18282, \sum Y_t^2 = 14770, \sum X_t Y_t = 16429$，

    $r = \dfrac{5 \times 16429 - 300 \times 270}{\sqrt{5 \times 18282 - 300^2} \cdot \sqrt{5 \times 14770 - 270^2}} \doteq 0.9893$，高度正相关。

    (2) $b = \dfrac{5 \times 16429 - 300 \times 270}{5 \times 18282 - 300^2} \doteq 0.812, a = 270/5 - 0.812 \times 300/5 = 5.28$，

    $\hat{Y}_t = 5.28 + 0.812 X_t$，当人均可支配收入为 80000 元时，$\hat{Y}_t = 5.28 + 0.812 \times 80 = 70.24$。

11. (1) $r = 0.4 \times 600/300 = 0.8$，高度正相关。

    (2) $b = 0.4, a = 32000 - 0.4 \times 47000 = 13200, \hat{Y}_t = 13200 + 0.4 X_t$。

    (3) $X_0 = 50000$ 元时，$\hat{Y}_0 = 33200$(元)。

    (4) $1000 \times 0.4 = 400$(元)。

    (5) $S_{yx} = \sqrt{(1-r^2) \times \sigma_y^2} = 300 \times \sqrt{(1-0.8^2) \times (15-1)/(15-2)} \doteq 186.80$(元)，$X_0 = 40000$ 元时，$\hat{Y}_0 = 29200$(元)，

    上限 $= 29200 + 1.96 \times 186.8 = 29566.13$(元)，下限 $= 29200 - 1.96 \times 186.8 = 28833.87$(元)，

    估计区间：$28833.87 \sim 29566.13$(元)。

    (6) $S_b = 186.8 \div \sqrt{600^2 \times (15-1)} \doteq 0.0832$，假设 $H_0: B = 0, H_1: B \neq 0$，

    $t_b = 0.4/0.0832 \doteq 4.81$，查 t 分布表可知，显著性水平 5%，自由度为 13 的双侧 t 检验临界值为 2.160，t_b 大于 2.160，拒绝原假设，接受备选假设，即回归方程的线性关系是显著的。

    (7) $t_b = (0.4 - 0.5)/0.0832 \doteq -1.2019$，查 t 分布表可知，显著性水平 5%，自由度为 13 的单侧 t 检验临界值为 1.771，因为 t_b 值的绝对值小于 1.771，所以接受原假设。

12. (1) β_1 为负值，表示人均消费额和流通费率分别为 0 时净资产报酬率的初始值；β_2 为正值，

表示人均消费额每增加一个单位时平均增加的净资产报酬率;β_3 为负值,表示流通费率每增加一个单位时平均降低的净资产报酬率。

(2) β_1 为正值,表示工业增加值和农业增加值分别为 0 时国内生产总值的初始值;β_2 为正值,表示工业增加值每增加一个单位时平均增加的国内生产总值;β_3 为正值,表示农业增加值每增加一个单位时平均增加的国内生产总值。

13. (1) $b_1 = 430.334 \times 2\,748 + 1.573\,99 \times 821\,058 - 5.168\,68 \times 478\,675 = 777.014\,4$,
同理:$b_2 = 7.260\,7, b_3 = 0.966\,9$。

(2) $\sum e_t^2 = 8\,565\,600 - 777.014\,4 \times 2\,748 - 7.260\,7 \times 821\,058 - 0.966\,9 \times 478\,675 = 6\,077.75$,

$S = \sqrt{6\,077.75/(8-3)} \doteq 34.86$。

(3) $\sum(Y_t - \overline{Y})^2 = \sum Y_t^2 - n(\overline{Y})^2 = 8\,565\,600 - 8 \times (574.6)^2 = 5\,924\,278.72$,

$\overline{R}^2 = 1 - \dfrac{6\,077.75/(8-3)}{5\,924\,278.72/(8-1)} \doteq 0.999\,3$。

(4) $\Psi_{11} = 430.334, \Psi_{22} = 0.006\,36, \Psi_{33} = 0.063\,86$,

$t_{b_1} = 777.014\,4/(34.86 \times \sqrt{430.334}) \doteq 1.07$,

$t_{b_2} = 7.260\,7/(34.86 \times \sqrt{0.006\,36}) \doteq 2.61$,

$t_{b_3} = 0.966\,9/(34.86 \times \sqrt{0.063\,86}) \doteq 0.11$。

(5) $\sum(\hat{Y}_t - \overline{Y})^2 = 5\,924\,278.72 - 6\,077.75 = 5\,918\,200.97$,

$F = \dfrac{5\,918\,200.97/(3-1)}{6\,077.75/(8-3)} \doteq 389.50$,

查显著性水平为 1‰、自由度为(2、5)的 F 分布表,得 $F_\alpha = 13.27$,F 值远超过 F_α,该回归方程所描述的线性关系是显著的。

(6) $R = \sqrt{1 - 6\,077.75/5\,924\,278.72} \doteq 0.994\,9$,三个变量呈高度线性相关关系。

(7) $\hat{Y}_0 = 777.014\,4 + 7.260\,7 \times 150 + 0.966\,9 \times 6 = 1\,872$(百辆)。

14. (1) 本题可将一元三次方程转换为多元线性方程处理。

令 $X_2^* = X, X_3^* = X^2, X_4^* = X^3$,则有:$\hat{Y} = \beta_1 + \beta_2 X_2^* + \beta_3 X_3^* + \beta_4 X_4^*$,

本题为高次方程,逆阵数据小数点后必须保留 10 位,才能保证回归系数精确到小数点后 4 位。

$$\boldsymbol{X} = \begin{bmatrix} 1 & 1 & 1 & 1 & 1 & 1 & 1 & 1 & 1 & 1 & 1 \\ 4 & 6 & 5 & 7 & 8 & 10 & 9 & 12 & 11 & 13 & 14 & 15 \\ 16 & 36 & 25 & 49 & 64 & 100 & 81 & 144 & 121 & 169 & 196 & 225 \\ 64 & 216 & 125 & 343 & 512 & 1\,000 & 729 & 1\,728 & 1\,331 & 2\,197 & 2\,744 & 3\,375 \end{bmatrix}',$$

$\boldsymbol{Y} = (32.9\ \ 52.4\ \ 42.4\ \ 62.9\ \ 74.1\ \ 100\ \ 86.3\ \ 139\ \ 115.7\ \ 154.8\ \ 178.7\ \ 203.1)'$,

$\boldsymbol{X'Y} = (1\,242.3\ \ 13\,969.2\ \ 169\,187.2\ \ 2\,151\,250.2)'$,$(\boldsymbol{X'X})^{-1} =$

$$\begin{bmatrix} 42.407\,703\,407\,7 & -15.301\,161\,801\,1 & 1.671\,550\,671\,6 & -0.056\,591\,556\,6 \\ -15.301\,161\,801\,1 & 5.651\,749\,485\,0 & -0.628\,131\,128\,1 & 0.021\,540\,188\,2 \\ 1.671\,550\,671\,6 & -0.628\,131\,128\,1 & -0.070\,873\,570\,9 & -0.002\,460\,502\,5 \\ -0.056\,591\,556\,6 & 0.021\,540\,188\,2 & -0.002\,460\,502\,5 & 0.000\,086\,333\,4 \end{bmatrix},$$

$\hat{B} = (X'X)^{-1} X'Y = (0.480\ 8\quad 8.373\ 0\quad -0.177\ 4\quad 0.034\ 7)'$,

$\hat{Y} = 0.480\ 8 + 8.373\ 0X_2^* - 0.177\ 4X_3^* + 0.034\ 7X_4^*$,

或 $\hat{Y} = 0.480\ 8 + 8.373\ 0X - 0.177\ 4X^2 + 0.034\ 7X^3$。

(2) $\bar{Y} = 8.373\ 0 + 0.480\ 8X^{-1} - 0.177\ 4X + 0.034\ 7X^2$,

当 $X = 13.5$ 百件时,$\bar{Y} = 12.337\ 8$(万元/百件) $= 1\ 233.78$(元/件)。

第九章

一、单项选择题

1. C；2. B；3. D；4. C；5. A；6. C；7. A；8. D；9. D；10. B。

二、多项选择题

1. ACDE；2. ABCDE；3. ABCDE；4. ACDE；5. ABCD。

三、判断题

1. 对；2. 错；3. 对；4. 错；5. 错；6. 对；7. 对；8. 对；9. 错；10. 对。

五、计算分析题

1. 平均得分分别为：93、88、83、75，综合得分 $= 93 \times 0.2 + 88 \times 0.3 + 83 \times 0.3 + 75 \times 0.2 = 84.9$(分)。

2. 平均得分分别为：4.3、3.8、3.5、3.75，综合得分 $= (4.3 + 3.8 + 3.5 + 3.75)/4 = 3.84$(分)。

3. 各指标的功效系数分别为：0.85、0.33、1、0，
   总功效系数 $= 0.85 \times 0.2 + 0.33 \times 0.3 + 1 \times 0.2 + 0 \times 0.3 = 0.469$。

4. 甲企业的总功效系数 $= 0 \times 0.3 + 0.22 \times 0.2 + 0.56 \times 0.3 + 0.21 \times 0.2 = 0.254$，
   乙企业的总功效系数 $= 0.83 \times 0.3 + 0.67 \times 0.2 + 0.11 \times 0.3 + 0 \times 0.2 = 0.416$，
   丙企业的总功效系数 $= 0.56 \times 0.3 + 1 \times 0.2 + 0 \times 0.3 + 0.86 \times 0.2 = 0.540$，
   丁企业的总功效系数 $= 1 \times 0.3 + 0 \times 0.2 + 1 \times 0.3 + 1 \times 0.2 = 0.800$。

5. 总指数 $= 0.15 \times 95/82 + 0.15 \times 7/9 + 0.15 \times 32/30 + 0.2 \times 8/7 + 0.1 \times 57/55 + 0.1 \times 3/3 + 0.15 \times 30/33 = 101.90\%$。

6. 甲研究机构总指数 $= 1.2 \times 0.3 + 2 \times 0.2 + 0.9 \times 0.15 + 1.5 \times 0.15 + 1.7 \times 0.2 = 146.0\%$，
   乙研究机构总指数 $= 1 \times 0.3 + 1.8 \times 0.2 + 2.6 \times 0.15 + 0.7 \times 0.15 + 2.2 \times 0.2 = 159.5\%$，
   乙研究机构的综合研发能力略强于甲研究机构。

7. 城镇登记失业率和煤炭百万吨死亡率是逆指标，计算总指数时要采用个体指数的倒数。
   总指数 $= 0.14 \times 1\ 071/967 + 0.12 \times 5\ 800/5\ 300 + 0.1 \times 910/976 + 0.11 \times 260/240 + 0.1 \times 120/100 + 0.13 \times 9\ 300/8\ 000 + 0.08 \times 5/4 + 0.06 \times 1/0.2 + 0.07 \times 1.2/1 + 0.09 \times 16/16 = 134.39\%$，该县"十三五"规划的主要经济指标超额完成了 34.39%。

参 考 文 献

[1] 黄良文:《统计学原理》,中国统计出版社,2000年。
[2] 黄良文、陈仁恩:《统计学原理》(第4版),中央广播电视大学出版社,2006年。
[3] 王瑞卿:《统计学基础》,北京大学出版社,2009年。
[4] 梁前德:《统计学》,高等教育出版社,2004年。
[5] 袁卫、庞皓、曾五一:《统计学》,高等教育出版社,2000年。

图书在版编目(CIP)数据

统计学原理:理论与方法/王云峰,陈卫东编著. —4 版. —上海:复旦大学出版社,2022.9
(通用财经系列)
ISBN 978-7-309-16298-1

Ⅰ.①统… Ⅱ.①王…②陈… Ⅲ.①统计学-高等学校-教材 Ⅳ.①C8

中国版本图书馆 CIP 数据核字(2022)第 120537 号

统计学原理——理论与方法(第四版)
TONGJIXUE YUANLI:LILUN YU FANGFA (DI SI BAN)
王云峰 陈卫东 编著
责任编辑/谢同君

复旦大学出版社有限公司出版发行
上海市国权路 579 号 邮编:200433
网址: fupnet@ fudanpress.com http://www.fudanpress.com
门市零售:86-21-65102580 团体订购:86-21-65104505
出版部电话:86-21-65642845
杭州日报报业集团盛元印务有限公司

开本 787×1092 1/16 印张 19.75 字数 480 千
2022 年 9 月第 4 版
2022 年 9 月第 4 版第 1 次印刷

ISBN 978-7-309-16298-1/C·425
定价:52.00 元

如有印装质量问题,请向复旦大学出版社有限公司出版部调换。
版权所有 侵权必究